Reform der Leasingbilanzierung
nach IAS/IFRS

Europäische Hochschulschriften

European University Studies
Publications Universitaires Européennes

Reihe II **Rechtswissenschaft**

Series II Law

Série II Droit

Band/Volume **5646**

Elke Mayer

Reform der Leasingbilanzierung nach IAS/IFRS

Übertragbarkeit des *Right-of-use-Approachs* auf die deutsche Handels- und Steuerbilanz

PL ACADEMIC RESEARCH

Bibliografische Information der Deutschen Nationalbibliothek
Die Deutsche Nationalbibliothek verzeichnet diese Publikation in der Deutschen Nationalbibliografie; detaillierte bibliografische Daten sind im Internet über http://dnb.d-nb.de abrufbar.

Zugl.: Mainz, Univ., Diss., 2014

Gedruckt auf alterungsbeständigem,
säurefreiem Papier.

D 77
ISSN 0531-7312
ISBN 978-3-631-65381-4 (Print)
E-ISBN 978-3-653-04600-7 (E-Book)
DOI 10.3726/978-3-653-04600-7

PL Academic Research ist ein Imprint der Peter Lang GmbH.
Peter Lang – Frankfurt am Main · Bern · Bruxelles · New York · Oxford · Warszawa · Wien

Diese Publikation wurde begutachtet.

www.peterlang.com

Vorwort

Die vorliegende Arbeit wurde im Wintersemester 2013/2014 vom Fachbereich Rechts- und Wirtschaftswissenschaften der Johannes Gutenberg-Universität Mainz als Dissertation angenommen.

Mein besonderer Dank gilt meinem Doktorvater, Herrn Prof. Dr. Hanno Kube, LL.M., für die stets überaus freundliche und hervorragende Betreuung der Arbeit und die zügige Erstellung des Erstgutachtens. Während des ganzen Promotionsverfahrens stand er mir jederzeit mit kritischen Anregungen hilfreich zur Seite und gab mir wertvolle Ratschläge.

Herrn Prof. Dr. Roland Euler möchte ich ebenfalls für die rasche Erstellung des Zweitgutachtens danken.

Schließlich danke ich meinen Eltern, die mich in jeder Hinsicht unterstützt haben. Ich danke ihnen für ihren Zuspruch, ihre Motivation und ihr Verständnis.

Mainz, im Juni 2014 Elke Mayer

Inhaltsverzeichnis

Abkürzungsverzeichnis

a. A.	anderer Ansicht
a. F.	alte Fassung
ABl. EG	Amtsblatt der Europäischen Gemeinschaften
ABl. EU	Amtsblatt der Europäischen Union
Abs.	Absatz
AcP	Archiv für die civilistische Praxis
ADHGB	Allgemeines Deutsches Handelsgesetzbuch
AEUV	Vertrag über die Arbeitsweise der Europäischen Union
AfA	Absetzung für Abnutzung
AG-Report	Die Aktiengesellschaft, Report
Alt.	Alternative
Anm.	Anmerkung(en)
AO	Abgabenordnung
ARC	Accounting Regulatory Committee
Art.	Artikel
ASB	Accounting Standards Board
ASCG	Accounting Standards Committee of Germany
BaFin	Bundesanstalt für Finanzdienstleistungsaufsicht
BB	Der Betriebs-Berater
BC	Basis for Conclusions
BdF	Bundesministerium der Finanzen
BewG	Bewertungsgesetz
BFH	Bundesfinanzhof
BFH/NV	Sammlung amtlich nicht veröffentlichter Entscheidungen des Bundesfinanzhofs
BFHE	Bundesfinanzhofentscheidung
BFuP	Betriebswirtschaftliche Forschung und Praxis
BGB	Bürgerliches Gesetzbuch
BGBl.	Bundesgesetzblatt
BGH	Bundesgerichtshof
BGHZ	Entscheidungen des Bundesgerichtshofes in Zivilsachen
BilMoG	Bilanzrechtsmodernisierungsgesetz
BilReG	Gesetz zur Einführung internationaler Rechnungslegungsstandards und zur Sicherung der Qualität der Abschlussprüfung (Bilanzrechtsreformgesetz)

BKR	Zeitschrift für Bank- und Kapitalmarktrecht
BMF	Bundesministerium der Finanzen
BMJ	Bundesministerium der Justiz
BRC	Zeitschrift für Bilanzierung, Rechnungswesen und Controlling
BR-Drucksache	Bundesrats-Drucksache
BStBl.	Bundessteuerblatt
BT-Drucksache	Bundestags-Drucksache
Buchst.	Buchstabe
BVerfG	Bundesverfassungsgericht
BVerfGE	Bundesverfassungsgerichtsentscheidung
bzgl.	bezüglich
bzw.	beziehungsweise
CEP	Centrum für Europäische Politik
d. h.	das heißt
DB	Der Betrieb
ders.	Derselbe
dies.	dieselbe(n)
DP	Discussion Paper
DRS	Deutsche Rechnungslegungsstandards
DRSC	Deutsches Rechnungslegungs Standards Committee e. V.
DSR	Deutschen Standardisierungsrat
DStJG	Deutsche Steuerjuristische Gesellschaft
DStR	Deutsches Steuerrecht
DStRE	Deutsches Steuerrecht Entscheidungsdienst
DStZ	Deutsche Steuer-Zeitung
DSWR	Datenverarbeitung – Steuern – Wirtschaft – Recht
e. V.	eingetragener Verein
EBIT	Earnings Before Interest and Taxes („Gewinn vor Zinsen und Steuern“)
EBITA	Earnings Before Interests, Taxes and Amortisation („Ergebnis vor Zinsen, Steuern und Abschreibungen auf immaterielle Vermögensgegenstände“)
ED	Exposure Draft
EDV	Elektronische Datenbearbeitung
EFG	Entscheidungen der Finanzgerichte
EFRAG	European Financial Reporting Advisory Group

EG	Europäische Gemeinschaft(en)
EGV	Vertrag zur Gründung der Europäischen Gemeinschaft
Einf.	Einführung
endg.	endgültig(e)
EStG	Einkommensteuergesetz
EStR	Einkommensteuer-Richtlinien
EU	Europäische Union
EuGH	Europäischer Gerichtshof
EuGHE	Entscheidungssammlung des EuGH
EuR	Zeitschrift Europarecht
EUV	Vertrag über die Europäische Union
EuZW	Europäische Zeitschrift für Wirtschaftsrecht
EWG	Europäische Wirtschaftsgemeinschaft
f.	folgende
FASB	Financial Accounting Standards Board
ff.	fortfolgende
FG	Finanzgericht
FLF	Finanzierung Leasing Factoring
Fn.	Fußnote
FR	Finanzrundschau
FS	Festschrift
gem.	gemäß
GewStG	Gewerbesteuergesetz
ggf.	gegebenenfalls
GmbHR	GmbH-Rundschau
GoB	Grundsätze ordnungsmäßiger Buchführung
grdl.	grundlegend
GrS	Großer Senat des Bundesfinanzhofs
GuV	Gewinn- und Verlustrechnung
h. M.	herrschende Meinung
HGB	Handelsgesetzbuch
Hrsg.	Herausgeber
Hs.	Halbsatz
i. e. S.	im engeren Sinne
i. S. d.	im Sinne des/der

i. S. v.	im Sinne von
i. V. m.	in Verbindung mit
IAS	International Accounting Standard(s)
IASB	International Accounting Standards Board
IASC	International Accounting Standards Committee
IASC Foundation	International Accounting Standards Committee Foundation
IDW	Institut der Wirtschaftsprüfer in Deutschland e. V.
IFRIC	International Financial Reporting Interpretations Committee
IFRS	International Financial Reporting Standard(s)
IFRS-Foundation	International Financial Reporting Standard Foundation
inkl.	inklusiv
IRZ	Zeitschrift für Internationale Rechnungslegung
IStR	Internationales Steuerrecht
JbFStR	Jahrbuch der Fachanwälte für Steuerrecht
JuS	Juristische Schulung
KapAEG	Kapitalaufnahmeerleichterungsgesetz
KoR	Zeitschrift für internationale und kapitalmarktorientierte Rechnungslegung
KStG	Körperschaftsteuergesetz
KWG	Gesetz über das Kreditwesen (Kreditwesengesetz)
lit.	litera
m. w. N.	mit weiteren Nachweisen
Mio.	Millionen
Mrd.	Millarden
NJW	Neue Juristische Wochenschrift
No.	Number
Nr.	Nummer(n)
NVwZ	Neue Zeitschrift für Verwaltungsrecht
NZG	Neue Zeitschrift für Gesellschaftsrecht
ÖBA	Österreichisches BankArchiv
Par.	Paragraf

PiR	Praxis der internationalen Rechnungslegung
RabelsZ	Rabels Zeitschrift für ausländisches und internationales Privatrecht
RIW	Recht der Internationalen Wirtschaft
Rn.	Randnummer(n)
Rz.	Randziffer(n)
S.	Seite(n)
SARG	Standards Advice Review Group
SIC	Standing Interpretations Committee
Slg.	Amtliche Sammlung des EuGH
sog.	so genannte(s, r, n)
ST	Der Schweizer Treuhänder
Stbg	Die Steuerberatung
StbJb	Steuerberater-Jahrbuch
StuB	Steuern und Bilanzen
StuW	Steuer und Wirtschaft
SuS	Steuer und Studium
TEC	Technical Expert Group
u. a.	unter anderem
USA	United States of America
US-GAAP	United States Generally Accepted Accounting Principles
vgl.	vergleiche
vglbar	vergleichbar
Vorb.	Vorbemerkung
vs.	versus
WiB	Wirtschaftliche Beratung-Jahresregister
WM	Zeitschrift für Wirtschafts- und Bankrecht
WPg	Die Wirtschaftsprüfung
WP-Handbuch	Wirtschaftsprüfer-Handbuch
WpHG	Wertpapierhandelsgesetzbuch
z. B.	zum Beispiel
ZEuS	Zeitschrift für europarechtliche Studien

ZEW	Zentrum für Europäische Wirtschaftsforschung
ZfB	Zeitschrift für Betriebswirtschaft
ZGR	Zeitschrift für Unternehmens- und Gesellschaftsrecht
ZGS	Zeitschrift für Vertragsgestaltung, Schuld- und Haftungsrecht
ZHR	Zeitschrift für das gesamte Handelsrecht und Wirtschaftsrecht
ZIP	Zeitschrift für Wirtschaftsrecht
zit.	zitiert
zzgl.	zuzüglich

A) Einleitung

I) Ausgangssituation

Leasing ist seit Langem eine mögliche Finanzierungsform für den Erwerb und eine besondere Vertragsform der Vermietung und Verpachtung von Vermögenswerten.[1] Insgesamt gab es 2012 in Deutschland auf dem Leasingmarkt ein Neugeschäft von rund 49,0 Mrd. €, von dem das Mobilienleasing mit 47,2 Mrd. € und 1,4 Mio. neu abgeschlossenen Verträgen den wesentlichen Anteil stellte.[2] Innerhalb des Mobilienleasings bildet das Kraftfahrzeugleasing (Pkw, Busse, Lkw, Transporter, etc.) mit einem Anteil von 70% am Neugeschäft die größte Gruppe, gefolgt von den Produktionsmaschinen und der EDV.[3] Leasingverträge gestatten die Nutzung an Vermögenswerten gegen Entgelt, ohne dass es – oder zumindest nicht sofort – zu einem Eigentumsübergang kommt.[4] Sie ermöglichen dabei sowohl in der Vertragsausgestaltung als auch bei den Optionen am Ende der Vertragslaufzeit eine hohe unternehmerische Flexibilität.[5] Die Verträge kategorisieren sich im deutschen Recht in Finanzierungsleasing und Operatingleasing, wobei im Fall des Operatingleasings kein Ansatz des Leasinggutes in der Bilanz des Leasingnehmers erfolgt (sog. *off-balance-sheet-Effekt).* Zudem können neben Kauf- oder Mietverlängerungsoptionen Andienungsrechte vereinbart oder Mehrerlösvereinbarungen getroffen werden.

Neben den nationalen Rechnungslegungsvorschriften gewinnen auch die internationalen Regelungen immer mehr Bedeutung für die Bilanzierung der Leasinggeschäfte. Insbesondere die deutschen, kapitalmarktorientierten Unternehmen müssen neben dem handels- und steuerrechtlichen Abschluss ihren Konzernabschluss verpflichtend nach den internationalen Rechnungslegungsvorschriften erstellen. Während im deutschen Handels- und Steuerrecht die

---

1 Alvarez/Wotschofsky/Mietig, WPg 2001, 933, 933; Brösel/Zwirner, IFRS-Rechnungslegung, S. 241.

2 Bundesverband Deutscher Leasing-Unternehmen e. V., Jahresbericht 2012/2013, S. 11 und S. 15.

3 Bundesverband Deutscher Leasing-Unternehmen e. V., Jahresbericht 2012/2013, S. 12.

4 Brösel/Zwirner, IFRS-Rechnungslegung, S. 241.

5 Alvarez/Wotschofsky/Mietig, WPg 2001, 933, 933.

Leasingerlasse des Bundesministeriums der Finanzen (BMF)[6] für die Zuordnung des Leasinggegenstandes bei der Bilanzierung maßgeblich sind und im deutschen Gesetz keine genauen Vorschriften die Zurechenbarkeit des Leasinggegenstandes an den Leasinggeber oder Leasingnehmer regeln – § 246 Abs. 1 Satz 2 HGB kodifiziert allein das Prinzip der wirtschaftlichen Zurechnung bei einem Auseinanderfallen von wirtschaftlichem und juristischem Eigentum[7] –, findet im internationalen Bereich der *International Accounting Standard „Leases“* (IAS 17) auf die Leasingverhältnisse Anwendung.

II) Problemstellung

Auf internationaler Rechnungslegungsebene wurde am 16. Mai 2013 der *Exposure Draft „Leases“* (ED/2013/6)[8] vom *International Accounting Standards Board* (IASB) und dem US-amerikanischen *Financial Accounting Standards Board* (FASB) als Überarbeitungsentwurf für den aktuellen Rechnungslegungsstandard *„Leases“* (IAS 17) für die Bilanzierung von Leasinggeschäften veröffentlicht. Bereits seit sieben Jahren befindet sich die Reform der Leasingbilanzierung in Arbeit.[9] Der ED/2013/6 ist die letzte Stufe zu einem neuen, internationalen Rechnungslegungsstandard und das Ergebnis der Auswertung des vorangegangenen *Discussion Papers* mit dem Titel *„Leases: Preliminary Views“* vom 19. März 2009[10]

---

6 Es gibt vier Leasingerlasse: Vollamortisationserlass zum Mobilienleasing vom 19. April 1971 (BMF-Schreiben vom 19. April 1971, IV B 2 – S 2170 – 31/71, BStBl. I 1971, 264 = BdF-Schreiben, DB 1971, 795); Vollamortisationserlass zum Immobilienleasing vom 21. März 1972 (BdF-Schreiben vom 21. März 1972, F/IV B 2 – S 2170 – 11/72, BStBl. I 1972, 188); Teilamortisationserlass zum Mobilienleasing vom 22. Dezember 1975 (BMF-Schreiben vom 22. Dezember 1975, IV B2 – S 2170 – 161/75, DB 1976, 172) und Teilamortisationserlass zum Immobilienleasing vom 23. Dezember 1991 (BMF-Schreiben vom 23. Dezember 1991, IV B2 – S 2170 – 115/91, BStBl. I 1992, 13).

7 Baetge/Kirsch/Thiele, Bilanzen, S. 659; Freidank/Velte, SuS 2012, 79, 79.

8 Im Folgenden ED/2013/6; abrufbar unter <http://www.ifrs.org/Current-Projects/IASB-Projects/Leases/Exposure-Draft-May-2013/Documents/ED-Leases-Standard-May-2013.pdf> (Stand: 25. November 2013).

9 Die ersten konkreten Gedanken zur Reformierung des Leasingstandards wurden im Jahr 2006 bei den Überlegungen zum Discussion Paper (veröffentlicht im Jahr 2009) gefasst.

10 Abrufbar unter <http://www.ifrs.org/Current-Projects/IASB-Projects/Leases/DP-Mar09/Documents/DPLeasesPreliminaryViews.pdf> (Stand: 25. November 2013).

und des *Exposure Drafts „Leases“* (ED/2010/9) vom 17. August 2010[11]. Ein Zeitpunkt für das Inkrafttreten des ED/2013/6 steht noch nicht fest; es wird jedoch mit einer Anwendung der neuen Standards ab 2017 gerechnet.[12]

Der ED/2013/6 sieht zukünftig die Einführung eines sog. *Right-of-use-Approachs* vor. Hiernach werden alle Leasingverträge, Vermögenswerte und Schulden aus dem Leasinggeschäft bilanziell erfasst, mit Ausnahme der in ED/2013/6 Ziffer 4 f. beschriebenen Leasingverhältnisse. Die bisherige, parallel zum deutschen Recht laufende Unterscheidung zwischen Finanzierungs- und Operatingleasing wird in der internationalen Rechnungslegung aufgegeben, sodass es immer zu einer *on-balance-sheet-Bilanzierung* kommt, vergleichbar mit dem jetzigen Finanzierungsleasing. Entsprechend der neuen Regelungen hat der Leasingnehmer im Fall des Mobilienleasings für das Nutzungsrecht einer Sache einen Vermögenswert zu aktivieren (*right-of-use asset*) und gleichzeitig in derselben Höhe eine entsprechende Verbindlichkeit (*liability to make lease payments*) zu passivieren, wobei die Leasingraten in Zins- und Tilgungsraten aufzuteilen sind.[13]

Entgegen dem Vorschlag des *Exposure Drafts* wendet die deutsche Handels- und Steuerbilanz das *„All-or-nothing-Prinzip“* an und ordnet den Leasinggegenstand entweder dem Leasinggeber oder dem Leasingnehmer zu. Sofern der Leasinggegenstand dem Leasinggeber als wirtschaftlichem Eigentümer zugerechnet wird, ist auf Seiten des Leasingnehmers der Grundsatz der Nichtbilanzierung schwebender Geschäfte[14] zu beachten, der einen Ansatz des Leasingobjekts in der Leasingnehmerbilanz verbietet (sog. *off-balance-sheet-Bilanzierung*). Fraglich ist daher, ob der *Right-of-use-Ansatz* neben der verpflichtenden Anwendung im Konzernabschluss kapitalmarktorientierter Unternehmen auch auf die deutsche Rechnungslegung ausgeweitet und mit ihr in Einklang gebracht werden kann. Hierbei wird das Augenmerk gezielt auf den handelsrechtlichen Einzelabschluss und die Folgen für die Steuerbilanz gelegt. Probleme könnten die unterschiedlichen bilanziellen Zweckrichtungen hervorrufen. Während in den internationalen Rechnungslegungsstandards die Informationsfunktion

---

11 Im Folgenden ED/2010/9; abrufbar unter <http://www.ifrs.org/Current-Projects/IASB-Projects/Leases/ed10/Documents/EDLeasesStandard0810.pdf> (Stand: 25. November 2013).

12 Scheffler, AG-Report 2013, R 203, R 204; Bundesverband Deutscher Leasing-Unternehmen e. V., Jahresbericht 2012/2013, S. 20.

13 ED/2013/6 Ziffer 37.

14 Gemäß dem Grundsatz der Nichtbilanzierung schwebender Geschäfte dürfen Ansprüche und Verbindlichkeiten aus schwebenden Geschäften nicht bilanziert werden; BFH, Beschluss vom 23. Juni 1997, GrS 2/93, BStBl. II 1997, 735, 737.

im Vordergrund steht,[15] liegt der Schwerpunkt der Handelsbilanz auf einer gläubigerschutzorientierten Ausschüttungsbilanz[16] und im Steuerrecht auf der periodengerechten Darstellung der Leistungsfähigkeit des Steuerpflichtigen[17]. Der Ausweis aller Leasinggeschäfte in der Bilanz könnte dem Zweck der deutschen Bilanzen entgegenstehen. Insbesondere wird hierdurch der im deutschen Recht stark verbreitete Grundsatz der Nichtbilanzierung schwebender Geschäfte unterlaufen, dessen mögliche Konsequenzen bei einer Einführung des *Right-of-use-Ansatzes* genauer beleuchtet werden müssen.

Das Ziel der Arbeit ist es, die Unterschiede der Leasingbilanzierung nach dem Handelsgesetzbuch (HGB), dem Steuerrecht und den *International Financial Reporting Standards* (IFRS) herauszuarbeiten, die Vereinbarkeit des Neuvorschlages des ED/2013/6 mit dem deutschen Bilanzrecht und der Übertragung des *Right-of-use-Approachs* auf den deutschen Einzelabschluss zu überprüfen und mögliche Lösungsmöglichkeiten zu finden. Dabei konzentriert sich die Arbeit allein auf den Bereich des Mobilienleasings. Immobilienleasing, komplexe Leasingverträge sowie andere spezielle Leasingkonstruktionen bleiben unberücksichtigt.

III) Gang der Untersuchung

Die vorliegende Arbeit ist in sieben Kapitel untergliedert. Nach einer Einleitung und der Darstellung des Problemaufrisses im Kapitel „A", beschäftigt sich das Kapitel „B" zunächst mit den Grundlagen der internationalen und deutschen Rechnungslegung. Hierbei werden die Unterschiede der jeweiligen Normcharaktere in Form der angelsächsischen und kontinental-europäischen Rechnungslegung skizziert und darauf aufbauend der Entstehungsprozess eines internationalen Rechnungslegungsstandards von der Entwicklung bis zur Implementierung ins europäische Recht erläutert. In diesem Zusammenhang wird auch auf die

---

15 Vgl. IAS 1.15 und Framework 12; Crezelius/Hirte/Vieweg, in: FS Röhricht, S. 727 ff.; Claßen/Schulz, StuB 2011, 3, 4; Buchholz, Grundzüge des Jahresabschlusses, S. 229; Buchholz, Internationale Rechnungslegung, S. 2; Herzig, WPg 2005, 211, 214; Hauck/Prinz, Der Konzern 2005, 635, 639.

16 Buchholz, Grundzüge des Jahresabschlusses, S. 236 f.; Kirsch, DStZ 2004, 470, 470 f.; Pellens/Fülbier/Gassen/Sellhorn, Internationale Rechnungslegung, S. 13; Schulze-Osterloh, Der Konzern 2004, 173, 173.

17 Vgl. Hey, in: Tipke/Lang, Steuerrecht, § 3 Rn. 13; Arnold, StuW 2005, 148, 149; Kort, FR 2001, 53, 59 f.; Lauth, DStR 2000, 1365, 1367; Weber-Grellet, BB 1999, 2659, 2660 f.; Weber-Grellet, DStR 1998, 1343, 1347; Herzig, WPg 2005, 211, 214.

IAS-Verordnung[18], die die Anwendung der internationalen Rechnungslegungsnormen auf kapitalmarktorientierte Unternehmen vorschreibt, eingegangen. Anschließend werden in diesem Kapitel die Grundkonzeptionen und notwendigen Prinzipien der deutschen Handels- und Steuerbilanz sowie der Bilanz nach den internationalen Rechnungslegungsnormen gewürdigt. Dieses Grundlagenkapitel, in dem auch die zentralen Bilanzierungsmaßstäbe für das bilanzpolitische Vorgehen erörtert werden, dient dazu, einen Überblick über den Zusammenhang der verschiedenen Bilanzen zu verschaffen sowie die Abweichungen aufzuzeigen, denen im Hinblick auf die Bilanzierung und die Bilanzierungszwecke sowie die Vereinbarkeit der Systeme Beachtung zu schenken ist.

Das Kapitel „C" widmet sich inhaltlich der handelsrechtlichen Leasingbilanzierung. Nach der Skizzierung der rechtlichen Einordnung der Leasingverträge in Deutschland wird auf die Zurechnung des wirtschaftlichen Eigentums sowie die Bilanzierung auf Leasingnehmer- und Leasinggeberseite eingegangen. Die Bilanzierung richtet sich nach dem grundlegenden BFH-Urteil vom 26. Januar 1970[19] und den steuerlichen Leasingerlassen des BMF, die im Detail erörtert werden und in deren Rahmen die unterschiedlichen Konstellationen des Vollamortisationserlasses und Teilamortisationserlasses für Mobilien beschrieben werden.

Die Darstellung der Leasingbilanzierung im deutschen Steuerrecht wird im Kapitel „D" behandelt. Hier wird abermals auf die steuerlichen Vorschriften und die Bilanzierungen beim Leasingnehmer und Leasinggeber eingegangen.

Gegenstand von Kapital „E" ist die detaillierte Darstellung der internationalen Leasingbilanzierung nach der aktuellen Vorschrift des IAS 17 sowie den beiden *Exposure Drafts* ED/2010/9 und ED/2013/6 mit einer gemeinsamen abschließenden kritischen Würdigung. Hierbei wird insbesondere auf die Darstellung der alten und neuen Regelungen sowie den „*Right-of-use-Approach*" eingegangen. Das Kapitel zeigt zudem die Schwächen der aktuellen Regelung des IAS auf und erläutert, welche Gründe für die Entwicklung eines neuen Leasingstandards angeführt wurden.

Der Schwerpunkt der Arbeit liegt in Kapitel „F", dem Vergleich der Rechnungslegungssysteme und der Untersuchung der Vereinbarkeit des *Exposure Drafts* ED/2013/6 mit den deutschen Vorschriften der Handels- und Steuerbilanz. Hierbei werden die Probleme, inhaltlichen Spannungen und Unterschiede genau lokalisiert und Lösungsmöglichkeiten aufgezeigt, die für eine Annäherung

18 Verordnung (EG) Nr. 1606/2002 vom 19. Juli 2002 (ABl. EG 2002, L 243).
19 BFH, Urteil vom 26. Januar 1970, IV R 144/66, BStBl. II 1970, 264.

der internationalen und deutschen Rechnungslegung in Betracht kommen. In diesem Zusammenhang erfolgt die Überprüfung der Vereinbarkeit des *Right-of-use-Approachs* anhand der bilanziellen Grundprinzipien des handelsrechtlichen Einzelabschlusses und der Steuerbilanz sowie im Hinblick auf den gerichtlichen Rechtsschutz und die Auslegungskompetenz. Bei der Beurteilung sind insbesondere der Grundsatz der Nichtbilanzierung zu würdigen sowie die Prinzipien und Interessen der Bilanzen zu vergleichen. Des Weiteren wird auf die Möglichkeit der Abkopplung der Steuerbilanz von der Handelsbilanz und der Entstehung einer eigenen separaten Steuerbilanz eingegangen. Das Ergebnis des Kapitels enthält einen Vorschlag zur Harmonisierung der unterschiedlichen Rechnungslegungssysteme, lehnt aber zugleich eine Übertragbarkeit des *Right-of-use-Prinzips* auf die deutsche Handels- und Steuerbilanz ab.

Kapitel „G" fasst abschließend die erarbeiteten Ergebnisse thesenförmig zusammen.

B) Grundlagen der internationalen und deutschen Rechnungslegung

Die internationalen und deutschen Rechnungslegungsvorschriften beruhen auf unterschiedlichen Rechtssystemen. Während sich das deutsche Handelsrecht am kontinental-europäischen *Civil Law*[20] orientiert, dessen Regelungen auf das römische Recht (*Code Civil*) zurückzuführen sind, orientieren sich die internationalen Vorschriften am angelsächsischen *Case Law*[21] und basieren auf dem Gewohnheitsrecht (*Common Law*).[22] Bei dem kontinental-europäischen *Civil Law* handelt es sich um einen Rechtskreis, dessen Gesetze für eine Vielzahl von Fällen gelten sollen und einen allgemeingültigen Charakter aufweisen.[23] Umfangreiche Gesetzesregelungen auf hohem Abstraktionsniveau versuchen, alle Sachverhalte in der Gesellschaft abzudecken.[24] Im Gegensatz zu den kontinentalen Regelungen ist das *Case Law* einzelfallbezogen sowie weniger systematisch aufgebaut; ebenso wenig werden die Standards in Tatbestand und Rechtsfolge aufgegliedert.[25] Sie bedienen sich vielmehr – wie in den anglo-amerikanischen Kreisen üblich – einer Regelungstechnik, in der durch Beschreiben der Zielsetzung, Definitionen und das Benennen von Beispielen diverse Fallkonstellationen erfasst werden sollen.[26] Mangels gesetzlicher Rahmenvorschriften werden die Rechnungslegungsnormen im *Common Law* durch normsetzende Institutionen, den Standardsettern, erlassen.

---

20 Zu den kontinental-europäischen Kreisen gehören Deutschland, Frankreich, Spanien, Belgien, Italien, Griechenland, Portugal, Schweden, Japan und die Schweiz; vgl. Spanheimer, Internationale Rechnungslegung, S. 27.

21 Zu den anglo-amerikanischen Kreisen zählen die USA, Kanada, Dänemark, Australien, Neuseeland, die Niederlande, Singapur, Irland sowie Großbritannien; vgl. Spanheimer, Internationale Rechnungslegung, S. 27; Wagenhofer, Internationale Rechnungslegungsstandards, S. 38.

22 Nobach, Bedeutung der IAS/IFRS für die Bilanzpolitik deutscher Unternehmen, S. 13.

23 Buchholz, Internationale Rechnungslegung S. 7.

24 Stromberg, Voraussetzungen für internationale Immobilien-Leasing-Finanzierungen, S. 18.

25 Hauck/Prinz, Der Konzern 2005, 635, 638; Nobach, Bedeutung der IAS/IFRS für die Bilanzpolitik deutscher Unternehmen, S. 13.

26 Hauck/Prinz, Der Konzern 2005, 635, 638; vgl. Schulze-Osterloh, Der Konzern 2004, 173, 175.

I) Regelwerk der internationalen Rechnungslegung

1) Grundlagen des internationalen Regelwerkes

Die ersten internationalen Rechnungslegungsvorschriften wurden *International Accounting Standards* (IAS) genannt und vom *International Accounting Standards Committee* (IASC) entwickelt, einer privatrechtlichen Organisation, die am 29. Juni 1973 im Rahmen einer Vereinbarung von sich mit der Rechnungslegung auseinandersetzenden Berufsverbänden aus Australien, Deutschland, Frankreich, Großbritannien, Irland, Japan, Kanada, Mexiko, den Niederlanden und den Vereinigten Staaten von Amerika gegründet wurde.[27] Im Jahr 2001 nahm das *International Accounting Standards Board* (IASB) als Nachfolgeorganisation des IASC seine Tätigkeit auf. Das IASB ist das wichtigste Organ der *International Accounting Standards Committee Foundation* (*IASC Foundation*) mit Sitz in London[28]; es besteht aus 16 Mitgliedern, die eine Kombination fachlicher Expertisen aus verschiedenen internationalen Tätigkeitsfeldern und der Marktforschung widerspiegeln.[29] Das IASB ist für die Überarbeitung, Anpassung und Neufassung der bestehenden Regelungen verantwortlich. Die *IASC Foundation*, eine Stiftung privaten Rechts, die am 6. Februar 2001 gegründet und im März 2012 in *IFRS-Foundation* umbenannt wurde, ist für die Entwicklung der internationalen Rechnungslegung zuständig.[30]

Die internationale Rechnungslegung setzt sich aus einem mehrstufigen Regelwerk zusammen, dessen im Folgenden aufgeführte Einzelbestandteile als Einheit zu sehen sind und sich gegenseitig ergänzen und erläutern:[31]

- dem Framework
  - als Rahmenkonzept, das die Grundlagen der Rechnungslegung im Sinne eines allgemeinen Teils beinhaltet;

---

27 Buchholz, Grundzüge des Jahresabschlusses, S. 229; Stromberg, Voraussetzungen für internationale Immobilien-Leasing-Finanzierungen, S. 20; Wagenhofer, Internationale Rechnungslegungsstandards, S. 69; Wulf/Klein/Azaiz, DStR 2005, 260, 263; Bohl, in: Bohl/Riese/Schlüter, Beck'sches IFRS-Handbuch, § 1 Rz. 1.

28 Wulf/Klein/Azaiz, DStR 2005, 260, 263; Buchholz, Grundzüge des Jahresabschlusses, S. 229.

29 IFRS-Foundation, Members of the IASB.

30 Buchholz, Grundzüge des Jahresabschlusses, S. 229; Pellens/Fülbier/Gassen/Sellhorn, Internationale Rechnungslegung, S. 90; Wulf/Klein/Azaiz, DStR 2005, 260, 263.

31 Wulf/Klein/Azaiz, DStR 2005, 260, 263; Buchholz, Grundzüge des Jahresabschlusses, S. 233; Nobach, Bedeutung der IAS/IFRS für die Bilanzpolitik deutscher Unternehmen, S. 76 f.

    - als „subsidiäre Interpretationshilfe“[32] zur konkreten Anwendung der bestehenden Rechnungslegungsstandards, da die Inhalte des Frameworks nicht verbindlich sind;
- den Standards
    - *International Accounting Standards* (IAS),
    - *International Financial Reporting Standards* (IFRS),
    - als Spezialvorschriften zur Regelung von Einzelfragen für die Bilanzierung bestimmter Sachverhalte;
- den Interpretationen
    - *Interpretations of the Standard Interpretation Committee* (SIC),
    - *International Financial Reporting Interpretation Standards* (IFRIS),
    - als Auslegungsregeln und Ergänzungen zu speziellen Bilanzierungs- und Bewertungsfragen bestehender Standards.

Die Standards und die dazugehörigen Interpretationen wurden bis 2002 als IAS und SIC verabschiedet. Seit 2002 werden sie vom IASB in Form von IFRS und IFRIS herausgegeben und neu nummeriert.[33] Die bestehenden, bis zum März 2002 erstellten Rechnungslegungsstandards behalten aber weiterhin ihre Gültigkeit,[34] sodass zukünftig unter dem Begriff „IFRS“ das gesamte System von „alten“ IAS und „neuen“ IFRS verstanden wird.[35]

2) Entwicklung neuer Standards (Due Process)

Die Entwicklung neuer Rechnungslegungsstandards folgt einem formalisierten Prozess, dem sog. *Due Process*, der in der Regel zwei bis drei Jahre dauert.[36]

32 Nobach, Bedeutung der IAS/IFRS für die Bilanzpolitik deutscher Unternehmen, S. 77; vgl. auch Framework 2 sowie Coenenberg/Haller/Schultze, Jahresabschluss und Jahresabschlussanalyse, S. 69, die von einer noch offenen Stellung des Frameworks sprechen, aber dennoch keine Gleichstellung des Frameworks mit den Standards erwarten.

33 Wulf/Klein/Azaiz, DStR 2005, 260, 263; Buchholz, Grundzüge des Jahresabschlusses, S. 233.

34 Wulf/Klein/Azaiz, DStR 2005, 260, 263.

35 Pellens/Fülbier/Gassen/Sellhorn, Internationale Rechnungslegung, S. 91.

36 Pellens/Fülbier/Gassen/Sellhorn, Internationale Rechnungslegung, S. 101; Bohl, in: Bohl/Riese/Schlüter, Beck'sches IFRS-Handbuch, § 1 Rz. 22.

Hierbei werden drei relevante Stufen unterschieden:[37]

1. Zunächst wird ein erstes Diskussionspapier (*Discussion Paper*) mit den möglichen Lösungen für ein Problem vorgelegt, das die Öffentlichkeit kommentieren darf.
2. Nach der Auswertung der Ergebnisse aus dem *Discussion Paper* folgt der Entwurf eines Standards mit dem vom IASB bevorzugten Lösungsansatz, der abermals der Öffentlichkeit zur Diskussion gestellt wird (*Exposure Draft*).
3. Nach Auswertung der Ergebnisse des *Exposure Drafts* und eventuellen Änderungen verabschiedet das IASB mit einfacher Mehrheit den *International Financial Reporting Standard.*

Nach Abschluss des *Due Process* sind die vom IASB verabschiedeten Standards noch nicht für die Europäische Union verbindlich. Die IAS/IFRS sind keine Gesetze, sondern Regeln, die durch einen privaten Standardsetter unter Beteiligung verschiedener Interessengruppen entwickelt wurden und werden.[38] Für eine Verbindlichkeit bedarf es einer separaten Übernahmeprozedur, dem Endorsementverfahren[39]. Erst mit der Billigung der Standards erlangen sie bindende Kraft.[40]

II) Verbindliche Inkraftsetzung der internationalen Rechnungslegungsvorschriften in der Europäischen Union

Die Entwicklung der internationalen Rechnungslegungsnormen obliegt dem privatwirtschaftlich organisierten IASB und somit keiner legislativen Instanz, welche den einzelnen Ländern die internationalen Normen verbindlich vorschreiben könnte. Aufgrund dessen müssen die IAS/IFRS zur Erlangung einer rechtlichen Anerkennung in der Europäischen Union ein sog. Endorsementverfahren durchlaufen, welches mit der IAS-Verordnung[41] vom 19. Juli 2002

---

37 Buchholz, Grundzüge des Jahresabschlusses, S. 235; Buchholz, Internationale Rechnungslegung, S. 9; Kirsch, Einführung in die internationale Rechnungslegung nach IFRS, S. 5 f.; Nobach, Bedeutung der IAS/IFRS für die Bilanzpolitik deutscher Unternehmen, S. 31.

38 Coenenberg/Haller/Schultze, Jahresabschluss und Jahresabschlussanalyse, S. 51.

39 Siehe zum Ablauf des Endorsementverfahrens Gliederungspunkt B) II) 3).

40 Arbeitskreis Bilanzrecht der Hochschullehrer Rechtswissenschaft, BB 2002, 2372, 2372.

41 Verordnung (EG) Nr. 1606/2002 vom 19. Juli 2002 (ABl. EG 2002, L 243).

installiert wurde.[42] Hierbei handelt es sich um ein – gegenüber eigenständigen Verordnungs- oder Richtlinienverfahren – verkürztes Verfahren, das eine schnellere und flexiblere Übernahme neuer IAS/IFRS in europäisches Recht gewährleisten soll.[43] Ein eigenständiges, ordnungsgemäßes Verordnungs- und Richtlinienverfahren wäre viel zu umständlich und würde die europäische Inkraftsetzung des Standards erheblich verzögern.[44] Das Ziel des Endorsements ist eine Art Kompromiss: Die Europäische Union soll weiterhin „Herrin des Normgebungsverfahrens" bleiben, zugleich soll aber durch die Straffung des Verfahrens eine größtmögliche Beschleunigung der Rechtsumsetzungsakte erreicht werden.[45]

1) Rechtliche Grundlage

Vor dem Inkrafttreten des Vertrags von Lissabon[46] am 1. Dezember 2009 stützte sich die Europäische Kommission bei derartigen Rechtsetzungsakten auf ex-Art. 202, 3. Spiegelstrich EGV i. V. m. dem durchzuführenden Rechtsakt und dem Komitologiebeschluss[47].[48] Hiernach wurden derartige Umsetzungsrechtsakte von der Europäischen Kommission unter Mitwirkung eines Regelungsausschusses erlassen; dabei wurde im Rahmen des Anerkennungsverfahrens die Übereinstimmung des Standards mit der Bilanzrichtlinie geprüft und seine Zweckmäßigkeit für die Rechnungslegung in der Europäischen Union bewertet.[49]

---

42 Senger/Brune, in: Münchener Kommentar zum Bilanzrecht, Band 2, § 315a Rn. 15; Buchheim/Gröner/Kühne, BB 2004, 1783, 1784 ff.; Küting/Wassong, DStR 2013, 984, 989.

43 Senger/Brune, in: Münchener Kommentar zum Bilanzrecht, Band 2, § 315a Rn. 15; Ernst, BB 2001, 823, 823.

44 Ernst, BB 2001, 823, 823.

45 Ekkenga, BB 2001, 2362, 2369.

46 Vertrag von Lissabon vom 13. Dezember 2007 (ABl. EU 2007, C 306/01).

47 Beschluss Nr. 1999/468/EG des Rates vom 28. Juni 1999 zur Festlegung der Modalitäten für die Ausübung der der Kommission übertragenen Durchführungsbefugnisse, ABl. EG 1999, L 184/23; geändert durch Beschluss Nr. 2006/512/EG des Rates vom 17. Juli 2006, ABl. EU 2006, L 200/11; die konsolidierte Fassung des Komitologiebeschlusses vom 28. Juni 1999 in ABl. EU 2006, C 255/4.

48 Daiber, EuR 2012, 240, 240.

49 Spengel, IStR 2003, 29, 31 sowie CEP, Komitologieverfahren (Lissabon).

Mit dem Inkrafttreten des Vertrags von Lissabon wurde diese Grundlage geändert. Der Lissaboner Vertrag stärkte die Stellung des Europäischen Parlaments, dem von nun an dieselben Rechte wie dem Rat eingeräumt werden[50] und begegnete damit der Kritik an der mangelnden demokratischen Legitimation der Durchführungsverordnung und der ungenügenden Einbindung des Europäischen Parlaments.[51] Nunmehr wird zwischen zwei Fallgruppen, den delegierten Rechtsakten nach Art. 290 AEUV und den Durchführungsrechtsakten in Art. 291 AEUV, unterschieden, die mit der Verordnung (EU) Nr. 182/2011[52] vom 14. Februar 2011 in das europäische Recht übertragen wurden.[53] Das „alte" im Komitologiebeschluss geregelte sog. „Regelungsverfahren mit Kontrolle" gemäß ex-Art. 202, 3. Spiegelstrich EGV wurde durch die delegierte Rechtsetzung nach Art. 290 AEUV ersetzt.[54] Der Komitologiebeschluss und die Neuregelung des Art. 290 AEUV stehen jedoch nicht komplett nebeneinander, sondern überschneiden sich.[55] Sollte es zu Konflikten kommen, hat das Sekundärrecht dem Primärrecht zu weichen.[56]

Gemäß Art. 290 Abs. 1 AEUV kann die Europäische Kommission in Gesetzgebungsakten ermächtigt werden, delegierte Rechtsakte ohne Gesetzescharakter mit allgemeiner Geltung – mit Ausnahme wesentlicher Vorschriften des betreffenden Gesetzgebungsaktes – zu ändern oder zu ergänzen, wobei Ziele, Inhalt sowie Geltungsbereich und Dauer festzulegen sind.[57] Gegenüber dem alten ex-Art. 202, 3. Spiegelstrich EGV ist er viel präziser und formuliert eine Ermächtigungsgrundlage sowie die Grundsätze für die Übertragbarkeit von quasi-legislativen „Rechtssetzungsakten ohne Gesetzescharakter".[58] Die Übertragung dieser Ermächtigung wird in Art. 290 Abs. 2 AEUV durch zwei Punkte eingeschränkt: Gemäß Art. 290 Abs. 2 lit. a AEUV können sowohl der Rat als auch das Europäische Parlament die einmal erfolgte Befugnisübertragung ohne

---

50 Kotzur, in: Geiger/Khan/Kotzur, EUV/AEUV, Art. 290 AEUV Rn. 1.

51 Raschauer, Auswirkungen der Lissaboner Vertragsreform auf das europäische und österreichische Umweltrecht, S. 66; Scheel, ZEuS 2006, 521, 539 ff.

52 Verordnung des Europäischen Parlaments und des Rates zur Feststellung der allgemeinen Regeln und Grundsätze, nach denen die Mitgliedstaaten die Wahrnehmung der Durchführungsbefugnisse durch die Kommission kontrollieren, ABl. EU 2011, L 55/13.

53 Daiber, EuR 2012, 240, 240; Möllers/Achenbach, EuR 2011, 39, 39.

54 Möllers/Achenbach, EuR 2011, 39, 41; Fischer, Vertrag von Lissabon, S. 429.

55 Kotzur, in: Geiger/Khan/Kotzur, EUV/AEUV, Art. 290 AEUV Rn. 9.

56 Fischer, Vertrag von Lissabon, S. 430.

57 Daiber, EuR 2012, 240, 240; Bueren, EuZW 2012, 167, 170; Möllers/Achenbach, EuR 2011, 39, 42.

58 Kotzur, in: Geiger/Khan/Kotzur, EUV/AEUV, Art. 290 AEUV Rn. 4.

Begründung widerrufen und gemäß Art. 290 Abs. 2 lit. b AEUV kann der delegierte Rechtsakt nur in Kraft treten, wenn das Europäische Parlament oder der Rat innerhalb der im Gesetzgebungsakt festgelegten Frist keine Einwände erhebt. Insoweit stärkt der Vertrag von Lissabon die Kontrollrechte des Parlaments und des Rates und räumt ihnen ein umfassendes Vetorecht ein.[59]

Zudem enthält die EU-Verordnung Nr. 182/2011 in Artikel 11 ein Kontrollrecht des Europäischen Parlaments und des Rates. Jener besagt: „Wurde der Basisrechtsakt nach dem ordentlichen Gesetzgebungsverfahren erlassen, so können das Europäische Parlament oder der Rat die Kommission jederzeit darauf hinweisen, dass der Entwurf eines Durchführungsrechtsakts ihres Erachtens die im Basisrechtsakt vorgesehenen Durchführungsbefugnisse überschreitet. In diesem Fall überprüft die Kommission den Entwurf des Durchführungsrechtsakts unter Berücksichtigung der vorgetragenen Standpunkte und unterrichtet das Europäische Parlament und den Rat darüber, ob sie beabsichtigt, den Entwurf des Durchführungsrechtsakts beizubehalten, abzuändern oder zurückzuziehen".[60]

Gemäß Art. 291 AEUV werden hingegen der Europäischen Kommission oder in Sonderfällen dem Rat Befugnisse zum Erlass von Durchführungsrechtsakten übertragen, wenn es einheitlicher Bedingungen für die Durchführung der verbindlichen Rechtsakte der Union bedarf.[61] Ansonsten ergreifen die Mitgliedstaaten die zur Durchführung der Rechtsakte erforderlichen Maßnahmen.

2) IAS-Verordnung zur Anwendung der IAS/IFRS

Gemäß der EU-Verordnung „Nr. 1606/2002 betreffend die Anwendung internationaler Rechnungslegungsstandards" vom 19. Juli 2002 („IAS-Verordnung") müssen kapitalmarktorientierte Mutterunternehmen seit dem 1. Januar 2005 die internationalen Rechnungslegungsstandards auf ihren Konzernabschluss anwenden.[62] Kapitalmarktorientiert sind alle Unternehmen, deren Wertpapiere

---

59 Raschauer, Auswirkungen der Lissaboner Vertragsreform auf das europäische und österreichische Umweltrecht, S. 67.

60 Verordnung des Europäischen Parlaments und des Rates zur Feststellung der allgemeinen Regeln und Grundsätze, nach denen die Mitgliedstaaten die Wahrnehmung der Durchführungsbefugnisse durch die Kommission kontrollieren, Artikel 11, ABl. EU 2011, L 55/13.

61 Daiber, EuR 2012, 240, 240.

62 Verordnung (EG) Nr. 1606/2002 vom 19. Juli 2002 (ABl. EG 2002, L 243); Brösel/Zwirner, IFRS-Rechnungslegung, S. 21; Pellens/Fülbier/Gassen/Sellhorn, Internationale Rechnungslegung, S. 51; Buchholz, Grundzüge des Jahresabschlusses, S. 9.

(Eigenkapital- und/oder Fremdkapitaltitel) am jeweiligen Bilanzstichtag in einem beliebigen EU-Mitgliedstaat zum Handel in einem geregelten Markt zugelassen sind.[63]

Die IAS-Verordnung ist in der Terminologie des europäischen Verfassungsrechts die Grundverordnung und schafft die Voraussetzungen für die Rezeption der internationalen Rechnungslegungsstandards des IASB.[64] Sie entfaltet gemäß Art. 288 Abs. 2 AEUV unmittelbare Wirkung und gilt ohne Umsetzungsakt in den Mitgliedstaaten.[65] Jeder von der Europäischen Union freigegebene Standard – dessen Anwendbarkeit zuvor gemäß Art. 3 Abs. 1 i. V. m. Art. 6 Abs. 2 IAS-Verordnung von der Europäischen Union im Anerkennungsverfahren (sog. Endorsement) beschlossen und der ins europäische Recht übernommen sowie im Europäischen Amtsblatt veröffentlicht wurde –[66] ist gemäß Art. 4 IAS-Verordnung von den Unternehmen anzuwenden, die ihre Abschlüsse nach den internationalen Rechnungslegungsstandards zu erstellen haben. Dabei wird im Deutschen der englische Begriff „*asset*" mit dem deutschen Begriff „Vermögenswert" übersetzt, um eine Irreführung mit dem Begriff „Vermögensgegenstand" zu vermeiden.[67] Die IAS-Verordnung enthält zudem in Art. 5 lit. a, b IAS-Verordnung einige Wahlrechte, die den Mitgliedstaaten die Möglichkeit eröffnen, die Anwendung der internationalen Rechnungslegungsnormen auch für den konsolidierten Abschluss nicht kapitalmarktorientierter Unternehmen sowie für den Einzelabschluss zuzulassen bzw. anzuordnen, sofern die zur Verfügung gestellten Wahlrechte national umgesetzt werden.[68] Hiervon hat Deutschland in den §§ 315a und 325 Abs. 2a HGB Gebrauch gemacht, worauf in Gliederungspunkt B) III) 3) a) gesondert eingegangen wird.

Ausschlaggebend für die fortschreitende internationale Entwicklung ist die zunehmende Globalisierung der Kapitalmärkte.[69] Ausländische Kapitalgeber, die

63 Pellens/Fülbier/Gassen/Sellhorn, Internationale Rechnungslegung, S. 51.

64 Hennrichs, in: Münchener Kommentar zum Bilanzrecht, Band 1, Einführung in die Rechnungslegung nach IFRS, Rn. 80.

65 Anm.: Art. 288 Abs. 2 AEUV entspricht ex-Art. 249 EGV; Kahle, WPg 2003, 262, 263; Buchholz, Internationale Rechnungslegung, S. 13.

66 Brösel/Zwirner, IFRS-Rechnungslegung, S. 22; Buchheim/Gröner/Kühne, BB 2004, 1783, 1784.

67 Schulze-Osterloh, ZIP 2003, 93, 99.

68 Arbeitskreis Bilanzrecht der Hochschullehrer Rechtswissenschaft, BB 2002, 2372, 2372; Buchholz, Grundzüge des Jahresabschlusses, S. 10; Wagenhofer, Internationale Rechnungslegungsstandards, S. 75; Kirsch, WPg 2003, 275, 275.

69 Vgl. ähnlich auch Havermann, in: FS Baetge, S. 519, 521; Küting/Wassong, DStR 2013, 984, 984.

in inländische Unternehmen investieren wollen, haben einen erhöhten Bedarf an international verständlicher und vergleichbarer Rechnungslegung.[70] Ziel der Verordnung ist es, eine EU-weite Harmonisierung der Rechnungslegung anzustreben, die Qualität, Vergleichbarkeit und Transparenz finanzieller Informationen von Unternehmen zu verbessern und somit die Effizienz des Kapitalmarkts und des Marktes für Finanzdienstleistungen zu stärken.[71]

3) Endorsementverfahren

Der *Übernahme*prozess eines Rechnungslegungsstandards in europäisches Sekundärrecht gemäß Art. 3 Abs. 1 i. V. m. Art. 6 Abs. 2 IAS-Verordnung ist zweistufig angelegt.[72] Die Entscheidung über die Annahme oder Ablehnung eines internationalen Rechnungslegungsstandards in das europäische Recht trifft die Europäische Kommission mit einem aus Fachleuten zusammengesetzten Gremium (*European Financial Reporting Advisory Group* – EFRAG), einem Ausschuss von Vertretern der Mitgliedstaaten (*Accounting Regulatory Committee* – ARC), dem Europäischen Parlament sowie dem Rat der Europäischen Union.[73]

Im Rahmen des Endorsementverfahrens werden die einzelnen Regelungen des IASB daraufhin überprüft, ob sie gemäß Art. 3 Abs. 2 IAS-Verordnung zur Freigabe kumulativ folgende Voraussetzungen erfüllen:[74]

---

70 Vgl. Wagenhofer, Internationale Rechnungslegungsstandards, S. 26; Gründe für internationale Rechnungslegung nennt auch Buchholz, Internationale Rechnungslegung, S. 1; Küting/Wassong, DStR 2013, 984, 984; vgl. ähnlich auch Havermann, in: FS Baetge, S. 519, 525.

71 Kerbel, Das novellierte EU-Endorsementverfahren und Implikationen für eine einheitliche IFRS-Anwendung, S. 4; vgl. Busse von Colbe/Ordelheide/Gebhardt/Pellens, Konzernabschlüsse, S. 64; ähnlich Wagenhofer, Internationale Rechnungslegungsstandards, S. 26, 31; Küting/Wassong, DStR 2013, 984, 984; vgl. auch Verordnung (EG) Nr. 1606/2002 vom 19. Juli 2002 (ABl. EG 2002, L 243, Art. 1 und 1. und 2. Erwägungsgrund).

72 Hennrichs, in: Münchener Kommentar zum Bilanzrecht, Band 1, Einführung in die Rechnungslegung nach IFRS, Rn. 80.

73 Senger/Brune, in: Münchener Kommentar zum Bilanzrecht, Band 2, § 315a Rn. 15, 17; Buchheim/Gröner/Kühne, BB 2004, 1783, 1784; Oversberg, DB 2007, 1597, 1597.

74 EuGH, Urteil vom 27. Juni 1996, C-234/94, WM 1996, 1263, 1264; Buchheim/Gröner/Kühne, BB 2004, 1783, 1784; Schön, BB 2004, 763, 763; Schubert, WM 2006, 1033, 1037; Hennrichs, Wahlrechte im Bilanzrecht der Kapitalgesellschaften unter besonderer Berücksichtigung der EG-Bilanz-Richtlinie, S. 141 m. w. N.; van Hulle, WPg 2003, 968, 979; Senger/Brune, in: Münchener Kommentar zum Bilanzrecht, Band 2,

- Sie dürfen dem in Art. 2 Abs. 3 der Bilanzrichtlinie[75] und Art. 16 Abs. 3 der Konzernbilanzrichtlinie[76] festgelegten „*True and fair view*"-Prinzip (Art. 2 Abs. 2 der Vierten Richtlinie) nicht zuwiderlaufen;
- sie müssen dem europäischen öffentlichen Interesse entsprechen und
- den Grundsätzen der Verständlichkeit, Relevanz und Verlässlichkeit genügen sowie eine Vergleichbarkeit der Abschlüsse – zum einen mit den früheren Abschlüssen des gleichen Unternehmens, zum anderen mit denen anderer Unternehmen – gewährleisten, um den Adressaten die notwendigen Informationsgrundlagen für ihre Entscheidungen zu geben.[77]

Zudem unterliegen die IAS/IFRS als Teil des europäischen Sekundärrechts dem primären Unionsrecht[78] und müssen mit den allgemeinen Grundsätzen des Unionsrechts einschließlich der europäischen Grundrechte und dem EU-rechtlichen Verhältnismäßigkeitsgrundsatz vereinbar sein.[79] Standards, die diese Übernahmevoraussetzungen nicht einhalten, dürfen nicht freigegeben werden und sind, soweit sie dennoch von der Europäischen Kommission erlassen werden, nichtig.[80]

§ 315a Rn. 16; Hauck/Prinz, Der Konzern 2005, 635, 636; Hennrichs, WPg 2006, 1253, 1258; Kahle, WPg 2003, 262, 263.

75 Vierte Richtlinie 78/660/EWG vom 25. Juli 1978 (ABl. EG 1978, L 222/11); zuletzt geändert durch Richtlinie 2003/51/EG (ABl. EG 2003, L 178/16).

76 Siebente Richtlinie 83/349/EWG vom 13. Juni 1983 (ABl. EG 1983, L 193/1); zuletzt geändert durch Richtlinie 2003/51/EG (ABl. EG 2003, L 178/16).

77 Senger/Brune, in: Münchener Kommentar zum Bilanzrecht, Band 2, § 315a Rn. 16; Schön, BB 2004, 763, 767.

78 EuGH, Urteil vom 13. Dezember 1979, C-44/79, Slg. 1979, 3727, 3744; EuGH, Urteil vom 28. März 1979, C-158/77, Slg. 1979, 1125, 1135; Ruffert, in: Calliess/Ruffert, EUV/EGV, ex-Art. 249 EGV (jetzt: Art. 288 AEUV) Rn. 14; Bieber/Epiney/Haag, Die Europäische Union, § 6 Rn. 50 f.; Gaitanides, in: von der Groeben/Schwarze, EU-/EG-Vertrag, Band 4, Art. 234 Rn. 36.

79 Hennrichs, in: Münchener Kommentar zum Bilanzrecht, Band 1, Einführung in die Rechnungslegung nach IFRS, Rn. 82; Hennrichs/Schubert, ZIP 2007, 563, 566; Hennrichs, WPg 2006, 1253, 1259; Pechstein, in: Streinz, EUV/EGV, Art. 6 EUV Rn. 9; Kühling, in: Bogdandy, Europäisches Verfassungsrecht, S. 588.

80 Hennrichs, in: Münchener Kommentar zum Bilanzrecht, Band 1, Einführung in die Rechnungslegung nach IFRS, Rn. 83; grdl. zum Verhältnis von Grund- und Durchführungsverordnungen der EG siehe EuGH, Urteil vom 10. März 1971, 38/70, EuGHE 1971, 145 Rn. 10; EuGH, Urteil vom 2. März 1999, C-179/97, EuGHE 1999 I-1251, Rn. 20; Hennrichs, WPg 2006, 1253, 1259.

a) Erster Schritt des Endorsementverfahrens

Von der Verabschiedung einer neuen IFRS-Norm bis zum Übernahmevorschlag der Europäischen Kommission[81]

An dem ersten Schritt des Endorsementverfahrens sind drei Akteure beteiligt: die Europäische Kommission, die EFRAG und die *Standards Advice Review Group* (SARG).[82] Die EFRAG, eine privatrechtlich organisierte und finanzierte Gruppe von Rechnungslegern – bestehend aus zwölf Sachverständigen der Mitgliedstaaten aus den Bereichen Rechnungslegung, Wirtschaftsprüfung und Finanzanalyse –[83], stellt den im Zehnten Erwägungsgrund der IAS-Verordnung erwähnten, „technischen Ausschuss für Rechnungslegung" dar, der „die Kommission bei der Bewertung internationaler Rechnungslegungsstandards unterstützen und beraten" soll.[84]

Das Endorsementverfahren beginnt mit der Verabschiedung einer neuen IFRS-Norm durch den IASB.[85] Daraufhin fordert die Europäische Kommission auf fachlicher Ebene vom EFRAG eine Übernahmeempfehlung (*Endorsement Advice*) an.[86] Die EFRAG holt im Rahmen eines eigenständigen *Due Process* die Kommentare interessierter Kreise auf europäischer Ebene ein, überprüft, ob die IFRS-Norm die Beurteilungskriterien der IAS-Verordnung erfüllt und unterbreitet der Europäischen Kommission innerhalb von zwei Monaten nach Verabschiedung des Standards durch den IASB einen Vorschlag für die Annahme oder die Ablehnung desselbigen.[87]

---

81 IFRS-Portal, Endorsement.

82 Buchheim/Knorr/Schmidt, KoR 2008, 334, 337; Buchheim/Gröner/Kühne, BB 2004, 1783, 1784; Küting/Wassong, DStR 2013, 984, 989.

83 Zur aktuellen Zusammensetzung der Technical Expert Group, die für die fachliche Arbeit zuständig ist, vgl. EFRAG, EFRAG TEG; Buchheim/Gröner/Kühne, BB 2004, 1783, 1784.

84 Verordnung (EG) Nr. 1606/2002 vom 19. Juli 2002, ABl. EG 2002, L 243, 10. Erwägungsgrund; Bohl, in: Bohl/Riese/Schlüter, Beck'sches IFRS-Handbuch, § 1 Rn. 68; Kerbel, Das novellierte EU-Endorsementverfahren und Implikationen für eine einheitliche IFRS-Anwendung, S. 7.

85 IFRS-Portal, Endorsement.

86 Oversberg, DB 2007, 1597, 1597; Küting/Wassong, DStR 2013, 984, 989; Senger/Brune, in: Münchener Kommentar zum Bilanzrecht, Band 2, § 315a Rn. 17; Statement of Due Process 3.1.

87 Vgl. EFRAG, Working Agreement between European Commission and EFRAG, Abschnitt 2.1. f.; Buchheim/Knorr/Schmidt, KoR 2008, 334, 337; Senger/Brune, in: Münchener Kommentar zum Bilanzrecht, Band 2, § 315a Rn. 17; Buchheim/Gröner/Kühne, BB 2004, 1783, 1784.

Nach Vorliegen der Übernahmeempfehlung seitens der EFRAG gibt die SARG innerhalb von maximal vier Wochen eine Stellungnahme zur Objektivität und Ausgewogenheit der Empfehlung an die Europäische Kommission ab, bevor diese sodann einen Übernahmevorschlag erarbeitet.[88] Der Europäischen Kommission obliegt in dieser Angelegenheit das Initiativrecht, d. h. sie kann nach vorliegender Empfehlung entscheiden, ob sie den neuen Standard zur Übernahme vorschlägt oder nicht.[89]

b) Zweiter Schritt des Endorsementverfahrens

Vom Übernahmevorschlag der Europäischen Kommission bis zur Übernahme in europäisches Recht[90]

Im nächsten Schritt legt die Europäische Kommission den Vorschlag dem ARC vor.[91] Das ARC, ein Regelungsausschuss bestehend aus Vertretern der einzelnen Mitgliedstaaten, beschließt innerhalb von drei Monaten über den Übernahmeentwurf.[92] Es repräsentiert gemäß Art. 6 Abs. 1 IAS-Verordnung den „Regelungsausschuss für Rechnungslegung", der die Europäische Kommission ebenfalls bei der Entscheidung über die Anwendbarkeit der Standards unterstützt.[93]

Stimmt das ARC mit qualifizierter Mehrheit[94] dem Übernahmeentwurf der Europäischen Kommission zu, so wird dieser dem Europäischen Parlament und

88 Vgl. Coenenberg/Haller/Schultze, Jahresabschluss und Jahresabschlussanalyse, S. 55; Baetge/Wollmert/Kirsch/Oser/Bischof, Rechnungslegung nach IFRS, Band 1, Teil A: Grundlagen, Kapitel I: Ziele, Organisation, Entwicklung und Bedeutung des IASB, Rn. 130; Küting/Wassong, DStR 2013, 984, 989; IFRS-Portal, Endorsement.

89 Oversberg, DB 2007, 1597, 1597; Senger/Brune, in: Münchener Kommentar zum Bilanzrecht, Band 2, § 315a Rn. 17.

90 IFRS-Portal, Endorsement.

91 Buchheim/Gröner/Kühne, BB 2004, 1783, 1784; Buchheim/Knorr/Schmidt, KoR 2008, 334, 339; Küting/Wassong, DStR 2013, 984, 989; Senger/Brune, in: Münchener Kommentar zum Bilanzrecht, Band 2, § 315a Rn. 17.

92 Coenenberg/Haller/Schultze, Jahresabschluss und Jahresabschlussanalyse, S. 55; Buchheim/Knorr/Schmidt, KoR 2008, 334, 339; Spengel, IStR 2003, 29, 31; vgl. Vorschlag einer Verordnung des Europäischen Parlaments und des Rates betreffend die Anwendung internationaler Rechnungslegungsgrundsätze, KOM(2001) 80 endg., BR-Drucksache. 197/01 vom 5. März 2001, Ziffer 3.3; Küting/Wassong, DStR 2013, 984, 989; Buchheim/Gröner/Kühne, BB 2004, 1783, 1784; vgl. Art. 6 der IAS-Verordnung (Verordnung (EG) Nr. 1606/2002 vom 19. Juli 2002 (ABl. EG 2002, L 243)).

93 Schulze-Osterloh, Der Konzern 2004, 173, 173.

94 ARC, Rules of Procedure for the Accounting Regulatory Committee, Art. 5; Senger/Brune, in: Münchener Kommentar zum Bilanzrecht, Band 2, § 315a Rn. 17.

dem Rat der Europäischen Union mit der Empfehlung zur Billigung vorgelegt.[95] Beide Gremien können den Vorschlag ohne Angabe von Gründen ablehnen (das Europäische Parlament mit der Mehrheit seiner Mitglieder, der Rat mit qualifizierter Mehrheit).[96] Liegt innerhalb von drei Monaten keine Ablehnung durch das Europäische Parlament oder den Rat vor, wird das Schweigen als Zustimmung gewertet und das Verfahren schreitet voran, sodass die neue IFRS-Norm in europäisches Recht übernommen wird.[97]

c) Abschluss des Verfahrens

Durchläuft ein IAS/IFRS das Endorsementverfahren erfolgreich, wird der übernommene internationale Rechnungslegungsstandard gemäß Art. 3 Abs. 4 IAS-Verordnung in allen Amtssprachen im Amtsblatt der Europäischen Union veröffentlicht.[98] Mit der Veröffentlichung im Amtsblatt werden die Standards ein Teil des Unionsrechts und sind aufgrund der EU-Verordnung in allen Teilen verbindlich; sie gelten gemäß Art. 288 Abs. 2 AEUV unmittelbar in allen Mitgliedstaaten und unterliegen damit automatisch der Rechtsprechung des Europäischen Gerichtshofes.[99]

---

95 Buchheim/Knorr/Schmidt, KoR 2008, 334, 339; Küting/Wassong, DStR 2013, 984, 989; Erfolgt eine Ablehnung durch das Europäische Parlament oder den Rat der Europäischen Union, muss die Europäische Kommission einen geänderten Vorschlag unterbreiten. Lehnt bereits das ARC den Kommissionsvorschlag ab, leitet die Europäische Kommission den Übernahmevorschlag an den Rat weiter, der dann gemeinsam mit dem Europäischen Parlament final über das Endorsement entscheidet (vgl. ausführlich dazu Coenenberg/Haller/Schultze, Jahresabschluss und Jahresabschlussanalyse, S. 55 f.); Senger/Brune, in: Münchener Kommentar zum Bilanzrecht, Band 2, § 315a Rn. 17.

96 Buchheim/Knorr/Schmidt, KoR 2008, 334, 339; Art. 5a Abs. 4 lit. c des Komitologiebeschlusses (Beschluss Nr. 2006/512/EG des Rates vom 17. Juli 2006, ABl. EU 2006, L 200/11); Lanfermann/Röhricht, BB 2008, 826, 827.

97 Buchheim/Knorr/Schmidt, KoR 2008, 334, 339.

98 Buchheim/Knorr/Schmidt, KoR 2008, 334, 336 (340); Küting/Wassong, DStR 2013, 984, 989; IFRS-Portal, Endorsement; Buchheim/Gröner/Kühne, BB 2004, 1783, 1785.

99 van Hulle, WPg 2003, 968, 980; Senger/Brune, in: Münchener Kommentar zum Bilanzrecht, Band 2, § 315a Rn. 18; Hennrichs, in: Münchener Kommentar zum Bilanzrecht, Band 1, Einführung in die Rechnungslegung nach International Financial Reporting Standards, Rn. 48; Schön, BB 2004, 763, 764; Buchheim/Gröner/Kühne, BB 2004, 1783, 1785; Schulze-Osterloh, Der Konzern 2004, 173, 173; zur Wahl der „Verordnung“ als Regelungsinstrument näher van Hulle, WPg 2003, 968,

d) Parallele zu Deutschland

Der Prozess der Standardfestsetzung auf europäischer Ebene ist mit dem Gesetzgebungsverfahren von Rechnungslegungsvorschriften in Deutschland vergleichbar. Auch hier waren schon immer private Institutionen – unter ihnen auch das Institut der Wirtschaftsprüfer in Deutschland e. V. (IDW) – beteiligt, Rechnungslegungsnormen mitzuprägen und auf den Gesetzgeber einzuwirken.[100] Im September 1998 wurde das Deutsche Rechnungslegungs Standards Committee (DRSC)[101] als Einrichtung eines deutschen Standardsetzers gegründet und gemäß § 342 HGB vom Bundesministerium der Justiz (BMJ) als privates Rechnungslegungsgremium anerkannt.[102] § 342 Abs. 1 Satz 1 Nr. 1 bis 4 HGB normiert die Aufgaben, mit denen eine privat organisierte Einrichtung beauftragt werden kann. Unter anderem können die Erarbeitung von Interpretationen der internationalen Rechnungslegungsstandards i. S. d. § 315a Abs. 1 HGB (§ 342 Abs. 1 Satz 1 Nr. 4 HGB) sowie die Beratung des BMJ bei Gesetzgebungsvorhaben zu Rechnungslegungsvorschriften (§ 342 Abs. 1 Satz 1 Nr. 2 HGB) an eine privatrechtlich organisierte Einrichtung übertragen werden. Bis zum Jahr 2011 wurde diese Aufgabe vom Deutschen Standardisierungsrat (DSR) übernommen, der innerhalb kurzer Zeit zahlreiche Rechnungslegungsfragen aufgegriffen und in konkrete deutsche Rechnungslegungsstandards transformiert hat.[103]

Seit Anfang 2012 wird diese Facharbeit von den HGB- und IFRS-Fachausschüssen übernommen.[104] Gemäß §§ 21 und 22 der Vereinssatzung der DRSC

976 f.; Buchholz, Internationale Rechnungslegung S. 13; Anm.: Art. 288 Abs. 2 AEUV entspricht ex-Art. 249 EGV; Art. 288 AEUV systematisiert die verschiedenen Arten von europarechtlichen Normen, darunter die Verordnung, die Richtlinie, Beschlüsse und Empfehlungen sowie Stellungnahmen. Im Gegensatz zu einer Verordnung bedarf die Richtlinie der Umsetzung durch die Mitgliedstaaten. Sie bindet nur die Mitgliedstaaten, die aber die Wahl von Form und Mittel haben, um das Normziel zu erreichen. Empfehlungen und Stellungnahmen sind nicht verbindlich; Buchheim/Knorr/Schmidt, KoR 2008, 334, 336.

100 Böcking, Der Konzern 2004, 177, 178; Beisse, in: FS Müller, S. 731, 748.

101 International tritt der Verein unter der Bezeichnung „Accounting Standards Committee of Germany (ASCG)“ auf; vgl. Satzung des DRSC, § 1 Nr. 2.

102 Küting/Wassong, DStR 2013, 984, 987.

103 Küting/Wassong, DStR 2013, 984, 987.

104 Bohl, in: Bohl/Riese/Schlüter, Beck‘sches IFRS-Handbuch, § 1 Rn. 80; sowie DRSC, Pressemitteilung: Mitgliederversammlung bestätigt Neukonzeption vom 20. Juli 2011.

sind der HGB- und IFRS-Ausschuss insbesondere für die Erarbeitung und Verlautbarung von Interpretationen der internationalen Rechnungslegung i. S. v. § 315a Abs. 1 HGB bzw. für die Erarbeitung und Verlautbarung von deutschen Rechnungslegungsstandards i. S. v. § 342 HGB, die Erarbeitung von Stellungsnahmen zu den IASB-Entwürfen sowie für die Zusammenarbeit mit der EFRAG und der Beratung bei Gesetzgebungsvorhaben und zur Umsetzung von EU-Richtlinien zuständig.[105] Dies bedeutet, dass das DRSC durch die Möglichkeit der Stellungnahme zu den IASB-Entwürfen und der indirekten Teilnahme am Endorsementverfahren an der Entwicklung neuer Rechnungslegungsstandards, wenn auch nur in geringem Umfang, mitwirken kann.[106]

4) Zusammenfassung: Internationale Rechnungslegung in der Europäischen Union

Die internationalen Rechnungslegungsstandards sind bis zur Übernahme in europäisches Recht nur privat gesetzte Regelungen ohne normativ verbindlichen Charakter. Durch das Endorsementverfahren werden die IAS/IFRS zu demokratisch legitimierten Rechtsnormen, die von den Mitgliedstaaten zu beachten sind. Dabei sind sie für die Mitgliedstaaten insoweit verbindlich, wie es die Verordnung vorsieht. Die Standards im Rahmen der IAS-Verordnung gelten nur für die Konzernabschlüsse kapitalmarktorientierter Unternehmen sowie solcher Unternehmen, denen Deutschland im Rahmen der Umsetzung der Mitgliedstaatenwahlrechte die Anwendung der IAS-Verordnung verpflichtend vorschreibt bzw. diese zur freiwilligen Anwendung freistellt.

III) Implementierung der internationalen Rechnungslegung in Deutschland

1) Rechnungslegungspflichten von Kapitalgesellschaften in Deutschland

In Deutschland werden die Rechnungslegungspflichten im Wesentlichen im Handelsgesetzbuch (HGB) geregelt. Eine deutsche Kapitalgesellschaft, die über mindestens ein Tochterunternehmen verfügt, auf welches sie mittelbar oder

105 Satzung des DRSC, § 21 und § 22; Küting/Wassong, DStR 2013, 984, 988.
106 Küting/Wassong, DStR 2013, 984, 988.

unmittelbar beherrschenden Einfluss i. S. d. § 290 Abs. 2 HGB ausüben kann, gilt als Mutterunternehmen und muss damit am Ende eines Geschäftsjahres einen Konzern- und Einzelabschluss aufstellen, sofern keine Befreiung von der Konzernpflicht nach den §§ 291–293 HGB vorliegt.[107] Der Einzelabschluss richtet sich für das Mutterunternehmen allein nach deutschem Recht gemäß §§ 242–288 HGB.[108] Der Konzernabschuss umfasst den wirtschaftlichen Verbund des Mutterunternehmens und aller seiner Tochterunternehmen weltweit und hat die Aufgabe, die wirtschaftliche Lage des Konzerns so darzustellen, als wäre keine juristische Trennung zwischen den Gesellschaften vorhanden.[109] Von der Pflicht, einen Konzernabschluss zu erstellen, werden auch bestimmte Personenhandelsgesellschaften (§ 264a Abs. 1 HGB) und große Unternehmen sonstiger Rechtsformen nach §§ 1–3 und §§ 11–15 PublG erfasst, sofern an drei aufeinanderfolgenden Konzernstichtagen bestimmte Größenmerkmale[110] erfüllt sind.[111] Dabei legen die §§ 290 ff. HGB fest, von wem und wann ein Konzernabschluss zu erstellen ist, lassen jedoch offen, nach welchen Regelungen sich dieser zu richten hat, sofern der Abschluss mit dem des HGB gleichwertig ist.[112]

2) Internationaler Einfluss auf die deutsche Rechnungslegung

Die anfänglichen, bilanziellen Harmonisierungsbemühungen zu Beginn der 1980er-Jahre in Form der Verabschiedung der Vierten[113], Siebenten[114] und

---

107 Brösel/Zwirner, IFRS-Rechnungslegung, S. 21; Buchholz, Grundzüge des Jahresabschlusses, S. 10; Buchholz, Internationale Rechnungslegung, S. 11; Pellens/Fülbier/Gassen/Sellhorn, Internationale Rechnungslegung, S. 161.

108 Siehe hierzu Gliederungspunkt B) IV) 1).

109 Brösel/Zwirner, IFRS-Rechnungslegung, S. 21.

110 Zu den Größenmerkmalen zählen: Konzernbilanzsumme übersteigt 65 Mio. €, Konzernumsatzerlöse der jeweiligen Jahre betragen mehr als 130 Mio. € und inländische Konzernunternehmen hatten im jeweiligen Jahresdurchschnitt insgesamt mehr als 5.000 Mitarbeiter.

111 Pellens/Fülbier/Gassen/Sellhorn, Internationale Rechnungslegung, S. 12 f., 160 f.; Schulze-Osterloh, Der Konzern 2004, 173, 173.

112 Kirchhof, ZGR 2000, 681, 684 f.

113 Vierte Richtlinie des Rates vom 25. Juli 1978 aufgrund von Art. 54 Abs. 3 Buchst. g des Vertrages über den Jahresabschluß von Gesellschaften bestimmter Rechtsformen (78/660/EWG), in: ABl. EG 1978, L 222/11.

114 Siebente Richtlinie des Rates vom 13. Juni 1983 aufgrund von Art. 54 Abs. 3 Buchst. g des Vertrages über den konsolidierten Abschluß (83/349/EWG), in: ABl. EG 1983, L 193/1.

Achten[115] EG-Richtlinie wurden in Deutschland im Laufe der Jahre durch weitere Regelungen ergänzt und ausgebaut.[116] Sie dienten der Herbeiführung eines gemeinsamen europäischen Fundaments.[117] Mit ihnen wurde das Ziel verfolgt, einen liquiden, europäischen Finanzmarkt zu schaffen, den Wettbewerb zu fördern und die Vollendung des europäischen Binnenmarktes herbeizuführen.[118] Diese Zielsetzung verlangt wiederum die Harmonisierung der Rechnungslegung, um vergleichbare, transparente und verlässliche Informationen in Form der Jahresabschlüsse zu erhalten.[119]

Die erste Anpassung der europäischen Bilanzrichtlinien an internationale Rechnungslegungsstandards erfolgte mit der *Fair-Value-Richtlinie* vom 27. September 2001[120], die die Mitgliedstaaten verpflichtet, in Abweichung vom Anschaffungskostenprinzip eine Bewertung von Finanzinstrumenten zum *fair value*, d. h. zum beizulegenden Zeitwert, zu gestatten oder vorzuschreiben.[121] Der *fair value* wird in einer Vielzahl von Standards[122] geregelt und immer identisch definiert.[123] Im Bereich des Leasings ist der *fair value* in IAS 17.4 definiert. Danach ist der beizulegende Zeitwert der Betrag, zu dem

---

115 Achte Richtlinie des Rates vom 10. April 1984 aufgrund von Art. 54 Abs. 3 Buchst. g des Vertrages über die Zulassung der mit der Pflichtprüfung der Rechnungslegungsunterlagen beauftragten Personen (84/253/EWG), in: ABl. EG 1984, L 126/20.

116 Küting/Wassong, DStR 2013, 984, 985, durch die Richtlinien wurden den nationalen Gesetzgebern Minimalanforderungen zur Reform des Handelsrechts vorgegeben, wobei die Richtlinien zahlreiche Mitgliedstaatenwahlrechte zu Regelungen enthalten, die nicht zwingend umzusetzen waren. Aufgrund dieser Wahlrechte sowie der unterschiedlichen Auslegung der Richtlinien durch die nationalen Gesetzgeber konnte eine Harmonisierung des europäischen Bilanzrechts über die Bilanzrichtlinien nur bedingt erreicht werden.

117 Vgl. auch Dahlke, Harmonisierung der Konzernbesteuerung in der Europäischen Union, S. 64.

118 Torabian, Bilanzielle Bewertung von Finanzinstrumenten, S. 5; Wasmund, Stand und Perspektiven der Verwirklichung des Europäischen Binnenmarktes, S. 9.

119 Havermann, in: FS Beatge, S. 519, 535; Bormann, RIW 1996, 35, 35; Buhleier/Helmschrott, DStR 1996, 354, 533; Torabian, Bilanzielle Bewertung von Finanzinstrumenten, S. 5.

120 Richtlinie 2001/65/EG, ABl. EG 2001, L 283/28.

121 Hüttemann, BB 2004, 203, 203 (208).

122 Elemente der fair-value Bewertung finden sich in IAS 11, IAS 16, IAS 17, IAS 18, IAS 19, IAS 20, IAS 221, IAS 26, IAS 32, IAS 33, IAS 36, IAS 38, IAS 39, IAS 40, IAS 41, IFRS 2, IFRS 3, IFRS 4, IFRS 5 und IFRS 6.

123 Böcking/Dreisbach/Gros, Der Konzern 2008, 207, 211; Torabian, Bilanzielle Bewertung von Finanzinstrumenten, S. 73.

zwischen sachverständigen, vertragswilligen und voneinander unabhängigen Geschäftspartnern ein Vermögenswert getauscht oder eine Schuld beglichen werden könnte.

Im Jahr 2002 folgte die IAS-Verordnung, die die Bilanzrichtlinien[124] ergänzt.[125] Technisch handelt es sich in der Terminologie des europäischen Verfassungsrechts bei der IAS-Verordnung um die Grundverordnung, auf deren Basis die einzelnen IAS/IFRS in Form von Durchführungsverordnungen übernommen werden können.[126] Mit der Verordnung vom 29. September 2003[127] wurden nahezu alle internationalen Rechnungslegungsstandards des IASB im Rahmen des Endorsements ins europäische Recht übernommen.[128]

Für kleinere Unternehmen wurde am 9. Juli 2009 ein Standard für kleine und mittlere Unternehmen (*IFRS for Small and Medium-sized Entities*, SMEs) veröffentlicht, der gekürzte und vereinfachte Vorschriften enthält und der der Erleichterung dienen soll.[129] Der neue Standard ist für deutsche Unternehmen jedoch nicht verbindlich und bleibt in dieser Arbeit außer Betracht.

---

124 Richtlinie 78/660/EWG vom 25. Juli 1978, ABl. EG 1978, L 222/11 (sog. Bilanz- oder Jahresabschlussrichtlinie); Richtlinie 83/349/EWG vom 13. Juni 1983, ABl. EG 1983, L 193/1 (sog. Konzernbilanzrichtlinie); Richtlinie 86/635/EWG vom 8. Dezember 1986, ABl. EG 1986, L 372/1 (sog. Bankbilanz-Richtlinie) und die Richtlinie 91/674/EWG vom 19. Dezember 1991, ABl. EG 1991, L 374/7 (sog. Versicherungsbilanz-Richtlinie); Richtlinie 2001/65/EG vom 27. September 2001, ABl. EG 2001, L 283/28 (Fair-Value-Richtlinie); Richtlinie 2003/38/EG vom 13. Mai. 2003, ABl. EG 2003, L 120/22 (Euro-Richtlinie); Richtlinie 2003/51/EG vom 18. Juni 2003, ABl. EG 2003, L 178/16 (Modernisierungs-Richtlinie).

125 Hennrichs, NZG 2005, 783, 784.

126 Pöschke, KoR 2008, 325, 325; ebenso Hennrichs, NZG 2005, 783, 785; Hennrichs, WPg 2006, 1253, 1258; ähnlich Schön, BB 2004, 763, 767; zum Verhältnis von Grundverordnung und Durchführungsverordnung allgemein EuGH, Urteil vom 2. März 1999, C-179/97, EuGHE 1999 I-1251, Rn. 20 f.

127 EG-Verordnung Nr. 1725/2003 der Kommission vom 29. September 2003, ABl. EG 2003, L 261/1; geändert durch VO/707/2004 vom 6. April 2004.

128 Herlinghaus, FR 2005, 1198, 1190; Verordnung 1725/2003/EG der Kommission vom 29. September 2003, ABl. EG 2003, L 261/1; Buchheim/Knorr/Schmidt, KoR 2008, 334, 335; Pöschke, KoR 2008, 325, 325.

129 Buchholz, Grundzüge des Jahresabschlusses, S. 233.

3) Umsetzung der IAS-Verordnung und ihrer Wahlrechte in Deutschland

Seit 2005 werden die handelsrechtlichen Konzernabschlussregelungen durch die IAS-Verordnung verdrängt. Damit löste die Verordnung am 1. Januar 2005 den am 31. Dezember 2004 außer Kraft getretenen § 292a HGB a. F. ab, der seit der Umsetzung des Kapitalaufnahmeerleichterungsgesetzes (KapAEG) im Jahr 1998 deutschen Muttergesellschaften gestattete, befreiende Konzernabschlüsse nach den internationalen Rechnungslegungsvorschriften anzufertigen.[130] Gemäß der EU-Verordnung „Nr. 1606/2002 betreffend die Anwendung internationaler Rechnungslegungsstandards" vom 19. Juli 2002 („IAS-Verordnung") müssen deutsche kapitalmarktorientierte Mutterunternehmen nunmehr die internationalen Rechnungslegungsstandards verpflichtend auf ihren Konzernabschluss anwenden.[131]

a) Kodifikation in Deutschland

Als Konsequenz der IAS-Verordnung übernahm der deutsche Gesetzgeber mit dem Bilanzrechtsreformgesetz (BilReG) vom 4. Dezember 2004[132] und dem am 29. Mai 2009 in Kraft getretenen Bilanzrechtsmodernisierungsgesetz (BilMoG)[133] die Rechnungslegungsvorschriften in das deutsche Recht und machte von den Mitgliedstaatenwahlrechten Gebrauch. Die §§ 315a und 325 Abs. 2a HGB fanden Einzug in das HGB. Neben der Verpflichtung zur Anwendung der internationalen Rechnungslegungsvorschriften in § 315a Abs. 1 und Abs. 2 HGB gestattet § 315a Abs. 3 HGB auch nichtbörsennotierten Unternehmen das Wahlrecht, den Konzernabschluss nach den IAS/IFRS zu erstellen.[134] Gemäß

130 Heintzen, BB 2001, 825, 826; Arbeitskreis Bilanzrecht der Hochschullehrer Rechtswissenschaft, BB 2002, 2372, 2372; Wendlandt/Knorr, KoR 2005, 53, 57; Nobach, Bedeutung der IAS/IFRS für die Bilanzpolitik deutscher Unternehmen, S. 53 f.

131 Verordnung (EG) Nr. 1606/2002 vom 19. Juli 2002 (ABl. EG 2002, L 243); Brösel/Zwirner, IFRS-Rechnungslegung, S. 21; Buchholz, Grundzüge des Jahresabschlusses, S. 9; Pellens/Fülbier/Gassen/Sellhorn, Internationale Rechnungslegung, S. 51.

132 Gesetz zur Einführung internationaler Rechnungslegungsstandards und zur Sicherung der Qualität der Abschlussprüfung (Bilanzrechtsreformgesetz – BilReG) vom 4. Dezember 2004, BGBl. I 2004, Nr. 65, S. 3166.

133 Gesetz zur Modernisierung des Bilanzrechts (Bilanzrechtsmodernisierungsgesetz – BilMoG) vom 25. Mai 2009, BGBl. I 2009, Nr. 27, S. 1102.

134 Buchheim/Gröner/Kühne, BB 2004, 1783, 1783.

§ 325 Abs. 2a HGB können Kapitalmarktgesellschaften ihren Einzelabschluss zu Informationszwecken nach den IAS/IFRS offenlegen, sog. informatorischer Einzelabschluss.[135]

§ 315a Abs. 1 HGB, der die Anwendung der internationalen Rechnungslegungsvorschriften bei Konzernabschlüssen für den zuvor bezeichneten Kreis kapitalmarktorientierter Unternehmen betrifft, ist rein deklaratorischer Natur. Die IAS-Verordnung, auf die § 315a Abs. 1 HGB Bezug nimmt, entfaltet gemäß Art. 288 AEUV unmittelbare Wirkung in den Mitgliedstaaten, ohne dass es einer innerstaatlichen Umsetzung bedarf. Darüber hinaus weitete Deutschland die Anwendbarkeit der IAS-Verordnung und der internationalen Rechnungslegungsstandards durch die Umsetzung der Mitgliedstaatenwahlrechte nach Art. 5 lit. a, b IAS-Verordnung aus. Hiernach wird einem zusätzlichen Kreis von deutschen Unternehmen die Anwendung der IAS/IFRS durch das HGB auferlegt bzw. ermöglicht:

- Gemäß § 315a Abs. 2 HGB gilt die Verpflichtung zur Anwendung der internationalen Regeln auch für solche Unternehmen, die am Abschlussstichtag die Zulassung eines Eigen- oder Fremdkapitaltitels i. S. d. § 2 Abs. 1 Satz 1 WpHG an einem organisierten Markt i. S. d. § 2 Abs. 5 WpHG im Inland beantragt haben.[136]
- § 315a Abs. 3 HGB erlaubt wahlrechtsweise Unternehmen, die nicht unter § 315a Abs. 1 oder Abs. 2 HGB fallen, ihren Konzernabschluss nach den IAS/IFRS aufzustellen.[137]
- Schließlich gewährt § 325 Abs. 2a HGB ein Wahlrecht zur Offenlegung des IAS/IFRS-Einzelabschlusses. Anstelle des handelsrechtlichen Abschlusses können Unternehmen einen IAS/IFRS-Abschluss veröffentlichen. Die Erstellung des Einzelabschlusses muss weiter nach den handelsrechtlichen Normen erfolgen und dabei in deutscher Sprache abgefasst sein; die Posten müssen in Euro bewertet werden.[138]

Für die deutschen Jahreseinzelabschlüsse, gesellschaftsrechtlichen Ausschüttungszwecke und die Steuerbilanzen sind die internationalen Rechnungslegungsvorschriften zurzeit mangels eines Übernahmerechtsakts keine verbindlichen

---

135 Torabian, Bilanzielle Bewertung von Finanzinstrumenten, S. 12.

136 Achleitner/Behr/Schäfer, Internationale Rechnungslegung, S. 25; Wendlandt/Knorr, KoR 2005, 53, 55.

137 Buchheim/Knorr/Schmidt, KoR 2008, 334, 334.

138 Achleitner/Behr/Schäfer, Internationale Rechnungslegung, S. 25; Buchholz, Grundzüge des Jahresabschlusses, S. 10; Buchholz, Internationale Rechnungslegung, S. 13; Pellens/Fülbier/Gassen/Sellhorn, Internationale Rechnungslegung, S. 52 f.

Rechtsquellen, sondern können allenfalls als Rechtserkenntnisquellen herangezogen werden.[139] Für jene bleibt es bei dem handelsrechtlichen Einzelabschluss und dem Maßgeblichkeitsgrundsatz in § 5 Abs. 1 Satz 1 EStG.[140]

b) Zielsetzung des BilMoG im Bereich der Bilanzierung

Durch das am 29. Mai 2009 in Kraft getretene BilMoG sollte das HGB an die IAS/IFRS angepasst und zu einer „vollwertigen, aber kostengünstigeren und einfacheren Alternative“[141] zu der internationalen Rechnungslegung gemacht werden. Es sollte eine Internationalisierung des deutschen Bilanzrechts unter gleichzeitiger Bewahrung des handelsrechtlichen Jahresabschlusses als Grundlage für die Gewinnausschüttung und steuerliche Gewinnermittlung erreicht werden.[142] Dieses Ziel wurde in der geplanten Reform nicht umgesetzt. Im Rahmen der Reformierung durch das BilMoG hielten nur wenige IAS/IFRS-Vorschriften Einzug in das deutsche Bilanzrecht; jedoch näherte sich das HGB-Bilanzrecht an die internationalen Bilanzierungsstandards an.[143] Zum Beispiel wurde der Grundsatz der umgekehrten Maßgeblichkeit aufgehoben, sodass die Handels- und Steuerbilanz stärker auseinanderfallen und eine mögliche steuerliche Beeinflussung der Handelsbilanz beseitigt wurde;[144] die Vorschrift des § 246 Abs. 1 HGB – die das Prinzip der wirtschaftlichen Zurechnung beim Auseinanderfallen von wirtschaftlichem und zivilrechtlichem Eigentum regelt – sowie das Aktivierungswahlrecht für selbst erstellte immaterielle Vermögenswerte des Anlagevermögens[145] wurden eingeführt und weitere Änderungen im Bereich der Bewertungsvorschriften bzgl. eines Wahlrechts zur Abschreibung bei einer nur vorübergehenden Wertminderung des Anlagevermögens gemäß

139 Hennrichs, NZG 2005, 783, 787.

140 Torabian, Bilanzielle Bewertung von Finanzinstrumenten, S. 15; Hauck/Prinz, Der Konzern 2005, 635, 636; Wendlandt/Knorr, KoR 2005, 53, 55.

141 Begründung des Bilanzrechtsmodernisierungsgesetzes, BT-Drucksache 16/12407 vom 24. März 2009, S.1; Lüdenbach/Hoffmann, DStR 2007 (Beihefter zu Heft 50/2007), S. 3; Ernst/Seidler, BB 2009, 766, 766.

142 Küting/Lauer, DB 2011, 1985, 1986; Begründung des Bilanzrechtsmodernisierungsgesetzes, BT-Drucksache 16/12407 vom 24. März 2009, S. 1 f.; für einen Überblick über die geplanten Neuregelungen (in der Fassung des Regierungsentwurfs) vgl. z. B. Petersen/Zwirner, KoR Beilage 3/2008, S. 1 ff. oder Meyer, DStR 2009, 762 ff.

143 Ernst/Seidler, BB 2009, 766, 766; Claßen/Schulz, StuB 2011, 3, 3.

144 Küting/Pfitzer/Weber, Das neue deutsche Bilanzrecht, S. 23.

145 Küting/Pfitzer/Weber, Das neue deutsche Bilanzrecht, S. 21.

§ 253 Abs. 3 HGB vorgenommen.[146] Durch die nur teilweise Übernahme der Regelungen lehnte der deutsche Gesetzgeber konkludent eine vollständige Anwendung der IAS/IFRS ab.[147] Es stellt sich aber die Frage, inwieweit diese im Fall von Regelungslücken oder Auslegungsfragen als „Rechtserkenntnisquellen" herangezogen werden können, sofern sie mit den Grundsätzen ordnungsgemäßer Buchführung (GoB) vereinbar sind.[148] Unter diesem Gesichtspunkt ist später die weitere Annäherung des HGB an den „*Right-of-use-Approach*" zu betrachten.

IV) Prinzipien der deutschen und internationalen Rechnungslegung

Das Handelsrecht, das Steuerrecht und die IAS/IFRS verfolgen in der Grundkonzeption ihrer Bilanzen unterschiedliche Prinzipien, Ziele und Aufgaben.

1) Prinzipien und Ziele der deutschen Handelsbilanz

Die Rechnungslegung für den handelsrechtlichen Einzelabschluss wird für Einzelkaufleute, Personengesellschaften und Kapitalgesellschaften durch einheitliche Regelungen in den §§ 238 ff. HGB geregelt. Nach den Vorschriften unterliegt ein Kaufmann neben der Buchführungspflicht gemäß § 238 Abs. 1 HGB der Pflicht zur Aufstellung eines Jahresabschlusses gemäß § 242 Abs. 1 HGB.[149] Einzelkaufleute, die in zwei aufeinanderfolgenden Geschäftsjahren nicht mehr als 500.000 € Umsatzerlöse und 50.000 € Jahresüberschuss aufweisen, sind gemäß § 241a HGB von der Buchführungspflicht und der Pflicht zur Aufstellung eines Jahresabschlusses befreit.

Konkrete Anweisungen bzgl. der Unterzeichnung und der Übernahme der Verantwortung der Richtigkeit sowie der für den Jahresabschluss maßgeblichen Sprache und Währung enthalten die §§ 243–245 HGB. Gemäß § 243 Abs. 1 HGB ist der Einzelabschluss nach den Grundsätzen ordnungsgemäßer Buchführung

146 Küting/Pfitzer/Weber, Das neue deutsche Bilanzrecht, S. 24.
147 Hennrichs, NZG 2005, 783, 787; Claßen/Schulz, StuB 2011, 3, 3.
148 Claßen/Schulz, StuB 2011, 3, 3; Hennrichs, NZG 2005, 783, 787.
149 Pellens/Fülbier/Gassen/Sellhorn, Internationale Rechnungslegung, S. 11.

aufzustellen,[150] wobei dem Vorsichts- und Realisationsprinzip in § 252 Abs. 1 Nr. 4, 2. Hs. HGB besondere Bedeutung zukommt.[151]

a) Aufgaben der Handelsbilanz

Der Jahresabschluss vereint im Handelsrecht mehrere Aufgaben, wobei jeweils die Ermittlung des Periodenergebnisses unter Beachtung des Gläubiger- und Gesellschafterschutzes im Vordergrund steht.[152] Das Handelsrecht stellt den Anspruch, ein den tatsächlichen Verhältnissen entsprechendes Bild der Vermögens-, Finanz- und Ertragslage eines Unternehmens durch den Jahresabschluss stichtagsbezogen zu dokumentieren und so außenstehende Interessenten angemessen und verlässlich zu informieren.[153] Darüber hinaus soll die Handelsbilanz der Ausschüttungsfunktion dienen und die Grundlage für die Ermittlung der Steuerbilanz sowie des zu versteuernden Einkommens bilden.[154] Die handelsrechtlichen Vorschriften wirken de lege lata nach dem Maßgeblichkeitsgrundsatz gemäß § 5 Abs. 1 Satz 1 EStG auf die Steuerbemessung ein.

Die bereits erwähnte Gläubigerschutzorientierung zeichnet sich im Handelsrecht zum einen durch die Grundsätze ordnungsgemäßer Buchführung (GoB) und zum anderen durch die konkret im Einzelnen hieraus abgeleiteten Bilanzierungs- und Bewertungsgrundsätze aus.[155]

---

150 Vgl. zu den Grundsätzen ordnungsgemäßer Buchführung Gliederungspunkt B) IV) 1) b).

151 Euler, BB 2002, 875, 875 f.; vgl. auch die Gliederungspunkte B) IV) 1) c) bb) und cc).

152 Grunwald, Vergleich der Leasing-Bilanzierung nach IFRS und HGB, S. 3; Küting/Weber, Die Bilanzanalyse, S. 18; Buchholz, Grundzüge des Jahresabschlusses, S. 236; Schön, WPg-Sonderheft 2001, 74, 75; Hennrichs, ZGR 2000, 627, 628; Beisse, in: FS Beusch, S. 77, 83.

153 Buchholz, Grundzüge des Jahresabschlusses, S. 236 f.; Grunwald, Vergleich der Leasing-Bilanzierung nach IFRS und HGB, S. 3; Pellens/Fülbier/Gassen/Sellhorn, Internationale Rechnungslegung, S. 13; Schulze-Osterloh, Der Konzern 2004, 173, 173.

154 Buchholz, Grundzüge des Jahresabschlusses, S. 236 f.; Kirsch, DStZ 2004, 470, 470 f.; Pellens/Fülbier/Gassen/Sellhorn, Internationale Rechnungslegung, S. 13; Schulze-Osterloh, Der Konzern 2004, 173, 173; Kirsch, DStZ 2004, 470, 470 f.

155 Alvarez/Wotschofsky/Mietig, WPg 2001, 933, 934; Alvarez/Wotschofsky, Zwischenberichterstattung nach Börsenrecht, IAS und US-GAAP, S. 94 ff.; Hennrichs, ZGR 2000, 627, 628; Beisse, in: FS Beusch, S. 77, 83; Küting/Weber, Die Bilanzanalyse, S. 18; Buchholz, Grundzüge des Jahresabschlusses, S. 236; Schön, WPg-Sonderheft 2001, 74, 75; Hennrichs, ZGR 2000, 627, 628; Beisse, in: FS Beusch, S. 77, 83.

b) Grundsätze ordnungsgemäßer Buchführung

Bei den Grundsätzen ordnungsgemäßer Buchführung (GoB) handelt es sich um einen unbestimmten Rechtsbegriff. Obwohl die GoB durch ihre Erwähnung in § 243 Abs. 1 HGB und § 264 Abs. 2 HGB sowie § 5 Abs. 1 EStG zwingend zu beachtende Rechtssätze für die Aufstellung des Jahresabschlusses darstellen, gibt es keine kodifizierte Definition. Sie sind allgemein anerkannte Regeln über das Führen von Handelsbüchern (Dokumentation), die Kapitalerhaltung sowie über die Erstellung des Jahresabschlusses (Rechenschaftslegung), die aus einer Vielzahl von Einzelnormen hermeneutisch[156] zu extrahieren sind, und sich aus einem Konglomerat von Hinweisen aus Gesetzestexten, Gerichtsurteilen, Stellungnahmen, Gutachten und Fachliteratur ergeben.[157] Dabei liegen sie teils in kodifizierter, teils in nicht kodifizierter Form vor. Ihre Aufgabe besteht darin, das schriftlich fixierte Recht zu ergänzen, Gesetzeslücken zu füllen sowie bestimmte Ansatz-, Bewertungs- und Ausweisregeln festzulegen.[158]

---

156 Hermeneutik ist eine Methode zur Auslegung, mit der die handelsrechtlichen Bilanzierungsvorschriften anhand der Kriterien des Wortlauts und Wortsinns, des Bedeutungszusammenhangs, der Entstehungsgeschichte der handelsrechtlichen Vorschriften, Gesetzesmaterialien sowie objektiv-teleologischer Gesichtspunkte und der Verfassungskonformität ausgelegt werden; vgl. Baetge/Kirsch/Thiele, Bilanzen, S. 110; Adler/Düring/Schmaltz, Rechnungslegung nach den Internationalen Standards, § 243 HGB Rn. 18 m. w. N.; sofern dies zu keinem abschließenden Ergebnis führt, erfolgt eine Auslegung anhand der vom Gesetzgeber vorgegebenen Zwecke hinsichtlich der auszulegenden Vorschrift, des Jahresabschlusses sowie objektiv-teleologischer und betriebswirtschaftlicher Zwecke und Aspekte des Jahresabschlusses.

157 Schildbach, Konzernabschluss, S. 107 ff.; Stromberg, Voraussetzungen für internationale Immobilien-Leasing-Finanzierungen, S. 42; Pellens/Fülbier/Gassen/Sellhorn, Internationale Rechnungslegung, S. 139; Baetge/Kirsch/Solmecke, Working Paper, S. 3; vgl. Leffson, Die Grundzüge ordnungsgemäßer Buchführung, S. 31 ff.; Baetge/Kirsch, in: Küting/Weber, Handbuch der Rechnungslegung - Einzelabschluss, Kapitel 4, Rn. 18 ff.; Beisse, in: FS Beusch, S. 77, 86; Coenenberg/Haller/Schultze, Jahresabschluss und Jahresabschlussanalyse, S. 36; siehe zu einer Übersicht des Systems der handelsrechtlichen GoB Baetge/Kirsch/Thiele, Bilanzen, S. 144.

158 Coenenberg/Haller/Schultze, Jahresabschluss und Jahresabschlussanalyse, S. 36; Pellens/Fülbier/Gassen/Sellhorn, Internationale Rechnungslegung, S. 139; Stromberg, Voraussetzungen für internationale Immobilien-Leasing-Finanzierungen, S. 42; Pooten, Deutsche Rechnungslegung, S. 316 f.

Während die Dokumentationsgrundsätze die Prinzipien der Richtigkeit, Klarheit und Vollständigkeit der Bilanz umfassen und die Rechenschaft primär den Rahmen-, Definitions- und Ansatzgrundsätzen dient,[159] verlangen die Kapitalerhaltungsgrundsätze bei unsicheren Erwartungen des Bilanzierenden sowohl eine vorsichtige Bewertung, sog. Vorsichtsprinzip, als auch die Vorwegnahme drohender Verluste, sog. Imparitätsprinzip.[160]

Neben den bereits genannten Grundsätzen spezifiziert der § 252 Abs. 1 HGB weitere Prinzipien:[161]

- Stichtagsprinzip (§ 252 Abs. 1 Nr. 3 HGB);
- Einzelbewertungsprinzip (ebenfalls in § 252 Abs. 1 Nr. 3 HGB);
- Verursachungsprinzip (§ 252 Abs. 1 Nr. 5 HGB);
- Bilanzkontinuität (§ 252 Abs. 1 Nr. 1 und Nr. 6 HGB) sowie
- *going-concern Prinzip* (§ 252 Abs. 1 Nr. 2 HGB).

Viele GoB lassen sich den einzelnen Funktionen nicht starr zuordnen, da sie mehreren Zwecken gleichzeitig dienen und sich damit nicht auf einen einzigen Grundsatz beschränken lassen.[162] Dies wird am Beispiel des Realisationsprinzips[163] deutlich: Dieses ermöglicht einerseits die periodengerechte Erfolgsermittlung und verhindert zugleich die Ausschüttung unrealisierter Gewinne, sodass es sowohl der Rechenschaft, als auch der Kapitalerhaltung dient.[164] Einige GoB stehen auch im direkten Verhältnis zueinander, lassen sich untergliedern und einzelnen Unterprinzipien zuordnen: Beispielsweise ist das Vorsichtsprinzip die Grundlage des Realisations- und Imparitätsprinzips, wobei das Realisationsprinzip seinerseits das Einzelbewertungs-, Vollständigkeits-, Wertidentitäts- und Anschaffungskostenprinzip einschließt.[165]

---

159 Baetge/Kirsch/Solmecke, Working Paper, S. 6.

160 Baetge/Kirsch/Thiele, Bilanzen, S. 99; Baetge/Kirsch/Solmecke, Working Paper, S. 6.

161 Zu weiteren Informationen vgl. Baetge/Kirsch/Thiele, Bilanzen, S. 122 ff.

162 Baetge/Kirsch/Solmecke, Working Paper, S. 7.

163 Siehe hierzu genauer Gliederungspunkt B) IV) 1) c) cc).

164 Baetge/Kirsch/Solmecke, Working Paper, S. 7; vgl. auch Leffson, Die Grundzüge ordnungsgemäßer Buchführung, S. 92.

165 Torabian, Bilanzielle Bewertung von Finanzinstrumenten, S. 23; Ballwieser, in: Münchener Kommentar zum HGB, Band 4, § 252 Rn. 4 und 54 f.

c) Einzelne, ausgewählte Grundsätze ordnungsgemäßer Buchführung

aa) Vollständigkeitsprinzip

Ein wesentlicher GoB bei der Bilanzaufstellung ist das Vollständigkeitsprinzip gemäß § 246 Abs. 1 Satz 1 HGB. Hiernach sind alle bilanzierungsfähigen Vermögensgegenstände, Schulden und Rechnungsabgrenzungsposten sowie Aufwendungen und Erträge zum Stichtag zu bilanzieren, soweit gesetzlich nichts anderes bestimmt ist.[166] Darüber hinaus müssen alle vorliegenden Informationen über die Sachverhalte, die den Buchungen zugrunde liegen – inkl. Risiken, die bislang noch keinen Eintrag in der Bilanz erhalten haben – berücksichtigt werden.[167]

bb) Vorsichtsprinzip

Als „Leitfaden des GoB-Systems" wird das in § 252 Abs. 1 Nr. 4 HGB normierte Vorsichtsprinzip[168] verstanden, das seine Legitimation vor allem aus dem Gedanken des Gläubigerschutzes bezieht.[169] Beim Vorsichtsprinzip wird der Ausweis unsicherer und unrealistischer Erträge auf den Zeitpunkt des Gefahrübergangs verschoben, um damit die Ausschüttung zu hoher Beträge und eine damit verbundene mögliche Substanzminderung zu vermeiden.[170]

Bei dem Vorsichtsprinzip handelt es sich um ein „Prinzipienbündel", zu dem folgende eigenständige Grundsätze gezählt werden:[171]

- Realisationsprinzip (§ 252 Abs. 2 Nr. 4, 2. Hs. HGB),
- Anschaffungskostenprinzip (§ 253 Abs. 1 Satz 1 HGB),

---

166 Haas, in: Baumbach/Hueck, Kommentar zum GmbHG, § 42 Rn. 15; Förschle/Kroner, in: Beck'scher Bilanz-Kommentar, § 246 HGB Rn. 2 ff.

167 Coenenberg/Haller/Schultze, Jahresabschluss und Jahresabschlussanalyse, S. 39.

168 Zu dessen ökonomischer Bedeutung: Wagner, DStR 1997, 517, 519; zur mangelnden Ernsthaftigkeit des Gläubigerschutzes: Siegel, in: FS Baetge, 1997, S. 117, 122 (127 ff.); Weber-Grellet, DStR 1998, 1343, 1347.

169 Weber-Grellet, DStR 1998, 1343, 1347; zum Gläubigerschutz siehe: Hennrichs, ZGR 2000, 627, 628 f.; Beisse, in: FS Beusch, S. 77, 83.

170 Küting/Lauer, DB 2011, 1985, 1986; Moxter, Grundzüge ordnungsgemäßer Rechnungslegung, S. 55.

171 Amort, WM 2013, 1250, 1251; Graf von Kanitz, Bilanzkunde für Juristen, Rn. 325; Knobbe-Keuk, Bilanz- und Unternehmenssteuerrecht, S. 48.

- Imparitätsprinzip (§ 252 Abs. 2 Nr. 4, 1. Hs. HGB) und
- Niederstwertprinzip (§ 253 Abs. 3 und Abs. 4 HGB)[172].

Im Folgenden wird auf das Realisationsprinzip (einschließlich des Grundsatzes der Nichtbilanzierung schwebender Geschäfte) und das Imparitätsprinzip näher eingegangen.

cc) Realisationsprinzip

Das Realisationsprinzip ist eine Ausprägung des Vorsichtsprinzips und umfasst das Einzelbewertungs-[173], Vollständigkeits-[174], Wertidentitäts- und Anschaffungskostenprinzip[175].[176] Nach dem Realisationsprinzip dürfen Gewinne und deren Teilgrößen („Erträge") gemäß § 252 Abs. 1 Nr. 4, 2. Hs. HGB nur berücksichtigt werden, wenn sie am Abschlusstag gesichert und realisiert sind.[177] Eine Realisation sieht der BFH nach ständiger Rechtsprechung bei gegenseitigen Verträgen grundsätzlich als gegeben an, sobald der Sach- oder Dienstleistungsverpflichtete wirtschaftlich erfüllt hat und sein Anspruch auf die Gegenleistung – von den mit jeder Forderung verbundenen Risiken abgesehen – so gut wie sicher ist; oder anderes ausgedrückt, sobald der Veräußerer das Wirtschaftsgut dem Erwerber übergeben und diesem zumindest das wirtschaftliche Eigentum verschafft hat.[178]

---

172 Gemäß dem Niederstwertprinzip werden Vermögensgegenstände auf den Zeitwert abgeschrieben, sobald dieser unter die (fortgeführten) Anschaffungskosten sinkt; Haag, DStR 2010, 2320, 2322.

173 § 252 Abs. 1 Nr. 3 HGB; nach dem Grundsatz der Einzelbewertung sind Vermögensgegenstände und Schulden zu jedem Abschlussstichtag einzeln zu bewerten; vgl. hierzu Coenenberg/Haller/Schultze, Jahresabschluss und Jahresabschlussanalyse, S. 91.

174 § 246 Abs. 1 Satz 1 HGB; vgl. auch Gliederungspunkt B) IV) 1) c) aa).

175 § 253 Abs. 1 Satz 1 HGB; Das Anschaffungskostenprinzip legt fest, dass Vermögensgegenstände höchstens zu den Anschaffungs- oder Herstellungskosten angesetzt werden und jene auch zugleich die Obergrenze für die Bewertung für Finanzinstrumente bilden; vgl. Baetge/Kirsch/Thiele, Bilanzen S. 193; Coenenberg/Haller/Schultze, Jahresabschluss und Jahresabschlussanalyse, S. 248; Leffson, Die Grundsätze ordnungsgemäßer Buchführung, S. 252 ff.

176 Torabian, Bilanzielle Bewertung von Finanzinstrumenten, S. 23; Ballwieser, in: Münchener Kommentar zum HGB, Band 4, § 252 Rn. 4 und 54 f.; Schön, ZHR 161 (1997), 133, 141 und 150.

177 Schreiber, DStR 2005, 1351, 1352; Hennrichs, DStJG 24 (2001), 301, 315.

178 BFH, Urteil vom 29. April 1987, I R 192/82, BStBl. II 1987, 797, 789; BFH, Urteil vom 12. Mai 1993, XI R 1/93, DStR 1993, 1554, 1554; BFH, Urteil vom

dd) Grundsatz der Nichtbilanzierung schwebender Geschäfte

Bis zur vollständigen Leistungserfüllung trägt der Sachleistungsverpflichtete das Risiko des zufälligen Untergangs, sodass der Anspruch auf die Gegenleistung noch nicht realisiert ist und nicht aktiviert werden darf.[179] Eine solche Bilanzierung würde gegen den Grundsatz der Nichtbilanzierung schwebender Geschäfte verstoßen.[180]

(1) Definition des schwebenden Geschäfts

Der Grundsatz ist im Gesetz nicht legal definiert, wenngleich der Begriff des schwebenden Geschäfts im Zusammenhang mit der Bildung von Drohverlustrückstellungen in § 249 Abs. 1 Satz 1, 2. Alt. HGB genannt wird. Die wörtliche Erwähnung des Begriffs impliziert, dass schwebende Geschäfte im Übrigen bilanziell nicht ausgewiesen werden, da sonst ein drohender Verlust aus dem schwebenden Geschäft folgen könnte.[181] In der Literatur und der Rechtsprechung hat sich eine allgemeine Definition entwickelt. Schwebende Geschäfte sind gegenseitig verpflichtende Verträge i. S. d. § 320 BGB, die auf Leistungsaustausch gerichtet sind und von demjenigen, der zu liefern oder leisten hat, noch nicht erfüllt wurden.[182] Es fehlt somit an einem Realisationsakt in Form eines Umsatzes. Während des Schwebezustands besteht die widerlegbare Vermutung, dass sich die wechselseitigen Rechte und Pflichten wertmäßig ausgleichen.[183]

---

10. September 1998, IV R 80/96, DStR 1998, 1827, 1827; Schreiber, DStR 2005, 1351, 1352.

179 Woerner, BB 1988, 769, 773; Leffson, Die Grundzüge ordnungsgemäßer Buchführung, S. 262.

180 Knobbe-Keuk, Bilanz- und Unternehmenssteuerrecht, S. 141 und S. 145.

181 Sabel, Leasingverträge in der kapitalmarktorientierten Rechnungslegung, S. 41.

182 BFH, Beschluss vom 11. Dezember 1985, I B 49/85; BFH/NV 1986, 595 (Leitsatz); BFH, Beschluss vom 23. Juni 1997, GrS 2/93, BStBl. II 1997, 735, 737; Knobbe-Keuk, Bilanz- und Unternehmenssteuerrecht S. 141; Schießl, SuS 2007, 224, 224; Woerner, FR 1984, 489, 491 (496); Christiansen, StbJb 1989/90, 129, 130 f.; Kozikowski/ Schubert, in: Beck'scher Bilanz-Kommentar, § 249 HGB, Rn. 52 f.; Crezelius, in: FS Döllerer, S. 81; Babel, BB 1997, 2261, 2264; Küting/Hellen/Brakensiek, BB 1998, 1465, 1471; Friederich, Grundsätze ordnungsgemäßer Bilanzierung für schwebende Geschäfte, S. 18 ff.

183 BFH, Urteil vom 17. Februar 1998, VIII R 28/95, BStBl. II 1998, 505, 506; BFH, Urteil vom 5. April 2006, I R 43/05, BStBl. II 2006, 593, 594; Buciek, in: Blümich, EStG-KStG-GewStG, § 5 Rn. 243.

Ansprüche und Verbindlichkeiten aus schwebenden Geschäften dürfen folglich – entgegen dem Wortlaut des § 238 Abs. 1 HGB, wonach der Kaufmann verpflichtet ist, seine Geschäfte nach den GoB ersichtlich zu machen – grundsätzlich nicht bilanziert werden und stellen somit eine Ausnahme zum Grundsatz der Bilanzvollständigkeit i. S. d. § 246 Abs. 1 HGB dar.[184] Der Schwebezustand endet erst mit der vollständigen „Erfüllung durch den zur Lieferung oder Leistung Verpflichteten“[185] und mit dem Zeitpunkt der Gewinnrealisierung beim Sach- oder Dienstleistungsverpflichteten.[186] Zahlungsvorleistungen, die im Rahmen schwebender Geschäfte getätigt werden, sind erfolgsneutral zu erfassen.[187]

(2) Anwendung auf Dauerschuldverhältnisse

Der Grundsatz des schwebenden Geschäfts gilt auch für Dauerschuldverhältnisse, d. h. Schuldverhältnisse, die keine einmaligen Leistungen, sondern länger andauerndes Verhalten oder sich kontinuierlich wiederholende Leistungen über die Vertragslaufzeit zum Gegenstand haben, wie z. B. Miet-, Arbeits-, Versicherungs-, Verwahrungs- oder Leasingverhältnisse.[188] Zwar wird im Fall des Dauerschuldverhältnisses bereits ein Teil der Leistung zu Vertragsbeginn erbracht und es erfolgt in der Regel auch eine sofortige Gegenleistung in Form der Bezahlung, jedoch ist die Leistung damit nicht vollkommen abgeschlossen.[189] Die Leistung wird nicht durch eine einmalige Handlung bewirkt, sondern durch ein

184 Gschwendtner, DStZ 1995, 417, 418.

185 Kozikowski/Schubert, in: Beck'scher Bilanz-Kommentar, § 249 HGB Rn. 56.

186 Babel, BB 1997, 2261, 2264.

187 Adler/Düring/Schmaltz, Rechnungslegung nach den Internationalen Standards, Teilband 6, § 246 HGB Rn. 184; Brakensiek, Bilanzneutrale Finanzierungsinstrumente in der internationalen und nationalen Rechnungslegung, S. 259.

188 BFH, Urteil vom 17. Februar 1998, VIII R 28/95, BStBl. II 1998, 505, 506; BFH, Urteil vom 18. Dezember 2002, I R 11/02, BStBl. II 2003, 400, 400; BFH, Urteil vom 25. April 2006, VIII R 40/04, BStBl. II 2006, 749, 751; BFH, Urteil vom 30. November 2005, I R 110/04, BStBl. II 2007, 251, 254; Christiansen, StbJb 1989/90, 129, 130; Lüdenbach/Hoffmann, DStR 2007 (Beihefter zu Heft 50/2007), S. 5; Küting/Hellen/Brakensiek, BB 1998, 1465, 1471; Glaubig, Grundsätze ordnungsgemäßer Bilanzierung für Dauerrechtsverhältnisse, S. 21 ff. und S. 26; Weber-Grellet, in: Schmidt, EStG, § 5 Rn. 76; Küting/Hellen/Brakensiek, DStR 1999, 39, 43; Larenz, Lehrbuch des Schuldrechts, Band I, S. 29 f.; Janke, Dauerschuldverträge und Grundsätze ordnungsgemäßer Buchführung, S. 4.

189 Bauer, Schwebende Geschäfte im Steuerrecht, S. 166.

kontinuierliches Verhalten und Leisten über den vereinbarten Zeitraum.[190] Es liegt sozusagen eine Teilleistung[191] und ein Zerfall in einen „abgewickelten und einen erst noch abzuwickelnden schwebenden Geschäftsteil" vor.[192] Der noch nicht abgewickelte Teil des Dauerschuldverhältnisses befindet sich im Schwebezustand, weshalb die darauf basierenden Ansprüche und Verpflichtungen de lege lata keinen Ansatz in der Bilanz finden.[193] In der Bilanz können nur die bis zum Bilanzstichtag erbrachten Leistungen berücksichtigt werden, da das Rechtsverhältnis hinsichtlich seines zeitlich zurückliegenden Teils nicht mehr „schwebt", sondern der Gewinn insoweit realisiert ist.[194]

(3) Berechtigung des Grundsatzes der Nichtbilanzierung schwebender Geschäfte

Der Grundsatz der Nichtbilanzierung schwebender Geschäfte wird allgemein akzeptiert und ist weitestgehend unbestritten; in der Literatur zweifeln jedoch vereinzelte Stimmen an der Rechtfertigung dieses Verbots, sodass sich bislang in der Praxis keine einheitliche Begründung durchsetzen konnte.[195] Als Erklärung werden das Gewohnheitsrecht, die Stellung eines eigenen GoB und die Konkretisierung bestehender GoB herangezogen.[196] Mittlerweile haben sich jedoch zwei Erklärungsansätze herauskristallisiert: die klassische Vereinfachungsthese und die Risikothese i. V. m. dem Realisationsprinzip.

---

190 BFH, Urteil vom 20. Mai 1992, X R 49/89, BStBl. II 1992, 904, 907; Janke, Dauerschuldverträge und Grundsätze ordnungsgemäßer Buchführung, S. 3; Buciek, in: Blümich, ESTG-KStG-GewStG, § 5 Rn. 245.

191 Vgl. auch BFH, Urteil vom 27. Februar 1976, III R 64/74, BStBl. II 1976, 529, 531; Bauer, Schwebende Geschäfte im Steuerrecht, S. 166.

192 Groh, BB 1988, 27, 28; Brakensiek, Bilanzneutrale Finanzierungsinstrumente in der internationalen und nationalen Rechnungslegung, S. 258.

193 Küting/Hellen/Brakensiek, BB 1998, 1465, 1471; Kußmaul, BB 1987, 2053, 2065; Bauer, Schwebende Geschäfte im Steuerrecht, S. 15 f.; Kessler, Rückstellungen und Dauerschuldverhältnisse, S. 126; Glaubig, Grundsätze ordnungsgemäßer Bilanzierung für Dauerrechtsverhältnisse, S. 27.

194 BFH, Urteil vom 5. April 2006, I R 43/05, BStBl. II 2006, 593, 594; Buciek, in: Blümich, ESTG-KStG-GewStG, § 5 Rn. 245.

195 Küting/Hellen/Brakensiek, BB 1998, 1465, 1472; Kußmaul, BB 1987, 2053, 2065; Küting/Kessler, DStR 1993, 1045, 1046; vgl. aber gegen diese Konvention de lege ferenda Bieg, Schwebende Geschäfte in Handels- und Steuerbilanz, insbesondere S. 233 ff.

196 Vgl. Babel, BB 1997, 2261, 2264.

(a) Vereinfachungsthese (Aufblähungsargument)

Nach der Vereinfachungsthese verhindert der Grundsatz der Nichtbilanzierung schwebender Geschäfte eine unnötige Aufblähung der Bilanz.[197] Sie beruht auf dem Gedanken, dass während des Schwebezustandes die widerlegbare Vermutung besteht, dass sich Ansprüche und Verpflichtungen aus einem gegenseitigen Vertrag bis zur Erfüllung gleichwertig gegenüberstehen, womit deren Ausweis und bilanzielle Erfassung lediglich zu einer Bilanzverlängerung führen würden, die aus Gründen der Vereinfachung und Übersichtlichkeit unterbleiben könne.[198] Der Grundsatz der Nichtbilanzierung schwebender Geschäfte stelle daher eine Ausnahme vom Vollständigkeitsprinzip des § 246 Abs. 1 HGB dar.[199]

(b) Risikothese i. V. m. dem Realisationsprinzip

Die Risikothese stellt demgegenüber zur Begründung der grundsätzlichen Nichtbilanzierung schwebender Geschäfte verstärkt auf die zivilrechtlichen Erfüllungsrisiken von synallagmatischen Verträgen ab.[200] Hierbei werden zwei verschiedene Erklärungsvarianten unterschieden.

(aa) Risikothese (Döllerer)

Nach der Risikothese dürfen schwebende Geschäfte aufgrund der möglichen Risiken nicht angesetzt werden. Leffson[201] führt aus, dass auch im Zeitpunkt des Vertragsabschlusses, zu dem eine Sache schon produziert ist, das Risiko

---

197 BFH, Urteil vom 17. Juli 1974, I R 195/72, BStBl. II 1974, 684, 685; Woerner, BB 1988, 769, 771.

198 BFH, Urteil vom 17. Februar 1998, VIII R 28/95, BStBl. II 1998, 505, 506; BFH, Urteil vom 5. April 2006, I R 43/05, BStBl. II 2006, 593, 594; Leffson, Die Grundsätze ordnungsgemäßer Buchführung, S. 262; Christiansen, StbJb 1989/90, 129, 131; Babel, BB 1997, 2261, 2264; Weber-Grellet, in: Schmidt, EStG, § 5 Rn. 76.

199 BFH, Urteil vom 20. Januar 1983, IV R 158/80, BStBl. II 1983, 413, 415.

200 Kessler, Rückstellungen und Dauerschuldverhältnisse, S. 128; Küting/Hellen/Brakensiek, BB 1998, 1465, 1472; Küting/Kessler, DStR 1993, 1045, 1046; Döllerer verweist in diesem Zusammenhang insbesondere auf die Einrede des nicht erfüllten Vertrags (vgl. § 320 BGB), die Unmöglichkeit der eigenen Leistung (vgl. § 285 BGB, damals noch §§ 323–325 BGB), den Rücktritt vom Vertrag wegen Unmöglichkeit oder Verzug; vgl. hierzu Döllerer, BB 1980, 1333, 1335; Döllerer, BB 1974, 1541, 1543 sowie Knobbe-Keuk, Bilanz- und Unternehmenssteuerrecht, S. 141; Leffson, Die Grundsätze ordnungsmäßiger Buchführung, S. 260 ff.; Woerner, BB 1988, 769, 771.

201 Leffson, Die Grundsätze ordnungsmäßiger Buchführung, S. 237 ff.

besteht, dass sie nicht zum vereinbarten Termin geliefert werden kann. Döllerer[202] konkretisiert diese Aussage und führt an, dass Ansprüche aus schwebenden Geschäften angesichts der ihnen bis zur Erfüllung anhaftenden zivilrechtlichen Risiken nicht die Eigenschaften eines Vermögensgegenstands erfüllen, weshalb ein Ansatz in der Bilanz ausscheide.[203] Der Anspruch auf Nutzung entstehe nicht bereits mit Vertragsabschluss, sondern fortlaufend neu.[204] Würde man Forderungen aus schwebenden Geschäften ansetzen, könnten diese nicht in gleicher Höhe ausgewiesen werden. Man müsse berücksichtigen, dass der Wert der zu erbringenden Gegenleistung im Fall der Gewinnerzielungsabsicht hinter dem Wert der Forderung auf die Gegenleistung zurückbleibe.[205] Hiergegen ist jedoch einzuwenden, dass die zivilrechtlichen Risiken keine Auswirkungen auf die einen Vermögensgegenstand konstituierenden Eigenschaften wie die selbstständige Verkehrsfähigkeit und Bewertbarkeit haben, sondern allenfalls bei der Bewertung eine Rolle spielen.[206]

(bb) Realisationsprinzip

Die andere Auffassung zieht das Realisationsprinzip nach § 252 Abs. 1 Nr. 4, 2. Hs. HGB zur Erklärung des Verbots der Bilanzierung schwebender Geschäfte heran.[207] Dabei wird nur auf die Forderung auf Seiten des Leistungsverpflichteten

---

202 Döllerer, BB 1980, 1333, 1333 ff.; ihm folgend Lüders, Der Zeitpunkt der Gewinnrealisierung im Handels- und Steuerbilanzrecht, S. 71 f.; Küting/Kessler, DStR 1993, 1045, 1047.

203 Küting/Hellen/Brakensiek, BB 1998, 1465, 1472; Kessler, Rückstellungen und Dauerschuldverhältnisse, S. 131; Woerner, FR 1984, 489, 493; Döllerer, BB 1980, 1333, 1335; Babel, BB 1997, 2261, 2266.

204 Döllerer, BB 1971, 535, 538; a. A. Fahrholz, Leasing in der Bilanz, S. 127, der ausführt, dass das „obligatorische Nutzungsrecht aus einem Dauerschuldverhältnis zwar fortlaufend untergeht, aber nicht fortlaufend neu entsteht".

205 Döllerer, BB 1980, 1333, 1335.

206 Küting/Hellen/Brakensiek, BB 1998, 1465, 1472; Küting/Kessler, DStR 1993, 1045, 1047; So können Ansprüche aus einem synallagmatischen Vertrag, unbeschadet der ihnen anhaftenden zivilrechtlichen Risiken, grundsätzlich nach den Regeln des Schuldrechts abgetreten werden.

207 Knobbe-Keuk, Bilanz- und Unternehmenssteuerrecht, S. 141; Woerner, BB 1988, 769, 771; Bieg, Bankbilanzen und Bankaufsicht, S. 322; Kußmaul, BB 1987, 2053, 2064; Babel, BB 1997, 2261, 2265; Kozikowski/Schubert, in: Beck'scher Bilanz-Kommentar, § 249 HGB Rn. 57; Sabel, Leasingverträge in der kapitalmarktorientierten Rechnungslegung, S. 42; Küting/Hellen/Brakensiek, BB 1998, 1465, 1472; Küting/Kessler, DStR 1993, 1045, 1047.

abgestellt.[208] Sobald die Hauptleistung erfüllt wurde, endet nach diesem Verständnis des Nichtbilanzierungsgrundsatzes das schwebende Geschäft. Der BFH[209] führte dazu aus, dass ein Vertrag seinen Charakter als schwebendes Geschäft verliert, „wenn der zur Sach- oder Dienstleistung Verpflichtete alle von ihm geschuldeten Erfüllungshandlungen in einer Weise erbracht hat, daß ihm die Forderung auf Gegenleistung – von den mit jeder Forderung verbundenen Risiken abgesehen – so gut wie sicher ist".[210] Begründet wird dies damit, dass die bilanzielle Erfassung schwebender Geschäfte in den Fällen, in denen der Wert der eigenen Leistungsverpflichtung hinter dem Wert des Anspruchs auf Gegenleistung zurückbleibt, stets zum Ausweis eines Gewinns führt, der – bedingt durch die dem gegenseitigen Vertrag anhaftenden Erfüllungsrisiken – noch nicht mit der vom Realisationsprinzip geforderten Gewissheit feststeht und demzufolge gar nicht zum Ausweis gelangen darf.[211] Der entscheidende Grund für den Nichtausweis schwebender Geschäfte liegt insofern im Vorsichtsprinzip.[212]

(4) Kombination der Theorien

Betrachtet man die vorgestellten Ansätze, fällt auf, dass sich die Auffassungen nicht widersprechen, sondern sich bei der Erklärung des Begriffs des schwebenden Geschäfts ergänzen. Insofern sind die Vereinfachungs- und die Risikothese kombiniert für die Erklärung der Nichtbilanzierung schwebender Geschäfte heranzuziehen.[213] Sofern sich Ansprüche und Verpflichtungen ausgeglichen gegenüberstehen, liefert die Vereinfachungstheorie mit dem Argument der Bilanzaufblähung die formale Erklärung, wogegen die Risikotheorie mithilfe des Realisationsprinzips die materielle Erklärung beisteuert, wenn der Anspruch die Verpflichtung übersteigt und die Ausgeglichenheitsvermutung zu fingieren ist.[214] Die Vereinfachungsthese

---

208 Sabel, Leasingverträge in der kapitalmarktorientierten Rechnungslegung, S. 42.

209 BFH, Beschluss vom 11. Dezember 1985, I B 49/85, BFH/NV 1986, 595.

210 BFH, Beschluss vom 11. Dezember 1985, I B 49/85, BFH/NV 1986, 595, 595 f.; Sabel, Leasingverträge in der kapitalmarktorientierten Rechnungslegung, S. 42.

211 Woerner, Der schwebende Vertrag im Gefüge der Grundsätze ordnungsgemäßer Bilanzierung, S. 39; Küting/Kessler, DStR 1993, 1045, 1047; Nies, WPg 1972, 383, 387.

212 Knobbe-Keuk, Bilanz- und Unternehmenssteuerrecht, S. 141; Woerner, FR 1984, 489, 496.

213 Küting/Hellen/Brakensiek, BB 1998, 1465, 1473; Kessler, Rückstellungen und Dauerschuldverhältnisse, S. 132; Küting/Kessler, DStR 1993, 1045, 1047.

214 Küting/Hellen/Brakensiek, BB 1998, 1465, 1473; Kessler, Rückstellungen und Dauerschuldverhältnisse, S. 132; Küting/Kessler, DStR 1993, 1045, 1047; Brakensiek,

ergänzt diesen Ansatz, indem sie dort Anwendung findet, wo ein schwebendes Geschäft selbst unter Außerachtlassung der ihm anhaftenden zivilrechtlichen Risiken als ausgeglichen gilt und seine bilanzielle Erfassung damit ohnehin keine Gewinnauswirkungen hätte.[215] Insgesamt ist der Grundsatz der Nichtbilanzierung als ungeschriebener GoB eine Konkretisierung des allgemeinen Vorsichtsprinzips und eine Folge des Realisationsprinzips i. S. d. § 252 Abs. 1 Nr. 4, 2. Hs. HGB.[216]

ee) Imparitätsprinzip

Als eine weitere Ausprägung des Vorsichtsprinzips sind gemäß dem in § 252 Abs. 1 Nr. 4, 1. Hs. HGB kodifizierten Imparitätsprinzip alle vorhersehbaren Risiken und Verluste, die bis zum Bilanzstichtag entstanden sind, in der Bilanz zu berücksichtigen, sofern die Verpflichtung den Anspruch übersteigt.[217] Dabei werden auch solche Verluste berücksichtigt, die sich noch nicht realisiert haben.[218] Häufig wird hierbei die Form der Rückstellung verwendet. Handelsrechtlich umfasst das Imparitätsprinzip auch Rückstellungen für drohende Verluste gemäß § 249 Abs. 1 Satz 1 HGB.

Bilanzneutrale Finanzierungsinstrumente in der internationalen und nationalen Rechnungslegung, S. 262.

215 Dies ist in erster Linie bei Beschaffungsgeschäften der Fall, die – von der Möglichkeit eines Verlustgeschäfts einmal abgesehen – nach dem Anschaffungswertprinzip als erfolgsneutrale Vermögensumschichtungen zu behandeln sind. Bei Absatzgeschäften liegt eine solche „natürliche" Ausgeglichenheit dagegen allenfalls zufällig vor; siehe Küting/Kessler, DStR 1993, 1045, 1047.

216 BFH, Urteil vom 8. Dezember 1982, I R 142/81, BStBl. II 1983, 369, 371; Crezelius, in: Kirchhof, EStG § 5 Rn. 76; Alvarez/Wotschofsky/Mietig, WPg 2001, 933, 934; zu schwebenden Geschäften vgl. grundlegend Bieg, Schwebende Geschäfte in Handels- und Steuerbilanz, sowie ergänzend Crezelius, in: FS Döllerer, S. 81 ff.; Woerner, BB 1988, 769, 772 f.; Woerner, FS Moxter, S. 483, 491; Buciek, in: Blümich, EStG-KStG-GewStG, § 5 Rn. 243.

217 Hennrichs, in: Tipke/Lang, Steuerrecht § 9 Rn. 90, siehe für weitere Informationen zum Realisationsprinzip Hennrichs, DStJG 24 (2001), 301, 317 ff.; Schulze-Osterloh, in: FS Forster, S. 653, 665.

218 Hastedt, Gewinnrealisation beim Finanzierungs-Leasing, S. 24; Leffson, Die Grundsätze ordnungsgemäßer Buchführung, S. 339 f.

2) Prinzipien und Ziele der Steuerbilanz

a) Bilanzierungspflicht im Steuerrecht

Gewerbetreibende, die der deutschen Steuerpflicht – im Fall von natürlichen Personen gemäß § 1 EStG und im Fall von Körperschaften, Personenvereinigungen und Vermögensmassen gemäß § 1 KStG – unterliegen, erzielen Einkünfte aus Gewerbebetrieb gemäß §§ 2 Abs. 1 Nr. 2, Abs. 2 Nr. 1 i. V. m. § 15 EStG. Einkünfte aus Gewerbebetrieb liegen gemäß § 15 Abs. 2 Satz 1 EStG vor, wenn eine selbstständige nachhaltige Betätigung, die mit der Absicht, Gewinn zu erzielen, unternommen wird und sich als Beteiligung am allgemeinen Verkehr darstellt, sofern die Betätigung weder als Ausübung von Land- und Forstwirtschaft noch als Ausübung eines freien Berufs noch als eine andere selbstständige Tätigkeit anzusehen ist. Gewerbetreibende ermitteln ihr Einkommen entsprechend dem Dualismus der Einkünfteermittlung[219] nach den sog. Gewinneinkünften, auf die der Maßgeblichkeitsgrundsatz des § 5 Abs. 1 Satz 1 EStG Anwendung findet. Zu den Gewinneinkünften zählen neben den Einkünften aus Gewerbebetrieb die Einkünfte aus Land- und Forstwirtschaft sowie die Einkünfte aus selbstständiger Arbeit. Ihnen ist gemeinsam, dass sich ihr steuerbares Einkommen i. S. d. §§ 2 Abs. 2 Nr. 1 i. V. m. Abs. 5 Hs. 2 EStG aus dem Gewinn ermittelt, der gemäß § 4 Abs. 1 EStG als der Unterschiedsbetrag zwischen dem Betriebsvermögen am Schluss des Wirtschaftsjahres und dem Betriebsvermögen am Schluss des vorangegangenen Wirtschaftsjahres verstanden wird, vermehrt um den Wert der Entnahmen und vermindert um den Wert der Einlagen.

Gemäß § 5 Abs. 1 Satz 1 EStG müssen Gewerbetreibende, die aufgrund gesetzlicher Vorschriften verpflichtet sind, Bücher zu führen und regelmäßig Abschlüsse zu erstellen, ihr Betriebsvermögen nach § 4 Abs. 1 Satz 1 EStG entsprechend den handelsrechtlichen Grundsätzen ordnungsmäßiger Buchführung (GoB) ausweisen (sog. Maßgeblichkeitsgrundsatz).[220] Das gilt gemäß § 8 Abs. 1 KStG auch für das Körperschaftsteuerrecht.[221] Die Entscheidung, ob die Einkünfte nach dem einfachen Betriebsvermögensvergleich i. S. d. § 4 Abs. 1

219 Der Dualismus der Einkünfteermittlung unterscheidet zwischen den sog. Gewinneinkünften (§ 2 Abs. 2 Nr. 1 EStG) und den Überschusseinkünften (§ 2 Abs. 2 Nr. 2 EStG). Die Gewinneinkünfte ermitteln sich dabei nach der Reinvermögenszugangstheorie; die Überschusseinkünfte nach der Quellentheorie; vgl. hierzu Hey, in: Tipke/Lang, Steuerrecht, § 8 Rn. 50 f. und Rn. 181 ff.

220 Kort, FR 2001, 53, 53; Hennrichs, in: Tipke/Lang, Steuerrecht, § 9 Rn. 40.

221 Kort, FR 2001, 53, 55.

EStG oder dem qualifizierten Betriebsvermögensvergleich gemäß §§ 4 Abs. 1 i. V. m. 5 Abs. 1 EStG ermittelt werden, richtet sich danach, ob der Gewerbetreibende verpflichtet ist, Bücher zu führen oder, sofern dies nicht der Fall ist, freiwillig Bücher führt. Eine gesetzliche Buchführungspflicht ist in § 140 AO i. V. m. § 238 HGB verankert. § 140 AO besagt: „Wer nach anderen Gesetzen als den Steuergesetzen Bücher und Aufzeichnungen zu führen hat, die für die Besteuerung von Bedeutung sind, hat die Verpflichtungen, die ihm nach den anderen Gesetzen obliegen, auch für die Besteuerung zu erfüllen." Gemäß § 238 Abs. 1 HGB ist jeder Kaufmann verpflichtet, Bücher zu führen. Ein Kaufmann ist i. S. d. § 1 Abs. 1 HGB derjenige, der ein Handelsgewerbe betreibt. Gemäß § 6 HGB finden die Vorschriften bzgl. der Kaufleute auch auf Handelsgesellschaften Anwendung. Mithin gelten die handelsrechtlichen Buchführungspflichten auch im Steuerrecht.

Zudem kann sich eine Buchführungspflicht aus § 141 AO aufgrund steuerrechtlicher Vorschriften ergeben. Gemäß § 141 Abs. 1 AO sind „gewerbliche Unternehmer sowie Land- und Forstwirte, die nach den Feststellungen der Finanzbehörde für den einzelnen Betrieb Umsätze (...) von mehr als 500.000 Euro im Kalenderjahr oder selbstbewirtschaftete land- und forstwirtschaftliche Flächen mit einem Wirtschaftswert (§ 46 des Bewertungsgesetzes) von mehr als 25.000 Euro oder einen Gewinn aus Gewerbebetrieb von mehr als 50.000 Euro im Wirtschaftsjahr oder einen Gewinn aus Land- und Forstwirtschaft von mehr als 50.000 Euro im Kalenderjahr gehabt haben (...) verpflichtet, für diesen Betrieb Bücher zu führen". Jedoch gilt diese Pflicht gemäß § 141 Abs. 2 AO erst nach der Mitteilung des Finanzamtes, die auf die Buchführungspflicht hinweist.

Gemäß § 8 Abs. 2 KStG sind Kapitalgesellschaften, die der unbeschränkten Steuerpflicht i. S. d. § 1 Abs. 1 Nr. 1 bis 3 KStG unterliegen, stets gewerblich tätig und unterfallen damit dem qualifizierten Betriebsvermögensvergleich. Darüber hinaus erfolgt die Ermittlung des Einkommens bei Kapitalgesellschaften neben einzelnen Spezialregelungen im KStG gemäß § 8 Abs. 1 Satz 1 KStG nach dem EStG. Sowohl die Kapitalmarktgesellschaften als auch die nicht-kapitalmarktorientierten Unternehmen haben daher den qualifizierten Betriebsvermögensvergleich vorzunehmen.

b) Maßgeblichkeitsprinzip

Die steuerliche Gewinnermittlung buchführender Gewerbetreibender richtet sich nach dem Maßgeblichkeitsprinzip, über das die Handels- und die Steuerbilanz eng miteinander verbunden sind. Gemäß § 5 Abs. 1 Satz 1, 1. Hs. EStG sind die GoB auch für die Steuerbilanz maßgeblich, sofern im Rahmen der Ausübung eines steuerlichen Wahlrechts nicht ein anderer Ansatz gewählt wird oder wurde und keine steuerrechtlichen Vorschriften, u. a. §§ 5 Abs. 2 bis Abs. 6 EStG, entgegenstehen.[222] Folglich wird der Betriebsvermögensvergleich nicht nur durch steuerrechtliche Normen, sondern auch durch das Handelsrecht bestimmt.[223]

aa) Definition des Maßgeblichkeitsprinzips

Das Maßgeblichkeitsprinzip besteht aus einem Zusammenschluss von grundsätzlichen Verweisungen auf ein außersteuerliches Normsystem einerseits und eigenständigen steuerrechtlichen Vorschriften andererseits.[224] Der Maßgeblichkeitsgrundsatz gilt sowohl für die Bilanzierung „dem Grunde nach" als auch über den Wortlaut des § 5 Abs. 1 Satz 1 EStG hinaus für die Bilanzierung „der Höhe nach".[225] Im Rahmen des BilMoG wurden § 5 Abs. 1 Satz 1 EStG neu gefasst und steuerliche Wahlrechte von der Maßgeblichkeit ausgenommen, was das Maßgeblichkeitsprinzip weiter einschränkte.[226] Allerdings hält der Gesetzgeber bislang an der materiellen Maßgeblichkeit der Handelsbilanz für die Steuerbilanz auch nach der Einführung des BilMoG fest, sodass der handelsrechtliche Jahresabschluss die Grundlage der steuerlichen Gewinnermittlung bleibt.[227] Das Steuerrecht übernimmt somit aus dem Handelsrecht das System der Berechnung, um Maßstäbe für eine gleichmäßige Verteilung der Steuerlasten zu gewinnen.

bb) Begründung des Maßgeblichkeitsprinzips

Der Sinn und Zweck des Maßgeblichkeitsprinzips beruht auf dem Gedanken der Vereinheitlichung der steuerlichen Gewinnermittlung durch die Anknüpfung an handelsrechtliche Normen sowie der Annahme, dass durch die Bindung

---

222 Groh, StuW 1991, 297, 303; Janke, StuW 1994, 214, 214; Moxter, BB 2000, 2143, 2146; Arnold, StuW 2005, 148, 154; Pellens/Fülbier/Gassen/Sellhorn, Internationale Rechnungslegung, S. 13; Arbeitskreis Bilanzrecht der Hochschullehrer Rechtswissenschaft, BB 2002, 2372, 2372.

223 Schanz/Schanz, StuW 2009, 331, 315.

224 Hennrichs, DStJG 24 (2001), 301, 303.

225 Birk, Steuerrecht, Rn. 819; Crezelius, in: Kirchhof, EStG, § 5 Rn. 31.

226 Sog. Aufgabe der umgekehrten Maßgeblichkeit; Buchholz, Internationale Rechnungslegung, S. 15; bereits vor dem BilMoG wurde das Maßgeblichkeitsprinzip durch Regelungen des Steuerentlastungsgesetzes 1999/2000/2002 eingeschränkt, vgl. Weber-Grellet, BB 1999, 2659, 2662; Weber-Grellet, DB 1997, 385, 385 f.

227 Herzig/Briesemeister, DB 2009, 926, 927.

der Steuerbilanz an die Handelsbilanz die Einheitlichkeit der Rechtsordnung gewahrt werde.[228] Im Steuerrecht fehlen Vorschriften, die die für die Bilanzierung notwendigen Begriffe – z. B. Anschaffungs- und Herstellungskosten – und die Voraussetzungen für die Bewertung und Bildung von Rückstellungen definieren, wohingegen das HGB zumindest vereinzelt detaillierte Vorschriften bereitstellt.[229] Dabei spricht das EStG im Zusammenhang mit dem Bilanzierungsobjekt von „Wirtschaftsgut", welches aber mit dem handelsrechtlichen Begriff „Vermögensgegenstand" gleichgesetzt werden kann.[230] Ein weiteres Motiv für die Einführung des Maßgeblichkeitsprinzips war die Vereinfachung der steuerlichen Gewinnermittlung, da durch das Maßgeblichkeitsprinzip die Einrichtung eines zweiten Gewinnermittlungssystems neben dem handelsrechtlichen vermieden werden konnte.[231] Insbesondere für kleinere und mittlere Unternehmen ist die Möglichkeit der Erstellung einer Einheitsbilanz (Handelsbilanz = Steuerbilanz) unter Kostengesichtspunkten ein gewichtiges Argument.[232] Ferner gewährleistet das Maßgeblichkeitsprinzip durch den Schutz vor einer übermäßigen Besteuerung eine disziplinierende Funktion.[233] Hier spielt die von Döllerer[234] entwickelte „Gleichstellungsthese" mit dem „Teilhabergedanken" eine entscheidende Rolle. Der Staat sei „stiller Teilhaber" des Unternehmens und dürfe daher auch nur einen Teil des entnahmefähigen Gewinns, welcher durch die GoB der Handelsbilanz ermittelt werde, verlangen.[235] Es sei nicht zwischen einem

228 Moxter, BB 2000, 2143, 2146; Lauth, DStR 2000, 1365, 1367; Buchholz/Weis, DStR 2002, 559, 562; Drescher, Zukunft des deutschen Maßgeblichkeitsgrundsatzes, S. 24 f.; Busse von Colbe, Rechnungslegungsziele und Ansätze zur internationalen Harmonisierung der Rechnungslegung deutscher Unternehmen, S. 503; Eckhardt, BB 1960, 1213, 1213 ff.

229 Lauth, DStR 2000, 1365, 1367, vgl. hinsichtlich der unzureichenden Gestaltung der steuerlichen Gesetzeslage Weber-Grellet, DB 1994, 288, 288 ff.

230 BFH, Beschluss vom 26. Oktober 1987, GrS 2/86, BStBl. II 1988, 348, 350; BFH, Urteil vom 26. August 1992, I R 24/91, BStBl. II 1992, 977, 978; BFH, Urteil vom 5. Juni 2008, IV R 67/05, BStBl. II 2008, 960, 962; Moxter, Bilanzrechtsprechung, S. 13; siehe auch Gliederungspunkt C) I) 2).

231 Wehrheim/Fross, DStR 2010, 1348, 1348.

232 Wehrheim/Fross, DStR 2010, 1348, 1348.

233 Kuntschik, Steuerliche Gewinnermittlung und IAS/IFRS am Beispiel immaterieller Vermögenswerte, S. 49.

234 Döllerer, BB 1971, 1333, 1334.

235 Döllerer, BB 1971, 1333, 1334; Kuntschik, Steuerliche Gewinnermittlung und IAS/IFRS am Beispiel immaterieller Vermögenswerte, S. 49; hierzu und zur These der Zweckdivergenz von Handels- und Steuerbilanz Köhrle, IFRS-Einzelabschluss,

handelsrechtlichen, ausschüttungsfähigen und einem „richtigen“ Gewinn für steuerliche Zwecke zu differenzieren, da beide Gewinne deckungsgleich seien und daher auch dieselben Gewinnermittlungsregeln zugrunde zu legen seien.[236] Durch die Kopplung des Handels- und Steuerrechts erfolgt ein Ausgleich gegenläufiger Interessen vom Fiskus und dem Steuerpflichtigen, sodass die GoB auch als Maßstab für die Messung der wirtschaftlichen Leistungsfähigkeit dienen.[237] Die primär dem Gläubigerschutz dienende Handelsbilanz wird zum Korrektiv der Steuerbilanz und verhindert somit eine steuerlich verordnete Leistungsfähigkeit.[238] Eine unbesehene Übernahme der Handelsbilanz würde jedoch zu einer zu niedrigen Erfassung des steuerlichen Gewinns führen, da sich der Kaufmann bedingt durch den Gläubigerschutz und die kritische Selbstinformation in der Handelsbilanz eher ärmer als reicher rechnen darf, wohingegen der Zweck der Steuerbilanz ist, die Leistungsfähigkeit zu messen und den wirklichen Gewinn zu ermitteln, sodass in den letzten Jahren immer mehr den Maßgeblichkeitsgrundsatz einschränkende Normen, sog. Korrektive, in das EStG eingeführt wurden.[239]

c) Prinzipien der Steuerbilanz

Die Prinzipien des Steuerbilanzrechts setzen sich insbesondere aus dem Leistungsfähigkeitsprinzip, der Gleichmäßigkeit der Besteuerung, dem Rechtsstaatsprinzip sowie der Eigentumsgarantie i. S. d. Art. 14 Abs. 2 GG mit dem Prinzip der eigentumsschonenden Besteuerung zusammen.[240] Obwohl das Steuerrecht

---

S. 150 f.; Dahlke, Harmonisierung der Konzernbesteuerung in der Europäischen Union, S. 136 f.; sowie zur Zweckdivergenz ausführlicher Kort, FR 2001, 53, 56; Kahle, WPg 2002, 178, 184; Herzig, WPg 2000, 104, 118; Lauth, DStR 2000, 1365, 1367 f.; Siegel, StuB 1999, 195, 196; Wagner, BB 2002, 1885, 1887.

236 Dahlke, Harmonisierung der Konzernbesteuerung in der Europäischen Union, S. 136; Gros, Der Konzern 2008, 466, 472; Böcking, in: FS Mellwig, S. 53, 63 ff.

237 Wehrheim/Fross, DStR 2010, 1348, 1348 f.

238 Wehrheim/Fross, DStR 2010, 1348, 1348.

239 Birk, Steuerrecht, Rn. 823; siehe z. B. die Einschränkung der Teilwertabschreibung und die Beschränkung der Rückstellungsbildung durch das Steuerentlastungsgesetz 1999/2000/2002; Aufgabe der umgekehrten Maßgeblichkeit, Bedeutungen der handelsrechtlichen Bilanzierungswahlrechte für das Steuerrecht, vgl. auch Weber-Grellet, BB 1999, 2659, 2662; Herzig/Briesemeister, DB 2009, 926, 926.

240 Vgl. Hey, in: Tipke/Lang, Steuerrecht, § 3 Rn. 13; Birk, Steuerrecht, Rn. 200 f.; Arnold, StuW 2005, 148, 149; Kort, FR 2001, 53, 59 f.; Lauth, DStR 2000, 1365, 1367; Weber-Grellet, BB 1999, 2659, 2660 f.; Weber-Grellet, DStR 1998, 1343, 1347; Herzig, WPg 2005, 211, 214.

damit nicht wie die Handelsbilanz den Gläubigerschutz und die Substanzerhaltung in den Vordergrund stellt, sind in der Steuerbilanz die handelsrechtlichen GoB zu berücksichtigen. Besondere Bedeutung kommt dabei dem Realisationsprinzip, dem Vorsichtsprinzip sowie den Prinzipien der wirtschaftlichen Verursachung und des Bilanzzusammenhangs zu.[241]

aa) Leistungsfähigkeitsprinzip/Gleichmäßigkeit der Besteuerung

Die Steuerbilanz zielt primär auf eine Besteuerung der Leistungsfähigkeit des Steuerpflichtigen ab. Gemäß dem Leistungsfähigkeitsprinzip soll jeder nach seiner Leistungsfähigkeit besteuert werden, wobei bei der Verteilung der steuerlichen Lasten die unterschiedlichen Einkommens- und Vermögensverhältnisse berücksichtigt werden.[242] Das Prinzip ist auf den allgemeinen Gleichheitsgrundsatz gemäß Art. 3 Abs. 1 GG zurückzuführen.[243] Das BVerfG leitet hieraus den Grundsatz der Steuergerechtigkeit ab,[244] der sich in eine vertikale und eine horizontale Steuergerechtigkeit unterteilen lässt.[245] Die horizontale Steuergerechtigkeit verlangt, dass Steuerpflichtige gleicher Leistungsfähigkeit gleich hoch besteuert werden, während die vertikale Steuergerechtigkeit bei Steuerpflichtigen unterschiedlicher

241 Kirsch, DStZ 2004, 470, 471; Weber-Grellet, DStR 1998, 1343, 1347.

242 BVerfG, Beschluss vom 29. Mai 1990, 1 BvL 20/84, 1 BvL 26/84, 1 BvL 4/86; BVerfGE 82, 60, 86; BVerfG, Beschluss vom 23. November 1976, 1 BvR 150/75, BVerfGE 43, 108, 120; BVerfG, Urteil vom 10. Dezember 1980, 2 BvF 3/77, BVerfGE 55, 274, 302; Lauth, DStR 2000, 1365, 1368; Birk, Steuerrecht, Rn. 33 und 188; Birk, Das Leistungsfähigkeitsprinzip als Maßnahme der Steuernormen, S. 169 ff.; Lang, in: FS Kruse, S. 313, 330 ff.; Walz/Fischer, JuS 2003, 237, 239 f.; Tipke, Die Steuerrechtsordnung, S. 480 ff.

243 Vgl. BVerfG, Urteil vom 17. Januar 1957, 1 BvL 4/54, BVerfGE 6, 55, 70; Walz/Fischer, JuS 2003, 237, 239 f.; Hennrichs, DStJG 24 (2001), 301, 308; Tipke, Die Steuerrechtsordnung, S. 80; Kirchhof, StuW 1985, 319, 323 f.; BVerfG, Beschluss vom 22. Februar 1984, 1 BvL 10/80, BVerfGE 66, 214, 223 ff.; Teilweise wird in der Literatur das Leistungsfähigkeitsprinzip darüber hinaus auch aus anderen Prinzipien abgeleitet, siehe hierzu Weber-Grellet, in: FS Posser, S. 395, 407, der eine Ableitung aus dem Demokratieprinzip in Verbindung mit den Gleichheits- und Freiheitsrechten und dem Sozialstaatsprinzip ableitet oder Hey, in: Tipke/Lang, Steuerrecht § 3 Rn. 13, der neben dem Gleichheitsgrundsatz das Übermaßverbot, das Verbot der Benachteiligung von Ehe und Familie sowie das Sozialstaatsprinzip anführt.

244 BVerfG, Urteil vom 17. Januar 1957, 1 BvL 4/54, BVerfGE 6, 55, 70; BVerfG, Beschluss vom 22. Februar 1984, 1 BvL 10/80, BVerfGE 66, 214, 223.

245 Dauber, Das Realisationsprinzip als Grundprinzip der steuerlichen Gewinnermittlung, S. 91; Birk, Das Leistungsfähigkeitsprinzip als Maßnahme der Steuernormen, S. 165; Köhrle, IFRS-Einzelabschluss, S. 108.

Leistungsfähigkeit eine ausdifferenzierte Besteuerung gebietet.[246] Gleichheit im Steuerrecht bedeutet demnach die Bemessung der steuerlichen Belastung nach der individuellen, wirtschaftlichen Leistungsfähigkeit, wobei eine gleichmäßige Besteuerung aller verfolgt wird.[247]

Das Leistungsfähigkeitsprinzip gilt sowohl für natürliche als auch für juristische Personen.[248] In beiden Fällen richtet sich die Besteuerung nach dem in einem Jahr erwirtschafteten Gewinn.[249] Das Einkommen der Kapitalgesellschaft – welches gemäß § 8 Abs. 1 KStG ermittelt wird – spiegelt dabei, wie bei den natürlichen Personen, die wirtschaftliche Leistungsfähigkeit der Körperschaft wider, sodass die Ermittlung des Einkommens identisch erfolgt und auch gemäß Art. 3 Abs. 1 GG gleichermaßen zu behandeln und denselben Prinzipien zu unterwerfen ist.[250]

bb) Rechtsstaatsprinzip

Eng verknüpft mit der Forderung nach Gleichmäßigkeit der Besteuerung ist das Rechtsstaatsprinzip i. S. d. Art. 20 Abs. 3 GG.[251] Zu dessen Wahrung muss das Steuerrecht dem Grundsatz der Gesetzmäßigkeit der Besteuerung[252] und dem Grundsatz der Rechtssicherheit[253] genügen.[254] Materiell

---

246 BVerfG, Beschluss vom 29. Mai 1990, 1 BvL 20/84, 1 BvL 26/84, 1 BvL 4/86, BVerfGE 82, 60, 89; Köhrle, IFRS-Einzelabschluss, S. 108; Schön, StuW 1995, 366, 369.

247 Hennrichs, DStJG 24 (2001), 301, 308; so BVerfG, Beschluss vom 22. Juni 1995, 2 BvL 37/91, BStBl. II 1995, 655, 660 f.

248 Tipke, Die Steuerrechtsordnung, S. 496; Pezzer, in FS Tipke, S. 419, 424; a. A. Schneider, StuW 1975, 97, 101 ff.; Bach, StuW 1991, 116, 127.

249 Vgl. Tipke, Die Steuerrechtsordnung, S. 480; vgl. auch § 7 Abs. 1 KStG.

250 Siehe ausführlich zur Diskussion Dauber, Das Realisationsprinzip als Grundprinzip der steuerlichen Gewinnermittlung, S. 101 ff.

251 Dahlke, Harmonisierung der Konzernbesteuerung in der Europäischen Union, S. 39; vgl. auch Lang, Die Bemessungsgrundlage der Einkommensteuer, S. 129 ff.

252 Der Begriff „Gesetzmäßigkeit der Besteuerung" umfasst zum einen die Tatbestandsmäßigkeit der Besteuerung (steuerrechtlich in § 3 Abs. 1 AO geregelt) und zum anderen den Vorrang des Gesetzes; vgl. hierzu Sommermann, in: Mangoldt/Klein/Starck, GG, Band 2, Art. 20 Rn. 271 ff.; Jarass, in: Jarass/Pieroth, GG, Art. 20 Rn. 32 ff.; Hey, in: Tipke/Lang, Steuerrecht, § 3 Rn. 230 ff.

253 Tipke, Steuergerechtigkeit in Theorie und Praxis, S. 122 ff.

254 BVerfG, Beschluss vom 28. Oktober 1975, 2 BvR 883/73, 2 BvR 379/74, 2 BvR 497/74, 2 BvR 526/74, BVerfGE 40, 237, 248 f.; BVerfG, Beschluss vom 20. Oktober 1980, 1 BvR 1470/80, BVerfGE 61, 260, 275; Weber-Grellet, DB 1994, 288, 289; Walz/Fischer, JuS 2003, 237, 240; vgl. auch Dahlke, Harmonisierung der Konzernbesteuerung in der Europäischen Union, S. 39.

folgen aus dem Rechtsstaatsprinzip der Verhältnismäßigkeitsgrundsatz und das Übermaßverbot.[255]

(1) Grundsatz der Gesetzmäßigkeit der Besteuerung

Der Grundsatz der Gesetzmäßigkeit der Besteuerung beinhaltet die Tatbestandsmäßigkeit der Besteuerung, den Gesetzesvorbehalt sowie den Vorrang des Gesetzes.[256] Nach dem Prinzip der Tatbestandsmäßigkeit muss jeder Eingriff tatsächlich vom gesetzlichen Tatbestand abgedeckt sein[257] und der vorgesehenen Rechtsfolge entsprechen.[258] Der Vorbehalt der Gesetzmäßigkeit der Besteuerung wird aus Art. 2 Abs. 1 GG, Art. 20 Abs. 3 GG und in Ergänzung aus Art. 14 Abs. 1 Satz 2, Abs. 3 Satz 2 GG abgeleitet.[259] Er verlangt zusätzlich, dass der Eingriff auf einer gesetzlichen und vom Parlament verabschiedeten Grundlage beruht.[260] Hierbei ist – entsprechend dem Grundsatz der Gesetzmäßigkeit der Besteuerung – der Gesetzgeber verpflichtet, alle wesentlichen Entscheidungen selbst zu treffen (sog. Wesentlichkeitstheorie), sodass alle den Bürger in wesentlichen Gesichtspunkten unmittelbar betreffenden Fragen durch das Gesetz entschieden werden müssen.[261]

---

255 Dahlke, Harmonisierung der Konzernbesteuerung in der Europäischen Union, S. 40; Kraft, Steuergerechtigkeit und Gewinnermittlung, S. 27 ff.

256 Weber-Grellet, StuW 1993, 97, 101; Weber-Grellet, in: FS Posser, S. 395, 400; der Unterpunkt des Vorranges des Gesetzes kann in der vorliegenden Arbeit außer Betracht bleiben, da er für den Fortgang der Untersuchung ohne Relevanz ist.

257 Kahle, WPg 2002, 178, 180; Brinkmann, Tatbestandsmäßigkeit der Besteuerung und formeller Gesetzesbegriff, S. 1 und 7.

258 Kuntschik, Steuerliche Gewinnermittlung und IAS/IFRS am Beispiel immaterieller Vermögenswerte, S. 30.

259 Hey, in: Tipke/Lang, Steuerrecht, § 3 Rn. 232, siehe dort auch für weitere Erläuterungen.

260 Kuntschik, Steuerliche Gewinnermittlung und IAS/IFRS am Beispiel immaterieller Vermögenswerte, S. 30.

261 Hennrichs, DStJG 24 (2001), 301, 311; vgl. BVerfG, Beschluss vom 28. Oktober 1975, 2 BvR 883/73, 2 BvR 379/74, 2 BvR 497/74, 2 BvR 526/74, BVerfGE 40, 237, 249; BVerfG, Beschluss vom 20. Oktober 1980, 1 BvR 1470/80, BVerfGE 61, 260, 275; Birk, Steuerrecht, Rn. 172.

(2) Rechtssicherheit und Bestimmtheitsgebot

Zusätzlich beinhaltet das Rechtsstaatsprinzip das Prinzip der Rechtssicherheit, das sich zum einen in das sog. Bestimmtheitsgebot[262] und zum anderen in den Vertrauensschutz[263] unterteilen lässt.[264] Gemäß dem Bestimmtheitsgebot müssen die Rechtsvorschriften auf Tatbestands- und Rechtsfolgenebene ausreichend bestimmt und für den Adressaten verständlich sein.[265] Entsprechend dem Prinzip des Vertrauensschutzes soll der Steuerpflichtige Vertrauen in die Gesetze haben können. Eine wesentliche Rolle spielt in diesem Zusammenhang das Verbot der Rückwirkung im Steuerrecht, nach dem eine Rückwirkung verfassungswidrig ist, sofern eine belastende Abänderung eines Steuergesetzes nach Ablauf des Veranlagungszeitraums verkündet wird und sich die Rechtsfolgen für diesen Zeitraum nachträglich ändern.[266]

cc) Eigentumsgarantie/Prinzip der eigentumsschonenden Besteuerung

Schließlich ist die Eigentumsgarantie nach Art. 14 Abs. 1 GG als weiteres Prinzip des Steuerrechts zu beachten. Sie beinhaltet die Bedingung, dass das Steuergesetz keine erdrosselnde Wirkung haben darf[267] – d. h., dass dem Steuerpflichtigen ein Kernbestand seines Erworbenen erhalten bleiben muss – und ist somit eine Ausgestaltung des Übermaßverbotes. Zudem wird aus dem Prinzip der eigentumsschonenden Besteuerung nach Art. 14 Abs. 2 GG abgeleitet, dass im Steuerrecht nur realisierte Gewinne bilanziert werden dürfen.[268] Würde man nicht realisierte Gewinne berücksichtigen und in der

---

262 Siehe hierzu Kirchhof, StuW 2002, 3, 3; Kahle, WPg 2002, 178, 180; Hey, in: Tipke/Lang, Steuerrecht, § 3 Rn. 243 ff.; Spindler, Verfassungsrechtliche Vorgaben für ein berechenbares Steuerrecht S. 475, 482 f.

263 Schmidt-Troje, in: FS Schaumburg, S. 133 ff.; Spindler, Verfassungsrechtliche Vorgaben für ein berechenbares Steuerrecht, S. 475, 483 ff.

264 Dahlke, Harmonisierung der Konzernbesteuerung in der Europäischen Union, S. 40; Kraft, Steuergerechtigkeit und Gewinnermittlung, S. 27.

265 Hennrichs, DStJG 24 (2001), 301, 311; Hey, in: Tipke/Lang, Steuerrecht, § 3 Rn. 243.

266 Walz/Fischer, JuS 2003, 237, 240; Schön, BB 1997, 1333, 1336 f.; siehe allgemein zur echten und unechten Rückwirkung Hey, in: Tipke/Lang, Steuerrecht § 3 Rn. 260 ff.

267 BVerfG, Beschluss vom 31. Mai 1988, 1 BvL 22/85, BVerfGE 78, 232, 243; BVerfG, Beschluss vom 25. September 1992, 2 BvL 5/91, 2 BvL 8/91, 2 BvL 14/91, BVerfGE 87, 153, 169.

268 Hey, in: Tipke/Lang, Steuerrecht, § 3 Rn.189 ff.; Kuntschik, Steuerliche Gewinnermittlung und IAS/IFRS am Beispiel immaterieller Vermögenswerte, S. 44; Schön, BB 1997, 1333, 1339.

Bilanz ausweisen, die sich dann in der Zukunft nicht realisieren, könnte der Steuerpflichtige aufgrund der angesetzten Steuerschuld genötigt sein, Wirtschaftsgüter zu beleihen oder zu veräußern bzw. einen Kredit aufzunehmen, um die Schuld begleichen zu können.[269] Um dies zu vermeiden, soll vielmehr nur das tatsächlich Erwirtschaftete besteuert werden und der Vermögensstamm Bestandsschutz genießen.[270]

3) Prinzipien und Ziele der internationalen Rechnungslegung

Die internationale Rechnungslegung dient der Information. Die Bilanz hat eine reine Informationsfunktion und ist weder zur Erfüllung einer Zahlungsbemessungsfunktion ausgerichtet, noch dafür geeignet.[271] Sie enthält weder unmittelbar gläubigerschutzorientierte Vorschriften zur Beschränkung des ausschüttbaren Gewinns, noch rein steuerlich motivierte Vorschriften.[272] Zur Ermittlung der notwendigen Inhalte bedient sie sich bestimmter Annahmen und Anforderungen, die wie die Rechenschaftsgrundsätze der GoB im HGB erfüllt werden müssen. Hierbei handelt es sich u. a. um die qualitativen Anforderungen in Form der Verständlichkeit (Framework 25), der Relevanz und Wesentlichkeit (Framework 26–30), der Verlässlichkeit und Vollständigkeit (Framework 31–38) sowie der Vergleichbarkeit (Framework 39–42). Die internationalen Rechnungslegungsvorschriften kennen ebenfalls das Realisationsprinzip und den Grundsatz der Nichtbilanzierung schwebender Geschäfte, jedoch sind diese bei ihnen nicht so stark ausgeprägt wie im deutschen Recht.

---

269 Arnold, StuW 2005, 148, 154; Hennrichs, DStJG 24 (2001), 301, 312 (316 f.); Weber-Grellet, DStR 1998, 1343, 1347; Arbeitskreis Bilanzrecht der Hochschullehrer Rechtswissenschaft, BB 2002, 2372, 2379.

270 Hennrichs, DStJG 24 (2001), 301, 312; vgl. BVerfG, Beschluss vom 22. Juni 1995, 2 BvL 37/91, BStBl. II 1995, 655, 660 f.

271 Arbeitskreis Bilanzrecht der Hochschullehrer Rechtswissenschaft, BB 2002, 2372, 2373; Kahle, WPg 2003, 262, 268 f.; Strobl, in: FS Clemm, S. 389, 392 ff.; Herzig, IAS/IFRS und steuerliche Gewinnermittlung, S. 36; Dahlke, Harmonisierung der Konzernbesteuerung in der Europäischen Union, S. 130 f.; Haag, DStR 2010, 2320, 2322; Mayer, DStR 2009, 129, 132; Kessler, PiR 2010, 33, 34.

272 Herzig, IAS/IFRS und steuerliche Gewinnermittlung, S. 36; Dahlke, Harmonisierung der Konzernbesteuerung in der Europäischen Union, S. 131.

a) Informationsfunktion

Jahresabschlüsse nach den internationalen Rechnungslegungsvorschriften verfolgen gemäß IAS 1.15 und Framework 12 den Zweck, die Vermögens-, Finanz- und Ertragslage eines Unternehmens den tatsächlichen Verhältnissen entsprechend darzustellen (*true and fair view*), um eine optimale Entscheidungsfindung der Investoren gewährleisten zu können.[273] Die Vermittlung von Informationen an aktuelle und künftige Investoren steht im Vordergrund, wobei der Schwerpunkt auf einer informationsorientierten, auf wirtschaftliche Verhältnisse fokussierten Rechnungslegung liegt.[274] Hierbei sind gemäß Framework 22 die Geschäftsvorfälle in der Periode auszuweisen, der sie zuzurechnen sind und nicht unbedingt in der Periode, in der die Zahlung erfolgt.[275] Der von der Handels- und Steuerbilanz bekannte Gläubigerschutz rückt zulasten der Informationsgewinnung in den Hintergrund.[276]

b) Realisationsprinzip

Das Realisationsprinzip (*realisation principle*) ist kein eigenständiges, kodifiziertes Prinzip in der internationalen Rechnungslegung,[277] sondern definiert sich über das Rahmenkonzept sowie die Definitionen einzelner Standards.[278]

---

273 Crezelius/Hirte/Vieweg, in: FS Röhricht, S. 727 ff.; Claßen/Schulz, StuB 2011, 3, 4; Buchholz, Grundzüge des Jahresabschlusses, S. 229; Buchholz, Internationale Rechnungslegung S. 2; Herzig, WPg 2005, 211, 214; Hauck/Prinz, Der Konzern 2005, 635, 639.

274 Framework 12; Baetge/Kirsch/Thiele, Bilanzen, S. 154; Grunwald, Vergleich der Leasing-Bilanzierung nach IFRS und HGB, S. 3; Schubert, WM 2006, 1033, 1037; Hennrichs, ZGR 2000, 627, 628; Lüdenbach/Hoffmann, DStR 2007 (Beihefter zu Heft 50/2007), S. 19; Kirsch, DStZ 2004, 470, 471; Schulze-Osterloh, ZIP 2003, 93, 95.

275 Sabel, Leasingverträge in der kapitalmarktorientierten Rechnungslegung, S. 139.

276 Schreiber, DStR 2005, 1351, 1352; Herzig, WPg 2005, 211, 216; vgl. auch Moxter, Grundsätze ordnungsgemäßer Rechnungslegung, S. 234; Findeisen, RIW 1997, 838, 838; Ballwieser, KoR 2002, 115, 117.

277 Vgl. Adler/Düring/Schmaltz, Rechnungslegung nach den Internationalen Standards, Abschnitt 1, Rn. 79.

278 Küting, DB 2006, 1441, 1446; Sabel, Leasingverträge in der kapitalmarktorientierten Rechnungslegung, S. 170; Ballwieser, Der Konzern 2003, 339, 342 f.; hierbei wird insbesondere auf Framework 76, 75, und 92 sowie IAS 11, 18 und 39 zurückgegriffen. Der IAS 18 beschreibt dabei Konstellationen, wann ein Umsatzakt im

Es legt – zusammen mit dem Grundsatz der sachlichen Abgrenzung von Aufwendungen (*matching principle*) – den Zeitpunkt fest, wann ein Gewinn als verwirklicht gilt und bilanziell zu erfassen ist.[279] Das Prinzip dient der Periodenabgrenzung[280] und ist durch den „*asset-liability-approach*" gemäß Framework 95 für Aufwendungen und Framework 92 für Erträge beeinflusst. Erträge sind dann zu erfassen, wenn durch Zunahme bei einem Vermögenswert (*asset*) oder Abnahme einer Schuld (*liability*) die Zunahme eines künftigen Nutzens erfolgt, die verlässlich ermittelt werden kann.[281] Hierbei kann eine Nutzenzunahme auch ohne einen Vermögenszufluss eintreten, mit der Folge, dass auch Erträge erfasst werden, die noch nicht durch einen Umsatzakt realisiert sind, sog. nicht realisierte Gewinne.[282] Insofern wird das Realisationsprinzip in der internationalen Rechnungslegung nicht so streng interpretiert wie im deutschen Recht.[283] Auch das Vorsichtsprinzip hat keine bedeutende Rolle inne. Es ist nur bei Schätzungen relevant.[284]

c) Grundsatz der Nichtbilanzierung schwebender Geschäfte

Auch in der internationalen Rechnungslegung findet der Grundsatz der Nichtbilanzierung schwebender Geschäfte Anwendung. Vergleichbar mit dem deutschen Recht fehlt es an einer expliziten, kodifizierten Definition. Allerdings wird im Rahmen der Ansatzregelungen für Schulden im Framework 91 auf die Nichtbilanzierung schwebender Geschäfte eingegangen, sodass ähnlich zu § 249

Bereich des Kauf/Verkaufes von Waren und Erzeugnissen als realisiert gilt und listet dabei in den einzelnen literas Konkretisierungen auf.

279 Vgl. Herzig, IAS/IFRS und steuerliche Gewinnermittlung, S. 41 und 45; siehe bzgl. dem Zeitpunkt der Gewinnrealisation (Realisationsprinzip) und der Zuordnung der Aufwendungen zu den Erträgen (matching principle) auch Coenenberg, Jahresabschluss und Jahresabschlussanalyse, S. 68.

280 Wagenhofer, Internationale Rechnungslegungsstandards – IAS/IFRS, S. 150; Achleitner/Behr/Schäfer, Internationale Rechnungslegung, S. 60 f.; Baetge/Wollmert/Kirsch/Oser/Bischof, Rechnungslegung nach IFRS, Band 1, Teil B, IAS 1 Rn. 43; Sabel, Leasingverträge in der kapitalmarktorientierten Rechnungslegung, S. 170.

281 Framework 92; Herzig, IAS/IFRS und steuerliche Gewinnermittlung, S. 41; Köhrle, IFRS-Einzelabschluss S. 43.

282 Köhrle, IFRS-Einzelabschluss S. 43; Herzig, IAS/IFRS und steuerliche Gewinnermittlung, S. 43; Heuser/Theile, IFRS-Handbuch, Rn. 262; vgl. ebenfalls Framework 76.

283 Buchholz/Weis, DStR 2002, 512, 514; Scheffler, DStR 1999, 1285, 1286.

284 Scheffler, DStR 1999, 1285, 1286.

Abs. 1 HGB zu vermuten ist, dass der Grundsatz auch auf andere Geschäfte zu übertragen ist.

aa) Definition des schwebenden Geschäfts

In der internationalen Rechnungslegung ist der Begriff des „schwebenden Geschäfts" bekannt. Auch wenn er nicht wörtlich erwähnt wird, kann er mit dem Begriff „noch zu erfüllende Verträge" in IAS 37.3 gleichgesetzt werden.[285] Gemäß IAS 37.3 handelt es sich bei den „noch zu erfüllenden Verträgen" (*executory contracts*) um Verträge, unter denen beide Parteien ihre Verpflichtungen in keiner Weise oder teilweise zu gleichen Teilen erfüllt haben.

Im Gegensatz zum deutschen Recht endet der Schwebezustand nicht erst durch die Erbringung der Sach- oder Dienstleistung, sondern gemäß IAS 37.3 bereits dann, wenn die zur Zahlung verpflichtete Vertragspartei ihre Leistung erbracht hat.[286] Eine gesonderte Rückstellung für drohende Verluste aus schwebenden Geschäften – wie im deutschen § 249 Abs. 1 Satz 1, 2. Alt. HGB – ist im internationalen Recht nicht bekannt, sodass der Schwebezustand bereits früher enden kann.[287] Eine Rückstellung wird auf internationaler Ebene nach IAS 37.66 immer dann gebildet, wenn ein Vertrag belastend ist, unabhängig vom Bestehen eines Schwebezustandes.[288] Es ist allerdings anzumerken, dass es bei Vorleistungen des zur Zahlung Verpflichteten auch in der internationalen Bilanz nicht zum Ausweis von Ansprüchen oder Verpflichtungen bzgl. der Sach- oder Dienstleistung kommt; vielmehr werden diese Vorleistungen als Anzahlungen (*prepaid expenses*) ausgewiesen.[289]

bb) Vorschriften zur Bilanzierung schwebender Geschäfte

Neben dem IAS 37.3 verbietet der Framework 91 den Ansatz und die Erfassung von vertraglichen Verpflichtungen, die beidseitig anteilig nicht erfüllt sind.[290] Dort heißt es: „*In practice, obligations under contracts that are equally proportionately unperformed (for example, liabilities for inventory ordered but not yet*

285 Mellwig/Sabel, Der Konzern 2005, 357, 358.
286 Sabel, Leasingverträge in der kapitalmarktorientierten Rechnungslegung, S. 162.
287 Bauer, Schwebende Geschäfte im Steuerrecht, S. 12 f.
288 Mellwig/Sabel, Der Konzern 2005, 357, 359; Sabel, Leasingverträge in der kapitalmarktorientierten Rechnungslegung, S. 162 in Fn. 1046.
289 Sabel, Leasingverträge in der kapitalmarktorientierten Rechnungslegung, S. 162.
290 Vgl. Mellwig/Sabel, Der Konzern 2005, 357, 358.

received) are generally not recognised as liabilities in the financial statements. However, such obligations may meet the definition of liabilities and, provided the recognition criteria are met in the particular circumstances, may qualify for recognition. In such circumstances, recognition of liabilities entails recognition of related assets or expenses."[291] Das im Wortlaut erwähnte Beispiel von „bestellten, aber noch nicht gelieferten Vorräten" (*inventory ordered but not yet received*) würde zwar auch ohne den expliziten Hinweis nicht in der Bilanz angesetzt werden, da es an einer gegenwärtigen Verpflichtung[292] und einem verpflichtenden Rechtsanspruch auf die Vorräte fehlt; allerdings dürften auch schwebende Geschäfte existieren, die die allgemeinen Definitions- und Ansatzkriterien von Vermögenswerten und Schulden i. S. d. Frameworks 49 erfüllen.[293]

Zwar schreibt der Framework 91 den Grundsatz der Nichtbilanzierung schwebender Geschäfte nicht zwingend vor,[294] jedoch wird in der deutschen Literatur angenommen, dass dieser Grundsatz in den IAS/IFRS genauso gelte wie im deutschen Recht.[295] Geschäftsvorfälle oder Ereignisse, deren Eintreten für die Zukunft erwartet wird, erzeugen gemäß Framework 58 keine Vermögenswerte und sind daher nicht zu bewerten.[296] Betrachtet man anstatt des Frameworks die Rechnungslegungsstandards selbst, fällt auf, dass die jetzige Regelung des IAS 17 den Grundsatz der Nichtbilanzierung schwebender Geschäfte verwendet und auch der IAS 37, der schwebende Geschäfte von seinem Anwendungsbereich ausschließt, für deren Nichtbilanzierung spricht.[297] Mithin ist der Grundsatz in den Rechnungslegungsstandards bekannt und wird zumindest vereinzelnt angewendet.

---

291 Konkret bedeutet dies, dass gemäß Framework 91 eine Schuld in der Bilanz angesetzt wird, wenn es wahrscheinlich ist, dass sich aus der Erfüllung einer gegenwärtigen Verpflichtung ein direkter Abfluss von Ressourcen ergibt, die wirtschaftlichen Nutzen enthalten und deren Erfüllungsbetrag verlässlich bewertet werden kann.

292 Vgl. Framework 61 bzgl. der Unterscheidung von gegenwärtigen und zukünftigen Verpflichtungen.

293 Mellwig/Sabel, Der Konzern 2005, 357, 358; Sabel, Leasingverträge in der kapitalmarktorientierten Rechnungslegung, S. 164.

294 Mellwig/Sabel, Der Konzern 2005, 357, 359.

295 Adler/Düring/Schmaltz, Rechnungslegung nach den Internationalen Standards, Abschnitt 1, Rn. 147 und 162; Sabel, Leasingverträge in der kapitalmarktorientierten Rechnungslegung, S. 164 und Fn. 1058.

296 Winnefeld, Bilanz-Handbuch, Kapitel D Rn. 390.

297 Vgl. Baetge/Wollmert/Kirsch/Oser/Bischof, Rechnungslegung nach IFRS, Band 3, Teil B, IAS 37 Rn. 5 und 64; Sabel, Leasingverträge in der kapitalmarktorientierten Rechnungslegung, S. 165.

cc) Berechtigung des Grundsatzes der Nichtbilanzierung schwebender Geschäfte

Die Anwendung des Grundsatzes der Nichtbilanzierung schwebender Geschäfte müsste für die Bilanz der internationalen Rechnungslegung eine Berechtigung haben und einen Vorteil erbringen. Im deutschen Recht liegen dem Grundsatz die Vermeidung der Bilanzaufblähung und die Ausgeglichenheitsvermutung nach dem Realisationsprinzip zugrunde.[298] Ebenfalls wurde festgestellt, dass im deutschen Bilanzrecht der Gläubigerschutz im Vordergrund steht, wogegen der Bilanz unter den IAS/IFRS eine Informationsfunktion zukommt.[299] Bedingt durch diese Informationsfunktion ist fraglich, ob die Begründungen des deutschen Rechts als Grundlage des Nichtbilanzierungsgrundsatzes schwebender Geschäfte herangezogen werden können oder ob womöglich doch ein anderer Ansatz, wie z. B. die Wesentlichkeit der schwebenden Geschäfte, zum Zuge kommt.

(1) Argument der Bilanzaufblähung

Eine Informationsbilanz verfolgt das Ziel, ein vollständiges Bild der Vermögens-, Finanz- und Ertragslage des Unternehmens wiederzugeben. Dies schließt den Ausweis aller Bilanzierungsposten sowie Ansprüche und Verbindlichkeiten ein. Im Schrifttum wird jedoch die Meinung vertreten, dass das für das deutsche Handelsrecht formulierte Aufblähungsargument auch auf die IAS/IFRS übertragbar sei.[300] Jene Auflistung, bei der sich die Ansprüche und Verpflichtungen bis zur Erfüllung gleichwertig gegenüberstünden, sei nach der Vereinfachungsthese nicht notwendig und führe nur zu einer unnötigen Bilanzaufblähung, die aus Gründen der Vereinfachung und Übersichtlichkeit unterbleiben könne.[301] Dagegen wenden andere ein, dass im Rahmen der IAS/IFRS – bei denen bereits der Bilanz gemäß Framework 82 die Informationsfunktion zukommt – die Anforderungen an die Informationsbilanz nicht durch entsprechende Angaben in

298 Vgl. Gliederungspunkt B) IV) 1) c) dd).

299 Vgl. Gliederungspunkt B) IV) 1) a) bzgl. Gläubigerschutz im deutschen Bilanzrecht und Gliederungspunkt B) IV) 3) a) bzgl. Informationsfunktion der internationalen Rechnungslegung.

300 Baetge/Wollmert/Kirsch/Oser/Bischof, Rechnungslegung nach IFRS, Band 3, Teil B, IAS 37 Rn. 64.

301 Leffson, Die Grundsätze ordnungsgemäßer Buchführung, S. 262; Bieg, Schwebende Geschäfte in Handels- und Steuerbilanz, S. 33.

einem Bilanzanhang ersetzt werden können.[302] Anders als im deutschen Recht – in dem die Informationsfunktion gemäß der Abkopplungsthese dem Bilanzanhang obliegt,[303] während der Bilanz die Ausschüttungsbemessungsfunktion zukommt –[304] müssen sich die wesentlichen Punkte aus der Bilanz selbst ergeben und können nicht allein aus dem Argument, dass sich die Posten auf der Aktiv- und Passivseite gleichwertig gegenüberstehen, weggelassen werden.[305] Separate Angaben im Bilanzanhang können der Informationsbilanz nicht gerecht werden. Die Informationen sollen in der „Hauptbilanz" aufgeführt werden. Die Bilanzaufblähung ist als Begleiterscheinung hinzunehmen. Insbesondere würde der Ausweis aller Positionen dem Vollständigkeitsprinzip gerecht.

(2) Realisationsprinzip

Eine Berechtigung könnte sich jedoch aus dem Realisationsprinzip ergeben. Hiernach darf eine Forderung beim Sach- oder Dienstleistungsverpflichteten so lange nicht ausgewiesen werden, bis ein eigener Anspruch auf die Gegenleistung besteht.[306] Die Informationsbilanz der IAS/IFRS verfolgt die Aufgabe, Investoren über die wesentlichen Ansprüche und Verpflichtungen des Bilanzierenden sowie dessen Leistungsfähigkeit zu informieren. Eine Information kann aber nicht nur aus realisierten Gewinnen bestehen, sondern umfasst zu Informationszwecken auch Ansprüche und Verpflichtungen, die nicht realisiert sind und erfolgsneutral in der Bilanz dargestellt werden.[307] Die Verneinung der Gewinnrealisierung kann nicht automatisch den Nichtausweis des schwebenden Geschäfts in der Bilanz zur Folge haben, da die Abschlussadressaten über wesentliche Ansprüche und Verpflichtungen informiert sein sollen.[308] Voraussetzung ist allerdings, dass die schwebenden Geschäfte die Definitionskriterien für Vermögenswerte und Schulden erfüllen. Eine Anwendung der Vorsichts- und Objektivierungsprinzipien, wie sie für die Ermittlung des ausschüttungsfähigen Gewinns

302 Sabel, Leasingverträge in der kapitalmarktorientierten Rechnungslegung, S. 167.

303 Böcking, BFuP 1998, 17, 30.

304 Moxter, Bilanzlehre, Band II, S. 67 f.; Mellwig/Sabel, Der Konzern 2005, 357, 362.

305 Mellwig/Sabel, Der Konzern 2005, 357, 362; Sabel, Leasingverträge in der kapitalmarktorientierten Rechnungslegung, S. 167.

306 Schreiber, DStR 2005, 1351, 1352; Woerner, Der schwebende Vertrag im Gefüge der Grundsätze ordnungsgemäßer Bilanzierung, S. 39; Küting/Kessler, DStR 1993, 1045, 1047; vgl. auch Gliederungspunkt B) IV) 1) c) dd) (3) (b) (bb).

307 Sabel, Leasingverträge in der kapitalmarktorientierten Rechnungslegung, S. 172.

308 Mellwig/Sabel, Der Konzern 2005, 357, 365.

nach dem deutschen Handelsrecht vorgesehen werden, kann zu Verzerrungen führen und dem Informationszweck entgegenstehen.[309] Bedingt durch die Informationsfunktion der internationalen Rechnungslegungsvorschriften ist das Realisationsprinzip als Berechtigung für den Grundsatz der Nichtbilanzierung schwebender Geschäfte abzulehnen.

(3) Argument der Wesentlichkeit

Die Informationen in der IAS/IFRS-Bilanz müssen dem Kriterium der Relevanz und Wesentlichkeit gemäß Framework 26 bis 30 genügen. Eine Information ist gemäß Framework 30 wesentlich, wenn ihr Weglassen oder ihre fehlerhafte Darstellung die auf der Basis des Abschlusses getroffenen wirtschaftlichen Entscheidungen der Adressaten beeinflussen könnte. Konkrete Details, wann eine wesentliche Information vorliegt, sind aus dem Framework nicht erkennbar. Vielmehr muss eine Würdigung des Einzelfalls anhand von Ermessensentscheidungen vorgenommen werden.[310] Eventuell könnte jedoch der Grundsatz der Nichtbilanzierung schwebender Geschäfte dabei helfen, die Wesentlichkeit und damit die Wirtschaftlichkeit eines Geschäfts zu bestimmen und die Würdigung und Überprüfung des Einzelfalls ersetzen.[311] Der Gedanke der Wirtschaftlichkeit kann aber nicht dazu führen, dass von vornherein keine Ansprüche und Verpflichtungen wegen des Nichtbilanzierungsgrundsatzes angesetzt werden, weil eine Ermessensüberprüfung zur Feststellung einer wesentlichen und wirtschaftlichen Information zu aufwendig sei und einen zu hohen Aufwand erfordere, der zu vermeiden sei.[312] Ein genereller Ansatz nicht schwebender Geschäfte könnte Positionen umfassen, die bei einer eigenhändigen Ermessenentscheidung als wesentlich und damit ansatzbedürftig deklariert werden. Eine Verallgemeinerung, dass schwebende Geschäfte generell unwesentlich und unwirtschaftlich sind, kann nicht getroffen werden. Die Wesentlichkeit allein kann daher nicht als Grundlage zur Anwendung des Grundsatzes der Nichtbilanzierung schwebender Geschäfte herangezogen werden.

309 Grau, Gewinnrealisierung nach International Accounting Standards, S. 28; Mellwig/Sabel, Der Konzern 2005, 357, 365.

310 Mellwig/Sabel, Der Konzern 2005, 357, 363; Sabel, Leasingverträge in der kapitalmarktorientierten Rechnungslegung, S. 168; Jacobi, Analyse bilanztheoretischer Grundlagen der IAS, S. 59.

311 Mellwig/Sabel, Der Konzern 2005, 357, 363; Sabel, Leasingverträge in der kapitalmarktorientierten Rechnungslegung, S. 169.

312 Sabel, Leasingverträge in der kapitalmarktorientierten Rechnungslegung, S. 169.

(4) Fazit

Weder das Aufblähungsargument noch das Realisationsprinzip oder die Wesentlichkeit können als Berechtigung des Grundsatzes der Nichtbilanzierung schwebender Geschäfte angewendet werden. Die Verwendung des Grundsatzes wird zwar in den Standards zum Teil vertreten und ist dort gängige Praxis, jedoch ist sie vom System der internationalen Rechnungslegung nicht gerechtfertigt und erforderlich. Eine Abstandnahme von dem Grundsatz würde nicht gegen die Prinzipien der internationalen Rechnungslegung verstoßen und auch nicht zu einem Ausweis aller Ansprüche und Verpflichtungen führen. Generell sind nur solche Positionen auszuweisen, die die Definitions- und Ansatzkriterien der Vermögenswerte und Schulden des Frameworks erfüllen.[313]

4) Zusammenfassung und Vergleich der verschiedenen Grundkonzeptionen

Der Vergleich der verschiedenen Grundkonzeptionen der Bilanzen offenbart die unterschiedlichen Aufgaben. Die gläubigerschutzorientierte Zahlungsbemessungsfunktion des HGB, das am Leistungsfähigkeitsprinzip orientierte Steuerrecht und die investor- und informationsorientierte Entscheidungsnützlichkeit des internationalen Regelwerks stehen sich konträr gegenüber.[314] Zwar verfolgen sowohl die Handelsbilanz als auch die internationale Bilanz das Ziel der Informationsvermittlung, jedoch in unterschiedlichen Ausmaßen. Während die Informationsvermittlung die Hauptfunktion der IAS/IFRS ist, ist sie nur eine Nebenfunktion des HGB. Hier bleibt die Ausschüttungsfunktion an erster Stelle. Ähnlich verhält es sich bei der Steuer- und der internationalen Bilanz. Sowohl die Steuerbilanz als auch die internationalen Rechnungslegungsstandards sind darauf gerichtet, „für private Kapitalgeber und dem Staat ihre ‚Beteiligung' am Unternehmensgewinn zu definieren" und den Wunsch nach einer symmetrischen Erfolgsdarstellung, Vollständigkeit und Entscheidungsneutralität zu verwirklichen.[315] In beiden Bilanzen steht die periodengerechte Gewinnermittlung

313 Mellwig/Sabel, Der Konzern 2005, 357, 366; Sabel, Leasingverträge in der kapitalmarktorientierten Rechnungslegung, S. 173.

314 Küting/Lauer, DB 2011, 1985, 1991; Schön, Steuerliche Maßgeblichkeit in Deutschland und Europa, S. 46 ff.; Herlinghaus, FR 2005, 1189, 1194; Schreiber, DStR 2005, 1351, 1352; Baetge/Kirsch/Solmecke, Working Paper, S. 30.

315 Schön, Steuerliche Maßgeblichkeit in Deutschland und Europa, S. 119 f.; Dziadkowski, IStR 2007, 361, 363.

im Vordergrund, jedoch in Erfüllung verschiedener Aufgaben: der Ermittlung der Leistungsfähigkeit und der Beschränkung auf realisierte Gewinne in der vergangenen Periode im Steuerrecht sowie der Informationsvermittlung und der Darstellung der vergangenen und künftigen Positionen und Erwartungen des Unternehmens im internationalen Bereich. Die Informationsfunktion ist im Steuerrecht zu vernachlässigen. Hier geht es allein um die Objektivität der Periodenbesteuerung, um die Einkommensteuer zu ermitteln. Mit dem „vorsichtigen" HGB trifft sich die steuerliche Gewinnermittlung in dem Bedürfnis nach Eigentumsschonung, Beweisregelungen zugunsten des Steuerpflichtigen und dem Gebot der Verlustberücksichtigung, sodass die Handels- und die internationale Bilanz grundsätzlich Ausgangspunkte für die Steuerbilanz sein können.[316]

Als Gemeinsamkeit aller Bilanzen ist die Verwendung der elementaren Bilanzierungsgrundsätze – wie die Bilanzvollständigkeit, Richtigkeit und Klarheit, aber auch das Vorsichts- und Realisationsprinzip – zu nennen, wenn auch abermals in unterschiedlichen Ausprägungen. Besonders deutlich werden die Unterschiede am Bild des Vorsichtsprinzips. Während in der deutschen Handelsbilanz das Imparitätsprinzip eine Passivierung von drohenden Verlusten aus schwebenden Geschäften verlangt und Forderungen gemäß dem Realisationsprinzip erst bei hinreichender Gewissheit aktiviert werden dürfen,[317] spiegelt das Vorsichtsprinzip in der internationalen Rechnungslegung nur eine Unterform der Verlässlichkeit wider, wonach in Ermessensfällen ein sachgerechtes Maß an Sorgfalt und Vorsicht an den Tag gelegt werden soll.[318] Ähnlich verhält es sich im Zusammenhang mit dem Realisationsprinzip. Im deutschen Handels- und Steuerrecht ist es im Kontext mit dem Vorsichtsprinzip zwingend zu beachten und verlangt für den Ansatz von Erträgen einen tatsächlichen Umsatzakt, wogegen im Bereich der IAS/IFRS der Grundsatz allein der Periodenabgrenzung dient und es auch zum Ansatz unrealisierter Gewinne kommen kann, sofern sie in der Periode realisierbar sind.[319] Diese unterschiedlichen, zum Teil gegensätzlichen Prinzipien und Grundkonzeptionen spiegeln sich teilweise auch in der Leasingbilanzierung wider, wie die nächsten Kapitel darlegen werden.

---

316 Schön, Steuerliche Maßgeblichkeit in Deutschland und Europa, S. 119 f.

317 Moxter, in: FS Havermann, S. 487, 503; Torabian, Bilanzielle Bewertung von Finanzinstrumenten, S. 31.

318 Torabian, Bilanzielle Bewertung von Finanzinstrumenten, S. 31; vgl. auch Strobl, in: FS Clemm, S. 389, 393.

319 Uhde, Harmonisierung der Rechnungslegung nach den Vorschriften des IASC, S. 59; Herzig, IAS/IFRS und steuerliche Gewinnermittlung, S. 43; Heuser/Theile, IFRS-Handbuch, Rn. 262; vgl. auch Framework 100; Küting, DB 2006, 1441, 1449.

C) Leasingbilanzierung in der Handelsbilanz

I) Ansatz- und Bewertungsvorschriften für Leasingverhältnisse im Handelsrecht

Im deutschen HGB gibt es außer den allgemeinen Ansatz- und Bewertungsvorschriften keine speziellen Regelungen oder praktikablen Verfahren zur Bilanzierung von Leasingverhältnissen.[320] Daher greift die Unternehmenspraxis aufgrund der engen Verknüpfung zwischen Handels- und Steuerrecht bei der Beurteilung der Leasingverhältnisse regelmäßig auf die steuerrechtlichen Leasingerlasse zurück, in denen die Bestimmung des wirtschaftlichen Eigentums bei Leasingverhältnissen weitgehend anhand von quantitativen Kriterien vorgenommen wird.[321] Die Leasingerlasse selbst sind wiederum entscheidend von der Grundsatzentscheidung des BFH zu Leasingverhältnissen vom 26. Januar 1970[322] geprägt. Der BFH führte in seinem Urteil aus, dass der Gegenstand eines Leasingvertrages demjenigen zugerechnet werden müsse, der der wirtschaftliche Eigentümer ist.[323] Zudem sei die Zuordnung von der vertraglichen und tatsächlichen Ausgestaltung des Vertrages und des Einzelfalls abhängig.

Auch die genaue Definition des Begriffs „Leasing“ und seine Abgrenzung von anderen Vertragsarten bereiten einige Schwierigkeiten. Generell versteht man unter „Leasing“ eine Vereinbarung, bei der der Leasinggeber (Vermieter) dem Leasingnehmer (Mieter) den Leasinggegenstand gegen Zahlung eines vereinbarten periodischen Entgeltes (Leasingrate) zur Verfügung stellt.[324] Dabei verbleibt

---

320 Pellens/Fülbier/Gassen/Sellhorn, Internationale Rechnungslegung, S. 693; Küting/Lauer, DB 2011, 1985, 1985; Küting/Hellen/Brakensiek, BB 1998, 1465, 1466; Mellwig, DB, Beilage Nr. 12/98, S. 8; Adler/Düring/Schmaltz, Rechnungslegung und Prüfung der Unternehmen, Teilband 6, § 246 HGB Rn. 392.

321 Küting/Hellen/Brakensiek, BB 1998, 1465, 1466; Mellwig, DB, Beilage Nr. 12/98, S. 8; Adler/Düring/Schmaltz, Rechnungslegung und Prüfung der Unternehmen, Teilband 6, § 246 HGB Rn. 392; IDW, WP-Handbuch, Band I, Rn. E 34 ff.; Ammann/Hucke, IStR 2000, 87, 90.

322 BFH, Urteil vom 26. Januar 1970, IV R 144/66, BStBl. II 1970, 264.

323 BFH, Urteil vom 26. Januar 1970, IV R 144/66, BStBl. II 1970, 264, 272; Mellwig, DB, Beilage Nr. 12/98, S. 8.

324 Baetge/Kirsch/Thiele, Bilanzen, S. 657; Runge/Bremser/Zöller, Leasing, S. 29; Stromberg, Voraussetzungen für internationale Immobilien-Leasing-Finanzierungen, S. 13; auch nach den internationalen Regeln wird Leasing als ein Vertrag beschrieben,

das zivilrechtliche Eigentum am Vermögensgegenstand beim Leasinggeber, auch wenn die Gegenstände längerfristig dem Leasingnehmer zur Verfügung gestellt werden. Im Gegensatz zum deutschen Recht haben die internationalen Rechnungslegungsstandards und die US-GAAP eine kodifizierte Definition des Leasings, die sich jedoch nur unwesentlich von dem in Deutschland vorzufindenden Verständnis des Leasings unterscheidet.[325]

1) Maßgeblichkeit des wirtschaftlichen Eigentums

Gemäß § 238 Abs. 1 Satz 1 i. V. m. § 240 Abs. 1 i. V. m. § 242 Abs. 1 Satz 1 HGB hat der Kaufmann „seine", ihm persönlich zuzurechnenden Vermögensgegenstände in der Bilanz auszuweisen.[326] Da die Handelsbilanz die tatsächliche Vermögenslage des Kaufmanns darstellt, muss sich die Zugehörigkeit der Vermögensgegenstände nach wirtschaftlichen Kriterien richten.[327]

a) § 246 Abs. 1 Satz 2 HGB

Mit der Einführung des § 246 Abs. 1 Satz 2 HGB im Rahmen des BilMoG wurde der Grundsatz der wirtschaftlichen Zurechnung von Vermögensgegenständen handelsrechtlich erstmals geregelt und damit zugleich ein kodifizierter GoB geschaffen.[328]

Gemäß § 246 Abs. 1 Satz 2 HGB sind „Vermögensgegenstände in der Bilanz des Eigentümers aufzunehmen; ist ein Vermögensgegenstand nicht dem Eigentümer, sondern einem anderen wirtschaftlich zuzurechnen, hat dieser ihn in seiner Bilanz auszuweisen." Der Wortlaut definiert allerdings nicht, wann genau

bei dem der Leasinggeber dem Leasingnehmer das Recht zur Nutzung eines „assets" für einen vereinbarten Zeitraum gegen Entgelt einräumt.

325 Gemäß IAS 17.4 i. V. m. IFRIC 4 ist ein Leasingvertrag eine Vereinbarung, bei der der Leasinggeber (*lessor*) dem Leasingnehmer (*lessee*) gegen eine Zahlung oder eine Reihe von Zahlungen das Recht auf Nutzung eines Vermögenswertes für einen vereinbarten Zeitraum überträgt; vgl. auch Gliederungspunkt E) II) 1) sowie Küting/Hellen/Brakensiek, BB 1998, 1465, 1465.

326 Förschle/Kroner, in: Beck'scher Bilanzkommentar, § 246 HGB Rn. 2; Sabel, Leasingverträge in der kapitalmarktorientierten Rechnungslegung, S. 29.

327 Adler/Düring/Schmaltz, Rechnungslegung und Prüfung der Unternehmen, Teilband 6, § 246 HGB Rn. 262; Sabel, Leasingverträge in der kapitalmarktorientierten Rechnungslegung, S. 29.

328 Claßen/Schulz, IRZ 2009, 313, 314; Herzig/Briesemeister, DB 2009, 926, 927 f.

ein Vermögensgegenstand einem anderen als dem zivilrechtlichen Eigentümer wirtschaftlich zuzurechnen ist.[329] Hierbei ist jedoch auf die Gesetzesbegründung zum BilMoG zu § 246 Abs. 1 Satz 2 HGB zurückzugreifen. Jener ist zu entnehmen, dass mit der Kodifizierung die derzeitige, auf langjähriger Entwicklung und Anwendung entsprechender GoB beruhende handelsrechtliche Rechtslage bestätigt werden soll und die Vorschrift inhaltlich dem § 39 AO im Steuerrecht entspreche.[330] Der neu gefasste § 246 Abs. 1 Satz 2 HGB ist somit im Kontext mit § 39 AO zu verstehen und dient der Bestätigung der langjährigen, angewendeten Rechtslage.[331] Zwar unterscheiden sich beide Vorschriften im Wortlaut, jedoch harmonieren sie inhaltlich.

b) § 39 Abs. 2 Nr. 1 AO

Nach § 39 Abs. 1 AO werden die Wirtschaftsgüter grundsätzlich dem zivilrechtlichen Eigentümer zugerechnet. Fallen das zivilrechtliche und das wirtschaftliche Eigentum auseinander, findet das Prinzip der wirtschaftlichen Zurechnung in § 39 Abs. 2 Nr. 1 AO Anwendung.[332] Der Wortlaut der Norm besagt: „Übt ein anderer als der Eigentümer die tatsächliche Herrschaft über ein Wirtschaftsgut in der Weise aus, dass er den Eigentümer im Regelfall für die gewöhnliche Nutzungsdauer von der Einwirkung auf das Wirtschaftsgut wirtschaftlich ausschließen kann, so ist ihm das Wirtschaftsgut zuzurechnen. (…).“ Die wirtschaftliche Vermögenszugehörigkeit wird durch die sog. Döllerer-Formel konkretisiert, wonach das Objekt dem Partner zuzuordnen ist, der vollständig und auf Dauer über den Ertrag verfügt sowie die Chancen einer Wertsteigerung und die Risiken einer Wertminderung trägt.[333] Dabei konkretisiert die Formel

---

329 Herzig/Briesemeister/Schäperclaus, DB 2011, 1, 3; Herzig/Briesemeister, DB 2009, 926, 928.

330 Begründung des Bilanzrechtsmodernisierungsgesetzes vom 24. März 2009, BT-Drucksache 16/12407, S. 84.

331 Claßen/Schulz, IRZ 2009, 313, 314; Meyer, DStR 2009, 762, 762; Zülch/Hoffmann, DB 2009, 745, 745.

332 Begründung des Bilanzrechtsmodernisierungsgesetzes vom 24. März 2009, BT-Drucksache 16/12407, S. 84; Baetge/Kirsch/Thiele, Bilanzen, S. 659; Döllerer, BB 1971, 535, 536; Grunwald, Vergleich der Leasing-Bilanzierung nach IFRS und HGB, S. 4; Brösel/Zwirner, IFRS-Rechnungslegung, S. 241.

333 Döllerer, BB 1971, 535, 536; Brösel/Zwirner, IFRS-Rechnungslegung, S. 241; Fischer, in: Hübschmann/Hepp/Spitaler, AO, Band III, § 39 Rn. 75; vgl. auch BFH, Urteil vom 30. Mai 1984, I R 146/81, BStBl. II 1984, 825, 827.

die sog. Seeliger-Formel, die neben der tatsächlichen Sachherrschaft über das Wirtschaftsgut allein darauf abstellte, dass der wirtschaftliche Eigentümer den rechtlichen Eigentümer für die gewöhnliche Nutzungsdauer von der Einwirkung auf das Wirtschaftsgut ausschließen kann.[334] Allein das Ausschließen des zivilrechtlichen Eigentümers bedeutet jedoch nicht, dass man eigentümerähnliche Rechte hat, vielmehr gehört zu einer Innehabung des wirtschaftlichen Eigentums, dass der wirtschaftliche Eigentümer die Chance der Wertsteigerung und das Risiko der Wertminderung trägt und darüber entscheiden kann.[335]

Als wirtschaftlicher Eigentümer ist folglich derjenige anzusehen, der die tatsächliche Sachherrschaft über einen Vermögensgegenstand in einer Art und Weise ausübt, dass er den rechtlichen Eigentümer wirtschaftlich auf Dauer von der Einwirkung auf den Vermögensgegenstand ausschließen kann und dem die Substanz und der Ertrag vollständig und auf Dauer zustehen.[336]

2) Vermögensgegenstand und Wirtschaftsgut

Für die deckungsgleiche Verwendung der steuerlichen Vorschriften in der Handelsbilanz, den gegenseitigen Rückgriff auf Begrifflichkeiten und Regelungen und die Verknüpfung der Handelsbilanz mit der Steuerbilanz ist es erforderlich, dass der handelsrechtliche Begriff „Vermögensgegenstand" mit dem steuerrechtlichen Begriff „Wirtschaftsgut" übereinstimmt.[337] Beide Begriffe sind im Gesetz nicht weiter definiert.

Nach ständiger Rechtsprechung des BFH sind die Begriffe Vermögensgegenstand und Wirtschaftsgut inhaltlich identisch.[338] Trotz langer Rechtstradition gibt

---

334 Seeliger, Der Begriff des wirtschaftlichen Eigentums im Steuerrecht, S. 89.

335 Sabel, Leasingverträge in der kapitalmarktorientierten Rechnungslegung, S. 31; Ammann/Hucke, IStR 2000, 87, 90; Tacke, Leasing, S. 130; Mellwig/Weinstock, DB 1996, 2345, 2347.

336 BFH, Urteil vom 26. Januar 1970, IV R 144/66, BStBl. II 1970, 264, 272; BFH, Urteil vom 26. November 1998, IV R 39/98, BStBl. II 1999, 263, 264; BFH, Urteil vom 28. Juli 1999, X R 38/98, BStBl. II 2000, 653, 655; Förschle/Kroner, in: Beck'scher Bilanz-Kommentar, § 246 Rn. 6; Wischemann, Bilanzierung von Leasingverhältnissen, S. 3; Rickmers, ZGS 2011, 210, 212; Herzig, DB 2008, 1, 5; Herzig/Briesemeister, DB 2009, 926, 928; Tonner, Leasing im Steuerrecht, Kapitel 2 Abschnitt 1 Rn. 12; Birk, Steuerrecht, Rn. 327.

337 Kußmaul, BB 1987, 2053, 2054.

338 BFH, Beschluss vom 7. August 2000, GrS 2/99, BStBl. II 2000, 632, 635; DStR 2000, 1682, 1684; BFH, Beschluss vom 26. Oktober 1987, GrS 2/86, BStBl. II 1988, 348,

es keine griffigen abstrakten Begriffsdefinitionen, weswegen sich die Rechtsprechung mit mehr oder weniger vagen Umschreibungen behilft.[339] Danach umfasst der Begriff Sachen, Rechte oder tatsächliche Zustände, konkrete Möglichkeiten oder vermögenswerte Vorteile für den Betrieb, deren Erlangung sich der Bilanzierende etwas kosten lässt, die nach der Verkehrsauffassung einer besonderen Bewertung zugänglich sind, in der Regel einen Nutzen für mehrere Wirtschaftsjahre erbringen und zumindest mit dem Betrieb übertragen werden können.[340] Die selbstständige Bewertbarkeit des Wirtschaftsguts bestimmt sich dabei nach dem selbstständigen Nutzungs- und Funktionszusammenhang und dem äußeren Erscheinungsbild.[341]

II) Zurechnungskriterien des BFH

1) Einordnung des Leasingvertrags als (atypischer) Mietvertrag durch den BFH

Bedingt durch die fehlenden gesetzlichen Vorschriften zur Definition und Beschreibung des Leasingvertrages war die zivilrechtliche Einordnung des Leasingobjekts lange Zeit umstritten. Aufgrund ihrer verschiedenen Elemente und der wirtschaftlichen Substanzen – wie der Bestimmung des Preises, der Handhabung von Kaufoptionen, dem Vergleich zu Ratenkäufen und der Finanzierungsfunktion – wurden die Leasingverträge als eine Rechtbeziehung

350 (352); BFH, Urteil vom 26. August 1992, I R 24/91, BStBl. II 1992, 977, 978; BFH, Urteil vom 5. Juni 2008, IV R 67/05, BStBl. II 2008, 960, 962; Schreiber, DStR 2005, 1351, 1353.

339 Schreiber, DStR 2005, 1351, 1353.

340 Vgl. H 13 Abs. 1 EStR und BFH, Beschluss vom 7. August 2000, GrS 2/99, BStBl. II 2000, 632, 635; BFH, Urteil vom 9. Juli 1986, I R 218/82, BFHE 147, 412, 413; BFH, Urteil vom 8. April 1992, XI R 34/88, BStBl. II 1992, 893, 894; Köhrle, IFRS-Einzelabschluss, S. 190; Schreiber, DStR 2005, 1351, 1353 f.; Schulze-Osterloh, ZGR 2000, 594, 597; Amort, WM 2013, 1250, 1252; vgl. auch BFH, Urteil vom 20. März 2003, IV R 27/01, DStR 2003, 1609, 1610; Coenenberg,/Haller/Schultze, Jahresabschluss und Jahresabschlussanalyse, S. 76; Merkt, in: Baumbach/Hopt, HGB, § 246 Rn. 3; zu den einzelnen Merkmalen des Vermögensgegenstandes siehe Ballwieser, in Münchener Kommentar zum HGB, Band 4, § 246 Rn. 13 ff.

341 Stellvertretend für viele BFH, Urteil vom 14. April 2011, IV R 46/09, BStBl. II 2011, 696, 697 f.; BFH, Urteil vom 19. Juli 1955, I 149/54 S, BStBl. III 1955, 266, 267; Amort, WM 2013, 1250, 1252.

sui generis[342], Kaufverträge[343], Darlehensverträge[344] und Mietverträge eingeordnet.[345]

In seinem Urteil vom 26. Januar 1970[346] nahm der BFH erstmalig eine Abgrenzung des Leasingbegriffes vor: „Allen Arten von Rechtsverhältnissen, die mit ‚Leasing' bezeichnet werden, ist gemeinsam, daß es sich um eine entgeltliche Gebrauchs- und Nutzungsüberlassung von Wirtschaftsgütern handelt. (...) Gerade das Merkmal der Gebrauchsüberlassung ist aber für eine Abgrenzung untauglich, da es auch zum Wesen eines üblichen Miet- und Pächterverhältnisses gehört. Die weiteren Umstände, die noch hinzukommen müssen, damit von Leasing gesprochen werden kann, sind (...) ganz verschiedene. Deshalb wird auch in der Literatur bei der Begriffsbestimmung des Leasings von einer bestimmten Leasing-Art oder Leasing-Kategorie ausgegangen oder es wird die Begriffsbestimmung durch eine Aufzählung der Leasing-Formen ersetzt. Als weiteres gemeinsames Merkmal neben der Nutzungsüberlassung könnte noch genannt werden, daß es sich um die Anmietung von Gegenständen handelt, die nach dem bisher Üblichen nicht gemietet, sondern gekauft zu werden pflegten".[347] Der BFH führte weiter aus, „dass für die Beurteilung nicht auf eine in den genannten Rechtsgebieten bekannte Institution, zum Beispiel dem Mietvertrag des bürgerlichen Rechts, aufgesetzt werden kann"[348]. Es bestehe vielmehr eine andere wirtschaftliche Bedeutung als bei der Miete.

In seiner kontinuierlichen Rechtsprechung[349] hat der BFH entschieden, Leasingverträge nach dem Mietrecht auszulegen und sie unter Berücksichtigung der vertrags- und leasingspezifischen Besonderheiten als Dauerschuldverhältnisse

342 U. a. Lieb, DB 1988, 945, 951; Hastedt, Gewinnrealisation beim Finanzierungsleasing, S. 96 ff.

343 U. a. Ebenroth, JuS 1978, 588, 592 f.; Lenz, Die Bilanzierung von Mobilien-Leasingverträgen gemäß deutschem Handelsrecht und U.S.-Generally Accepted Accounting Principles: Ein kritischer Vergleich, S. 32 ff.; Plathe, BB 1970, 601, 601 ff.

344 In gemischter Form aus Elementen der Kredit- und Geschäftsbesorgung siehe Canaris, NJW 1982, 305, 306 f.; Canaris, AcP 1990, 410, 452; Larenz/Canaris, Lehrbuch des Schuldrechts, Band II/2, S. 106 f.

345 Übersichtsartig für die vertretenen Auffassungen vgl. Flume, DB 1991, 265, 265 ff.

346 BFH, Urteil vom 26. Januar 1970, IV R 144/66, BStBl II 1970, 264.

347 BFH, Urteil vom 26. Januar 1970, IV R 144/66, BStBl II 1970, 264, 266; Stromberg, Voraussetzungen für internationale Immobilien-Leasing-Finanzierungen, S. 13 f.

348 BFH, Urteil, 26. Januar 1970, IV R 144/66, BStBl II 1970, 264, 271.

349 BGH, Urteil vom 23. Februar 1977, VIII ZR 124/75, BGHZ 68, 118, 123; BGH, Urteil vom 5. April 1978, VIII ZR 42/77, BGHZ 71, 189, 193 f.; BGH, Urteil vom 9. Oktober 1985, VIII ZR 217/84, BGHZ 96, 103, 106; BGH, Urteil vom 11. Januar 1995, VIII ZR 82/94, BGHZ 128, 255, 259.

gemäß §§ 535 ff. BGB zu qualifizieren.[350] Das Leasingverhältnis stelle einen atypischen Mietvertrag dar.[351] Diese Einordnung durch den BFH wird vornehmlich damit begründet, dass es sich bei dem Leasingvertrag, genauso wie bei dem Mietvertrag, um eine Nutzungsüberlassung einer Sache auf Zeit handele, wobei der Nutzungsüberlassende der rechtliche Eigentümer der Sache bleibe.[352] Der Rechtszustand sei dadurch im Wesentlichen durch die Gebrauchsüberlassung gekennzeichnet; die Hauptpflicht des Leasinggebers bestehe darin, dem Leasingnehmer für die Dauer des Leasingvertrags den Gebrauch eines mangelfreien Leasinggegenstandes zu verschaffen und auf Zeit zu belassen.[353] Dieser Einordnung hat sich die Literatur in weiten Teilen angeschlossen und das Leasingverhältnis als atypischen Mietvertrag akzeptiert.[354]

2) Zurechnungskriterien nach dem BFH-Urteil

Der BFH entwickelte in seinem Urteil vom 26. Januar 1970[355] zudem steuerliche Zurechnungskriterien für das Finanzierungsleasing, bei denen regelmäßig die Zurechnung des Leasinggegenstandes zum Leasingnehmer erfolgt und auf denen die Leasingerlasse[356] aufbauen.[357] Hierbei unterschied er drei verschiedene Varianten:

---

350 Stromberg, Voraussetzungen für internationale Immobilien-Leasing-Finanzierungen, S. 14 f.; Bender, BB 2001 Beilage 5, S. 20, 21.

351 Vgl. BGH, Urteil vom 11. Januar 1995, VIII ZR 82/94, BGHZ 128, 255, 259.

352 Sabel, Leasingverträge in der kapitalmarktorientierten Rechnungslegung, S. 11.

353 Sabel, Leasingverträge in der kapitalmarktorientierten Rechnungslegung, S. 11; Vgl. BGH, Urteil vom 16. September 1981, VIII ZR 265/80, BGHZ 81, 298, 303; BGH, Urteil vom 19. Februar 1986, VIII ZR 91/85, BGHZ 97, 135, 139 f.

354 Siehe dazu u. a. Döllerer, BB 1971, 535, 539; Flume, DB 1972, 1, 5; Leffson, DB 1976, 685, 690; Graf von Westphalen, BB 1988, 1829, 1832.

355 BFH, Urteil vom 26. Januar 1970, IV R 144/66, BStBl. II 1970, 264, 270 ff.

356 Es gibt vier Leasingerlasse: Vollamortisationserlass zum Mobilienleasing vom 19. April 1971 (BMF-Schreiben vom 19. April 1971, IV B 2 – S 2170 – 31/71, BStBl. I 1971, 264 = BdF-Schreiben, DB 1971, 795); Vollamortisationserlass zum Immobilienleasing vom 21. März 1972 (BdF-Schreiben vom 21. März 1972, F/IV B 2 – S 2170 – 11/72, BStBl. I 1972, 188); Teilamortisationserlass zum Mobilienleasing vom 22. Dezember 1975 (BMF-Schreiben vom 22. Dezember 1975, IV B2 – S 2170 – 161/75, DB 1976, 172) und Teilamortisationserlass zum Immobilienleasing vom 23. Dezember 1991 (BMF-Schreiben vom 23. Dezember 1991, IV B2 – S 2170 – 115/91, BStBl. I 1992, 13).

357 Vgl. auch Hennrichs, in: Tipke/Lang, Steuerrecht, § 9 Rn. 149; Tonner, Leasing im Steuerrecht, Kapitel 2 Abschnitt 4 Rn. 28.

- Die Grundmietzeit entspricht im Wesentlichen der betriebsgewöhnlichen Nutzungsdauer;
- Die Grundmietzeit liegt wesentlich unter der betriebsgewöhnlichen Nutzungsdauer, jedoch hat der Leasingnehmer eine Kauf- oder Mietverlängerungsoption, deren Werte erheblich unter dem Markpreis liegen;
- Fälle des Spezialleasings.[358]

Demnach ist für die Zuordnung des Leasinggegenstandes nicht die zivilrechtliche Verfügungsbefugnis am Ende der Grundmietzeit entscheidend, sondern ob der Leasinggeber über die gewöhnliche Nutzungsdauer von der tatsächlichen Sachherrschaft ausgeschlossen ist.[359] Dieser Grundsatz wurde vom BFH auch in weiteren Urteilen bestätigt.[360]

3) Einteilung in Operating- und Finanzierungsleasing

Das deutsche Recht untergliedert damit die Leasingverträge grob gesprochen in Operating- und Finanzierungsleasingverträge.

a) Operatingleasing

Abgeleitet aus dem BFH-Urteil vom 26. Januar 1970[361] stellen Operatingleasingverträge typische Mietverträge i. S. d. §§ 535 ff. BGB dar, die unter Einhaltung von Fristen jederzeit, ohne Zahlung von Konventionalstrafen kündbar sind.[362] Sie sind durch eine vergleichsweise kurze Mietdauer und eine nicht vollständige Amortisierung der Investitionen des Leasinggebers durch die Zahlungen des Leasingnehmers gekennzeichnet.[363] Die Amortisation tritt meist erst durch die

358 Buhl, BB 1992, 1755, 1757.

359 BFH, Urteil vom 26. Januar 1970, IV R 144/66, BStBl. II 1970, 264, Leitsätze; Vogt, Leasingverträge, S. 8.

360 Siehe hierzu BFH, Urteil vom 30. Mai 1984, I R 146/81, BStBl. II 1984, 825, 827; BFH, Urteil vom 27. November 1996, X R 92/92, BStBl. II 1998, 97, 99 und BFH, Urteil vom 9. Dezember 1999, III R 74/97, BStBl. II 2001, 311, 314.

361 BFH, Urteil vom 26. Januar 1970, IV R 144/66, BStBl. II 1970, 264, 270 ff.

362 Ammann/Hucke, IStR 2000, 87, 88; Grunwald, Vergleich der Leasing-Bilanzierung nach IFRS und HGB, S. 5.

363 Adolph/Gabor/Lange, in: Brönner/Bareis/Hahn/Maurer/Schramm, Die Bilanz nach Handels- und Steuerrecht, S. 471; Freidank/Velte, SuS 2012, 79, 80; Findeisen/Sabel, DB 2009, 801, 805.

mehrfache Überlassung an verschiedene Leasingnehmer ein.[364] Im Fall des Operatingleasings trägt der Leasinggeber alle Risiken, wie z. B. die Gefahr des Verlustes, des Untergangs oder der Wertminderung durch technischen Fortschritt sowie sämtliche mit dem Leasingobjekt im Zusammenhang stehende Aufwendungen.[365] Er behält somit die Sachleistungsgefahr, sodass es sich für den Leasingnehmer um schwebende Geschäfte handelt.[366]

b) Finanzierungsleasing

Im Rahmen der Finanzierungsleasingverträge hat der Leasinggeber die Sach- und Preisgefahr auf den Leasingnehmer abgewälzt und schuldet ab dem Zeitpunkt der Lieferung des Leasinggegenstandes nur noch die Duldung der Nutzung, sodass er seine Hauptleistungspflicht durch die Lieferung erbracht hat.[367] Finanzierungsleasingverhältnisse definieren sich gemäß dem BFH-Urteil vom 26. Januar 1970[368] über eine längere Grundmietzeit als eine Art Ratenverkauf unter Eigentumsvorbehalt; sie sind durch eine feste, unkündbare Grundmietzeit zwischen 40% und 90% der betriebsgewöhnlichen Nutzungsdauer sowie Regelungen zur Weiternutzung des Gegenstandes nach der Laufzeit gekennzeichnet.[369] Ein Finanzierungsleasing kann in Form eines Vollamortisations- oder eines Teilamortisationsvertrags geschlossen werden, wobei Teilamortisationsverträge in der Praxis, wie z. B. beim Autoleasing, häufiger vorkommen.[370]

---

364 BGH, Urteil vom 30. Oktober 2002, VIII ZR 119/02, NJW 2003, 505, 507; Rickmers, ZGS 2011, 210, 213; Weidenkaff, in: Palandt, Einf. vor § 535 Rn. 40.

365 Grunwald, Vergleich der Leasing-Bilanzierung nach IFRS und HGB, S. 5.

366 Vgl. auch Sabel, Leasingverträge in der kapitalmarktorientierten Rechnungslegung, S. 162 f.

367 Sabel, Leasingverträge in der kapitalmarktorientierten Rechnungslegung, S. 162.

368 BFH, Urteil vom 26. Januar 1970, IV R 144/66, BStBl. II 1970, 264, 270 ff.

369 Coenenberg/Haller/Schultze, Jahresabschluss und Jahresabschlussanalyse, S. 80; Grunwald, Vergleich der Leasing-Bilanzierung nach IFRS und HGB, S. 5; Ballwieser, in: Münchener Kommentar zum HGB, Band 4, § 246 Rn. 46; Perridon/Rathgeber/Steiner, Finanzwirtschaft der Unternehmung, S. 454.

370 Rickmers, ZGS 2011, 210, 211; Koch, in: Münchener Kommentar zum BGB, Band 3, Finanzierungsleasing, Rn. 1.

III) Zurechnung des Leasingobjekts anhand der Leasingerlasse

Anhand der durch das BFH-Urteil geschaffenen Grundsätze zur Leasingbilanzierung konnte die Finanzverwaltung detaillierte Kriterien für die Zurechnung des Leasingobjekts erlassen. Die Leasingerlasse des Bundesfinanzministeriums (BMF) streben eine bis heute maßgebliche Klärung der Behandlungs- und Abgrenzungsprobleme der verschiedenen Leasingformen an.[371] Sie legen fest, bei welcher zivilrechtlichen Vertragsgestaltung die Leasinggegenstände dem Leasingnehmer oder dem Leasinggeber steuerrechtlich zugerechnet werden und wie sie zu bilanzieren sind.[372] Entscheidend ist dabei das wirtschaftliche Eigentum. Bei den Leasingerlassen handelt es sich um norminterpretierende Verwaltungsvorschriften, denen keine Rechtnormqualität zukommt und an die die Gerichte nicht gebunden sind.[373] Dennoch werden sie als Maßstab herangezogen.

1) Übersicht der Leasingerlasse

Die steuerlichen Leasingerlasse des BMF unterscheiden zwischen Vollamortisationsverträgen (*full-pay-out*) und Teilamortisationsverträgen (*non-full-pay-out*) bei beweglichen und unbeweglichen[374] Wirtschaftsgütern.

Es gibt vier Leasingerlasse, die entsprechend der Regulierungsbegründung auch nach der Verabschiedung des BilMoG ihre Gültigkeit für die steuerliche Zuordnung behalten haben:[375]

- der Vollamortisationserlass zum Mobilienleasing vom 19. April 1971[376]
- der Vollamortisationserlass zum Immobilienleasing vom 21. März 1972[377]

371 Schimansky/Bunte/Lwowski, Bankrechts-Handbuch, § 101 Rn. 5.

372 Tacke, Leasing, S. 13 f.; Claßen/Schulz, IRZ 2009, 313, 315; Pellens/Fülbier/Gassen/Sellhorn, Internationale Rechnungslegung, S. 694.

373 BFH, Urteil vom 26. April 1995, XI R 81/93, BStBl. II 1995, 754, 755; Rickmers, ZGS 2011, 210, 212.

374 Auf die Leasingbilanzierung von unbeweglichen Wirtschaftsgütern wird im Nachfolgenden nicht weiter eingegangen.

375 Fink/Schultze/Winkeljohann, Bilanzpolitik und Bilanzanalyse nach neuem Handelsrecht S. 147; Grunwald, Vergleich der Leasing-Bilanzierung nach IFRS und HGB, S. 4; Pellens/Fülbier/Gassen/Sellhorn, Internationale Rechnungslegung, S. 693.

376 BMF-Schreiben vom 19 April 1971, IV B 2 – S 2170 – 31/71, BStBl. I 1971, 264 = BdF-Schreiben, DB 1971, 795.

377 BdF-Schreiben vom 21. März 1972, F/IV B 2 – S 2170 – 11/72, BStBl. I 1972, 188.

- der Teilamortisationserlass zum Mobilienleasing vom 22. Dezember 1975[378]
- der Teilamortisationserlass zum Immobilienleasing vom 23. Dezember 1991.[379]

Verträge, deren Grundstruktur den in diesen Erlassen beschriebenen Details entspricht und bei denen die Erlassregelungen eine Zurechnung des Objekts zum Leasinggeber herbeiführen, werden in der Praxis als erlasskonforme Leasingverträge bezeichnet. Nicht-erlasskonforme Verträge, d. h. solche, die nicht von den Leasingerlassen erfasst sind, sind als Operatingleasing zu qualifizieren.[380]

Für die Zuordnung des Leasingobjekts sind zwei Stufen zu beachten. Zunächst ist das Verhältnis der Grundmietzeit und der betriebsgewöhnlichen Nutzungsdauer des Leasinggegenstandes zu betrachten und schließlich die Konditionen zum Ende der Grundmietzeit.[381]

2) Vollamortisation

Der BMF-Leasingerlass vom 19. April 1971[382] widmet sich der Vollamortisation und befasst sich mit dem Begriff und der Abgrenzung des Finanzierungsleasingvertrages bei beweglichen Wirtschaftsgütern. Eine Vollamortisation und ein Finanzierungsleasing im Sinne des Erlasses liegen vor, wenn der Leasinggeber mit der Summe der Leasingraten mindestens alle seine Anschaffungs- oder Herstellungskosten sowie sämtliche Nebenkosten inkl. Investitions- und Finanzierungskosten während der unkündbaren Grundmietzeit vollständig begleichen kann (*full-pay-out*).[383]

Im Rahmen des Erlasses wird zwischen folgenden Vereinbarungen unterschieden:

a) Verträge, in denen die Grundmietzeit des Leasingobjekts weniger als 40% oder mehr als 90% der betriebsgewöhnlichen Nutzungsdauer beträgt

---

378 BMF-Schreiben vom 22. Dezember 1975, IV B2 – S 2170 – 161/75, DB 1976, 172.

379 BMF-Schreiben vom 23. Dezember 1991, IV B2 – S 2170 – 115/91, BStBl. I 1992, 13.

380 Mellwig, DB, Beilage Nr. 12/98, S. 9 f.

381 Ammann/Hucke, IStR 2000, 87, 90; vgl. Mellwig, DB, Beilage Nr. 12/98, S. 8.

382 BMF-Schreiben vom 19 April 1971, IV B 2 – S 2170 – 31/71, BStBl. I 1971, 264 = BdF-Schreiben, DB 1971, 795.

383 Claßen/Schulz, StuB 2011, 3, 5; Engel, DStR 2000, 1478, 1479; Freidank/Velte, SuS 2012, 79, 79; Weber-Grellet, in: Schmidt, EStG, § 5 Rn. 722; BdF-Schreiben, DB 1971, 795, 795.

b) Verträge, in denen eine Kaufoption oder Mietverlängerungsoption besteht, sofern die Grundmietzeit zwischen 40% und 90% liegt
c) Verträge des Spezialleasings.[384]

a) Grundmietzeit < 40% oder > 90% der betriebsgewöhnlichen Nutzungsdauer des Leasingobjekts

Die erste Variante beschäftigt sich mit Leasingverhältnissen, deren Grundmietzeit weniger als 40% und mehr als 90% der betriebsgewöhnlichen Nutzungsdauer beträgt.

aa) Begriff und Abgrenzung bei beweglichen Wirtschaftsgütern

Bereits im Urteil vom 26. Januar 1970 deutete der BFH an, dass dann, wenn sich Grundmietzeit und betriebsgewöhnliche Nutzungsdauer entsprechen, das wirtschaftliche Eigentum beim Leasingnehmer liegt. Die obere Grenze von 90% konkretisiert den Übergang des wirtschaftlichen Eigentums; es wird unterstellt, dass der Leasinggeber bei Überschreiten dieser Schranke – entsprechend der Definition des wirtschaftlichen Eigentums – dauerhaft von Ertrag und Substanz ausgeschlossen ist und zu vermuten ist, dass das Leasingobjekt nach einem Zeitraum von 90% der betriebsgewöhnlichen Nutzungsdauer für den Leasinggeber keine wirtschaftliche Bedeutung mehr hat.[385] Der untere Grenzwert von 40% erklärt sich aus der Vermutung, dass kein Leasingnehmer angesichts des zu Nutzungsbeginn sehr starken Wertverfalls dazu bereit wäre, das Leasingobjekt „innerhalb einer so kurzen Grundmietzeit zu amortisieren, ohne dass zumindest stillschweigend die Überlassung nach Ablauf der Grundmietzeit zugesichert ist“.[386] Zudem handelt es sich hierbei regelmäßig um Leasingverträge, die dem Leasingnehmer ein Optionsrecht einräumen und somit eine Wertung als

---

384 Claßen/Schulz, StuB 2011, 3, 5; Hoffmann/Lüdenbach, NWB Kommentar, § 246 Rn. 176 ff.; Tacke, Leasing, S. 14; Ammann/Hucke, IStR 2000, 87, 89.

385 Mellwig, DB, Beilage Nr. 12/98, S. 8; Küting/Hellen/Brakensiek, BB 1998, 1465, 1467; Seeger hält die 90% Grenze für zu hoch, da bei einer 90% Grenze regelmäßig kein wirtschaftlicher Wert des Leasingobjekts verbleibt, vgl. Seeger, Zivilrechtliche und steuerrechtliche Behandlung von Finanzierungs-Leasingverträgen über bewegliche Sachen, S. 99; a. A. Döllerer, BB 1971, 535, 537; Knapp, DB 1971, 685, 688.

386 Küting/Hellen/Brakensiek, BB 1998, 1465, 1467; Helmschrott, Leasinggeschäfte in der Handels- und Steuerbilanz, S. 70; Rau, DB 1971, Beilage 10, S. 3, 6.

Ratenkauf nahe legen.[387] Dies rechtfertigt auch die Annahme, dass beim Unterschreiten der 40-%-Schranke der Leasinggeber nicht mehr der wirtschaftliche Eigentümer des Gegenstands ist.[388]

bb) Steuerliche Zurechnung des Leasinggegenstandes

Sofern die Grundmietzeit weniger als 40% oder mehr als 90% der betriebsgewöhnlichen Nutzungsdauer des Leasingobjekts beträgt, ist der Leasinggegenstand bei einem Leasingverhältnis immer dem Leasingnehmer zuzurechnen, sowohl mit als auch ohne Optionsrecht.[389] In dieser Konstellation wird der Leasinggeber im typischen Geschäftsablauf auf Dauer faktisch von der Einwirkung auf das Leasinggut ausgeschlossen.

b) Grundmietzeit zwischen 40% und 90% der betriebsgewöhnlichen Nutzungsdauer

Sofern die Grundmietzeit zwischen 40% und 90% der betriebsgewöhnlichen Nutzungsdauer liegt, kommt es für die steuerliche Zuordnung auf die Ausgestaltung der Konditionen am Ende der Grundmietzeit an. Wird der Vertrag so gestaltet, dass bei typischem Geschehensablauf von einer Weiternutzung durch den Leasingnehmer ausgegangen werden muss, so gibt der Leasinggeber alle Risiken und Chancen aus dem Objekt an den Leasingnehmer ab.[390]

Dabei wird zwischen den folgenden Konstellationen unterschieden:

aa) Vereinbarung einer Kaufoption
bb) Vereinbarung einer Mietverlängerungsoption
cc) Vereinbarung ohne ein Optionsrecht.

aa) Leasingvertrag mit Kaufoption

In der Variante des Leasingvertrages mit einer Kaufoption kann der Leasingnehmer nach Ablauf der Grundmietzeit eine Kaufoption ausüben, wenn er

---

387 Pelka/Niemann, B Rn. 1695; Flume, DB 1973, 1661, 1665; Engel, DStR 2000, 1478, 479; Vogt, Leasingverträge S. 10; Tonner, Leasing im Steuerrecht, Kapitel 2 Abschnitt 4 Rn. 29.

388 Mellwig, DB, Beilage Nr. 12/98, S. 8.

389 BdF-Schreiben, DB 1971, 795, 795.

390 Mellwig, DB, Beilage Nr. 12/98, S. 8.

selbst das Objekt nicht weiternutzen möchte, es aber zu einem über dem Ausübungspreis liegenden Betrag weiterveräußern kann.[391] Bereits im BFH-Urteil wurde diese Konstellation regelmäßig dem Leasingnehmer zugerechnet.[392] Der Leasingerlass konkretisiert diese Variante noch in der Hinsicht, dass eine Kaufoption als „günstig“ verstanden wird, sofern der vereinbarte Kaufpreis niedriger ist als der unter der linearen Absetzung für Abnutzung (AfA) ermittelte Buchwert oder der niedrigere gemeine Wert. Der gemeine Wert wird gemäß § 9 Abs. 2 Satz 1 BewG durch den Preis bestimmt, der im gewöhnlichen Geschäftsverkehr bei einer Veräußerung zu erzielen wäre.

Sofern eine im Sinne des Leasingerlasses „günstige“ Kaufoption vorliegt, wird der Leasinggegenstand dem Leasingnehmer zugerechnet, da jener in dem Fall die Wertsteigerungschancen trägt; andernfalls dem Leasinggeber.[393] Bereits geleistete Leasingraten sind, sofern sie unter dem Restbuchwert und gemeinen Wert des Optionspreises liegen, als verdeckte Anzahlungen auf das Leasinggut zu verstehen.[394]

bb) Leasingvertrag mit Mietverlängerungsoption

Mit der Ausübung einer Mietverlängerungsoption kann der Leasingnehmer nach Ablauf der Grundmietzeit das Vertragsverhältnis auf bestimmte oder unbestimmte Zeit verlängern, wenn er – z. B. aufgrund einer positiven Auftragslage – eine hinreichende Verwendung für das Leasingobjekt hat.[395] Zwar erlangt der Leasingnehmer in dieser Konstellation niemals das zivilrechtliche Eigentum an dem Leasinggegenstand; jedoch kann er den Leasinggeber während der Leasinglaufzeit von der Einwirkung auf das Leasinggut ausschließen, sodass es ihm in bestimmten Konstellationen wirtschaftlich zugerechnet werden kann.[396] Im Fall einer Mietverlängerungsoption erfolgt die wirtschaftliche Zurechnung des Leasingobjekts zum Leasinggeber, wenn die Anschlussmiete so bemessen ist, dass sie den Wertverzehr für den Leasinggegenstand deckt, der sich auf der Basis des unter Berücksichtigung der linearen AfA ermittelten Buchwerts oder des niedrigeren gemeinen Werts und der Restnutzungsdauer entsprechend der

391 Hartmann-Wendels/Schmidt, WPg 2010, 278, 282; BdF-Schreiben, DB 1971, 795, 795.

392 BFH, Urteil vom 26. Januar 1970, IV R 144/66, BStBl. II 1970, 264, 272 f.

393 BdF-Schreiben, DB 1971, 795, 796; Claßen/Schulz, IRZ 2009, 313, 316.

394 Buhl, BB 1992, 1755, 1757; Vogt, Leasingverträge, S. 12.

395 BdF-Schreiben, DB 1971, 795, 795; Hartmann-Wendels/Schmidt, WPg 2010, 278, 282.

396 Buhl, BB 1992, 1755, 1757.

AfA-Tabelle ergibt; andernfalls erfolgt eine wirtschaftliche Zurechnung zum Leasingnehmer.[397]

cc) Vereinbarung ohne ein Optionsrecht

Bei einer Grundmietzeit zwischen 40% und 90% der betriebsgewöhnlichen Nutzungsdauer und keiner weiteren Kaufoption oder Mietverlängerungsoption am Ende der Grundmietzeit erfolgt die Bilanzierung beim Leasinggeber, da er den Leasinggegenstand nach dem Rückerhalt an weitere Leasingnehmer vermieten kann.[398]

c) Spezialleasing

Das Spezialleasing umfasst Leasingobjekte, die speziell auf die Bedürfnisse des Leasingnehmers ausgerichtet und nach Ablauf der Grundmietzeit nur noch für diesen ökonomisch verwertbar sind.[399] Als zwingende Konsequenz wird der Leasinggegenstand regelmäßig dem Leasingnehmer ohne Rücksicht auf das Verhältnis von Grundmietzeit und Nutzungsdauer und auf Optionsklauseln zugerechnet.[400]

3) Teilamortisation

Der am 22. Dezember 1975 ergangene Teilamortisationserlass in Verbindung mit beweglichem Vermögen[401] sieht ebenfalls eine unkündbare Grundmietzeit vor, die mindestens 40% und höchstens 90% der betriebsüblichen Nutzungsdauer des Objekts umfasst, jedoch erfolgt anstatt einer vollständigen, nur eine teilweise Kostenamortisation des Leasinggebers während der Grundmietzeit (*non-full-pay-out*).[402] Im Gegensatz zu Vollamortisationsverträgen ist bei

---

397 BdF-Schreiben, DB 1971, 795, 796.

398 Buchholz, Grundzüge des Jahresabschlusses, S. 40; Claßen/Schulz, StuB 2011, 3, 5.

399 BdF-Schreiben, DB 1971, 795, 795; Küting/Hellen/Brakensiek, BB 1998, 1465, 1467; Grunwald, Vergleich der Leasing-Bilanzierung nach IFRS und HGB, S. 5.

400 BdF-Schreiben, DB 1971, 795, 796.

401 BMF Schreiben vom 22. Dezember 1975, IV B2 – S 2170 – 161/75, DB 1976, 172.

402 Claßen/Schulz, StuB 2011, 3, 5; Grunwald, Vergleich der Leasing-Bilanzierung nach IFRS und HGB, S. 5; Stromberg, Voraussetzungen für internationale Immobilien-Leasing-Finanzierungen, S. 16; Tacke, Leasing, S. 16.

Teilamortisationsverträgen die Verteilung der Chancen und Risiken aus der Verwertung des Leasinggegenstandes nach Ablauf der Grundmietzeit für die Bilanzierung des Leasinggegenstandes ausschlaggebend.[403]

Insgesamt werden die Teilamortisationsverträge nach drei Vertragsgestaltungen inkl. einer Untergliederung in Doppeloptionen unterschieden:[404]

a) Vertrag mit Andienungsrecht des Leasinggebers und ohne Optionsrecht des Leasingnehmers
b) Doppeloption: Andienungsrecht des Leasinggebers und Kaufoption des Leasingnehmers
c) Vertrag mit Mehrerlösbeteiligung und Restwertgarantie des Leasingnehmers
d) Vertrag mit Kündigungsrechten des Leasingnehmers

a) Vertragsmodell mit Andienungsrecht des Leasinggebers und ohne Optionsrecht des Leasingnehmers

Die erste Vertragsgestaltung widmet sich der Möglichkeit der Ausübung eines Andienungsrechts des Leasinggebers. Sofern eine Verlängerung des Leasingvertrages nicht zustande kommt, kann der Leasinggeber dem Leasingnehmer nach Beendigung der Grundmietzeit den Leasinggegenstand zu einem festgelegten Kaufpreis (meist mindestens der Restbuchwert) andienen.[405] In diesem Fall ist der Leasingnehmer verpflichtet, den Leasinggegenstand zu dem vereinbarten Preis zu erwerben.[406] Dabei dient das Andienungsrecht als Restwertgarantie des Leasinggebers, um dessen Risiko aus unerwarteten Wertminderungen des Leasingobjekts abzumildern oder gar gänzlich auszuschließen.[407] Der Leasingnehmer trägt in dieser Variante das Risiko der Wertminderung, da er den Leasinggegenstand bei der Ausübung des Andienungsrechts auch dann zum vereinbarten Preis kaufen muss,

---

403 Ammann/Hucke, IStR 2000, 87, 91; Adolph/Gabor/Lange, in: Brönner/Bareis/Hahn/Maurer/Schramm, Die Bilanz nach Handels- und Steuerrecht, S. 478; Küting/Hellen/Brakensiek, BB 1998, 1465, 1467; Claßen/Schulz, IRZ 2009, 313, 316; IDW, WP-Handbuch, Band I, Rn. E 42.

404 Mellwig, DB, Beilage Nr. 12/98, S. 9 f.; Claßen/Schulz, StuB 2011, 3, 5; sowie im Detail Hoffmann/Lüdenbach, NWB Kommentar, § 246 Rn. 180 ff.

405 Claßen/Schulz, StuB 2011, 3, 5; sowie im Detail Hoffmann/Lüdenbach, NWB Kommentar, § 246 Rn. 180 ff.

406 BMF-Schreiben, DB 1976, 172, 173; Stromberg, Voraussetzungen für internationale Immobilien-Leasing-Finanzierungen, S. 88; Loitz/Leuchtenstern/Kroner, DB 2011, 1873, 1877.

407 Loitz/Leuchtenstern/Kroner, DB 2011, 1873, 1877.

wenn der Wiederbeschaffungspreis für ein gleichwertiges Wirtschaftsgut geringer als der vereinbarte Preis ist, wogegen der Leasinggeber die Chance der Wertsteigerung des Leasinggegenstandes hat und ihn auch an einen Dritten veräußern könnte, da er sein Andienungsrecht nicht ausüben muss.[408] Mithin ist der Leasinggeber bei dieser Vertragsgestaltung als wirtschaftlicher Eigentümer anzusehen.

b) Doppeloption: Andienungsrecht des Leasinggebers und Kaufoption des Leasingnehmers

Wurde hingegen eine Doppeloption – wie z. B. beim Bestehen eines Andienungsrechts des Leasinggebers und einer Kaufoption des Leasingnehmers zu einem bereits bei Vertragsabschluss festgelegten Preis – vereinbart, ist der Leasingnehmer der wirtschaftliche Eigentümer, da er das Risiko der Wertminderung und die Chance der Wertsteigerung trägt.[409] Bedingt durch das Andienungsrecht des Leasinggebers trägt der Leasingnehmer das Wertminderungsrisiko an dem Leasinggegenstand. Auf der anderen Seite erhält der Leasingnehmer mit der Kaufoption und der Wahrscheinlichkeit des Erwerbs des Leasingobjekts zeitgleich auch die Chance der Wertsteigerung, sodass aufgrund der Chancen- und Risikenverteilung die wirtschaftliche Zurechnung regelmäßig zum Leasingnehmer zu erfolgen hat.[410]

c) Vertragsmodell mit Aufteilung des Mehrerlöses

Eine andere Vertragsgestaltung sieht eine Restwertgarantie des Leasingnehmers und eine Aufteilung des Mehrerlöses vor. Wird der Leasinggegenstand nach Ablauf der Grundmietzeit vom Leasinggeber an einen Dritten veräußert und dabei ein über dem kalkulierten Restwert liegender Erlös erzielt, wird der Mehrerlös zwischen Leasinggeber und Leasingnehmer aufgeteilt. Sofern der Mehrerlösanteil des Leasingnehmers die 75-%-Marke überschreitet, ist er der wirtschaftliche Eigentümer, andernfalls der Leasinggeber.[411] Liegt der Anteil des Leasingnehmers über 75%, partizipiert der Leasinggeber nur

408 BMF-Schreiben, DB 1976, 172, 173.

409 Tonner, Leasing im Steuerrecht, Kapitel 2 Abschnitt IV Rn. 48; Kempf/Walter-Yadegardjam, in: Lüdicke/Sistermann, Unternehmensrecht, § 9 Rn. 80.

410 BMF-Schreiben, DB 1976, 172, 173.

411 Claßen/Schulz, StuB 2011, 3, 5; BMF-Schreiben, DB 1976, 172, 173; Küting/Hellen/Brakensiek, BB 1998, 1465, 1467; IDW, WP-Handbuch 1996, Band I, 1996, E Rz. 35.

unwesentlich an den Chancen aus dem Leasingobjekt und wird von jeglichem Risiko entbunden, weshalb eine Zurechnung zum Leasingnehmer als angemessen erachtet wird.[412] Für eine wirtschaftliche Zurechnung des Leasinggegenstandes zum Leasinggeber muss jener mindestens 25% des Veräußerungsgewinns erhalten.

Ist der Veräußerungserlös niedriger als die Differenz zwischen den Gesamtkosten des Leasinggebers und den in der Grundmietzeit entrichteten Leasingraten (Restamortisation), ist der Leasingnehmer verpflichtet, die verbliebene Differenz zwischen Restamortisation und Veräußerungserlös zu begleichen.[413]

d) Kündbarer Vertrag mit Anrechnung des Veräußerungserlöses auf die vom Leasingnehmer zu leistende Schlusszahlung

Ein weiteres Vertragsmodell konkretisiert den kündbaren Vertrag mit Anrechnung des Veräußerungserlöses auf die vom Leasingnehmer zu leistende Abschlusszahlung. Der Leasingnehmer kann den Leasingvertrag frühestens nach Ablauf der Grundmietzeit, die 40% der betriebsgewöhnlichen Nutzungsdauer beträgt, kündigen, muss jedoch eine Abschlusszahlung in Höhe der noch nicht gedeckten Gesamtkosten des Leasinggebers entrichten.[414] Kann der Leasinggeber das Leasingobjekt verwerten, werden 90% des erzielten Veräußerungserlöses dem Leasingnehmer auf die Abschlusszahlung angerechnet.[415] Ist der anzurechnende Teil des Veräußerungserlöses zzgl. der vom Leasingnehmer bis zur Veräußerung entrichteten Leasingraten niedriger als die Gesamtkosten des Leasinggebers, so muss der Leasingnehmer in Höhe der Differenz eine Abschlusszahlung leisten. Ist der Veräußerungserlös höher als die Differenz zwischen den Gesamtkosten des Leasinggebers und den bis zur Veräußerung entrichteten Leasingraten, so behält der Leasinggeber diesen Differenzbetrag in vollem Umfang.[416] In dieser Vertragsausgestaltungsvariante trägt der Leasinggeber die Chancen der Wertsteigerung, da er einen Mehrerlös in voller Höhe vereinnahmt.[417] Mithin ist er als wirtschaftlicher Eigentümer anzusehen.

412 Küting/Hellen/Brakensiek, BB 1998, 1465, 1467.
413 BMF-Schreiben, DB 1976, 172, 173.
414 BMF-Schreiben, DB 1976, 172, 173; Claßen/Schulz, StuB 2011, 3, 5.
415 BMF-Schreiben, DB 1976, 172, 173; Engel, DStR 2000, 1478, 1481.
416 BMF-Schreiben, DB 1976, 172, 173.
417 BMF-Schreiben, DB 1976, 172, 173; Ammann/Hucke, IStR 2000, 87, 91; Claßen/Schulz, IRZ 2009, 313, 316.

4) Immobilienleasingerlasse

Auch beim Immobilienleasing unterscheidet die Finanzverwaltung zwischen Voll- und Teilamortisationsverträgen. Das Immobilienleasing wurde zunächst durch den Vollamortisationserlass vom 21. März 1972 geregelt.[418] Am 23. Dezember 1991[419] folgte der Teilamortisationserlass für Immobilien. Die heute beim Immobilienleasing üblichen Teilamortisationsverträge, bei denen die (unkündbare) Grundmietzeit nicht mehr als 90% der betriebsgewöhnlichen Nutzungsdauer beträgt und bei denen die Leasingraten des Leasingnehmers während der Grundmietzeit nur einen Teil der Gesamtinvestitionskosten des Leasinggebers amortisieren, geben dem Leasingnehmer in aller Regel das Recht, das Objekt am Ende der Grundmietzeit zum Restbuchwert zu erwerben.[420]

IV) Bilanzierung der Leasinggeschäfte in der Handelsbilanz

1) Zurechnung des Leasingobjekts zum Leasingnehmer

Das Leasingobjekt wird entsprechend den im vorherigen Kapitel ermittelten Ergebnissen dem Leasingnehmer zugerechnet, wenn:

- die Grundmietzeit weniger als 40% oder mehr als 90% der betriebsgewöhnlichen Nutzungsdauer des Leasingobjekts beträgt;
- die Grundmietzeit zwischen 40% und 90% liegt und eine Kaufoption oder Mietverlängerungsoption vereinbart wurde mit einem Kaufpreis oberhalb des Restbuchwertes bzw. einer Anschlussmiete kleiner als der Wertverzehr;
- die Grundmietzeit zwischen 40% und 90% liegt, keine Option gewählt wurde, jedoch der Veräußerungserlös aufgeteilt wird und der Leasingnehmer diesen vollständig bzw. der Leasinggeber weniger als den Restbuchwert erhält;
- ein Spezialleasing vorliegt;
- der Mehrerlösanteil des Leasingnehmers bei einer Veräußerung des Gegenstandes nach der Grundmietzeit die 75-%-Marke überschreitet oder

418 BdF-Schreiben vom 21. März 1972, F/IV B 2 – S 2170 – 11/72, BStBl. I 1972, 188.

419 BMF-Schreiben vom 23. Dezember 1991, IV B2 – S 2170 – 115/91, BStBl. I 1992, 13.

420 Mellwig, DB, Beilage Nr. 12/98, S. 12.

- eine Doppeloption vorliegt, d. h. ein Andienungsrecht des Leasinggebers und eine Kaufoption des Leasingnehmers.

a) Bilanzierung beim Leasingnehmer

aa) Erstbewertung

Der Leasingnehmer aktiviert in den Fällen, in denen ihm das wirtschaftliche Eigentum zugerechnet wird, den Leasinggegenstand als Teil des Anlagevermögens in Höhe der Anschaffungs- oder Herstellungskosten gemäß § 253 Abs. 1 Satz 1 HGB i. V. m. § 255 HGB, die sich aus dem Barwert der zukünftigen Leasingraten ergeben und passiviert eine Verbindlichkeit in derselben Höhe.[421] Anschaffungskosten sind gemäß § 255 Abs. 1 Satz 1 HGB die Aufwendungen, die geleistet werden, um einen Vermögensgegenstand zu erwerben und ihn in einen betriebsbereiten Zustand zu versetzen. Herstellungskosten sind gemäß § 255 Abs. 2 Satz 1 HGB die Aufwendungen, die durch den Verbrauch von Gütern und die Inanspruchnahme von Diensten für die Herstellung eines Vermögensgegenstandes, seine Erweiterung oder für eine über seinen ursprünglichen Zustand hinausgehende wesentliche Verbesserung entstehen. Hierbei umfassen sie sowohl Material- als auch Fertigungs- und Sonderkosten. Für den Fall, dass die Anschaffungs- oder Herstellungskosten des Leasinggebers nicht bekannt sind, muss der Leasingnehmer versuchen, die Anschaffungskosten auf andere Weise, z. B. durch Listenpreise oder Markterfahrung, aus den Leasingraten abzuleiten.[422]

bb) Folgebewertung

In der Folgebewertung schreibt der Leasingnehmer den aktivierten Gegenstand über die betriebsgewöhnliche Nutzungsdauer planmäßig oder außerplanmäßig nach den allgemeinen Regeln ab. Die erwartete Nutzungsdauer ermittelt sich im Handelsrecht nach der Laufzeit des Leasingverhältnisses.[423] Im Fall einer

421 Freidank/Velte, SuS 2012, 79, 80; Grunwald, Vergleich der Leasing-Bilanzierung nach IFRS und HGB, S. 6; Claßen/Schulz, IRZ 2009, 313, 315 f.; BdF-Schreiben, DB 1971, 795.

422 Ammann/Hucke, IStR 2000, 87, 91; Schulz, in: Büschgen, Praxishandbuch Leasing, § 23 Rn. 15.

423 Vgl. Baetge/Kirsch/Thiele, Bilanzen S. 665; Grunwald, Vergleich der Leasing-Bilanzierung nach IFRS und HGB, S. 7.

dauernden Wertminderung ist eine außerplanmäßige Abschreibung auf den niedrigeren beizulegenden Wert gemäß § 253 Abs. 3 Satz 3 HGB vorzunehmen. Die zu zahlenden Leasingraten werden in einen Tilgungsanteil, durch den die Verbindlichkeit erfolgsneutral gemindert wird, und in einen erfolgswirksamen Zins- und Kostenanteil als sofort abzugsfähige Betriebsausgabe aufgeteilt.[424] Wird der Leasinggegenstand nach Ablauf des Leasingverhältnisses zurückgegeben, muss er zum Restwert ausgebucht werden; bei einer Kaufoption, bei der der Leasingnehmer den Gegenstand behält, muss die geleistete Zahlung erfolgswirksam verbucht werden.[425]

b) Bilanzierung beim Leasinggeber

Im Fall der wirtschaftlichen Zurechnung des Leasingobjekts zum Leasingnehmer, bucht der Leasinggeber das Leasingobjekt aus seiner Bilanz aus und aktiviert stattdessen eine Forderung an den Leasingnehmer in Höhe der den vereinbarten Leasingraten zugrunde gelegten Anschaffungs- oder Herstellungskosten.[426] Er aktiviert die vereinnahmten Leasingraten und spaltet sie in einen Zins- und Kostenanteil sowie in einen Tilgungsanteil auf.[427] In der Folgebewertung verringert sich der Wert der Forderung im Zeitablauf in Höhe des fortschreitenden Tilgungsanteils. Aus Sicht des Leasinggebers ist der Zins- und Kostenanteil erfolgswirksam, während der Tilgungsanteil erfolgsneutral ist.[428]

2) Zurechnung des Leasingobjekts zum Leasinggeber

Das Leasingobjekt wird dem Leasinggeber als wirtschaftlichem Eigentümer zugerechnet, wenn:

---

424 BdF-Schreiben, DB 1971, 795; Ammann/Hucke, IStR 2000, 87, 91; Wöhe, Bilanzierung und Bilanzpolitik, S. 257; Baetge/Kirsch/Thiele, Bilanzen, S. 666; Claßen/Schulz, StuB 2011, 3, 6; Grunwald, Vergleich der Leasing-Bilanzierung nach IFRS und HGB, S. 6; Claßen/Schulz, IRZ 2009, 313, 316.

425 Grunwald, Vergleich der Leasing-Bilanzierung nach IFRS und HGB, S. 7; Quick/Wolz, S. 147.

426 BdF-Schreiben, DB 1971, 795; Claßen/Schulz, IRZ 2009, 313, 316; Bender, BB 2001, Beilage 5, S. 20, 22.

427 Claßen/Schulz, StuB 2011, 3, 6.

428 Ammann/Hucke, IStR 2000, 87, 91; Wöhe, Bilanzierung und Bilanzpolitik, S. 257.

- der Verkaufspreis bei Verträgen mit Kaufoption am Ende der Vertragslaufzeit nicht unter dem nach Anwendung der linearen Abschreibung nach den AfA-Tabellen ermittelten Buchwert liegt bzw. bei Mietverlängerungsoptionen die Anschlussmiete so bemessen ist, dass sie den Werteverzehr für das Leasingobjekt deckt;[429]
- die Leasingdauer zwischen 40% und 90% der betriebsgewöhnlichen Nutzungsdauer liegt und keine Option vereinbart wurde;
- ein Andienungsrecht des Leasinggebers vorliegt;
- der Mehrerlösanteil des Leasinggebers bei einer Veräußerung des Gegenstandes nach der Grundmietzeit mindestens 25% beträgt sowie
- der Leasingnehmer den Leasingvertrag nach Ablauf der Grundmietzeit kündigt.

a) Bilanzierung beim Leasinggeber

Wird das Leasingobjekt dem Leasinggeber als wirtschaftlichem Eigentümer zugerechnet (sog. Operatingleasing), wird das Leasingverhältnis in der Handelsbilanz wie ein Mietverhältnis i. S. d. § 535 BGB nach den Grundsätzen für schwebende Geschäfte behandelt.[430] Der Leasinggegenstand wird weiterhin in Höhe der Anschaffungs- bzw. Herstellungskosten gemäß § 253 Abs. 1 Satz 1 HGB i. V. m. § 255 HGB in der Bilanz des Leasinggebers als Teil des Anlagevermögens gemäß § 247 Abs. 2 HGB ausgewiesen und planmäßig über die betriebsgewöhnliche Nutzungsdauer abgeschrieben.[431] Im Fall einer dauernden Wertminderung ist eine außerplanmäßige Abschreibung auf den niedrigeren beizulegenden Wert gemäß § 253 Abs. 3 Satz 3 HGB vorzunehmen. Die vom Leasingnehmer gezahlten Leasingraten stellen aus Sicht des Leasinggebers erfolgswirksame Betriebseinnahmen dar, die bei Fälligkeit als Forderungen auszuweisen sind.[432]

---

429 Bender, BB 2001, Beilage 5, S. 20, 21.

430 Pellens/Fülbier/Gassen/Sellhorn, Internationale Rechnungslegung, S. 694.

431 Baetge/Kirsch/Thiele, Bilanzen, S. 643; Grunwald, Vergleich der Leasing-Bilanzierung nach IFRS und HGB, S. 7; Claßen/Schulz, IRZ 2009, 313, 316; Freidank/Velte, SuS 2012, 79, 80.

432 Perridon/Rathgeber/Steiner, Finanzwirtschaft der Unternehmung, S. 460; BdF-Schreiben, DB 1971, 795, 796; Ammann/Hucke, IStR 2000, 87, 91.

b) Bilanzierung beim Leasingnehmer

Beim Leasingnehmer treten die Leasingobjekte aufgrund des Grundsatzes der Nichtbilanzierung schwebender Geschäfte nicht in Erscheinung, sodass weder die Ansprüche noch die Verpflichtungen bilanziert werden dürfen.[433] Die vom Leasingnehmer zu leistenden Leasingzahlungen sind sofort erfolgswirksame Betriebsausgaben, die er in der Gewinn- und Verlustrechnung erfasst.[434]

433 Ammann/Hucke, IStR 2000, 87, 90; Claßen/Schulz, StuB 2011, 3, 6; Küting/Hellen/Brakensiek, BB 1998, 1465, 1471; Loitz/Leuchtenstern/Kroner, DB 2011, 1873, 1875.

434 BdF-Schreiben, DB 1971, 795, 796; Freidank/Velte, SuS 2012, 79, 80; Ammann/Hucke, IStR 2000, 87, 91; Perridon/Rathgeber/Steiner, Finanzwirtschaft der Unternehmung, S. 460.

D) Leasingbilanzierung in der Steuerbilanz

Im Steuerrecht finden sich, wie im Handelsrecht, keine kodifizierten Normen für die Bilanzierung der Leasingverhältnisse. Stattdessen richtet sich diese im Einzelnen ebenfalls nach den steuerlichen Leasingerlassen des BMF.

I) Zurechnung des Leasinggegenstandes nach den deutschen Leasing-Erlassen

1) Zurechnung gemäß § 39 AO

Die Zuordnung des Leasingobjekts richtet sich im Steuerrecht nach § 39 AO. Danach ist zunächst das zivilrechtliche Eigentum maßgeblich. Fallen jedoch das zivilrechtliche und das wirtschaftliche Eigentum auseinander, ist gemäß dem Prinzip der wirtschaftlichen Zurechnung in § 39 Abs. 2 Nr. 1 AO der Vermögensgegenstand dem wirtschaftlichen Eigentümer zuzurechnen, da jener gemäß der sog. Döllerer-Formel[435] die wesentlichen Chancen und Risiken des Vermögensgegenstandes übernimmt.[436] Als wirtschaftlicher Eigentümer ist folglich derjenige anzusehen, der die tatsächliche Sachherrschaft über einen Vermögensgegenstand in einer Art und Weise ausübt, dass er den rechtlichen Eigentümer wirtschaftlich auf Dauer von der Einwirkung auf den Vermögensgegenstand ausschließen kann und dem die Substanz und der Ertrag vollständig und auf Dauer zustehen.[437]

---

435 Döllerer, BB 1971, 535, 536.

436 Döllerer, BB 1971, 535, 536; Begründung des Bilanzrechtsmodernisierungsgesetzes vom 24. März 2009, BT-Drucksache 16/12407, S. 84; Baetge/Kirsch/Thiele, Bilanzen, S. 659; Grunwald, Vergleich der Leasing-Bilanzierung nach IFRS und HGB, S. 4; Brösel/Zwirner, IFRS-Rechnungslegung, S. 241; vgl. auch Gliederungspunkt C) I) 1) b).

437 BFH, Urteil vom 26. Januar 1970, IV R 144/66, BStBl. II 1970, 264, 272; BFH, Urteil vom 26. November 1998, IV R 39/98, BStBl. II 1999, 263, 264; BFH, Urteil vom 28. Juli 1999, X R 38/98, BStBl. II 2000, 653, 655; Förschle/Kroner, in: Beck'scher Bilanz-Kommentar, § 246 Rn. 6; Wischemann, Bilanzierung von Leasingverhältnissen, S. 3; Rickmers, ZGS 2011, 210, 212; Herzig, DB 2008, 1, 5; Herzig/Briesemeister, DB 2009, 926, 928; Birk, Steuerrecht, Rn. 327.

2) Konkretisierung der Zuordnung (Leasingerlasse)

Zur konkreten Ausgestaltung, wann der Leasinggegenstand dem Leasingnehmer oder dem Leasinggeber zuzurechnen ist, werden ebenfalls die steuerlichen Leasingerlasse des BMF herangezogen, die zuvor[438] ausführlich beschrieben wurden.

II) Bilanzierung von Leasinggeschäften beim Leasingnehmer/Leasinggeber

Die Bilanzierung der Leasinggeschäfte beim Leasingnehmer und Leasinggeber ähnelt dem Vorgehen in der Handelsbilanz. Die Ansätze sind aufgrund des Maßgeblichkeitsprinzips und der gemeinsamen Verwendung der Leasingerlasse identisch. Allein die anwendbaren Normen unterscheiden sich.[439]

1) Zurechnung des Leasingobjekts zum Leasinggeber

a) Zurechnung zum Leasinggeber

Ist der Leasingvertrag, wie auch im Fall des Operatingleasings, im Wesentlichen auf die Nutzungsüberlassung ohne Verschaffung wirtschaftlichen Eigentums gerichtet, so bleibt der Leasinggeber rechtlicher und wirtschaftlicher Eigentümer des Leasinggegenstandes.[440] Die sich aus den Leasingerlassen ergebenden Konstellationen entsprechen den im Handelsrecht genannten.[441] Zur besseren Übersicht folgt hier noch einmal die Zusammenstellung. Es handelt sich dabei um Konstellationen, in denen:

- der Verkaufspreis bei Verträgen mit Kaufoption am Ende der Vertragslaufzeit nicht unter dem nach Anwendung der linearen Abschreibung nach den AfA-Tabellen ermittelten Buchwert liegt bzw. bei Mietverlängerungsoptionen die Anschlussmiete so bemessen ist, dass sie den Werteverzehr für das Leasingobjekt deckt;[442]
- die Leasingdauer zwischen 40% und 90% der betriebsgewöhnlichen Nutzungsdauer liegt und keine Option vereinbart wurde;

438 Vgl. Gliederungspunkt C) III).
439 Vgl. bzgl. der handelsrechtlichen Bilanzierung Gliederungspunkt C) IV).
440 Pelka/Niemann, B Rn. 1696.
441 Vgl. Gliederungspunkt C) IV) 2).
442 Bender, BB 2001, Beilage 5, S. 20, 21.

- ein Andienungsrecht des Leasinggebers vorliegt;
- der Mehrerlösanteil des Leasinggebers bei einer Veräußerung des Gegenstandes nach der Grundmietzeit mindestens 25% beträgt sowie
- der Leasingnehmer den Leasingvertrag nach Ablauf der Grundmietzeit kündigt.

b) Bilanzierung beim Leasinggeber

Im Fall einer Zurechnung des Leasingobjekts zum Leasinggeber wird das Leasingverhältnis in Analogie zu einem Mietverhältnis behandelt. Der Leasinggeber hat den Leasinggegenstand weiterhin als Anlagevermögen gemäß § 247 Abs. 2 HGB in seinem Jahresabschluss mit den Anschaffungs- oder Herstellungskosten gemäß § 6 Abs. 1 Nr. 1 Satz 1 EStG i. V. m. § 255 HGB (i. V. m. § 1 Abs. 1 Satz 1 KStG) zu aktivieren und ihn der Absetzung für Abnutzung (AfA) entsprechend, die sich an der tatsächlichen Nutzungsdauer orientiert, gemäß § 7 EStG abzuschreiben.[443] Im Fall einer dauernden Wertminderung besteht gemäß § 6 Abs. 1 Nr. 1 Satz 2 EStG ein Wahlrecht zum Ansatz mit dem niedrigeren Teilwert. Der Teilwert ist gemäß § 6 Abs. 1 Nr. 1 Satz 3 EStG der Betrag, den ein Erwerber des ganzen Betriebes im Rahmen des Gesamtkaufpreises für das einzelne Wirtschaftsgut ansetzen würde, sofern der Betrieb fortgeführt wird. Die Leasingraten des Leasingnehmers sind für den Leasinggeber erfolgswirksame Betriebseinnahmen.

c) Bilanzierung beim Leasingnehmer

Aus Sicht des Leasingnehmers stellt sich der Leasingvertrag dagegen als ein schwebendes und damit bilanzneutrales Geschäft dar.[444] Weder eine Verbindlichkeit noch ein Aktivgut werden angesetzt. Die Leasingraten sind im jeweiligen Geschäftsjahr als sofortabzugsfähige Betriebsausgaben i. S. d. § 4 Abs. 4 EStG erfolgswirksam zu erfassen und wirken sich gewinnmindernd aus.[445] Eine Bilanzierung einer Verbindlichkeit scheidet wegen des Grundsatzes der Nichtbilanzierung schwebender Geschäfte aus.

---

443 Koch, in: Münchener Kommentar zum BGB, Band 3, Finanzierungsleasing, Rn. 18.

444 Kempf/Walter-Yadagarjam in: Lüdicke/Sistermann Unternehmenssteuerrecht, § 9 Rn. 47; vgl. auch BMF-Schreiben vom 13. Mai 1980, BB 1980, 815, 815; Koch, in: Münchener Kommentar zum BGB, Band 3, Finanzierungsleasing, Rn. 18.

445 Koch, in: Münchener Kommentar zum BGB, Band 3, Finanzierungsleasing, Rn. 18.

2) Zurechnung des Leasingobjekts zum Leasingnehmer

a) Zurechnung zum Leasingnehmer

In der Variante des Finanzierungsleasings ist zivilrechtlich zwar der Leasinggeber der Eigentümer des Leasingobjekts, wirtschaftlich wird der Gegenstand jedoch gemäß § 39 Abs. 2 Nr. 1 AO dem Leasingnehmer zugerechnet, da dieser die tatsächliche Herrschaftsgewalt mit der vorgesehenen Nutzung besitzt und den Leasinggeber von der Sachherrschaft ausschließen kann. Gemäß den steuerlichen Leasingerlassen handelt es sich beim Finanzierungsleasing um Leasingvertragskonstellationen, in denen:

- die Grundmietzeit weniger als 40% oder mehr als 90% der betriebsgewöhnlichen Nutzungsdauer des Leasingobjekts beträgt;
- die Grundmietzeit zwischen 40% und 90% liegt und eine Kaufoption oder Mietverlängerungsoption vereinbart wurde mit einem Kaufpreis oberhalb des Restbuchwertes bzw. einer Anschlussmiete kleiner als der Wertverzehr;
- die Grundmietzeit zwischen 40% und 90% liegt, keine Option gewählt wurde, jedoch der Veräußerungserlös aufgeteilt wird und der Leasingnehmer diesen vollständig bzw. der Leasinggeber weniger als den Restbuchwert erhält;
- ein Spezialleasing vorliegt;
- der Mehrerlösanteil des Leasingnehmers bei einer Veräußerung des Gegenstandes nach der Grundmietzeit die 75-%-Marke überschreitet oder
- eine Doppeloption vorliegt, d. h. ein Andienungsrecht des Leasinggebers und eine Kaufoption des Leasingnehmers.

b) Bilanzierung beim Leasingnehmer

Der Leasingnehmer hat den Gegenstand in Höhe der Anschaffungs- oder Herstellungskosten gemäß § 6 Abs. 1 Nr. 1 Satz 1 oder Nr. 2 Satz 1 EStG i. V. m. § 255 HGB (i. V. m. § 8 Abs. 1 Satz 1 KStG) zu aktivieren und muss in gleicher Höhe eine Verbindlichkeit gemäß § 6 Abs. 1 Nr. 3 EStG in seiner Bilanz passivieren. Die Verbindlichkeit ist in einen Tilgungs- und Kosten-/Zinsanteil aufzuteilen. Durch die Bezahlung der Leasingraten wird die Verbindlichkeit hinsichtlich des Tilgungsanteils erfolgsneutral im Verlauf der Grundmietzeit getilgt. Der andere Teil der Verbindlichkeit wird als erfolgswirksame Zinsen gewertet.

In der Folgebewertung werden die Anschaffungs- und Herstellungskosten planmäßig über die AfA gemäß § 7 EStG abgeschrieben oder eine außerplanmäßige dauernde Wertminderung gemäß § 253 Abs. 3, 4 HGB i. V. m. § 6 Abs. 1

Nr. 1 Satz 3 EStG vorgenommen, die jedes Jahr auf einen Wertzuwachs zu überprüfen ist.

c) Bilanzierung beim Leasinggeber

Im Fall der wirtschaftlichen Zurechnung des Leasingobjekts zum Leasingnehmer bucht der Leasinggeber – identisch mit der Bilanzierung in der Handelsbilanz – das Wirtschaftsgut aus und aktiviert stattdessen eine Forderung an den Leasingnehmer in Höhe der den vereinbarten Leasingraten zugrunde gelegten Anschaffungs- oder Herstellungskosten.[446] Die vereinnahmten Leasingraten spaltet er in einen Zins- und Kostenanteil sowie in einen Tilgungsanteil auf.[447]

In der Folgebewertung verringert sich der Wert der Forderung im Zeitablauf in Höhe des fortschreitenden Tilgungsanteils. Hierbei sind der Zins- und Kostenanteil erfolgswirksam, der Tilgungsanteil erfolgsneutral.[448]

---

446 BdF-Schreiben, DB 1971, 795, 796, Claßen/Schulz, IRZ 2009, 313, 316; Bender, BB 2001, Beilage 5, S. 20, 22.

447 Claßen/Schulz, StuB 2011, 3, 6.

448 Ammann/Hucke, IStR 2000, 87, 91; Wöhe, Bilanzierung und Bilanzpolitik, S. 257.

E) Leasingbilanzierung nach den IAS/IFRS

I) Allgemeines zur IAS/IFRS-Bilanzierung

Die Bilanzierung von Leasingverhältnissen wird in der internationalen Rechnungslegung im IAS 17 umfangreich geregelt. Das Ziel des IAS 17 namens „*Leases*" besteht darin, den Leasinggebern und Leasingnehmern sachgerechte Vorschriften zu den Angabepflichten sowie den Bilanzierungs- und Bewertungsmethoden vorzugeben.[449] Der Standard wurde am 1. Januar 1984 erstellt. Die aktuelle Fassung stammt vom 1. Januar 2005 und beinhaltet Änderungen zum 1. Januar 2010.

Anstatt von Vermögensgegenständen/Wirtschaftsgütern und Verbindlichkeiten ist in der internationalen Rechnungslegung die Rede von „*asset*" (deutsch: „Vermögenswert") und „*liability*".[450] Der Begriff „*asset*" ist im Zusammenhang mit immateriellen Vermögenswerten im IAS 38.8 sowie in Framework 49 lit. a definiert: „Vermögenswert ist eine Ressource, die auf Grund von Ereignissen der Vergangenheit in der Verfügungsmacht des Unternehmens steht, und von der erwartet wird, dass dem Unternehmen aus ihr künftiger wirtschaftlicher Nutzen zufließt". Gemäß Framework 49 lit. b definiert sich „*liability*" als „gegenwärtige Verpflichtung des Unternehmens, die aus Ereignissen der Vergangenheit entsteht und deren Erfüllung für das Unternehmen erwartungsgemäß mit einem Abfluss von Ressourcen mit wirtschaftlichem Nutzen verbunden ist".

II) Aktueller IAS 17

Die Bilanzierung der Leasingverhältnisse erfolgt nach dem „*Risk-and-Reward-Ansatz*", nach dem die Verteilung der Chancen und Risiken für die Bewertung entscheidend ist. In Parallelität zum deutschen Recht ist auch hier die wirtschaftliche Betrachtungsweise (*substance over form*) maßgeblich.[451]

---

449 Brösel/Zwirner, IFRS-Rechnungslegung, S. 242.

450 Schreiber, DStR 2005, 1351, 1354.

451 IAS 17.10; Küting/Pfitzer/Weber, Das neue deutsche Bilanzrecht, S. 185; Stromberg, Voraussetzungen für internationale Immobilien-Leasing Finanzierungen, S. 11; Mellwig, DB, Beilage Nr. 12/98, S. 1; zur wirtschaftlichen Betrachtungsweise im deutschen Bilanzrecht vgl. mit weiteren Verweisen Moxter, StuW 1983, 300, 300; Moxter, StuW 1989, 232, 232 f.; zum Grundsatz substance over form in der

1) Allgemeines

Nach IAS 17.4 i. V. m. IFRIC 4 ist ein Leasingvertrag eine Vereinbarung, bei der der Leasinggeber (*lessor*) dem Leasingnehmer (*lessee*) gegen eine Zahlung oder eine Reihe von Zahlungen das Recht auf Nutzung eines Vermögenswertes für einen vereinbarten Zeitraum überträgt.[452] Hierbei wird zwischen Finanzierungsleasing (*finance lease*) und dem sog. Operatingleasing (*operating lease*) unterschieden. Ausgeschlossen werden nach IAS 17.2 lediglich einzelne spezielle Arten von Leasing, insbesondere in Bezug auf die Entdeckung und Verarbeitung von natürlichen Ressourcen wie Öl, Gas oder Holz sowie Lizenzvereinbarungen.

2) Abgrenzung zwischen Finanzierungsleasing und Operatingleasing

Die Klassifizierung der Leasingverhältnisse in Finanzierungs- und Operatingleasing wird durch die Verteilung der Risiken- und Chancenverantwortung i. S. d. IAS 17.10 und IAS 17.11 bestimmt. Dabei ist, wie im deutschen Recht, der Grundsatz der wirtschaftlichen Betrachtungsweise (*substance over form*) das ausschlaggebende Prinzip der Leasingbilanzierung.[453] Dies bedeutet, dass demjenigen das wirtschaftliche Eigentum zugerechnet wird, dem die Chancen und Risiken aus dem Leasingvertrag zu Teil werden. Jener hat den Leasinggegenstand in seiner Bilanz auszuweisen.[454] Das zivilrechtliche Eigentum ist für die Frage der bilanziellen Zurechnung irrelevant.[455]

---

internationalen Rechnungslegung vgl. Framework 35 und IAS 1.5 sowie Claßen/Schulz, StuB 2011, 3, 6.

452 Originaltext des Auszugs aus IAS 17.4.: „A lease is an agreement whereby the lessor conveys to the lessee in return for a payment or series of payments the right to use an asset for an agreed period of time".

453 IAS 17.10; Achleitner/Behr/Schäfer, Internationale Rechnungslegung, S. 187; Küting/Pfitzer/Weber, Das neue deutsche Bilanzrecht, S. 185; Stromberg, Voraussetzungen für internationale Immobilien-Leasing-Finanzierungen, S. 11; Mellwig, DB, Beilage Nr. 12/98, S. 1; zur wirtschaftlichen Betrachtungsweise im deutschen Bilanzrecht vgl. mit weiteren Verweisen Moxter, StuW 1983, 300, 300; Moxter, StuW 1989, 232, 232 f.; zum Grundsatz substance over form in der internationalen Rechnungslegung vgl. Framework 35 und IAS 1.5 sowie Claßen/Schulz, StuB 2011, 3, 6.

454 Lüdenbach/Hoffmann, BB 2009, 861, 862 f.; Stromberg, Voraussetzungen für internationale Immobilien-Leasing-Finanzierungen, S. 58.

455 Claßen/Schulz, StuB 2011, 3, 6.

a) Definition von Chancen und Risiken

Zu den Risiken gehören gemäß IAS 17.7 die Verlustmöglichkeit aufgrund ungenutzter Kapazitäten oder technischer Überholung des Gegenstandes sowie Renditeabweichungen aufgrund geänderter wirtschaftlicher Rahmenbedingungen, wie z. B. einer Wertminderung. Erwartungen eines gewinnbringenden Einsatzes im Geschäftsbetrieb während der wirtschaftlichen Nutzungsdauer des Vermögenswertes und eines Gewinns aus einem Wertzuwachs oder aus der Realisierung eines Restwertes werden hingegen den Chancen zugerechnet.[456]

b) Definition von Finanzierungsleasing und Operatingleasing

IAS 17.8 definiert solche Leasingverhältnisse als Finanzierungsleasing, bei denen im Wesentlichen alle Risiken und Chancen, die mit dem Eigentum verbunden sind, auf den Leasingnehmer übertragen werden.[457] Entscheidend für die Qualifizierung ist der wirtschaftliche Gehalt der Vereinbarung zu Beginn des Leasingverhältnisses, nicht die Vertragsform.[458] Sofern kein Finanzierungsleasing vorliegt, wird ein Operatingleasing angenommen. Operatingleasingverhältnisse sind durch eine Rücktrittsmöglichkeit der Vertragspartner unter Einhaltung von bestimmten Fristen sowie durch ihre Kurzfristigkeit und Mietähnlichkeit gekennzeichnet, wobei die Chancen und Risiken beim Leasinggeber verbleiben.[459] Eine Klassifizierung als Operatingleasing hat – wie im deutschen Recht – eine außerbilanzielle Behandlung (*off-balance sheet*) zur Folge.

c) Abgrenzungskriterien nach IAS 17.10 und IAS 17.11

Zur Bestimmung, ob Finanzierungs- oder Operatingleasing vorliegt, enthalten die IAS 17.10 und IAS 17.11 einige Kriterien zur Abgrenzung; sie legen auch fest,

---

456 Freidank/Velte, SuS 2012, 79, 81; Grunwald, Vergleich der Leasing-Bilanzierung nach IFRS und HGB, S. 8; Hagemann, Leasingbilanzierung nach IFRS, S. 4; Pellens/Fülbier/Gassen/Sellhorn, Internationale Rechnungslegung, S. 657; Lüdenbach/Hoffmann, BB 2009, 861, 862 f.;

457 Freidank/Velte, SuS 2012, 79, 81.

458 Achleitner/Behr/Schäfer, Internationale Rechnungslegung, S. 187.

459 Endriss/Nicolini, Bilanzbuchhalter international, S. 37 f.; Grunwald, Vergleich der Leasing-Bilanzierung nach IFRS und HGB, S. 9.

wann der Leasinggegenstand dem Leasinggeber und wann dem Leasingnehmer wirtschaftlich bei Abschluss des Leasingvertrages zuzurechnen ist.

Typische Fälle des Finanzierungsleasings – und damit einer Zurechnung zum Leasingnehmer – sind gemäß den Abgrenzungskriterien in IAS 17.10 und 17.11 folgende Vertragskonstellationen:[460]

- Übertragung des Eigentums am Leasinggegenstand auf den Leasingnehmer am Ende der Vertragslaufzeit des Leasingverhältnisses (*transfer of ownership test*);
- Kaufoption des Leasingnehmers zu einem Preis, der wesentlich unter dem voraussichtlich beizulegenden Wert im Zeitpunkt der Optionsausübung liegt, sodass die Ausübung wahrscheinlich ist (*bargain purchase option test*);
- Vertragslaufzeit entspricht dem überwiegenden Teil der wirtschaftlichen Nutzungsdauer des Vermögenswertes (*economic life test*);
- zu Beginn des Leasingverhältnisses entspricht der Barwert der Mindestleasingzahlungen (= der mindestens zu zahlenden Leasingraten) im Wesentlichen dem beizulegenden Wert (Verkehrswert) des Leasinggegenstandes (*recovery of investment test*);
- Leasinggegenstände können aufgrund einer speziellen Beschaffenheit ohne wesentliche Veränderungen nur vom Leasingnehmer genutzt werden (Spezialleasing);
- Verluste des Leasinggebers, die durch vorzeitige Kündigung des Leasingnehmers entstanden sind, sind vom Leasingnehmer auszugleichen;
- durch Schwankungen des beizulegenden Restzeitwertes entstehende Gewinne oder Verluste fallen dem Leasingnehmer zu und/oder
- der Leasingnehmer hat ein Mietverlängerungsoptionsrecht bei vergleichsweise geringen Leasingraten.

Die Klassifizierung ist jedoch trotz der angeführten Beispiele in IAS 17.10 und IAS 17.11 nicht immer eindeutig und lässt Ermessensspielräume offen.

In der Praxis strebt der Leasingnehmer regelmäßig ein *operate lease* an, um für ihn günstigere bilanzielle und steuerrechtliche Auswirkungen zu erreichen.

---

460 Brösel/Zwirner, IFRS-Rechnungslegung, S. 243; Ammann/Hucke, IStR 2000, 87, 92; vgl. auch Adolph/Gabor/Lange, in: Brönner/Bareis/Hahn/Maurer/Schramm, Die Bilanz nach Handels- und Steuerrecht, S. 483 f.; Mellwig, DB, Beilage Nr. 12/98, S. 7; zur genauen Ausgestaltung und weiteren Informationen bzgl. der einzelnen Abgrenzungskriterien siehe Bender, BB 2001, Beilage 5, S. 20, 22 ff. sowie Koch, Bilanzierung von Nutzungsrechten nach GoB und IFRS, S. 138 ff.; Sabel, Leasingverträge in der kapitalmarktorientierten Rechnungslegung, S. 59 ff.

Durch den *off-balance-sheet-Effekt* der *operate leases* werden die Finanzkennzahlen des Leasingnehmers aufgrund des nicht aufgeführten Fremdkapitals in Form des Ausweises des Leasinggeschäftes nicht negativ beeinflusst, sodass seine Finanzkennzahlen und die Kapitalstruktur geschont werden.[461] Die Verschleierung der tatsächlichen Verhältnisse setzt jedoch die Investoren der Gefahr aus, die tatsächliche Finanzlage des Unternehmens falsch zu interpretieren. Deshalb werden sie gezwungen, subjektive Einschätzungen und Korrekturen vorzunehmen.[462]

Die Leasinggeber bevorzugen dagegen das Finanzierungsleasing, damit sie den Vermögenswert nicht im Anlageverzeichnis ihrer Bilanz aufführen müssen.[463]

d) Vergleich der Zurechnungsstruktur mit den deutschen Leasingerlassen

Im Vergleich zu den deutschen Leasingerlassen stellt der IAS 17 viel stärker in den Mittelpunkt, wer die wirtschaftlichen Chancen und Risiken trägt. Im Gegensatz zu den handelsrechtlichen Regelungen hängt die Zuordnung eines Leasingvertrages als *finance lease* oder *operating lease* weniger von der formalen vertraglichen Vereinbarung (*form of the contract*) als vielmehr vom wirtschaftlichen Gehalt des Leasingvertrages (*substance of the transaction*) ab.[464] Zwar ist in beiden Ansätzen die wirtschaftliche Betrachtungsweise entscheidend, jedoch führt das unterschiedliche Abstellen auf den Schwerpunkt in manchen Fällen zu unterschiedlichen Beurteilungen. Die Beurteilung nach dem wirtschaftlichen Gehalt des Leasingverhältnisses führt in der internationalen Bilanzierung vermehrt zu einer Zurechnung der Leasingverträge zum Leasingnehmer, während im deutschen Recht eher die Zurechnung zum Leasinggeber erfolgt.[465]

---

461 Kümpel/Becker, DStR 2010, 456, 456; Bömelburg/Landgraf/Singh-Verma, PiR 2009, 217, 217; Fülbier/Pferdehirt, KoR 2005, 275, 277; Achleitner/Behr/Schäfer, Internationale Rechnungslegung, S. 187; Stromberg, Voraussetzungen für internationale Immobilien-Leasing-Finanzierungen, S. 59.

462 Waziri, Auswirkungen Exposure Drafts 2010/09, S. 5.

463 Achleitner/Behr/Schäfer, Internationale Rechnungslegung, S. 187 f.

464 Ammann/Hucke, IStR 2000, 87, 91; Findeisen, RIW 1997, 838, 839 f.

465 Baetge/Kirsch/Thiele, Bilanzen, S. 668; Küting/Hellen/Brakensiek, BB 1998, 1465, 1470; Loitz/Leuchtenstern/Kroner, DB 2011, 1873, 1875.

3) Finanzierungsleasing

a) Allgemeines

Bei einem Finanzierungsleasing werden im Wesentlichen alle am Leasingobjekt haftenden Risiken und Chancen auf den Leasingnehmer übertragen (IAS 17.3), der das wirtschaftliche Eigentum bilanzieren muss (*on-balance sheet*).[466] Die Bewertung des Finanzierungsleasings richtet sich für den Leasingnehmer hauptsächlich nach den IAS 17.20 bis 17.32 und für den Leasinggeber nach den IAS 17.36 bis 17.48.

b) Bilanzierung beim Leasingnehmer

aa) Erstbewertung

Im Fall des Finanzierungsleasings aktiviert der Leasingnehmer zu Beginn des Leasingverhältnisses den geleasten Gegenstand gemäß IAS 17.20 als Vermögenswert in Höhe des beizulegenden Zeitwerts des Leasingobjekts oder, sofern niedriger, den Barwert der Mindestleasingzahlungen, und weist gleichzeitig eine Verbindlichkeit für zukünftige Leasingzahlungen in korrespondierender Höhe aus.[467] Anfängliche Kosten sind nach IAS 17.24 dem als Vermögenswert anzusetzenden Betrag hinzuzurechnen und ebenfalls zu aktivieren.[468] Unter Mindestleasingzahlungen sind gemäß IAS 17.4 diejenigen Zahlungen zu verstehen, welche der Leasingnehmer während der Laufzeit des Leasingverhältnisses zu leisten hat oder zu denen er herangezogen werden kann. Die Mindestleasingzahlungen sind mit dem internen Zins oder alternativ mit dem Grenzfremdkapitalzins – d. h. dem Zinssatz, den der Leasingnehmer für die Aufnahme von Fremdkapital für den Kauf des Vermögenswertes bei einem Dritten vereinbaren müsste – zu diskontieren.[469] Der interne Zinsfuß ermittelt sich aus dem Diskontierungssatz, bei dem die Summe der Barwerte der Mindestleasingzahlungen

---

466 Vgl. Baetge/Kirsch/Thiele, Bilanzen, S. 667 m. w. N.; Grunwald, Vergleich der Leasing-Bilanzierung nach IFRS und HGB, S. 8; oder auch Mellwig, DB, Beilage Nr. 12/98, S. 3.

467 Achleitner/Behr/Schäfer, Internationale Rechnungslegung, S. 188; Gergs/Plötz, ÖBA 2012, 137, 139; Pellens/Fülbier/Gassen/Sellhorn, Internationale Rechnungslegung, S. 663; Freidank/Velte, SuS 2012, 79, 81.

468 Pellens/Fülbier/Gassen/Sellhorn, Internationale Rechnungslegung, S. 665.

469 Freidank/Velte, SuS 2012, 79, 81; vgl. IAS 17.20; Achleitner/Behr/Schäfer, Internationale Rechnungslegung, S. 188; Pellens/Fülbier/Gassen/Sellhorn, Internationale Rechnungslegung, S. 663 f.; Gergs/Plötz, ÖBA 2012, 137, 139.

des nicht garantierten Restwertes dem beizulegenden Zeitwert des Leasinggegenstandes entspricht.[470]

bb) Folgebewertung

Der zuvor aktivierte Vermögensgegenstand wird nach IAS 17.27 planmäßig nach den allgemeinen Grundsätzen (IAS 16 oder IAS 38) oder nach IAS 17.30 außerplanmäßig gemäß IAS 36 abgeschrieben, die auch auf die anderen Vermögenswerte in der Bilanz angewendet werden.[471] Der Abschreibungszeitraum richtet sich dabei nach dem wahrscheinlichen Ende des Leasingvertrages.[472] Ist z. B. zu Beginn des Leasingverhältnisses hinreichend sicher, dass das Eigentum am Ende der Laufzeit auf den Leasingnehmer übergeht oder beinhaltet es eine günstige Kaufoption, so ist der Leasinggegenstand gemäß IAS 17.28 über die wirtschaftliche Nutzungsdauer abzuschreiben, andernfalls über den kürzeren Zeitraum.[473]

Die entsprechende Verbindlichkeit wird durch die zu leistenden Leasingzahlungen reduziert und nach IAS 17.25 in einen Zins- (Finanzierungs-) und Tilgungsteil aufgespaltet.[474] Die Finanzierungskosten sind gemäß IAS 17.25 so über die Laufzeit des Leasingverhältnisses zu verteilen, dass über die Gesamtlaufzeit eine konstante Verzinsung der verbliebenen Schuld entsteht (Effektivzinsmethode).[475] Zur Vereinfachung der Berechnung kann der Leasingnehmer gemäß IAS 17.26 ein Näherungsverfahren verwenden, um die Finanzierungskosten den Leasingperioden zuzuordnen.

c) Bilanzierung beim Leasinggeber

aa) Erstbewertung

Der Leasinggeber hat im Fall des Finanzierungsleasings den Leasinggegenstand auszubuchen und gemäß IAS 17.36 die zukünftigen Zahlungen

470 Pellens/Fülbier/Gassen/Sellhorn, Internationale Rechnungslegung, S. 663.

471 Gergs/Plötz, ÖBA 2012, 137, 139; Pellens/Fülbier/Gassen/Sellhorn, Internationale Rechnungslegung, S. 666.

472 Gergs/Plötz, ÖBA 2012, 137, 139.

473 Hagemann, Leasingbilanzierung nach IFRS, S. 14.

474 Pellens/Fülbier/Gassen/Sellhorn, Internationale Rechnungslegung, S. 666.

475 Achleitner/Behr/Schäfer, Internationale Rechnungslegung, S. 189; Gergs/Plötz, ÖBA 2012, 137, 139.

als Forderung in Höhe des Nettoinvestitionswertes zu aktivieren und ein Gegenkonto – wie z. B. Anlagevermögen, Bankverbindlichkeit – zu buchen.[476] Anfängliche Kosten werden gemäß IAS 17.38 dem als Vermögenswert anzusetzenden Betrag hinzugerechnet.[477] Der Nettoinvestitionswert setzt sich aus den Mindestleasingzahlungen zzgl. eines nicht garantierten Restwertes am Ende der Laufzeit (Bruttoinvestitionswert) und abzüglich der künftig erhaltenen Zinserträge zusammen.[478] Der Leasinggeber hat die Leasingraten in einen Zins- und einen Forderungsrückführungsanteil aufzuteilen, wobei als Zinssatz der interne Zinssatz des Leasingverhältnisses heranzuziehen ist.[479]

bb) Folgebewertung

Die Finanzierungskosten sind gemäß IAS 17.39 so zu verteilen, dass sich über die Laufzeit des Leasingverhältnisses eine konstante periodische Verzinsung der Nettoinvestition des Leasinggebers ergibt. Die planmäßige und außerplanmäßige Abschreibung sowie die Überprüfung der Werthaltigkeit richten sich abermals nach den allgemeinen Grundsätzen in den IAS 16, IAS 38 und IAS 36.[480]

4) Operatingleasing

a) Allgemein

Beim Operatingleasing verbleiben im Umkehrschluss zu den Regelungen der Zuordnung zum Leasingnehmer in IAS 17.10 und IAS 17.11 alle Chancen und Risiken beim Leasinggeber. Diese Negativabgrenzung sollte dazu führen, dass die Bilanzierung der Leasinggegenstände, sofern die gleichen Rahmendaten verwendet werden, beim Leasinggeber und Leasingnehmer korrespondiert.[481] Die wesentlichen Vorschriften für die Bewertung beim Operatingleasing finden sich

476 Freidank/Velte, SuS 2012, 79, 81; vgl. IAS 17.36 sowie Baetge/Kirsch/Thiele, Bilanzen, S. 669; Morfeld, in: Bohl/Riese/Schlüter, Beck'sches IFRS-Handbuch, § 22 Rn. 125.

477 Achleitner/Behr/Schäfer, Internationale Rechnungslegung, S. 188; Pellens/Fülbier/Gassen/Sellhorn, Internationale Rechnungslegung, S. 665.

478 Freidank/Velte, SuS 2012, 79, 81.

479 Freidank/Velte, SuS 2012, 79, 82.

480 Achleitner/Behr/Schäfer, Internationale Rechnungslegung, S. 194.

481 Born, Rechnungslegung S. 151 und S. 77.

für den Leasingnehmer in den IAS 17.33 bis 17.35 und für den Leasinggeber in den IAS 17.49 bis 17.57.

b) Bilanzierung beim Leasinggeber

Weil das rechtliche und wirtschaftliche Eigentum beim Leasinggeber verbleibt, hat jener weiterhin den Leasinggegenstand gemäß IAS 17.49 mit dessen Anschaffungs- oder Herstellungskosten in seiner Bilanz zu aktivieren.[482] Anfängliche direkte Kosten, die im Zusammenhang mit der Verhandlung oder dem Abschluss des Leasingverhältnisses beim Leasinggeber entstanden sind, sind dem Buchwert des Leasinggegenstandes hinzuzurechnen und erstrecken sich somit über die gesamte Laufzeit (IAS 17.52).[483] Sonstige Kosten sind unmittelbar als Aufwand anzusehen, IAS 17.51.

Unabhängig vom Zahlungszufluss sind die Leasingraten gemäß IAS 17.50 linear über die vereinbarte Leasingdauer zu vereinnahmen.[484] Noch nicht fällige Leasingraten bzw. von den jährlichen Aufwendungen abweichende Zahlungen dürfen entsprechend den Grundsätzen zur Behandlung schwebender Geschäfte nicht aktiviert werden und müssen aktivisch (Zahlung übersteigt Aufwand) oder passivisch (Aufwand übersteigt die Zahlung) abgegrenzt und über die Laufzeit des Leasingverhältnisses erfolgswirksam verteilt werden.[485] Die planmäßige oder außerplanmäßige Abschreibung richtet sich gemäß IAS 17.53 und IAS 17.54 nach den allgemeinen Grundsätzen der IAS 16, 38 und 36.[486]

c) Bilanzierung beim Leasingnehmer

Für den Leasingnehmer gilt im Fall des Operatingleasings der *„All-or-nothing-Approach"*. Danach wird gemäß IAS 17.33 der Vermögenswert weder in der

---

482 Achleitner/Behr/Schäfer, Internationale Rechnungslegung, S. 196; Pellens/Fülbier/Gassen/Sellhorn, Internationale Rechnungslegung, S. 666 und S. 683; Freidank/Velte, SuS 2012, 79, 81.

483 Pellens/Fülbier/Gassen/Sellhorn, Internationale Rechnungslegung, S. 675; Achleitner/Behr/Schäfer, Internationale Rechnungslegung, S. 196.

484 Alvarez/Wotschofsky/Mietig, WPg 2001, 933, 942.

485 Pellens/Fülbier/Gassen/Sellhorn, Internationale Rechnungslegung, S. 674; Wischemann, Bilanzierung von Leasingverhältnissen, S. 16.

486 Freidank/Velte, SuS 2012, 79, 81.

Bilanz des Leasingnehmers aktiviert noch eine Schuld passiviert.[487] Der Leasingnehmer hat sowohl im Fall der Erstbewertung als auch bei der Folgebewertung die periodengerechten Leasingraten als erfolgswirksame Betriebsausgaben in der jeweiligen Periode zu erfassen.[488] Der Aufwand wird über die Laufzeit des Leasingverhältnisses entsprechend dem zeitlichen Nutzenverlauf erfasst.[489]

5) Kritik an der aktuellen Leasingbilanzierung

Der derzeit geltende IAS 17 mit dem „*Risk-and-Reward-Ansatz*" wird von allen Seiten wegen seiner Komplexität und der Beurteilungsspielräume im Hinblick auf die Klassifizierung der Leasingverhältnisse kritisiert.[490] Weil die Abgrenzungskriterien zum Finanzierungs- und Operatingleasing nicht abschließend sind, kann es sowohl zu einer unterschiedlichen Bilanzierung bei ein und demselben Leasingverhältnis beim Leasingnehmer und Leasinggeber als auch zu einer unterschiedlichen Bewertung ähnlicher Leasingverhältnisse in vergleichbaren Situationen kommen, was unweigerlich zu Willkür und Anwendungsfehlern führt.[491] Der Standard räumt dem Leasingnehmer erhebliche Handlungsspielräume ein und Sachverhaltsgestaltungen erlauben ihm, das Leasinggeschäft als Operatingleasing zu klassifizieren und damit außerbilanziell zu erfassen, wodurch die Vermögenslage des Unternehmers verzerrt wird.[492] Externen Investoren fällt es dadurch schwer, die tatsächliche wirtschaftliche Lage des Unternehmens zu beurteilen. Langjährige finanzielle Verpflichtungen sind nicht immer aus der Bilanz erkennbar und somit der Verschuldensgrad eines Unternehmens nicht verlässlich ermittelbar.[493] Die Bilanzierung komme

487 Hagemann, Leasingbilanzierung nach IFRS, S. 18.

488 Gergs/Plötz, ÖBA 2012, 137, 139; Hagemann, Leasingbilanzierung nach IFRS, S. 18; Pellens/Fülbier/Gassen/Sellhorn, Internationale Rechnungslegung, S. 673.

489 Bender, BB 2001, Beilage 5, S. 20, 24.

490 Wos, Umbruch der internationalen Leasingbilanzierung, S. 7; von Oertzen/Esser, IRZ 2010, 479, 479; Freiberg/Lüdenbach, in: Lüdenbach/Hoffmann, Haufe IFRS-Kommentar, § 15 Rn. 36.

491 Fülbier/Pferdehirt, KoR 2005, 275, 275; Runge, Bilanzierung von Leasinggeschäften nach IFRS unter besonderer Berücksichtigung bilanzpolitischer Möglichkeiten, S. 13.

492 Gergs/Plötz, ÖBA 2012, 137, 138.

493 von Oertzen/Esser, IRZ 2010, 479, 479; Hartmann-Wendels/Schmidt, WPg 2010, 278, 279.

vielmehr einem faktischen Wahlrecht gleich,[494] welches unter Ausnutzung der anwendungsunscharfen Beispiele des IAS 17.10 und Indikatoren des IAS 17.11 zulasten der Stichtagsbemessung ausgeübt wird.[495] Hiermit widerspricht das Operatingleasing dem *asset-liability-approach.*[496]

Die Kritik an dem sog. *„off-balance-sheet-Effekt"* beim Operatingleasing ist u. a. ein Grund für die Überarbeitung von IAS 17.[497] Bereits in den vergangenen Jahren[498] wurde vorgeschlagen, auf die Unterscheidung zwischen Finanzierungs- und Operatingleasing zu verzichten: Wenn der Leasingnehmer ein Nutzungsrecht aktiviere und dazu eine korrespondierende Verbindlichkeit passiviere, wäre die Abbildung aller wirtschaftlichen Effekte in der Bilanz des Leasingnehmers sichergestellt und Ermessens- und Gestaltungsspielräume würden vermieden werden.[499]

III) Exposure Drafts (neuer IAS 17)

1) Allgemeines

Die Grundlage der aktuellen Leasingbilanzierungsreform des IASB/FASB geht auf die generellen Erörterungen der sog. G4+1 Gruppe zurück.[500] Die G4+1 Gruppe ist mittlerweile aufgelöst, bestand jedoch aus den Standardsettern der USA, Großbritannien, Kanada, Australien, Neuseeland und dem damaligen IASC; sie kritisierte bereits in den Jahren 1996 und 2000 mit ihren Papieren *„Accounting for Leases: A New Approach"*[501] (sog. McGregor-Paper) sowie *„Leases:*

494 Oversberg, KoR 2007, 376, 377.

495 Leibfried, ST 2006, 882, 883 f.; Schulz, IRZ 2008, 179, 183.

496 Schulz, IRZ 2008, 179, 182.

497 Hagemann, Leasingbilanzierung nach IFRS, S. 20; Lorenz, BB 2010, 2555, 2555.

498 Vgl. diesbezüglich McGregor-Paper von 1996, Accounting for Leases: A News Approach – Recognition by Lessees of Assets and Liabilities Arising under Lease Contracts sowie das Tweedie-Paper von 2000, ASB, Leases: Implementation of a New Approach.

499 Alvarez/Wotschofsky/Mietig, WPg 2001, 933, 947.

500 Küting/von Fölkersamb/Hellen/Eichenlaub/Tesche, PiR 2011, 1, 2; Tonner, Leasing im Steuerrecht, Kapitel 4 Abschnitt IV Rn. 22; Schmidt/Thiele, KoR 2010, 254, 254; näheres zu den Papieren in Mellwig, DB, Beilage Nr. 12/98, S. 12 ff.; Küting/Hellen/Brakensiek, BB 2000, 1720 ff.; Fülbier/Pferdehirt, KoR 2005, 275, 278 ff.; Kroner/Leuchtenstern/Ranker, KoR 2010, 532, 532; Pollock/Herrlinger, FLF 2010, 246, 246.

501 Vgl. McGregor, Accounting for Leases: A New Approach – Recognition by Lessees of Assets and Liabilities Arising under Lease Contracts, vgl. hierzu Küting/Hellen/

Implementation of a New Approach"[502] (sog. Tweedie-Paper) zunächst stark die bisherige Struktur und veröffentlichte dann erste Vorschläge zur Neuregelung der Leasingbilanzierung.[503] Bereits 2000 wurde im Diskussionspapier „*Leases: Implementation of a New Approach*" eine der zentralen Empfehlungen formuliert: „*Assets and liabilities should be recognised by a lessee in relation to the rights and obligations conveyed by a lease when the lessor has substantially performed its obligation to provide the lessee with access to the leased property for the lease term - generally this is when the leased property is delivered or otherwise made available to the lessee.*"[504]

In Folge der Überlegungen zur Veränderung des aktuellen IAS 17 startete im Jahr 2006 die Überarbeitung des Leasingstandards IAS 17. Im September 2010 wurde nach der Auswertung des *Discussion Papers* der ED/2010/9 erlassen, der die Vorstufe zum ED/2013/6 bildete.[505]

2) Exposure Draft ED/2010/9

Im Folgenden werden übersichtsartig die geplanten Änderungen nach Maßgabe des ED/2010/9 aufgeführt, die zum Teil die Basis des jetzigen ED/2013/6 bilden.

a) Grundsätzliches zur Leasingbilanzierung nach dem ED/2010/9

Der ED/2010/9 definierte ein Leasingverhältnis als „(...) *a contract in which the right to use a specified asset or assets is conveyed, for a period of time, in exchange for consideration*"; d. h., „ein Leasingverhältnis ist ein Vertrag, bei dem das Recht auf Nutzung eines bestimmten Vermögenswertes für einen vereinbarten Zeitraum gegen Entgelt übertragen wird".[506] Damit entsprach die Definition – im

Brakensiek, BB 1998, 1465, 1470 ff.; BB 2000, 1720 ff.; Küting/von Fölkersamb/Hellen/Eichenlaub/Tesche, PiR 2011, 1, 2; der Ansatz im McGregor Paper geht abermals auf eine Studie des AICPA von 1964 zurück.

502 ASB, Leases: Implementation of a New Approach.

503 Schmidt/Thiele, KoR 2010, 254, 254; näheres zu den Papieren in Mellwig, DB, Beilage Nr. 12/98, S. 12 ff.; Küting/Hellen/Brakensiek, BB 2000, 1720, 1720 ff.; Fülbier/Pferdehirt, KoR 2005, 275, 278 ff.; Küting/von Fölkersamb/Hellen/Eichenlaub/Tesche, PiR 2011, 1, 2; Küting/Koch/Tesche, PiR 2010, 283, 286.

504 Kroner/Leuchtenstern/Ranker, KoR 2010, 532, 533; Auszug aus ASB, Leases: Implementation of a New Approach, S. 26, Punkt 3a.

505 Vgl. IASB, Information for observers, 2006, Rz. 3, 21 ff.

506 ED/2010/9 B1–B4.

Gegensatz zu der im ED/2013/6 vorgesehenen[507] – den bestehenden Regelungen des IAS 17 und des IFRIC 4.

aa) Ausschluss vom Exposure Draft

Der ED/2010/9 schloss in seiner Ziffer 8 sog. faktische Veräußerungsgeschäfte und verdeckte Käufe von der Anwendung des Leasingstandards aus. Hiervon werden Leasingverhältnisse erfasst, die ihrer wirtschaftlichen Substanz nach einen Kauf oder Verkauf darstellen und bei denen das Eigentum nach Beendigung des Leasingverhältnisses automatisch auf den Leasingnehmer übergeht, oder ihm bereits zu Beginn des Leasingverhältnisses eine sichere und günstige, nicht ausschlagbare Kaufoption (*bargain purchase option*) angeboten wird.[508] Ferner wurden gemäß Ziffer 8 solche Vertragsverhältnisse ausgeschlossen, bei denen am Ende der Nutzungsüberlassung lediglich noch ein *trivial amount* der Chancen und Risiken beim Leasinggeber verblieben ist und solche, die gemäß ED/2010/9 Ziffer 5 immaterielle Vertragsverhältnisse zum Gegenstand hatten.[509]

bb) Short-Term Leases (kurzfristige Leasingverträge)

Der ED/2010/9 sah in Ziffer 64–65 eine Vereinfachung für kurzfristige Leasingverhältnisse (sog. „*short-term leases*“) vor, die eigenständig von Fall zu Fall in Anspruch genommen werden konnte.[510] Kurzfristige Leasingverhältnisse sind Leasingverhältnisse, deren maximale Laufzeit – einschließlich Verlängerungs- und Erneuerungsoptionen – bei Beginn der Nutzungsüberlassung zwölf Monate oder weniger beträgt.[511] Nach ED/2010/9 Ziffer 64 konnte der Leasingnehmer bei jedem Vertrag neu wählen, ob er bei dem jeweiligen „*short-term lease*“ auf eine Barwertermittlung verzichtet und stattdessen eine Verbindlichkeit in Höhe

---

507 Vgl. hierzu E) III) 3) b).

508 Vgl. ED/2010/9 Ziffer 8 i. V. m. B10; Gergs/Plötz, ÖBA 2012, 137, 138 f.; Laubach/Findeisen/Murer, DB 2010, 2401, 2401; Waziri, Auswirkungen Exposure Drafts 2010/09, S. 9 f.; Schmidt/Hartmann-Wendels/Adolph, IRZ 2010, 537, 538; Kroner/Leuchtenstern/Ranker, KoR 2010, 532, 534; Küting/von Fölkersamb/Hellen/Eichenlaub/Tesche, PiR 2011, 1, 2.

509 Kroner/Leuchtenstern/Ranker, KoR 2010, 532, 534; Waziri, Auswirkungen Exposure Drafts 2010/09, S. 2.

510 Von Oertzen/Esser, IRZ 2010, 479, 483; Kirsch, DStZ 2011, 777, 782.

511 Vgl. zur Definition ED/2010/9 Appendix A; Kroner/Leuchtenstern/Ranker, KoR 2010, 605, 608; Hagemann, Leasingbilanzierung nach IFRS, S. 23; vgl. Laubach/Findeisen/Murer, DB 2010, 2401, 2402; Bömelburg/Landgraf/Singh-Verma, PiR 2009, 217, 218.

der Summe der undiskontierten Leasingzahlungen sowie ein Nutzungsrecht in gleicher Höhe (ggf. zzgl. direkter anfänglicher Kosten) ansetzt.[512]

cc) Right-of-use-Approach

Das Kernstück der Leasingreformierung liegt im *Right-of-use-Approach* begründet. Der ED/2010/9 sah die Abkehr vom sog. *All-or-nothing-Approach* und die Einführung des *Right-of-use-Modells* vor. Jenes Prinzip wird auch im ED/2013/6 beibehalten. Die bisherige Zweiteilung in Finanzierungs- und Operatingleasing entfällt.[513] Das IASB erhofft sich durch die Reform und die Abstandnahme vom Finanzierungs- und Operatingleasing eine Beseitigung der Ermessens- und Gestaltungsspielräume sowie eine Stärkung der Informationsfunktionen des IAS/IFRS-Abschlusses.[514] Das neue *Right-of-use-Modell* erfordert bei jedem Leasingverhältnis die Aktivierung eines Vermögenswertes sowie die Passivierung einer Verbindlichkeit in Höhe des Barwertes der zukünftigen Leasingzahlungen beim Leasingnehmer. Im Gegensatz zur gegenwärtigen IAS/IFRS-Bilanzierung, bei der der Leasingnehmer entweder den Vermögenswert in Gänze unter Erfassung einer korrespondierenden Verbindlichkeit aktiviert (Finanzierungsleasing) oder das Verhältnis als schwebenden Vertrag behandelt (Operatingverhältnis),[515] kommt es beim neuen *Right-of-use-Ansatz* nicht mehr auf das wirtschaftliche Eigentum oder eine Übertragung der wesentlichen Risiken und Chancen an.[516] Entscheidend sind die aus dem Leasingvertrag resultierenden Rechte und Pflichten.[517] Durch die Abschaffung der *operate leases* orientiert sich die Leasingbilanzierung nunmehr an den bisherigen Bilanzierungsvorschriften für *finance leases*.[518]

dd) Bestimmung der Laufzeit des Leasingverhältnisses (Leasingdauer)

Im Gegensatz zum jetzigen ED/2013/6 verlangte der ursprüngliche ED/2010/9 die Bestimmung der Laufzeit des Leasingverhältnisses unter Berücksichtigung

512 Kroner/Leuchtenstern/Ranker, KoR 2010, 605, 608; Pollock/Herrlinger, FLF 2010, 246, 253.

513 Claßen/Schulz, StuB 2011, 3, 7; Freidank/Velte, SuS 2012, 79, 83; Mujkanovic/Muggenthaler, StuB 2011, 523, 523.

514 Freidank/Velte, SuS 2012, 79, 83.

515 Müller/Forster, Aktuelle Entwicklungen im Bereich der Leasingbilanzierung.

516 Lorenz, BB 2010, 2555, 2556.

517 Baetge/Graupe, IRZ 2010, 477, 477.

518 Gergs/Plötz, ÖBA 2012, 137, 139; Laubach/Findeisen/Murer, DB 2010, 2401, 2402.

aller Verlängerungs- und Kündigungsoptionen.[519] Der Leasingnehmer hatte die längst mögliche Leasingdauer anzusetzen, deren Eintrittswahrscheinlichkeit größer als 50% war („*the longest possible term that is more likely than not to occur*").[520] Zur Beurteilung waren sämtliche vertraglichen, nicht-vertraglichen, unternehmensspezifischen sowie leasingnehmerspezifischen Faktoren[521], die die Situation des Leasingnehmers in Bezug auf das konkrete Leasingverhältnis widerspiegeln, zu berücksichtigen.[522]

Unter vertraglichen Faktoren verstand man explizite Vertragsbedingungen, die sich darauf auswirken konnten, ob der Leasingnehmer das Leasingverhältnis verlängerte oder kündigte; unter nicht-vertraglichen Faktoren Rechtsvorschriften oder im Vertrag nicht explizit genannte finanzielle Konsequenzen bei Verlängerung oder Kündigung des Leasingverhältnisses (z. B. umfangreiche Mietereinbauten, die bei Kündigung oder Nichtverlängerung des Leasingverhältnisses zurückgebaut werden mussten).[523] Bei den unternehmerspezifischen, auch wirtschaftlich genannten Faktoren wurde überprüft, ob der zugrunde liegende Vermögenswert für den Geschäftsbetrieb des Leasingnehmers von entscheidender Bedeutung war oder spezielle Eigenschaften aufwies; die sonstigen leasingnehmerspezifischen Faktoren berücksichtigten die Absichten und die bisherige Praxis des Leasingnehmers.[524]

---

519 ED/2010/9 B16-B20; Kroner/Leuchtenstern/Ranker, KoR 2010, 532, 534 f.

520 ED/2010/9 B16 „the longest possible term that is more likely than not to occur"; Fischer, PiR 2010, 296, 296; Hagemann, Leasingbilanzierung nach IFRS, S. 26; Waziri, Auswirkungen Exposure Drafts 2010/09, S. 21; Gergs/Plötz, ÖBA 2012, 137, 140; Kroner/Leuchtenstern/Ranker, KoR 2010, 532, 534 f.; Kroner/Leuchtenstern/Ranker, KoR 2010, 605, 609.

521 Kroner/Leuchtenstern/Ranker, KoR 2010, 532, 535; vgl. ED/2010/9 B18; Klar/Gädke, Der Konzern 2011, 28, 30; Bömelburg/Landgraf/Singh-Verma, PiR 2009, 217, 220 (bereits in DP 6.39 verankert).

522 Kroner/Leuchtenstern/Ranker, KoR 2010, 532, 535; Gergs/Plötz, ÖBA 2012, 137, 140; siehe für ein Beispiel der Bestimmung der Leasinglaufzeit Klär/Gädke, Der Konzern 2011, 28, 30 und Beispiel aus dem ED/2010/9 B17 und in Küting/von Fölkersamb/Hellen/Eichenlaub/Tesche, PiR 2011, 1, 3f.

523 Ernst&Young, Die künftige Bilanzierung von Leasingverhältnissen nach IFRS, S. 16; Deloitte, Die künftige Bilanzierung von Leasingverhältnissen nach IFRS, S. 5; ED/2010/9 B18.

524 Ernst&Young, Die künftige Bilanzierung von Leasingverhältnissen nach IFRS, S. 16; Deloitte, Die künftige Bilanzierung von Leasingverhältnissen nach IFRS, S. 5; ED/2010/9 B18.

Die Regelung des ED/2010/9 zur Bestimmung der Leasingdauer wurde jedoch von allen Seiten kritisiert.[525] Eine Verlängerungsoption spiegele nicht die realen, im Moment bestehenden Verpflichtungen wider. Erst zu dem Zeitpunkt, in dem der Leasingnehmer die Option ausübe, seien die erwarteten Verpflichtungen entstanden und erst zu diesem Zeitpunkt auszuweisen.[526]

b) Bilanzierung der Leasingverhältnisse

aa) Bilanzierung beim Leasingnehmer

Mit Beginn des Leasingverhältnisses erhielt der Leasingnehmer für eine bestimmte Zeit ein Recht auf Nutzung eines Vermögenswertes gegen Entgelt.[527] Im Rahmen des ED/2010/9 erfolgte die Bilanzierung nach dem sog. *„single asset and liability approach"*. Hiernach bilanzierte der Leasingnehmer unabhängig von der Anzahl der identifizierbaren Rechte und Verpflichtungen lediglich ein *„single right-of-use asset"* sowie eine zugehörige *„single obligation to pay rentals"*.[528]

(1) Erstbewertung

Zu Beginn der Laufzeit des Leasingverhältnisses hatte der Leasingnehmer das Nutzungsrecht und die Verbindlichkeit für die zu leistenden Leasingzahlungen zu erfassen.[529] Er hatte den Vermögenswert in Höhe der Anschaffungs- oder Herstellungskosten zu aktivieren und eine entsprechende Leasingverbindlichkeit zum Barwert der zu entrichtenden Leasingzahlungen zu passivieren.[530] Anschaffungskosten umfassten hierbei gemäß Art. 35 Abs. 2 der Vierten EG-Richtlinie vom 25. Juli 1978[531] den Anschaffungspreis zuzüglich Anschaffungsnebenkosten

---

525 Siehe von vielen u. a. von Oertzen/Esser, IRZ 2010, 479, 479; Fülbier/Pferdehirt, KoR 2005, 275, 275; Gergs/Plötz, ÖBA 2012, 137, 138; Lorenz, BB 2010, 2555, 2555.

526 Deloitte, IFRS in Focus, IASB re-exposes proposals on lease accounting, S. 6.

527 Müller/Forster, Aktuelle Entwicklungen im Bereich der Leasingbilanzierung.

528 Kümpel/Becker, DStR 2010, 456, 457.

529 ED/2010/9 Ziffer 10; Fischer, PiR 2010, 296, 296; Hagemann, Leasingbilanzierung nach IFRS, S. 25; Fülbier/Fehr, WPg 2010, 1019, 1020.

530 Freidank/Velte, SuS 2012, 79, 83; Gergs/Plötz, ÖBA 2012, 137, 139.

531 Vierte Richtlinie des Rates (78/660/EWG) vom 25. Juli 1978 aufgrund von Artikel 54 Absatz 3 Buchstabe g) des Vertrages über den Jahresabschluß von Gesellschaften bestimmter Rechtsformen, ABl. EG 1978, L 222/11, zuletzt geändert durch Richtlinie 2003/51/EG (ABl. EG 2003, L 178/16).

und abzüglich Anschaffungspreisminderungen.[532] Die Leasingzahlung umfasste vereinbarte und bedingte Leasingraten, Restwertgarantien sowie Vertragsstrafen bei vorzeitiger Vertragsbeendigung (ED 2010/9 Ziffer 14 lit. a-c).[533] Zur Diskontierung war gemäß ED/2010/9 Ziffer 12 lit. a der Grenzfinanzierungszinssatz des Leasingnehmers (*incremental borrowing rate*) heranzuziehen oder, wenn er verlässlich ermittelbar war, der interne Zinssatz des Leasinggebers.[534]

(2) Folgebewertung

Für die Folgebewertung des Nutzungsrechts bestand nach dem *Exposure Draft* von 2010 ein Wahlrecht, dieses entweder zu fortgeführten Anschaffungskosten mit planmäßiger Abschreibung über die Laufzeit des Leasingverhältnisses oder über eine kürzere Nutzungsdauer des zugrunde liegenden Leasinggegenstandes – meistens linear –, oder zum beizulegenden Zeitwert in Übereinstimmung mit dem Neubewertungsmodell nach IAS 16 zu bewerten.[535] Die Leasingverbindlichkeit wurde in der Folgezeit gemäß ED/2010/9 Ziffer 16 nach der Effektivzinsmethode i. S. d. IAS 39 zu fortgeführten Anschaffungskosten bewertet und in Zins- und Tilgungsanteile aufgespalten.[536] Während der Zinsanteil erfolgswirksam in der Gesamtergebnisrechnung nach Ziffer 11 lit. a erfasst wurde, reduzierte der Tilgungsanteil erfolgsneutral die Leasingschuld.[537] Zudem oblag dem Leasingnehmer die Pflicht, den Wert seiner Zahlungsverpflichtungen zu überprüfen und ggf. anzupassen sowie zukünftig

---

532 Dahlke, Harmonisierung der Konzernbesteuerung in der Europäischen Union, S. 212.

533 Claßen/Schulz, StuB 2011, 3, 7.

534 IAS 17.20 verlangt dagegen, für die Ermittlung der Mindestleasingzahlungen den internen Zinsfuß des Leasinggebers (interest rate implicit in the lease) heranzuziehen, soweit sich dieser in praktikabler Weise vom Leasingnehmer ermitteln lässt oder diesem gar bekannt ist. In der Praxis ist die sachgerechte Ermittlung des internen Zinsfußes häufig möglich, sodass der Grenzfinanzierungssatz des Leasingnehmers nur in den sonstigen Fällen zur Anwendung gelangt; Kroner/Leuchtenstern/Ranker, KoR 2010, 532, 535; Freidank/Velte, SuS 2012, 79, 83; Gergs/Plötz, ÖBA 2012, 137, 139.

535 Müller/Forster, Aktuelle Entwicklungen im Bereich der Leasingbilanzierung; Klar/Gädke, Der Konzern 2011, 28, 31; Schmidt/Hartmann-Wendels/Adolph, IRZ 2010, 537, 539; ED/2010/9 Ziffer 20.

536 Klar/Gädke, Der Konzern 2011, 28, 31; Gergs/Plötz, ÖBA 2012, 137, 140; Fülbier/Fehr, WPg 2010, 1019, 1020.

537 Claßen/Schulz, StuB 2011, 3, 8.

bedingte Leasingraten immer wieder neu zu schätzen und in den Bilanzen entsprechend zu korrigieren.[538]

bb) Bilanzierung beim Leasinggeber

Der *Exposure Draft* von 2010 sah für den Leasinggeber ein hybrides Modell vor, das aus zwei unterschiedlichen Konzepten bestand: das *Performance-Obligation-Konzept* und das *Derecognition-Konzept*.[539] Welches Modellkonzept zur Anwendung kommen sollte, hing von der wirtschaftlichen Ausgestaltung der Leasingvereinbarung ab.[540] Dabei wurde bei der Bilanzierung weiterhin an der Risiken- und Chancenverteilung (*risks or benefits*) - vergleichbar mit der gegenwärtigen Leasingbilanzierung des IAS 17 - festgehalten, obwohl von dem *Risk-and-Reward-Approach* Abstand genommen werden sollte.[541] Behielt der Leasinggeber einen bedeutenden Teil der *risks or benefits*, hatte er den *Performance-Obligation-Approach* anzuwenden, andernfalls den *Derecognition-Approach*.[542]

(1) Kriterien zur Bestimmung der risks or benefits

Zur Beurteilung, ob der Leasinggeber einen bedeutenden Anteil der *risks or benefits* behielt, waren folgende Einflussfaktoren und Kriterien zu berücksichtigen: der Umfang der Dienstleistungen, die Nutzungsdauer im Vergleich zur Leasinglaufzeit, Wertveränderungen und Optionen am Ende der Leasinglaufzeit, die Höhe und Art der bedingten Leasingzahlungen sowie Restwertgarantien.[543]

---

538 Gergs/Plötz, ÖBA 2012, 137, 141.

539 ED/2010/9 Ziffer 28 und ED/2010/9 BC14; Schmidt/Hartmann-Wendels/Adolph, IRZ 2011, 19, 20.

540 Müller/Forster, Aktuelle Entwicklungen im Bereich der Leasingbilanzierung; Schmidt/Hartmann-Wendels/Adolph, IRZ 2011, 19, 20.

541 Claßen/Schulz, StuB 2011, 3, 8; Wulf/Seebacher, KoR 2011, 322, 322; Fülbier/Fehr, WPg 2010, 1019, 1021.

542 Leuchtenstern/Ranker/Henneberger, KoR 2011, 26, 29; vgl. ED/2010/9 BC27; Jung/Ruthardt/Hermens, IRZ 2011, 199, 200.

543 ED/2010/9 B22 ff.; Laubach/Findeisen/Murer, DB 2010, 2401, 2407; Hagemann, Leasingbilanzierung nach IFRS, S. 34; Kroner/Leuchtenstern/Ranker, KoR 2010, 532, 537; vgl. bzgl. der genauen Ausgestaltung der einzelnen Kriterien Leuchtenstern/Ranker/Henneberger, KoR 2011, 26, 30.

(2) Performance-Obligation-Approach

Das *Performance-Obligation-Modell* sollte nach dem ED/2010/9 angewendet werden, wenn alle relevanten Chancen und Risiken beim Leasinggeber verblieben.[544] Der Ausweis sah gemäß ED/2010/9 Ziffer 42 lit. a bis c die separate Darstellung eines Leasinggegenstandes, einer Leasingforderung und einer Leasingverbindlichkeit vor, die als Netto-Leasingvermögen (*net lease asset*) oder Netto-Leasingverbindlichkeit (*net lease liability*) zusammengefasst wurden.[545]

(a) Erstbewertung

Der Leasinggeber sollte das Objekt weiterhin in voller Höhe mit den fortgeführten Anschaffungs- oder Herstellungskosten in seiner Bilanz bilanzieren.[546] Zusätzlich wurden nach der Bereitstellung des Leasinggegenstandes (*date of commencement*) eine Forderung in Höhe der erwarteten diskontierten Leasingzahlungen und eine Leasingverbindlichkeit (*performance obligation*) in gleicher Höhe bilanziert.[547] Damit unterstellte dieses Modell, dass der Leasinggeber seiner Verpflichtung zur Bereitstellung des Leasinggegenstandes kontinuierlich während des Leasingverhältnisses nachkam.[548]

(b) Folgebewertung

In der Folgebewertung hatte der Leasinggeber die Anschaffungskosten nach der Effektivzinsmethode fortzuführen und, sofern einschlägig, Wertminderungen zu berücksichtigen.[549] Neben den Abschreibungen hatte er während der Leasingdauer auch den Zinsertrag und den sich aus der einhergehenden Reduzierung

---

544 Tonner, Leasing im Steuerrecht, Kapitel 4 Abschnitt IV Rn. 22.

545 ED/2010/9 Ziffer 42; Leuchtenstern/Ranker/Henneberger, KoR 2011, 26, 26; Wulf/Seebacher, KoR 2011, 322, 324.

546 ED/2010/9 BC16–BC18; Claßen/Schulz, StuB 2011, 3, 9.

547 Küting/von Fölkersamb/Hellen/Eichenlaub/Tesche, PiR 2011, 33, 34; vgl. ED/2010/9 Ziffer 30; Fischer, PiR 2010, 296, 297; Fülbier/Fehr, WPg 2010, 1019, 1021; Laubach/Findeisen/Murer, DB 2010, 2401, 2406; Pellens/Fülbier/Gassen/Sellhorn, Internationale Rechnungslegung, S. 689; ED/2010/9 Ziffer 33.

548 Küting/von Fölkersamb/Hellen/Eichenlaub/Tesche, PiR 2011, 33, 34.

549 Deloitte, IASB gibt Standardentwurf zur Leasingbilanzierung heraus, S. 8; Laubach/Findeisen/Murer, DB 2010, 2401, 2407; Waziri, Auswirkungen Exposure Drafts 2010/09, S. 25; Schmidt/Hartmann-Wendels/Adolph, IRZ 2011, 19, 23.

der Leistungsverbindlichkeit ergebenden Leasingertrag erfolgswirksam nach ED/2010/9 Ziffer 31 zu erfassen.[550]

(3) Derecognition-Approach

Sofern die Chancen und Risiken auf den Leasingnehmer übergegangen waren, fand das *Derecognition-Modell* Anwendung. Der Leasinggegenstand wurde entsprechend dem Anteil des Nutzungsrechts auf den Leasingnehmer übertragen, sodass der Leasinggegenstand durch den Leasinggeber nicht komplett, sondern nur anteilmäßig ausgebucht wurde.[551] Die nicht übertragenen Rechte an dem Leasingobjekt wurden weiterhin in der Bilanz des Leasinggebers als Restvermögenswert (*residual asset*) ausgewiesen und konnten als verbliebener Restwert der Verfügungsrechte interpretiert werden.[552]

(a) Hintergrund

Während seiner Beratungen diskutierte der IASB zwei Ausprägungen des *Derecognition-Ansatzes*, den *Full-Derecognition-Ansatz* sowie den *Partial-Derecognition-Ansatz*, entschied sich jedoch für Letzteren.[553] Die Anwendung des *Full-Derecognition-Ansatzes* hätte – analog zur gegenwärtigen Bilanzierung eines Finanzierungsleasings – unmittelbar zur vollständigen Gewinnrealisierung geführt und damit auch eine Gewinnrealisierung eines beim Leasinggeber möglicherweise zurückbehaltenen Restwerts eingeschlossen, wogegen sich beim *Partial-Derecognition-Ansatz* die Gewinnrealisierung auf den tatsächlich „übertragenen" Anteil am Nutzungspotenzial des Leasinggegenstandes beschränkte.[554]

(b) Erstbewertung

Der Erstansatz erfolgte wie beim *Performance-Obligation-Ansatz*, allerdings wurde die Ausbuchung nicht mit dem vollen Barwert, sondern zum proportionalen

---

550 Schmidt/Hartmann-Wendels/Adolph, IRZ 2011, 19, 20 f.

551 Deloitte, IASB gibt Standardentwurf zur Leasingbilanzierung heraus, S. 8; Waziri, Auswirkungen Exposure Drafts 2010/09, S. 24; Schmidt/Hartmann-Wendels/Adolph, IRZ 2011, 19, 23.

552 Jung/Ruthardt/Hermens, IRZ 2011, 199, 200; ED/2010/9 Ziffer 29 und 46.

553 Kroner/Leuchtenstern/Ranker, KoR 2010, 532, 538.

554 Kroner/Leuchtenstern/Ranker, KoR 2010, 532, 538.

Buchwertanteil vorgenommen.[555] Dies bedeutete, dass der Leasinggeber eine Forderung für sein Recht auf Erhalt der Leasingraten einbuchte und gleichzeitig den Anteil am Buchwert des Leasingobjekts, das dem Leasingnehmer zur Nutzung überlassen wurde, ausbuchte und den Anteil am zugrunde liegenden Vermögenswert, für den er keine Rechte übertragen hatte, als Restvermögenswert (*residual asset*) i. S. d. ED/2010/9 Ziffer 46 lit. c klassifizierte.[556]

(c) Folgebewertung

Die Folgebewertung erfolgte mit fortgeführten Anschaffungskosten auf Basis der Effektivzinsmethode nach IAS 39 und vorbehaltlich einer Wertminderung nach IAS 36.[557]

3) Exposure Draft ED/2013/6

Der *Exposure Draft* ED/2013/6 wurde am 16. Mai 2013 veröffentlicht und beinhaltet eine grundlegende Überarbeitung des ED/2010/9. Der neue Standardentwurf soll – wie bereits sein Vorgänger – den bisherigen Standard IAS 17 sowie die Interpretationen IFRIC 4, SIC 15 und SIC 27 ablösen.[558] Das Ziel des ED/2013/6 besteht darin, dem Abschlussleser qualitative und quantitative Informationen über den Betrag, den Zeitpunkt und die Unsicherheit der Zahlungsströme aus den Leasingverhältnissen zur Verfügung zu stellen und ihm so einen umfassenden Einblick in die Geschäfte zu vermitteln.[559] Hierzu verwendet er ebenfalls den sog. *Right-of-use-Approach*.[560]

---

555 Pellens/Fülbier/Gassen/Sellhorn, Internationale Rechnungslegung S. 689; Waziri, Auswirkungen Exposure Drafts 2010/09, S. 29; Küting/von Fölkersamb/Hellen/Eichenlaub/Tesche, PiR 2011, 33, 35.

556 Laubach/Findeisen/Murer, DB 2010, 2401, 2406; Claßen/Schulz, StuB 2011, 3, 9; Schmidt/Hartmann-Wendels/Adolph, IRZ 2011, 19, 23.

557 Deloitte, IASB gibt Standardentwurf zur Leasingbilanzierung heraus, S. 9; Waziri, Auswirkungen Exposure Drafts 2010/09, S. 29; Laubach/Findeisen/Murer, DB 2010, 2401, 2408.

558 Deloitte, IFRS fokussiert, Leasingverhältnisse zur Wiedervorlage, S. 2.

559 Deloitte, IFRS fokussiert, Leasingverhältnisse zur Wiedervorlage, S. 11.

560 Vgl. hierzu Gliederungspunkt E) III) 2) a) cc) und Gliederungspunkt E) III) 3) f).

a) Historie des Exposure Drafts 2013/6

Der ED/2013/6 ist der letzte Schritt vor der vollständigen Veröffentlichung des neuen Standards „*Leases*", der den jetzigen IAS 17 ersetzen soll. Generell stehen die *Exposure Drafts* für Standards, die sich noch im Entwicklungsprozess befinden und noch nicht gültig sind. Sie sind Teil des sog. *Due Process*[561].

Dem ED/2013/6 gingen der ED/2010/9 und das *Discussion Paper „Leases: Preliminary Views"* aus dem Jahr 2009 voraus. In beiden Fällen wurden die Kommentierungen ausgearbeitet und die Änderungswünsche berücksichtigt. Das *Discussion Paper* enthielt ursprünglich nur die Änderungen zur Bilanzierung des Leasingnehmers. Der ED/2010/9 umfasste zusätzlich die Bilanzierungsvorschläge für den Leasinggeber. Aus den Rückmeldungen und den zahlreichen Kritiken am *Exposure Draft*[562] entwickelte sich der ED/2013/6. Zum einen wurde kritisiert, dass die Auswirkungen des Leasingnehmermodells auf die Erfolgsrechnung durch die Kombination der mit der Zeit abnehmenden Zinszahlungen aufgrund der Rückzahlung der Leasingverbindlichkeit und der linearen Abschreibung des Nutzungsrechts keine entscheidungsnützlichen Informationen für den Bilanzleser lieferten und nur zu einer vorgezogenen Aufwandserfassung wie beim derzeitigen Finanzierungsleasing führten.[563] Zum anderen wurde das Konzept der Leasinggeberbilanzierung und der Bestimmung der Leasingvertragslaufzeit bemängelt. Die Differenzierung der beiden Modelle beim Leasinggeber widersprach einer konsistenten Grundkonzeption der gesamten Leasingbilanzierung und im Fall des *Performance-Obligation-Ansatzes* den Annahmen der Leasingnehmerbilanzierung, da auf Seiten des Leasingnehmers eine Erfüllung der Leistungspflicht des Leasinggebers angenommen wurde, wogegen dies auf Seiten der Leasinggeberbilanzierung durch den Ansatz einer Leistungsverbindlichkeit verneint wurde.[564] Zudem erinnerten die beiden Modelle an die bekannten Beurteilungsschwierigkeiten und Ermessensspielräume des jetzigen *Risk-and-Reward-Approach* des IAS 17.[565] Weiterhin wurde dem ED/2010/9

---

561 Vgl. hierzu Gliederungspunkt B) I) 2).

562 Vgl. u. a. Jung/Ruthardt/Hermens, IRZ 2011, 199 ff. und Schmidt/Thiele, KoR 2010, 254 ff. sowie ED/2013/6 BC9.

563 Deloitte, IASB veröffentlicht die lange erwarteten Vorschläge zur Leasingbilanzierung; siehe auch ausführlich Gliederungspunkt E) III) 4) d).

564 Jung/Ruthardt/Hermens, IRZ 2011, 199, 202; siehe ausführlicher auch Gliederungspunkt E) III) 4) c).

565 ED/2013/6 BC9 lit. c und BC9 lit. d; Tonner, Leasing im Steuerrecht, Kapitel 4 Abschnitt IV Rn. 22; Kroner/Leuchtenstern/Ranker, KoR 2010, 532, 537; Jung/Ruthardt/Hermens, IRZ 2011, 199, 202.

die Komplexität der wahrscheinlichkeitsgewichteten Schätzung der zu erwartenden Leasingzahlungen und die große Anzahl von Ermessens- und Gestaltungsspielräumen vorgehalten, von denen Abstand genommen werden sollte.[566]

b) Anwendungsbereich des Begriffs „Leasingverhältnis"

Der ED/2013/6 definiert in Ziffer 6 ein Leasingverhältnis als „*(...) a contract that conveys the right to use an asset (the underlying asset) for a period of time in exchange for consideration*", d. h. als einen Vertrag, der ein zeitlich befristetes Recht zur Nutzung eines Leasinggegenstandes im Austausch für eine Gegenleistung gewährt. Jedoch bedarf es zusätzlicher Anforderungen, um den Anwendungsbereich des Standards zu eröffnen.

aa) Eröffnung des Anwendungsbereichs

Zur Abgrenzung zu anderen Vertragsarten muss der Leasingvertrag, um den Anwendungsbereich des Leasingstandards zu eröffnen, gemäß Ziffer 7 zwei Voraussetzungen erfüllen: Zum einen muss sich der Vertrag gemäß den Ziffern 8 ff. in der Nutzungsvereinbarung auf einen ganz konkreten, bestimmten Vermögenswert (*identified asset*) beziehen, der während der Vertragslaufzeit nicht ersetzt werden darf[567] und zum anderen muss der Vertrag gemäß den Ziffern 12 ff. dem Leasingnehmer die Möglichkeit gewähren, die Nutzung des spezifischen Vermögenswertes *(identified asset)* selbst zu bestimmen und einen wirtschaftlichen Nutzen aus der Verwendung zu ziehen (*control the use of the identified asset)*.[568]

Der Leasingnehmer ist in der Lage, die Nutzung des Vermögenswertes zu bestimmen, wenn er während der Vertragslaufzeit wesentliche Entscheidungen über die wirtschaftliche Nutzziehung treffen kann, wie z. B. die Bestimmung wie und für welchen Zweck der Vermögenswert eingesetzt wird, wer ihn betreibt und wie er ihn betreibt.[569] Von der Erfolgsvereinnahmung ist gemäß den Ziffern 18 und 19 auszugehen, wenn der Leasingnehmer während der Laufzeit des

566 Fülbier/Fehr, WPg 2010, 1019, 1022; Küting/Koch/Tesch, DB 2011, 425, 429; Tonner, Leasing im Steuerrecht, Kapitel 4 Abschnitt IV Rn. 22.

567 Hommel/Winter/Zicke, BB 2013, 1707, 1707; ED/2013/6 Ziffer 7 lit. a.

568 ED/2013/6 Ziffer 12 lit. a und b; Tonner, Leasing im Steuerrecht, Kapitel 4 Abschnitt IV Rn. 23; ED/2013/6 Ziffer 12; Fülbier/Eckl/Fehr, WPg 2013, 853, 854.

569 Deloitte, IFRS fokussiert, Leasingverhältnisse zur Wiedervorlage, S. 3.

Leasingverhältnisses nahezu den gesamten ökonomischen Vorteil aus der Verwendung des Vermögenswertes zieht. Der ökonomische Nutzen kann unmittelbar oder mittelbar gewonnen werden, beispielsweise durch direkte Nutzung, Verbrauch, Halten oder Untervermietung.[570]

bb) Ausschluss vom Anwendungsbereich

Ausgeschlossen vom Anwendungsbereich sind gemäß ED/2013/6 Ziffer 4 f. – wie beim ED/2010/9 – Leasingverhältnisse über immaterielle Vermögenswerte, nicht regenerative Ressourcen sowie landwirtschaftliche Vermögenswerte und Dienstleistungskonzessionsvereinbarungen.[571]

cc) Short-Term Leases

Beträgt die wirtschaftliche Mindestlaufzeit weniger als ein Jahr (sog. *short-term leases)* und wird keine Kaufoption[572] eingeräumt, dürfen Leasingnehmer und Leasinggeber von den im neuen Entwurf vorgeschlagenen Ansatz- und Bewertungsvorschriften abweichen und die Leasingaufwendungen/-erträge gemäß ED/2013/6 Ziffer 118–120 linear sowie im Fall von Leasinggebern auch auf eine andere systematische Weise – sofern diese repräsentativer ist und das Muster der Ertragsvereinnahmung sachgerechter abbildet[573] – erfassen.[574] Das Bilanzierungswahlrecht für *short-term leases* kann für jeden Vermögensgegenstand gesondert ausgeübt werden.[575]

c) Separierung der Komponenten des Vertrags

Nach der Eröffnung des Anwendungsbereichs des Standards werden die verschiedenen Leasingverträge identifiziert und, sofern ein Mehrkomponentenvertrag vorliegt, in eigenständige Leasingkomponenten gemäß ED/2013/6

570 Müller/Lange, IRZ 2013, 275, 277; Deloitte, IFRS fokussiert, Leasingverhältnisse zur Wiedervorlage, S. 3.

571 ED/2013/6 Ziffer 4; Deloitte, IFRS fokussiert, Leasingverhältnisse zur Wiedervorlage, S. 2.

572 Das Vorliegen einer Kaufoption ist für die Klassifizierung eines kurzfristigen Leasingverhältnisses schädlich, vgl. Müller/Lange, IRZ 2013, 327, 333.

573 Vgl. ED/2013/6 Ziffer 119 sowie Müller/Lange, IRZ 2013, 327, 334.

574 Fischer, PiR 2013, 195, 196.

575 Deloitte, IFRS fokussiert, Leasingverhältnisse zur Wiedervorlage, S. 5.

Ziffer 20 ff. separiert. Eine eigenständige Leasingkomponente verlangt, dass der Leasingnehmer bereits aus der alleinigen Nutzung dieses Vermögenswertes einen Nutzen ziehen kann oder ihm die Nutzung zusammen mit anderen, jederzeit zugänglichen Ressourcen möglich ist und der zugrunde liegende Vermögenswert weder von anderen Vermögenswerten abhängt, noch mit diesen erheblich in Wechselwirkung steht.[576]

d) Leasingdauer

Die Laufzeit jeder einzelnen Leasingkomponente bestimmt sich nach den Ziffern 25 ff. Dabei wird von der ursprünglich im ED/2010/9 vorgesehenen Bewertung mit wahrscheinlichkeitsgewichteten Erwartungswerten von über 50% Abstand genommen, wodurch insbesondere die Anwendungskomplexität gemildert wird.[577] Die Leasinglaufzeit bestimmt sich im ED/2013/6 nach der fest vereinbarten, unkündbaren Leasingdauer (*lease term*) unter Berücksichtigung weiterer optionaler Zeiträume, bei denen ein wesentlicher wirtschaftlicher Anreiz besteht, das Leasingverhältnis zu verlängern oder zu beenden.[578] Bei der Würdigung, ob ein wirtschaftlicher Anreiz für eine Option besteht, sind vertrags-, vermögenswert- und unternehmensspezifische sowie marktspezifische Faktoren und Ermessen entscheidend.[579] Der ED/2013/6 führt in Appendix B5 Konkretisierungen und Definitionen für die Anhaltspunkte und Faktoren auf. Eine erneute Beurteilung der Vertragslaufzeit des Leasingverhältnisses ist nur dann vorzunehmen, wenn sich die Umstände zur Optionsausübung maßgeblich ändern.[580] Die Würdigung der Optionen erinnert an die jetzigen IAS 17.10 und IAS 17.11, die für ihre Ermessensspielräume kritisiert wurden und vermieden werden sollten. Auch hier liegt es im Ermessen des Bilanzierenden, ob er einen hinreichenden wirtschaftlichen Anreiz für die Ausübung der Option als gegeben ansieht.

---

576 Müller/Lange, IRZ 2013, 275, 277; Deloitte, IFRS fokussiert, Leasingverhältnisse zur Wiedervorlage, S. 4.

577 Bundesverband Deutscher Leasing-Unternehmen e. V., Jahresbericht 2011/2012, S. 28.

578 Fülbier/Eckl/Fehr, WPg 2013, 853, 854.

579 Fischer, PiR 2013, 195, 195; Deloitte, IASB veröffentlicht die lange erwarteten Vorschläge zur Leasingbilanzierung; Deloitte, IFRS fokussiert, Leasingverhältnisse zur Wiedervorlage, S. 5; Müller/Lange, IRZ 2013, 275, 277; Hommel/Winter/Zicke, BB 2013, 1707, 1708.

580 Deloitte, IFRS fokussiert, Leasingverhältnisse zur Wiedervorlage, S. 5.

e) Klassifizierung der Leasingverhältnisse

Als eine grundlegende Änderung zu den bisherigen Entwürfen und Handhabungen in der Leasingbilanzierung ersetzt der ED/2013/6 das zweigliedrige Modell des IAS 17, welches zwischen Finanzierungsleasing und Operatingleasing unterscheidet, durch ein zweigliedriges Konzept, das eine Unterscheidung nach dem Verbrauchsprinzip vornimmt.[581] Der ED/2013/6 klassifiziert jedes Leasingverhältnis einmalig zu Laufzeitbeginn i. S. d. Ziffern 28 ff. in zwei Kategorien: Typ A und Typ B. Die Unterscheidung beruht einerseits auf der Art des zugrunde liegenden Vermögenswertes und andererseits auf dem Ausmaß, in welchem ein Vermögenswert über die Dauer des Leasingverhältnisses konsumiert wird.[582] Besteht eine Leasingkomponente aus mehreren Vermögenswerten, ist die Typisierung des Leasingverhältnisses gemäß ED/2013/6 Ziffer 32 entsprechend den Eigenschaften des dominierenden Vermögenswertes vorzunehmen.[583] Abhängig von der Typenkategorisierung erfolgt die jeweilige Erfassung der Aufwendungen und Erträge während der Leasinglaufzeit.[584] Eine spätere Änderung der Klassifikation ist nur bei einer substanziellen Vertragsänderung vorzunehmen.[585]

aa) Typ A

Leasingverhältnisse des sog. Typs A umfassen gemäß Ziffer 29 grundsätzlich Leasingverhältnisse, bei denen der Leasingnehmer während der Mietperiode nicht nur einen unbedeutenden Teil der wirtschaftlichen Nutzungsdauer des Leasinggegenstandes verbraucht oder der Barwert der Leasingzahlungen im Vergleich zum *fair value* des Leasinggegenstandes nicht von untergeordneter Höhe ist und der Leasinggegenstand keine Immobilie ist.[586] Falls eine Kaufoption über den dem Leasingverhältnis zugrunde liegenden Vermögenswert vereinbart wurde und mit deren Ausübung durch den Leasingnehmer aufgrund eines bedeutenden

581 Hommel/Winter/Zicke, BB 2013, 1707, 1708.

582 KPMG, IASB veröffentlicht überarbeiteten Entwurf zur Bilanzierung von Leasingverträgen.

583 Müller/Lange, IRZ 2013, 275, 279.

584 IASB, Nachrichten zu IFRS und US-GAAP, IRZ 2013, 223, 223.

585 Deloitte, IFRS fokussiert, Leasingverhältnisse zur Wiedervorlage, S. 7.

586 Fischer, PiR 2013, 195, 196; Müller/Lange, IRZ 2013, 275, 278; Scheffler, AG-Report 2013, R 203, R 203.

wirtschaftlichen Anreizes gerechnet wird, erfolgt gemäß ED/2013/6 Ziffer 31 ebenfalls eine Kategorisierung als Typ A.[587]

bb) Typ B

Hingegen sind Leasingverhältnisse, die Immobilien und/oder einen nur unwesentlichen Verbrauch des Nutzungsvorrates des Leasinggegenstandes betreffen, im Regelfall als sog. Typ B-Leasing i. S. d. Ziffer 30 zu klassifizieren, es sei denn, die Laufzeit erstreckt sich über den größeren Teil der wirtschaftlichen Nutzungsdauer oder der Barwert der Leasingzahlungen entspricht im Wesentlichen dem *fair value* des zugrunde liegenden Vermögenswertes.[588] Im Rahmen dieser Ausarbeitung wird nur auf Leasinggeschäfte des Typs A eingegangen.

f) Bilanzierung beim Leasingnehmer

Der ED/2013/6 sieht – wie bereits der Vorgänger – auf Seiten des Leasingnehmers ein sog. Nutzungsrechtemodell (*Right-of-use-Modell*) vor. Nach diesem Modell hat der Leasingnehmer für alle Leasinggegenstände mit einer Nutzungsdauer von mehr als zwölf Monaten auf der Aktivseite ein Nutzungsrecht an dem Leasinggegenstand und auf der Passivseite eine Schuld für die Verpflichtung zur Leistung von Leasingzahlungen anzusetzen.[589] Sobald der Leasinggeber dem Leasingnehmer das Nutzungsobjekt zur Verfügung stellt, hat er seinen Teil des Vertrages erfüllt, sodass nach Ansicht des IASB kein Schwebezustand eines schwebenden Geschäfts mehr vorliegt und der Leasingnehmer über das Nutzungsrecht im Rahmen der Vertragsvereinbarung disponieren kann.[590] Zudem schuldet der Leasingnehmer, sobald er die Kontrolle am Nutzungsrecht erlangt hat, eine Vergütungsleistung, die der im Framework definierten Schuld gleichkommt.[591]

---

587 Deloitte, IFRS fokussiert, Leasingverhältnisse zur Wiedervorlage, S. 6; Hommel/Winter/Zicke, BB 2013, 1707, 1708.

588 IASB, Nachrichten zu IFRS und US-GAAP, IRZ 2013, 223, 223; Müller/Lange, IRZ 2013, 275, 278; Deloitte, IASB veröffentlicht die lange erwarteten Vorschläge zur Leasingbilanzierung; Scheffler, AG-Report 2013, R 203, R 203.

589 Geberth, GmbHR 2013, R 188, R 188.

590 Hommel/Winter/Zicke, BB 2013, 1707, 1709; vgl. ED/2013/6 BC21; Jung/Ruthardt/Hermens, IRZ 2011, 199, 200.

591 Hommel/Winter/Zicke, BB 2013, 1707, 1709; vgl. auch ED/2013/6 BC15a und BC15b i. V. m. CF4.4b.

Der Ausweis der Nutzungsrechte und Leasingverbindlichkeiten hat gemäß den Ziffern 54 ff. getrennt von anderen Vermögenswerten und Verbindlichkeiten und getrennt nach Typ A und B in der Bilanz oder im Anhang zu erfolgen, wobei die Nutzungsrechte bei einem Ausweis lediglich im Bilanzanhang in dem Posten auszuweisen sind, dem das zugrunde liegende Leasingobjekt zugeordnet werden würde, wenn es im zivilrechtlichen Eigentum des Unternehmens stehen würde.[592] Im Anhang ist dann anzugeben, welche Bilanzposten Nutzungsrechte aus Leasingverhältnissen beinhalten.[593] Zudem muss der Leasingnehmer die Angabepflichten der Ziffern 58 ff. des *Exposure Drafts* erfüllen.[594] Da jedes Leasingverhältnis bilanziert wird, erfolgt auch beim ED/2013/6 insgesamt eine Bilanzverlängerung beim Leasingnehmer.

aa) Erstbewertung

Gemäß ED/2013/6 Ziffer 37 ff. aktiviert der Leasingnehmer ein Nutzungsrecht und passiviert eine Leasingverbindlichkeit.[595] Die Leasingverbindlichkeit bemisst sich nach dem Barwert der Leasingzahlungen inkl. der Beträge für Restwertgarantien (Ziffer 38 lit. a i. V. m. Ziffer 39).[596] Der zu verwendende Zinssatz bestimmt sich nach dem Zinssatz, den der Leasinggeber berechnet oder, wenn dieser nicht bekannt ist, nach dem Grenzfinanzierungssatz des Leasingnehmers.[597]

Die Ansatzhöhe des Nutzungsrechts korrespondiert mit der Höhe der auf der Passivseite angesetzten Verpflichtung.[598] Der Wert des zu bilanzierenden Nutzungsrechts setzt sich gemäß ED/2013/6 Ziffer 40 i. V. m. Ziffer B10 f. zusammen aus dem Wert der Leasingverbindlichkeit zzgl. anfänglicher, direkter Kosten (Initialkosten) sowie jeglicher Zahlungen an den Leasinggeber, abzüglich solcher Zahlungen vom Leasinggeber vor Beginn der Laufzeit.[599]

---

592 Müller/Lange, IRZ 2013, 275, 281.

593 Müller/Lange, IRZ 2013, 275, 281.

594 Fülbier/Eckl/Fehr, WPg 2013, 853, 855 f.

595 Geberth, GmbHR 2013, R 188, R 188.

596 Deloitte, IASB veröffentlicht die lange erwarteten Vorschläge zur Leasingbilanzierung; Fischer, PiR 2013, 195, 196; IASB, Nachrichten zu IFRS und US-GAAP, IRZ 2013, 223, 223.

597 Müller/Lange, IRZ 2013, 275, 279; ED/2013/6 Ziffer 38a i. V. m. B8 f.

598 Barckow, BB 2013, Heft 23, Die Erste Seite.

599 Müller/Lange, IRZ 2013, 275, 279; Scheffler, AG-Report 2013, R 203, R 203.

bb) Folgebewertung

Nach Beginn des Leasingverhältnisses erhöht sich die Leasingverbindlichkeit in der Folgebewertung eines Typ-A-Leasingverhältnisses durch die Aufzinsung um den im Geschäftsjahr anfallenden Aufzinsungsbetrag als Zinsaufwand und reduziert sich durch die Leasingzahlungen.[600] Hierbei ist die Leasingverbindlichkeit regelmäßig neu zu beurteilen, um eventuelle Änderungen bei den Leasingraten und dem Diskontierungszins zu erfassen.[601] Das Nutzungsrecht ist über die Nutzungsdauer gemäß Ziffer 41 lit. b zu fortgeführten Anschaffungskosten unter Abzug planmäßiger Abschreibung und ggf. anfallender Wertminderungen zu bewerten.[602] Als Abschreibungszeitraum ist der kürzere Zeitraum aus Leasinglaufzeit und verbleibender wirtschaftlicher Nutzungsdauer gemäß Ziffer 47 zu wählen.[603] Dabei schreibt der Leasingnehmer das Nutzungsrecht in der Regel linear ab und bewertet die Verbindlichkeit nach der Effektivzinsmethode.[604] Insgesamt sind Typ-A-Leasingverhältnisse durch eine im Zeitablauf degressive Aufwandserfassung bei in der Regel linearem Abschreibungsaufwand und sinkendem Zinsaufwand gekennzeichnet.[605]

g) Bilanzierung beim Leasinggeber

Von den im ED/2010/9 vorgeschlagenen Bilanzierungsmodellen für den Leasinggeber wurde im ED/2013/6 Abstand genommen und ein einheitliches System jeweils für Typ-A- und Typ-B-Leasingverhältnisse entwickelt. Der Ausweis der einzelnen Positionen erfolgt, ähnlich wie beim Leasingnehmer, gemäß den Ziffern 88 ff. entweder getrennt in einer Bewegungsbilanz oder im Bilanzanhang als Leasingforderungen und restliche Vermögensgegenstände,

---

600 IASB, Nachrichten zu IFRS und US-GAAP, IRZ 2013, 223, 223; Scheffler, AG-Report 2013, R 203, R 203.

601 Deloitte, IFRS fokussiert, Leasingverhältnisse zur Wiedervorlage, S. 9; Deloitte, IASB veröffentlicht die lange erwarteten Vorschläge zur Leasingbilanzierung.

602 Müller/Lange, IRZ 2013, 275, 280; Hommel/Winter/Zicke, BB 2013, 1707, 1709.

603 Fülbier/Eckl/Fehr, WPg 2013, 853, 855.

604 Deloitte, IFRS fokussiert, Leasingverhältnisse zur Wiedervorlage, S. 6 und S. 9; Fischer, PiR 2013, 195, 196; Müller/Lange, IRZ 2013, 275, 280 f.

605 Nardmann/Heller, KoR 2013, 397, 397; der gesamte Leasingsaufwand, aus linearer Abschreibung des aktivierten Nutzungsrechts und abnehmendem Zinsaufwand der Leasingverbindlichkeit, entwickelt sich über die Laufzeit degressiv.

wobei bei einem separaten Ausweis im Anhang angegeben werden muss, in welchen Posten diese eingegangen sind.[606]

Im Gegensatz zur Bilanzierung beim Leasingnehmer, wo die Klassifizierung der Leasingverträge in Typ A und Typ B nur die Folgebewertung des Nutzungsrechts beeinflusst, unterscheidet sich die Bilanzierung auf Seiten des Leasinggebers bereits bei der Erstbewertung. Im Rahmen der Arbeit wird nur auf den Typ A eingegangen.

aa) Erstbewertung

Der Leasinggeber hat bei einem Typ-A-Leasingverhältnis den dem Leasingverhältnis zugrunde liegenden Vermögensgegenstand gemäß Ziffer 68 aus seiner Bilanz auszubuchen und bilanziert gleichzeitig eine Leasingforderung zum Barwert der geschätzten künftigen Leasingzahlungen sowie den Restwert des Leasinggegenstandes (*residual value*).[607] Der Restwert des Leasinggegenstandes wird in Höhe des Barwerts des Rückgabewerts des Leasinggegenstandes am Ende der Leasingvertragslaufzeit angesetzt, welcher dem wertmäßigen Anteil am Leasingobjekt entspricht, der nicht zur Nutzung überlassen wird und den Rückgabeanspruch des Vermögenswertes verkörpert.[608] Er soll – ausweislich der Begriffsdefinition in Appendix A – das beim Leasinggeber verbleibende Nutzungspotenzial aus dem Leasingobjekt im Abschluss abbilden.[609]

bb) Folgebewertung

Die Leasingforderung ist in der Folgebewertung gemäß ED/2013/6 Ziffer 76 lit. a und 84 um die zwischenzeitlich erhaltenen Leasingraten zu verringern und effektivzinskonform aufzuzinsen sowie auf eine mögliche Wertminderung nach

---

606 Deloitte, IFRS in Focus, IASB re-exposes proposals on lease accounting, S. 7; ED/2013/6 Ziffer 88 ff.; Müller/Lange, IRZ 2013, 327, 331.

607 KPMG, IASB veröffentlicht überarbeiteten Entwurf zur Bilanzierung von Leasingverträgen; Scheffler, AG-Report 2013, R 203, R 204; Fülbier/Eckl/Fehr, WPg 2013, 853, 856.

608 IASB, Nachrichten zu IFRS und US-GAAP, IRZ 2013, 223, 223; KPMG, IASB veröffentlicht überarbeiteten Entwurf zur Bilanzierung von Leasingverträgen; Geberth, GmbHR 2013, R 188, R 188; Deloitte, IASB veröffentlicht die lange erwarteten Vorschläge zur Leasingbilanzierung.

609 Müller/Lange, IRZ 2013, 327, 328, siehe dort auch genaue Ausführungen bzgl. der Berechnung des Residualvermögenswertes sowie Beispiele der Leasinggeberbilanzierung.

Ziffer 83 i. V. m. 85 zu überprüfen.[610] Der Restwert des Leasinggegenstandes erhöht sich um den im Geschäftsjahr anfallenden Aufzinsungsbetrag.[611] Der Restvermögenswert wird in den Folgeperioden ebenfalls ertragswirksam aufgezinst und um die erhaltenen Nutzungsanteile aufwandswirksam gemindert.[612] Zudem ist die Leasingverbindlichkeit zu jedem Bilanzstichtag auf Änderungen bei den Leasingraten und dem Zinssatz zu überprüfen.[613]

4) Kritische Analyse der Exposure Drafts „Leases"

Der ED/2013/6 hält an der wesentlichen Grundkonzeption des ED/2010/9 fest: Zukünftig finden sich alle Leasingverhältnisse in der Bilanz des Leasingnehmers und Leasinggebers, insbesondere auch die vormals als Operatingleasing qualifizierten Verträge.[614] Die Aufführung aller Leasingverhältnisse in der Bilanz baut Informationsdefizite ab und bietet einen vollständigen und umfassenden Überblick über die Vermögenslage des Unternehmens. Der Leasingnehmer hat aufgrund des *Right-of-use-Prinzips* keine Möglichkeit mehr, seine Schulden durch einen Nichtausweis bei einem Operatingleasing („*off-balance-sheet-Effekt*") in der Bilanz zu verbergen.[615] Aus Sicht des Leasinggebers führt die konsequente Anwendung des *Right-of-use-Ansatzes* dazu, dass er mit der Nutzungsüberlassung des Leasinggutes sein zivilrechtliches Eigentum unwiederbringlich überträgt und insofern einen Veräußerungsvorgang unter entsprechender Aktivierung eines Kaufpreisanspruches gegen den Leasingnehmer abzubilden hat.[616]

---

610 Scheffler, AG-Report 2013, R 203, R 204; Hommel/Winter/Zicke, BB 2013, 1707, 1712; IASB, Nachrichten zu IFRS und US-GAAP, IRZ 2013, 223, 223; Deloitte, IFRS fokussiert, Leasingverhältnisse zur Wiedervorlage, S. 11; Für weitere Details, insbesondere der Neubewertung von Zahlungen siehe: Deloitte, IASB veröffentlicht die lange erwarteten Vorschläge zur Leasingbilanzierung; Müller/Lange, IRZ 2013, 327, 329.

611 Scheffler, AG-Report 2013, R 203, R 204.

612 Fischer, PiR 2013, 195, 196; Deloitte, IASB veröffentlicht die lange erwarteten Vorschläge zur Leasingbilanzierung; Hommel/Winter/Zicke, BB 2013, 1707, 1712.

613 Deloitte, IFRS fokussiert, Leasingverhältnisse zur Wiedervorlage, S. 11.

614 Fischer, PiR 2013, 195, 196.

615 Vgl. auch Freidank/Velte, SuS 2012, 79, 83; Grunwald, Vergleich der Leasing-Bilanzierung nach IFRS und HGB, S. 15.

616 Kroner/Leuchtenstern/Ranker, KoR 2010, 532, 533.

a) Bilanzverlängerung inkl. Mehraufwand und Komplexität

Das *Right-of-use-Prinzip* und die damit verbundene Aufnahme der bisherigen Operatingleasinggeschäfte in die Bilanz führen zu einer Bilanzverlängerung.[617] Durch die Aktivierung des Nutzungsrechts und der Leasingverbindlichkeit wird die Bilanz um weitere Posten aufgestockt und damit verlängert. Diese Bilanzverlängerung wirkt sich unmittelbar auf die Bilanzkennzahlen aus.[618] Die Eigenkapitalquote sinkt, das EBIT verändert sich und der Verschuldensgrad des Leasingnehmers steigt wegen der höheren Fremdkapitalquote in seiner Bilanz; ebenso steigen die Anlagenintensität, das EBITA und der *Cashflow* aus betrieblicher Tätigkeit.[619] Mittelbar führt das *Right-of-use-Prinzip* zu einem erheblichen Bilanzierungsmehraufwand und organisatorischen Herausforderungen, da die Informationen zukünftig kontinuierlich gepflegt, überprüft und ergänzt werden sowie Wertminderungen Berücksichtigung finden.[620] Komplexitätsfördernd wirken zudem Abgrenzungsfragen, wenn vor allem einzelne Leasingkomponente getrennt und von Nicht-Leasingelementen separiert werden.[621] Die ungünstigen Auswirkungen auf wesentliche Bilanzkennzahlen und die Eigenkapitalquote - die für Banken ein wichtiger Bestandteil zur Einschätzung und Bewertung der Unternehmenslage ihrer Kreditnehmer geworden sind –, deren Verschlechterung die Unternehmen hinnehmen müssen, sind eine unvermeidbare Konsequenz des *Right-of-use-Ansatzes*.[622] Konsequenterweise

617 Tonner, Leasing im Steuerrecht, Kapitel 4 Abschnitt IV Rn. 24; Kirsch, DStZ 2011, 777, 780; Nemet/Hülsen/Adolph, FLF 2009, 198, 202.

618 Geberth, GmbHR 2013, R 188, R 188; vgl. auch von Oertzen/Esser, IRZ 2010, 479, 480.

619 Küting/Koch/Tesche, PiR 2010, 283, 287 f.; Gergs/Plötz, ÖBA 2012, 137, 138; Kroner/Leuchtenstern/Ranker, KoR 2010, 605, 605; Morfeld, in: Bohl/Riese/Schlüter, Beck'sches IFRS-Handbuch, § 22 Rn. 228; Tonner, Leasing im Steuerrecht, Kapitel 4 Abschnitt IV Rn. 24.

620 Kroner/Leuchtenstern/Ranker, KoR 2010, 605, 612 f.; Deloitte, IFRS fokussiert, Leasingverhältnisse zur Wiedervorlage, S. 13.

621 Fülbier/Eckl/Fehr, WPg 2013, 853, 857; Bundesverband Deutscher Leasing-Unternehmen e. V., Stellungnahme ED/2013/6, S. 5 f.

622 Gergs/Plötz, ÖBA 2012, 137, 138; Klar/Gädke, Der Konzern 2011, 28, 35; Pellens/Fülbier/Gassen/Sellhorn, Internationale Rechnungslegung, S. 692; Waziri, Auswirkungen Exposure Drafts 2010/09, S. 12; Kroner/Leuchtenstern/Ranker, KoR 2010, 605, 612; Leuchtenstern/Ranker/Henneberger, KoR 2011, 26, 34; Loitz/Leuchtenstern/Kroner, DB 2011, 1873, 1879; Kroner/Leuchtenstern/Ranker, KoR 2010, 605, 605.

führt der ED/2013/6 zu höheren Kosten für die Einrichtung und die fortlaufende Anwendung der komplexen neuen Regelungen.[623] Diese bereits aus dem ED/2010/9 erkennbaren Folgen haben sich auch nach dessen Überarbeitung im ED/2013/6 nicht wesentlich verringert. Im Vergleich zum ED/2010/9 hat sich die Komplexität im ED/2013/6 nur in zwei Punkten etwas reduziert: Zum einen wird die bilanzunwirksame Leasingbilanzierung für *short-term leases* beibehalten und zum anderen werden die Leasingvertragsoptionen nur bei Vorliegen eines wesentlichen wirtschaftlichen Anreizes ausgeübt.[624] Wann jedoch genau ein wirtschaftlicher Anreiz vorliegt, ist anhand von neuen Ermessensspielräumen zu entscheiden. Die Komplexität der Leasingbilanzierung wurde daher im Ergebnis durch die vereinfachten Bilanzierungsregeln nicht wirklich reduziert.[625]

Der Bundesverband deutscher Leasingunternehmen e. V. kritisierte in seinem Jahresbericht 2010/11 den Standardentwurf ED/2010/9 und wies auf den bevorstehenden Mehraufwand hin.[626] Er befürchtete stellvertretend für die deutsche Leasingbranche, dass Unternehmen zukünftig nicht mehr auf das Leasing als alternative Finanzierungsform zum Kauf zurückgreifen werden, da die Komplexität der Bilanzierung – zum einen in der Form der Erfassung aller Leasinggeschäfte und zum anderen in Anbetracht der Überprüfung der Verträge zum Bilanzstichtag, ob Fakten oder Umstände vorliegen, die auf eine wesentliche Änderung der Leasingverbindlichkeit hindeuten –[627] andere Vorteile des Leasings in den Schatten stellen würde.[628] So könnten Unternehmen z. B. daran interessiert sein, Leasingverträge mit vorzugsweise kurzer Laufzeit abzuschließen, um die bilanziellen Auswirkungen möglichst gering zu halten.[629] Die Bedenken können auf den ED/2013/6 übertragen werden. Für die Unternehmenspraxis ist jedoch anzunehmen, dass die Entscheidung, ob ein Vermögenswert geleast oder gekauft werden soll, wieder mehr von wirtschaftlichen Überlegungen und

623 Bundesverband Deutscher Leasing-Unternehmen e. V., Stellungnahme ED/2013/6, S. 2 und S. 6 f.

624 Fülbier/Eckl/Fehr, WPg 2013, 853, 857.

625 Fülbier/Fehr, WPg 2010, 1019, 1022.

626 Bundesverband Deutscher Leasing-Unternehmen e. V., Jahresbericht 2010/2011, S. 28 f.

627 Laubach/Findeisen/Murer, DB 2010, 2401, 2410.

628 Bundesverband Deutscher Leasing-Unternehmen e. V., Comment Letter zum Discussion Paper „Leases“, S. 2 f.; Leuchtenstern/Ranker/Henneberger, KoR 2011, 26, 34; Gergs/Plötz, ÖBA 2012, 137, 147.

629 Leuchtenstern/Ranker/Henneberger, KoR 2011, 26, 34.

weniger von der zu erwartenden Bilanzierungswirkung geleitet werden wird.[630] Das Leasing wird auch weiterhin für viele Unternehmen eine attraktive Finanzierungsvariante darstellen.[631]

b) Leasinglaufzeit

Im Vergleich zu der bisherigen Regelung des IAS 17 werden die Vorschläge der *Exposure Drafts* im Durchschnitt voraussichtlich zu längeren Leasingzeiten führen, da im Gegensatz zur jetzigen Situation auch hinreichend sichere Verlängerungs- und Kündigungsoptionen berücksichtigt werden, sofern ein signifikanter wirtschaftlicher Anreiz besteht. Der Begriff des „signifikanten Anreizes" wird allerdings nicht definiert. Der IASB führt lediglich an, dass mit der „Signifikanz" ein ähnlich hoher Schwellenwert verbunden sei, wie mit den Wahrscheinlichkeitsmaßstäben *„reasonably assured"* und *„reasonably certain"* aus existierenden Rechnungslegungsstandards und US-GAAP.[632] Aus Sicht des IASB ermöglicht das Kriterium des wirtschaftlichen Anreizes eine objektivere Beurteilung von Optionen, als dies durch eine sehr ermessensbehaftete Einschätzung durch die Geschäftsleitung[633] – wie sie etwa auch im Rahmen der Beurteilung von Kaufoptionen nach dem Kriterium des IAS 17.10 bei der Zeitwertermittlung aktuell vorliegt – möglich war.[634] Dennoch bleibt festzuhalten, dass die Optionen des ED/2013/6 – auch wenn sie im Gegensatz zum ED/2010/9 keiner wahrscheinlichkeitsgewichteten Leasinglaufzeit von über 50% bedürfen – ebenfalls einen unsicheren Gestaltungsspielraum eröffnen, welcher sich negativ auf die Vergleichbarkeit der Jahresabschlüsse auswirken könnte.[635]

---

630 Klar/Gädke, Der Konzern 2011, 28, 35; vgl. Leuchtenstern/Ranker/Henneberger, KoR 2011, 26, 34.

631 Klar/Gädke, Der Konzern 2011, 28, 35; begründet wird dies damit, dass einige Vorteile beim Leasing trotz der geänderten Bilanzierung bestehen bleiben. Hierbei handelt es sich z. B. um die Objektexpertise des Leasinggebers sowie Serviceleistungen, die der Leasingnehmer nicht selbst übernehmen möchte.

632 ED/2013/6 BC140; Hommel/Winter/Zicke, BB 2013, 1707, 1708.

633 ED/2013/6 BC127 und BC140.

634 Müller/Lange, IRZ 2013, 275, 282; vglbar Kümpel/Becker, DStR 2006, 1471, 1477; Heuser/Theile, IFRS-Handbuch, Rz. 1315.

635 Ausgangssituation ist vgl. mit dem ED/2010/9, siehe daher auch Laubach/Findeisen/Murer, DB 2010, 2401, 2410.

c) Kritik an der Leasinggeberbilanzierung nach ED/2010/9 und Ansatz in ED/2013/6

Der hybride Ansatz und die Aufteilung in den *Performance-Obligation-Approach* und den *Derecognition-Approach* der Leasinggeberbilanzierung im ED/2010/9 wurden heftigst kritisiert. Sie erinnerten an den gegenwärtigen *Risk-and-Reward-Ansatz* und die Unterscheidung zwischen Finanzierungsleasing und Operatingleasing, von der Abstand genommen werden sollte.[636] Insbesondere dem *Performance-Obligation-Konzept* wurde bei den Stellungnahmen zum ED/2010/9 vorgeworfen, dass es sich selbst in Widersprüche verstricke. Die gleichzeitige Passivierung einer Leistungsverbindlichkeit und die Aktivierung einer Forderung auf Erhalt der Leasingraten sind in sich widersprüchlich und führen zu einer Unvereinbarkeit mit den *asset-* und *liability*-Definitionen im IAS/IFRS-Framework.[637] Kommt man zu dem Ergebnis, dass der Leasinggeber seine Verpflichtungen noch nicht erfüllt hat, wenn er dem Leasingnehmer das Objekt zur Verfügung stellt, hat der Leasinggeber auch keinen unbedingten Anspruch auf Erhalt der Leasingzahlungen und der Leasingnehmer keine unbedingte Verpflichtung zur Zahlung der Raten, sodass es sich um einen beidseitig noch nicht erfüllten Vertrag (*executory contract*) handelt, der beim Leasinggeber mit dem Saldo der gegenseitigen Ansprüche und Verbindlichkeiten anzusetzen ist.[638] Hat der Leasinggeber dagegen seine Verpflichtung erfüllt, so entstehen zwar hinsichtlich der künftigen Leasingzahlung eine Forderung auf Leasingzahlung beim Leasinggeber sowie eine Aktivierung eines Nutzungsrechts und die Passivierung einer Leasingverbindlichkeit beim Leasingnehmer; es gibt jedoch keinen Anlass für den Leasinggeber, eine Leistungsverbindlichkeit anzusetzen.[639] Eine solche bilanzierte Schuld entsteht aus keiner gegenwärtigen Verpflichtung des bilanzierenden Unternehmens. Sie beruht vielmehr auf einem Ereignis in der Vergangenheit und ihre Erfüllung ist für das Unternehmen erwartungsgemäß mit einem Abfluss von Ressourcen mit wirtschaftlichem Nutzen verbunden.[640] Durch den Ausweis einer Leistungsverbindlichkeit in der Bilanz des Leasinggebers wird impliziert, dass der Leasinggeber gerade nicht

636 Schmidt/Hartmann-Wendels/Adolph, IRZ 2011, 19, 28.

637 Schmidt/Thiele, KoR 2010, 254, 263; Schmidt/Hartmann-Wendels/Adolph, IRZ 2011, 19, 27.

638 Schmidt/Hartmann-Wendels/Adolph, IRZ 2011, 19, 27.

639 Jung/Ruthardt/Hermens, IRZ 2011, 199, 202; Schmidt/Hartmann-Wendels/Adolph, IRZ 2011, 19, 27.

640 Baetge/Graupe, IRZ 2010, 477, 478.

seine Leistung zu Beginn des Leasingverhältnisses vollständig erfüllt, sondern konstant über die Leasinglaufzeit erbringt.[641]

Von der Idee des hybriden Modells wurde im ED/2013/6 Abstand genommen und stattdessen eine einheitliche Bilanzierung entsprechend dem Leasingtyp eingeführt. Insgesamt ist die Handhabung der Leasinggeberbilanzierung im Bezug zur Leasingnehmerbilanzierung des ED/2013/6 einheitlicher, wenn auch nicht ganz konsequent. Der Leasinggeber bucht die Verbindlichkeit eines Vermögenswertes, wohingegen der Leasingnehmer nur ein an der Sache erhaltenes Nutzungsrecht und nicht die Sache selbst ansetzt.[642] Das Leasingobjekt an sich wird nicht mehr in der Bilanz aufgeführt, sodass sich die Frage stellt, was hiermit geschehen ist.[643]

d) Kritik an der Leasingnehmerbilanzierung im ED/2013/6

Einige wesentliche Problemfelder des ED/2010/9 wurden ungelöst in den ED/2013/6 übernommen. Hierzu gehört die Frage der Folgebewertung der *Right-of-use-assets* und *Right-of-use-liabilitie*s, die wiederum Einfluss auf die Aufwandserfassung beim Leasingnehmer haben und zu einem degressiven Verlauf des Leasingaufwands führen.[644] Leasingverhältnisse vom Typ A werden nach dem sog. *„interest and amortisation"-Ansatz* bilanziert; d. h., die Aufwendungen aus der planmäßigen Abschreibung des Leasingobjekts und der Anwendung der Effektivzinsmethode auf die Leasingverbindlichkeit werden gesondert in der Gewinn- und Verlustrechnung erfasst, was stets zu einer insgesamt degressiven Aufwandserfassung führt[645] und vergleichbar mit der derzeitigen Aufwandserfassung im Finanzierungsleasing ist.[646] Die Folge ist die Vorverlagerung der Leasingaufwendungen, da der Zinsanteil und die Abschreibungen auf das aktivierte Nutzungsrecht in der Regel am Anfang höher sein werden, als

---

641 Jung/Ruthardt/Hermens, IRZ 2011, 199, 202.

642 Hommel/Winter/Zicke, BB 2013, 1707, 1711.

643 Hommel/Winter/Zicke, BB 2013, 1707, 1711.

644 Bundesverband Deutscher Leasing-Unternehmen e. V., Jahresbericht 2011/2012, S. 28.

645 Nardmann/Heller, KoR 2013, 397, 397.

646 Deloitte, IFRS fokussiert, Leasingverhältnisse zur Wiedervorlage, S. 6 und S. 9; IASB, Nachrichten zu IFRS und US-GAAP, IRZ 2013, 223, 223; KPMG, IASB veröffentlicht überarbeiteten Entwurf zur Bilanzierung von Leasingverträgen; Barckow, BB 2013, Heft 23, Die Erste Seite; Hommel/Winter/Zicke, BB 2013, 1707, 1710.

die bisher erfassten jährlich konstanten Leasingzahlungen.[647] Kritisch ist hierbei, dass der Leasingnehmer in fast allen Fällen gar nicht die Absicht hat, das Leasingobjekt zu finanzieren, sondern lediglich eine Dienstleistung mit einer linearen Aufwandserfassung in Anspruch nehmen wollte.[648] Bezug nehmend auf die Inkonsequenz der Leasinggeberbilanzierung hinsichtlich des Ansatzes des Vermögensgegenstandes gibt der *Board* vor, dass der Bilanzierende die Herrschaft an einem Nutzungsrecht ausübt und nicht an dem Nutzungsobjekt selbst.[649] Dies zeigt, dass unklar ist, was der eigentliche Bilanzierungsgegenstand ist. Grundsätzlich muss man aber für eine wirksame Nutzung eines Objekts das Objekt selbst beherrschen, bestimmen und verbrauchen, und nicht das Nutzungsrecht.[650] Insofern ist der Ansatz des ED/2013/6 inkonsequent.

e) Anwendungsbereich des Leasingstandards nach ED/2013/6

Die Einführung einer „Anwendungsdefinition" zur Eröffnung des Standards – um andersartige Verträge von der Anwendung dieser Rechnungslegungsnorm auszuschließen – ist zu begrüßen. Hierdurch wird genau definiert, welche Geschäfte unter den Leasingstandard fallen und welche Geschäfte vom *Right-of-use-Prinzip* erfasst werden. Jedoch enthält die Anwendungsdefinition auch einige Ermessens- und Beurteilungsspielräume, indem sie einen konkreten Vermögenswert und die Bestimmungsgewalt über die Nutzung des Leasinggegenstandes voraussetzt. Hierdurch könnten manche Leasinggeschäfte um den Standard „herumgeführt" werden. Jedoch sind diese Ermessensspielräume notwendig, um alle Konstellationen des Leasings zu erfassen. Mit ihrer Hilfe wird der Anwendungsbereich des Standards erweitert und nicht eingeschränkt, was im Hinblick auf die Informationsfunktion der Bilanz positiv ist.

f) Klassifizierung in Leasingverhältnisse des Typs A und Typs B

Die Klassifizierung der Leasingverhältnisse in Typ A und Typ B erscheint als ein gelungener Ansatz, der mit der deutschen Unterteilung der Leasingerlasse in Mobilien- und Immobilienleasingerlasse vergleichbar ist. Insbesondere die

---

647 Vgl. Laubach/Findeisen/Murer, DB 2010, 2401, 2410, Argument ist vom ED/2010/9 auf den ED/2013/6 übertragbar, da dieser Punkt identisch geblieben ist.
648 Barckow, BB 2013, Heft 23, Die Erste Seite.
649 Hommel/Winter/Zicke, BB 2013, 1707, 1710; vgl. ED/2013/6 BC 118.
650 Hommel/Winter/Zicke, BB 2013, 1707, 1710.

Klassifizierungseinteilung anhand der Bemessung des Verbrauchs des Leasinggegenstandes könnte auf Leasingnehmer- und Leasinggeberseite zu einheitlichen Bilanzierungen und einer verbesserten Vergleichbarkeit der Abschlüsse führen. Auf der anderen Seite vermeidet der Standardsetzer jedoch durch die Begriffe „wesentlich" und „unwesentlich" bewusst eine Quantifizierung[651] und setzt bei der Klassifizierung der Leasingverhältnisse das Verhältnis des Barwerts der Leasingzahlungen zum *fair value* des Vermögenswertes sowie die Laufzeit des Leasingverhältnisses zur gesamten bzw. verbleibenden Nutzungsdauer des Vermögenswerts in Beziehung.[652] Diese beiden präzisierenden Kriterien der Klassifizierung sind bereits aus dem IAS 17 bekannt und erinnern stark an die Kriterien des IAS 17.10 und IAS 17.11 und die bekannten Probleme.[653] Die Einführung der im Prinzip bekannten, für reformbedürftig erklärten Ermessensentscheidungen erscheint im Hinblick auf das Ziel der Vereinfachung der Leasingbilanzierung seltsam.[654] Statt der Unterscheidung zwischen Finanzierungs- und Operatingleasing wurden die Gestaltungsspielräume nur auf eine andere Ebene – der Unterscheidung zwischen Typ A oder Typ B – verschoben. Die Problematik ist damit im Prinzip identisch geblieben, auch wenn durch die Einordnung in Immobilien und Nicht-Immobilien weniger selbstbegünstigende Konstellationen zu erwarten sein werden. Allerdings bleibt es im Ermessen des Bilanzierenden, auf welche Leasingkomponente er abstellt, welchen Verbrauch er ansetzt und welcher Komponente er – z. B. bei einer Unterteilung in Haupt- und Nebenkomponenten – den Vorrang einräumt.

Im Rahmen der Stellungnahmen zum ED/2013/6 hat die EFRAG Bedenken geäußert und spricht sich für eine abermalige konzeptionelle Überarbeitung des Entwurfs aus.[655] Sie kritisiert den neuen zweigleisigen Ansatz beim Leasingnehmer in Form des Typ-A- und Typ-B-Leasings. Dieser würde aufgrund der im Ermessen stehenden Einstufung bei den zu bilanzierenden Unternehmen zu mehr Verwirrung führen.[656]

---

651 Tonner, Leasing im Steuerrecht, Kapitel 4 Abschnitt IV Rn. 27; Hommel/Winter/Zicke, BB 2013, 1707, 1708.

652 Nardmann/Heller, KoR 2013, 397, 401 f.

653 Müller/Lange, IRZ 2013, 275, 282; Fülbier/Eckl/Fehr, WPg 2013, 853, 857; Nardmann/Heller, KoR 2013, 397, 402.

654 Fülbier/Eckl/Fehr, WPg 2013, 853, 857.

655 Freiburg/Schubert, Pressemitteilung vom 18. Juli 2013, Leasing: EFRAG für Überarbeitung des Standardentwurfs; ebenfalls ablehnend Bundesverband Deutscher Leasing-Unternehmen e. V., Stellungnahme ED/2013/6.

656 Freiburg/Schubert, Pressemitteilung vom 18. Juli 2013, Leasing: EFRAG für Überarbeitung des Standardentwurfs.

g) Fazit

Zusammenfassend ist zu sagen, dass der *Right-of-use-Ansatz* durch den Abbau von Informationsdefiziten dem Vollständigkeitsprinzip gerecht wird und trotz der Komplexität und des Mehraufwandes ein umfassendes Bild der Vermögens-, Finanz- und Ertragslage des Unternehmens dokumentiert; jedoch enthält er noch einige Unklarheiten und „Kinderkrankheiten", die Zweifel lassen, ob mit dem Ansatz tatsächlich eine Informationsverbesserung eintritt, die den Aufwand und die Komplexität rechtfertigt. Zum Beispiel bestimmt nicht das Geschehen auf der Aktivseite die Bilanzierung auf der Passivseite, sondern die Zahlungsverpflichtung ist der Treiber des Ansatzes auf der Aktivseite.[657] Auch die Transparenz der Bilanz leidet weiterhin an den subjektiven Gestaltungsspielräumen, die nur auf andere Ebenen verschoben wurden. Zu nennen sind hierbei insbesondere die Gestaltungsspielräume sowohl bei der Bestimmung der Leasinglaufzeit und der Bestimmung der hinreichenden Wahrscheinlichkeit des Optionseintritts als auch bei der Klassifizierung der Leasingtypen, die mit den aktuellen Kriterien der IAS 17.10 und IAS 17.11 vergleichbar sind; ferner bei der Festlegung des Diskontierungszinssatzes sowie bei der Eröffnung des Anwendungsbereichs des Standards. Ziel des neuen Standards war die Abschaffung möglicher Ermessensspielräume, was im ED/2013/6 nicht erreicht werden konnte. Es bleiben auch weiterhin erhebliche Spielräume im Leasingstandard erhalten, die die Frage offen lassen, ob sich die Umgestaltung des Leasingstandards im Ganzen lohnt. Der Gewinn an zusätzlichen Informationen könnte ggf. auch über die Auflistung in einem Bilanzanhang erreicht werden, wie es im deutschen Recht üblich ist. Die Informationsfunktion kommt nicht allein der Bilanz, sondern dem Jahresabschluss im Ganzen zu, sodass eine Auflistung im Bilanzanhang nicht der Grundkonzeption der IAS/IFRS entgegensteht, und die Darstellung dem Adressaten unter Umständen auch mehr entgegenkommt, als eine reine zahlenmäßige Angabe.[658]

Im Ganzen ist der ED/2013/6 jedoch eine Verbesserung zu seinem *Exposure Draft-Vorgänger* und eine mögliche Variante zur besseren und effektiveren

657 Barckow, BB 2013, Heft 23, Die Erste Seite.

658 Figge, in: Küting/Weber, Wertorientierte Konzernführung, S. 173; Fahrholz, Leasing in der Bilanz, S. 6; Bieg, StuW 1976, 339, 341 f.; a. A. Küting/Hellen/Brakensiek, BB 1998, 1465, 1473; Friederich, Grundsätze ordnungsgemäßer Bilanzierung für schwebende Geschäfte, S. 9 f.; Fabri, Grundsätze ordnungsgemäßer Bilanzierung entgeltlicher Nutzungsverhältnisse, S. 144.

Bilanzierung der Leasingverhältnisse auf internationaler Ebene. Allerdings bleibt abzuwarten, wie die Gestaltungsmöglichkeiten in der Praxis gehandhabt und ggf. zum Vorteil in die eine oder andere Richtung ausgenutzt werden, um ein abschließendes Bild abgeben zu können. Konfliktpotenzial ist vorhanden.

F) Vereinbarkeit des Right-of-use-Prinzips mit der deutschen Handels- und Steuerbilanz

Die internationalen Rechnungslegungsstandards sind auf dem Vormarsch. Bislang sind sie nur verpflichtend auf den Konzernabschluss kapitalmarktorientierter Unternehmen anzuwenden. Im Hinblick auf das Ziel eines vereinheitlichten Binnenmarktes sowie einer weitergehenden Europäisierung – auch in Bezug auf die Rechnungslegungssysteme –, ist es nur eine Frage der Zeit, bis die IAS/IFRS in den deutschen Einzelabschluss vordringen. Es muss aber überlegt werden, ob die durch den ED/2013/6 geplanten Änderungen der IAS/IFRS im Bereich der Leasingbilanzierung – insbesondere das *Right-of-use-Prinzip* – und die damit verbundenen Zielrichtungen mit dem deutschen Recht vereinbar sind. Insofern könnte ein erheblicher Widerspruch vorliegen. Das im Rahmen des BilMoG verfolgte Ziel des Gesetzgebers, ein den IAS/IFRS gleichwertiges Handelsbilanzrecht zu schaffen, bezog sich vornehmlich auf nicht-kapitalmarktorientierte Unternehmen. Allein bei diesen besteht eine direkte Konkurrenz zwischen dem HGB und den IAS/IFRS, da sie gemäß § 315a Abs. 3 HGB das Wahlrecht haben, den Konzernabschluss nach handelsrechtlichen oder internationalen Rechnungslegungsnormen zu erstellen.[659] Bei der Wahl zur Offenlegung des Einzelabschlusses gemäß § 325 Abs. 2a HGB nach den internationalen Standards blieb es hingegen bei der Pflicht, einen handelsrechtlichen Einzelabschluss zu Ausschüttungszwecken aufzustellen.

I) Festlegung des Überprüfungsrahmens

Zunächst ist festzulegen, ob und in welchem Rahmen eine Überprüfung der Vereinbarkeit des internationalen *Right-of-use-Approachs* mit der deutschen Handels- und Steuerbilanz möglich ist.

1) „Anwendungsbereich“ der Überprüfung

Eine Überprüfung der Vereinbarkeit des *Right-of-use-Approachs* mit der deutschen Handels- und Steuerbilanz kann nur erfolgen, soweit das europäische Recht die Anwendung der internationalen Rechnungslegungsvorschriften

659 Torabian, Bilanzielle Bewertung von Finanzinstrumenten, S. 14 f.

nicht vorschreibt. Wird die Anwendung wie im Fall der Konzernabschlüsse kapitalmarktorientierter Unternehmen gemäß Art. 4 IAS-Verordnung von der Europäischen Union verpflichtend angeordnet, ist eine Überprüfung in Form der Vereinbarkeit mit den deutschen Rechnungslegungsvorschriften ausgeschlossen. Für jene Unternehmen sind die IAS/IFRS auf Grund der IAS-Verordnung gemäß Art. 288 Abs. 2 AEUV unmittelbar bindend. Mithin begrenzt sich die Untersuchung auf die Bereiche der Mitgliedstaatenwahlrechte, in denen die Umsetzung in nationales Recht freigestellt ist und beschränkt sich damit auf die Konzernabschlüsse, die nicht von der IAS-Verordnung erfasst werden sowie den Einzelabschluss. Im Rahmen der vorliegenden Arbeit wird nur auf die Übertragbarkeit des *Right-of-use-Approachs* auf den handelsrechtlichen Einzelabschluss und die Steuerbilanz eingegangen. Die Vereinbarkeit mit den Konzernabschlüssen wird nicht betrachtet.

2) Maßstäbe der Beurteilung

Deutschland könnte von dem in Art. 5 lit. b IAS-Verordnung gewährten Mitgliedstaatenwahlrecht Gebrauch machen und die Anwendung der IAS/IFRS und damit des *Right-of-use-Approachs* für den deutschen Einzelabschluss für verbindlich erklären, sofern hierdurch keine Nachteile entstünden. Generell bieten Mitgliedstaatenwahlrechte die Möglichkeit, das nationale Recht behutsam und in gewissen Maßen flexibel an den in der Richtlinie oder der Verordnung fixierten Regelungsstand anzupassen und die neue Regelung bruchlos in das existierende Normgefüge einzupassen.[660] Bei der Ausübung und Ausgestaltung der Mitgliedstaatenwahlrechte ist der jeweilige nationale Gesetzgeber frei und kann nach seinem Ermessen entscheiden, ob er den Anwenderkreis für eine IAS/IFRS-Rechnungslegung über den Pflichtanwenderkreis der IAS-Verordnung hinaus erweitert, die Anwendung durch Einräumung von Wahlrechten unterstützt oder die Bilanzierung nach IAS/IFRS auf den Pflichtanwenderkreis der IAS-Verordnung beschränkt.[661]

Vor einer möglichen Umsetzung der Mitgliedstaatenwahlrechte hat der deutsche Gesetzgeber Überlegungen anzustellen, ob eine Änderung der aktuellen

---

660 Timmermans, RabelsZ 48 (1984), S. 10; Kirchner/Schwartze, WPg 1985, 397, 403.

661 Kozikowski/Kreher, in: Beck'scher Bilanz-Kommentar, § 315a HGB Rn. 6; Hahne, DStR 2008, 910, 911; Senger/Brune, in: Münchener Kommentar zum Bilanzrecht, Band 2, § 315 a HGB Rn. 13; Wendlandt/Knorr, KoR 2005, 53, 54 ff.

Lage diskutabel ist.[662] Hierzu hat er – vergleichbar mit dem Verfahren der Umsetzung nationaler Wahlrechte von Richtlinien, da in beiden Fällen die Umsetzung offen definiert und dem Mitgliedstaat an die Hand gegeben wird – eine intensive „Kosten-Nutzen-Abwägung" vorzunehmen und hierbei die Einheitlichkeit der Kapitalmärkte mit harmonisierten, transparenten Rechnungslegungsregeln sowie die Bedürfnisse und Traditionen der nicht kapitalmarktorientierten Unternehmen gegeneinander abzuwägen.[663] Im Rahmen dieser Entscheidung muss auch untersucht werden, inwieweit der im deutschen Recht verwirklichte Gläubigerschutz durch die Einführung der IAS/IFRS und speziell des *Right-of-use-Prinzips* gewährleistet werden kann, ob die nationalen, bilanziellen Grundprinzipien gewahrt werden und welche bilanziellen Auswirkungen sich bei einer Einführung ergeben. Da sich die Änderung einer handelsrechtlichen Bilanzierungsvorschrift automatisch über das Maßgeblichkeitsprinzip auf die Besteuerung durchschlägt, muss der deutsche Gesetzgeber bei der Abwägung auch die möglichen Änderungen des Steuerrechts und die steuerlichen Auswirkungen berücksichtigen.[664] Dieser Prüfung sind die nationalen Besteuerungsprinzipien zu Grunde zu legen.[665] Verstoßen einzelne IAS/IFRS-Regelungen oder Aspekte des *Right-of-use-Prinzips* dagegen, kommt es insoweit zu einer Durchbrechung des „neuen Maßgeblichkeitsprinzips".[666] Sofern die Anzahl dieser Ausnahmen begrenzt ist, ergibt sich kein Nachteil im Vergleich zur derzeitigen Rechtslage, in der ebenfalls nur modifizierte Einheitsbilanzen erstellt werden können.[667]

Im Hinblick auf die Einführung des *Right-of-use-Approachs* auf den handelsrechtlichen Einzelabschluss und die Steuerbilanz sind daher neben den allgemeinen Auswirkungen auf die Unternehmen die Vereinbarkeit des ED/2013/6 mit den handels- und steuerrechtlichen Grundprinzipien und GoB zu überprüfen, Auswirkungen auf den gerichtlichen Rechtsschutz und die Auslegungskompetenz zu begutachten und inhaltliche Spannungen aufzuspüren und abzuwägen.

---

662 Knobbe-Keuk, EuR 1979, 312, 317.

663 Prinz, DStR 2003, 1359, 1361 f.; Vgl. dazu mit empirischen Nachweisen Mandler, KoR 2003, 143, 144 ff.; Siehe ergänzend auch Buchholz, DStR 2002, 1280, 1280 f.; Marten/Schlereth/Crampton/Köhler, BB 2002, 2007, 2007.

664 Küntzel, Das neue Bilanzrecht, Grundlagen und Ziele sowie aktien- und steuerrechtliche Probleme der EG-Bilanzrichtlinie, S. 132; Knobbe-Keuk, EuR 1979, 312, 317.

665 Heyd, ZfB 2001, 371, 378; Buchholz, DStR 2002, 1280, 1281.

666 Buchholz, DStR 2002, 1280, 1281;

667 Buchholz, DStR 2002, 1280, 1281;

II) Vergleich der Rechnungslegungssysteme im Bereich der Leasingbilanzierung

In den Kapiteln „C“, „D“ und „E“ wurde die Bilanzierung der Leasingverhältnisse nach den deutschen und internationalen Rechnungslegungsvorschriften erläutert. Der Vergleich der Bilanzierungsvorschriften zeigt, dass die aktuelle Leasingbilanzierung des IAS 17 der der deutschen Handels- und Steuerbilanz ähnelt. In allen drei Rechnungslegungssystemen erfolgt die Zurechnung des Leasingobjekts zum wirtschaftlichen Eigentümer. Ferner werden die Fälle des Spezialleasings sowie der Optionsmöglichkeiten, z. B. Kauf- oder Mietverlängerungsoptionen, unterschieden. Zwar orientieren sich die Kriterien der internationalen Rechnungslegung verstärkt am *fair value*, d. h. dem Verkehrswert des Leasinggegenstandes, wogegen das deutsche Recht und die deutsche Finanzverwaltung am Restbuchwert festhalten; jedoch verläuft die Bilanzierung ansonsten, auch im Vergleich zum bilanziellen Ausweis von Operatingleasingverträgen, parallel.

Mit Blick auf den ED/2013/6 wird deutlich, dass die internationalen Regelungen einen anderen Weg einschlagen. Insbesondere durch den *Right-of-use-Ansatz* differieren die Bilanzen auf nationaler und internationaler Ebene. Während die nationalen Regelungen auch nach dem BilMoG an der Zurechnung des Leasingobjekts zum wirtschaftlichen Eigentümer festhalten, entfernen sich die IAS/IFRS von der Risiken- und Chancenzuordnung und schlagen einen anderen Weg ein. Hierdurch kommt die momentan bestehende Parallelität der handelsrechtlichen und internationalen Rechnungslegung ins Wanken. Indem sich zusätzlich die Steuerbilanz immer mehr von der Handelsbilanz löst,[668] existieren mehr oder weniger drei selbstständige Rechnungslegungssysteme.[669] Im Folgenden werden die Unterschiede der Rechnungslegungssysteme an den wesentlichsten Punkten dargestellt.

668 Vgl. z. B. die Einschränkung der Teilwertabschreibung und die Beschränkung der Rückstellungsbildung durch das Steuerentlastungsgesetz 1999/2000/2002; Bedeutungen der handelsrechtlichen Bilanzierungswahlrechte für das Steuerrecht, Aufgabe der umgekehrten Maßgeblichkeit im Rahmen des BilMoG und die Einführung bestimmter, vorrangiger Steuervorschriften (z. B. § 5b EStG); vgl. Weber-Grellet, BB 1999, 2659, 2662.

669 Kirsch, DStZ 2004, 470, 472.

1) Zurechnung des Leasinggegenstandes zum Leasingnehmer oder Leasinggeber

a) Aktuelle Leasingbilanzierung

Die aktuelle Leasingbilanzierung erfolgt sowohl auf deutscher als auch auf internationaler Ebene entsprechend der Unterscheidung in Finanzierungs- und Operatingleasing sowie der Zurechnung des Leasinggegenstandes zum Leasinggeber oder Leasingnehmer. Entscheidend ist dabei zum einen die Zurechnung des wirtschaftlichen Eigentums (deutsches Handels- und Steuerrecht) und zum anderen die Verteilung der Chancen und Risiken gemäß IAS 17.10 und IAS 17.11 (IAS/IFRS). Diese Zurechnung führt auf internationaler Ebene vermehrt zu einer Zurechnung des Leasinggegenstandes zum Leasingnehmer, wogegen im deutschen Recht – das auf den Nutzen nach Beendigung der Vertragslaufzeit abstellt – nach den steuerrechtlichen Leasingerlassen sowie nach den handelsrechtlichen Rechnungslegungsvorschriften die Zuordnung des wirtschaftlichen Eigentums zum Leasinggeber die Regel ist.[670] Trotz dieser Zurechnungsunterschiede erfolgt die Bilanzierung im deutschen und internationalen Recht sehr ähnlich. Wird im deutschen Recht das Leasingobjekt dem Leasinggeber zugeordnet, hat jener gemäß dem sog. „*All-or-nothing-Prinzip*" den Gegenstand weiterhin in der Bilanz auszuweisen. Der Leasingnehmer bilanziert das Leasinggeschäft dagegen als schwebendes Geschäft, welches nach dem Grundsatz der Nichtbilanzierung schwebender Geschäfte nicht in Erscheinung tritt.[671] Die Handhabung ist auch im internationalen Recht bei einer Zurechnung des Leasinggutes zum Leasinggeber nach dem *Risk-and-Reward-Ansatz* identisch. In beiden Fällen darf der Leasingnehmer das Leasingobjekt, bedingt durch den Grundsatz der Nichtbilanzierung schwebender Geschäfte, nicht in der Bilanz ansetzen (sog. *off-balance-sheet-Effekt*).

b) Verfahren gemäß dem ED/2013/6

Der ED/2013/6 läutet einen Umbruch in der bestehenden Leasingbilanzierung ein. Durch ihn wird die Frage einer Bilanzierung im Rahmen der globalisierten Märkte auf eine Probe gestellt, was einen Paradigmenwechsel in der deutschen

670 Baetge/Kirsch/Thiele, Bilanzen, S. 668; Küting/Hellen/Brakensiek, BB 1998, 1465, 1470; Loitz/Leuchtenstern/Kroner, DB 2011, 1873, 1875.

671 Vgl. die Gliederungspunkte C) IV) 2) b) und D) II) 1) c).

Rechnungslegung zufolge haben könnte. Der ED/2013/6 führt eine umfassend neue Vorgehensweise ein. Entgegen dem aktuellen Standard, nach dem alle Bilanzierungskonzepte auf das wirtschaftliche Eigentum sowie die Verteilung der Risiken und Chancen aus dem Leasingobjekt abstellen, wird nunmehr jedes Nutzungsrecht in der Bilanz des Leasingnehmers aktiviert. Der Leasinggeber muss den Gegenstand ausbuchen, auch wenn er wirtschaftlich gesehen noch der Eigentümer des selbigen ist. Von der Unterscheidung zwischen Finanzierungs- und Operatingleasing wurde Abstand genommen.

Die geplante Bilanzierung nach dem ED/2013/6 ist im Vergleich zu den deutschen Leasingerlassen viel unpräziser. Die deutschen Leasingerlasse regeln eine Vielzahl unterschiedlicher Vertragsvarianten in Form der Voll- und Teilamortisation mit und ohne weitere Optionen und Optionsrechte, wie z. B. Kauf- und Verlängerungsoption, Andienungsrechte, etc.[672] Die Konstellationen der Leasingerlasse sind genau beschrieben und dadurch quantifizierbar, weshalb man einen besseren Überblick erhält und eine konkretere, auf den Sachverhalt zugeschnittene Bilanzierung zulässig wird.[673] Der *Exposure Draft* führt dagegen alle Nutzungsrechte in der Bilanz des Leasingnehmers auf und unterscheidet nicht nach den verschiedenen Varianten und Optionen. Zwar sind bei der Bestimmung der Leasinglaufzeit optionale Zeiträume, die einen wesentlichen wirtschaftlichen Anreiz zur Verlängerung oder Beendigung des Leasingverhältnisses beinhalten, zu berücksichtigen,[674] jedoch ist es im Ergebnis unbeachtlich, wem der Gegenstand wirtschaftlich zugerechnet wird. Jedes Leasingverhältnis wird in der Bilanz des Leasingnehmers angesetzt, unabhängig davon, ob es sich formal um ein Finanzierungs- oder Operatingleasing handelt, sprich, ob der Leasingnehmer als wirtschaftlicher Eigentümer anzusehen wäre oder nicht. Es erfolgt immer eine „Scheinübertragung“ zum Leasingnehmer, die eine Zurechnung des Nutzungsrechts bei ihm auslöst, unabhängig von anderen möglichen Interpretationsmöglichkeiten des Sachverhaltes und ohne Berücksichtigung der Vertragsausgestaltung. Dies führt – vorausgesetzt, das Nutzungsrecht kann mit den Begriffen des Vermögensgegenstandes und des Wirtschaftsguts im Handels- und Steuerrecht gleichgesetzt werden – im Bereich des deutschen Operatingleasings zu erheblichen Konflikten. Der sog. *off-balance-sheet-Effekt* im Fall des

672 Vgl. Gliederungspunkt C) III).

673 Hinsichtlich der möglichen Aufgabe der Leasingerlasse zugunsten des Right-of-use-Ansatzes sowie einer Abwägung der Systeme vgl. Gliederungspunkt F) VI).

674 Vgl. Gliederungspunkt E) III) 3) d); entscheidend für die Bestimmung des wesentlichen Anreizes sind vertrags-, vermögenswert- und unternehmensspezifische sowie marktspezifische Faktoren, vgl. hierzu bzgl. Konkretisierungen ED/2013/6 B5.

Operatingleasings entfällt. Der ED/2013/6 würde stattdessen jedes Leasingverhältnis als Finanzierungsleasing behandelt, was diametral im Widerspruch zur deutschen Bilanzierung des Operatingleasings steht.

c) Zusammenfassung

Im Bereich des Finanzierungsleasings bestünde auch nach der endgültigen Übernahme und Verabschiedung des ED/2013/6 in die internationalen Rechnungslegungsstandards weiterhin eine Übereinstimmung der internationalen und deutschen Rechnungslegungskonzepte. Nur im Bereich des Operatingleasings divergieren die beiden Systeme. Anstatt des *off-balance-sheet-Effekts* und der Anwendung des Grundsatzes der Nichtbilanzierung schwebender Geschäfte auf die Bilanz des Leasingnehmers erfolgt immer der Ansatz eines Nutzungsrechts auf Leasingnehmerseite. Da das Operatingleasing im deutschen Recht jedoch einen erheblichen Teil der Leasingverhältnisse ausmacht, sind die Änderungen und die möglichen Auswirkungen bei einer Übernahme der IAS/IFRS in deutsches Recht nicht zu vernachlässigen.

Fraglich ist, ob die *off-balance-sheet-Bilanzierung* im deutschen Recht erhalten bleibt und die internationalen Regelungen keine Anwendung auf den Einzelabschluss finden oder ob sich die deutsche Leasingbilanzierung, besonders unter den Gesichtspunkten der Harmonisierungsbestrebungen des ED/2013/6 und der Abstandnahme von der aktuellen Unterscheidung zwischen Finanzierungs- und Operatingleasing, den internationalen Vorschriften anschließt.

2) Erfassung unrealisierter Geschäfte

Auch die Erfassung unrealisierter Geschäfte divergiert in den Bilanzen. Übereinstimmend werden Risiken und Verluste vor ihrer Realisierung gemäß dem Imparitätsprinzip sowohl in der Handels- und Steuerbilanz als auch in der IAS/IFRS-Bilanzierung erfasst.[675] Anders sieht es dagegen auf der Aktivseite aus. Während im deutschen Handels- und Steuerrecht nicht realisierte Geschäfte zwingend gemäß dem Grundsatz der Nichtbilanzierung schwebender Geschäfte nicht aktiviert werden dürfen, um eine Bilanzaufblähung zu vermeiden, eine Vereinfachung herbeizuführen sowie den Ausweis nur „vollkommener" Geschäfte ohne weitere

675 Köhrle, IFRS-Einzelabschluss, S. 170; hinsichtlich der Kritisierung der Berücksichtigung unrealisierter Verluste im Steuerrecht siehe Weber-Grellet, DB 1994, 288, 291; Müller, DB 1996, 689, 694; Thiel, BB 1999, 828, 829.

Risiken zu gewähren,[676] ist der Grundsatz auf internationaler Seite nicht zwingend. Im Bereich des Leasings entschied das IASB nunmehr, dass durch die Erbringung und Übergabe des Leasinggegenstandes der Leasinggeber – auch bei einem Dauerschuldverhältnis – die Hauptleistung an den Leasingnehmer erbracht habe und das Geschäft damit in der Bilanz anzusetzen sei, auch wenn es noch nicht realisiert ist.[677] Zu Informationszwecken werden im deutschen Recht die unrealisierten Geschäfte bislang im Bilanzanhang aufgeführt, sodass sie im Jahresabschluss nicht fehlen, sondern lediglich nicht in der Bilanz aufgeführt werden.

3) Komplexität der Bilanzen nach nationalen und internationalen Vorschriften

Legt man das Augenmerk auf die Komplexität der Bilanzen, muss man festhalten, dass die Erstellung einer Bilanz nach den IAS/IFRS-Normen komplexer ist als die Abschlüsse nach dem HGB und dem Steuerrecht. Die Letzteren bilden – mit einzelnen Ausnahmen[678] – eine Einheitsbilanz, um den Verwaltungs-, Erstellungs- und Kostenaufwand zu minimieren. Inhaltlich verfügen die internationalen Standards zwar über weniger explizite Wahlrechte, aber andererseits über mehr faktische Wahlrechte[679] und Ermessensspielräume, die sich im Regelfall einer Korrektur durch externe Analysten entziehen.[680] Der ED/2013/6 wird diese bereits bestehende Komplexität noch weiter verstärken.[681] Die Aufnahme aller Leasingverhältnisse in die Bilanz führt zu einer Bilanzverlängerung, die zum einen verwaltet und zum anderen jeweils am Bilanzstichtag auf ihre Richtigkeit und Änderungen überprüft werden muss. Dies mündet in Mehraufwand und höhere Kosten, die von den Unternehmen bezahlt werden müssen. Die handelsrechtliche Bilanz, die der Ausschüttung und als Ausgangslage für die Steuerbilanz dienen soll, charakterisiert sich dagegen durch ihre wesentlichen, realisierten Posten, deren Komplexität sich in Grenzen hält. Die Übersichtlichkeit und die Darstellung der wesentlichen Gewinne stehen im

676 Vgl. Gliederungspunkt B) IV) 1) c) dd).

677 Jung/Ruthardt/Hermens, IRZ 2011, 199, 200; Hommel/Winter/Zicke, BB 2013, 1707, 1709; vgl. ED/2013/6 BC21.

678 hierbei sind die steuerrechtlichen Durchbrechungen des Maßgeblichkeitsprinzips sowie die speziellen Sondervorschriften zu berücksichtigen, vgl. Weber-Grellet, BB 1999, 2659, 2662; Weber-Grellet, DB 1997, 385, 385 f.

679 Euler, BB 2002, 875, 878.

680 Küting/Weber, Die Bilanzanalyse, S. 104.

681 Fülbier/Eckl/Fehr, WPg 2013, 853, 857.

Vordergrund. Insofern würden sich die Bilanzen auch hinsichtlich des Komplexitätsumfangs und Aufwandes voneinander unterscheiden und man müsste überlegen, ob es nicht sinnvoller wäre, die gegenwärtige Rechts- und Bilanzierungslage – d. h. die Beibehaltung des HGB-Einzelabschlusses als Ausgangslage für die Steuerbilanz und ein Spannungsverhältnis zwischen internationaler und nationaler Leasingbilanzierung für die Konzernabschlüsse nicht-kapitalmarktorientierter Unternehmen – zu belassen. Hierbei würden vor allem die kleineren und mittleren Unternehmen profitieren.

4) Vergrößerung des Einflussbereiches der IAS/IFRS auf das deutsche Recht

Bereits in den vergangenen Jahren wurde eine Annäherung des deutschen und internationalen Rechts über die Verabschiedung der Bilanzrichtlinien[682] angestrebt und hierdurch der Einfluss der internationalen Rechnungslegungsstandards gestärkt. Den Höhepunkt bildet bislang die IAS-Verordnung. Sie diente bereits im Jahr ihres Erlasses 2002 der Harmonisierung der Rechnungslegung in der Europäischen Union[683] und spielt damit eine entscheidende Rolle in der internationalen Rechnungslegung. Bislang werden von der IAS-Verordnung nur die kapitalmarktorientierten Unternehmen der europäischen Mitgliedstaaten erfasst. Allerdings ist es nur eine Frage der Zeit, wann sich ihr Einfluss vergrößert und die internationalen Regelungen Einzug in das nationale Recht halten. Erste Bestrebungen zu einer Übernahme der internationalen Standards wurden im Rahmen des BilMoG angeregt. Zwar sah der deutsche Gesetzgeber seinerzeit von einer vollständigen Übernahme und Annäherung der deutschen Bilanzierungsvorschriften an die IAS/IFRS ab[684], jedoch zeigen kleinere Übernahmen

682 Richtlinie 78/660/EWG vom 25. Juli 1978, ABl. EG 1978, L 222/11 (sog. Bilanz- oder Jahresabschlussrichtlinie); Richtlinie 83/349/EWG vom 13. Juni 1983, ABl. EG 1983, L 193/1 (sog. Konzernbilanzrichtlinie); Richtlinie 86/635/EWG vom 8. Dezember 1986, ABl. EG 1986, L 372/1 (sog. Bankbilanz-Richtlinie) und die Richtlinie 91/674/EWG vom 19. Dezember 1991, ABl. EG 1991, L 374/7 (sog. Versicherungsbilanz-Richtlinie); Richtlinie 2001/65/EG vom 27. September 2001, ABl. EG 2001, L 283/28 (Fair-Value-Richtlinie); Richtlinie 2003/38/EG vom 13. Mai. 2003, ABl. EG 2003, L 120/22 (Euro-Richtlinie); Richtlinie 2003/51/EG vom 18. Juni 2003, ABl. EG 2003, L 178/16 (Modernisierungs-Richtlinie; vgl. auch Gliederungspunkt B) III) 2).

683 Küting/Wassong, DStR 2013, 984, 985.

684 Hennrichs, NZG 2005, 783, 787; Claßen/Schulz, StuB 2011, 3, 3.

und Angleichungen, dass der Gedanke nicht ganz ausgeschlossen und für immer vom Tisch ist. So wurden beispielsweise die Aufgabe der umgekehrten Maßgeblichkeit beschlossen, Aktivierungswahlrechte für selbst erstellte immaterielle Vermögenswerte des Anlagevermögens definiert und die Informationsfunktion der Handelsbilanz erweitert. Entsprechend dem Wortlaut der IAS/IFRS soll nun auch die Vermögens-, Finanz- und Ertragslage des Unternehmens in der Bilanz widergespiegelt werden. Es ist zu erwarten, dass auf kurze oder lange Sicht – aufgrund der weiter fortschreitenden Europäisierung, des Vordringens des internationalen Marktes und der notwendigen Vergleichbarkeit der Abschlüsse – die IAS/IFRS auch in den deutschen Einzelabschluss „eindringen". Unterstützt wird diese Vermutung dadurch, dass die internationalen Standards bereits auf den Konzernabschluss deutscher Kapitalmarktunternehmen verpflichtend anzuwenden sind. Dem Konzernabschluss obliegt prinzipiell die Aufgabe, den Einzelabschluss zu ergänzen.[685] Dieser Aufgabe kann er jedoch nur sachgerecht nachkommen, wenn beide Abschlüsse nach denselben gesetzlichen und bilanziellen Vorschriften zu erstellen sind. Insofern wäre es erstrebenswert, wenn die Abschlüsse identischen Rechnungslegungsnormen unterlägen.

5) Harmonisierung als Zielsetzung

Trotz der aufgezeigten Divergenzen der verschiedenen Bilanzierungsvorschriften wäre es wünschenswert, wenn sich die Rechnungslegungssysteme miteinander vereinbaren lassen, damit auch eine Vergleichbarkeit der Abschlüsse erhalten bleibt. Eine Ausweitung der IAS/IFRS-Anwendung auf den Einzelabschluss wäre überlegenswert, um eine generelle Europäisierung und Harmonisierung der Rechnungslegungssysteme zu erreichen und auch hier eine Vergleichbarkeit der Abschlüsse realisieren zu können. Die internationale Rechnungslegung bietet Vorteile bei der Konsolidierung der in- und ausländischen Tochterunternehmen sowie der Harmonisierung des internen und externen Rechnungswesens.[686] Es ist das Ziel der Unternehmen, die Bilanzierungsergebnisse auf internationaler Ebene abzustimmen, um miteinander konkurrieren und die Bilanzen ähnlicher Unternehmen schneller und besser miteinander vergleichen zu können. Weil immer mehr Unternehmen ihre Bilanz nach den internationalen Rechnungslegungsvorschriften erstellen, wird eine Angleichung

685 Baetge/Kirsch/Thiele, Konzernbilanzen, S. 46 ff.; Raupach, in: FS Müller 2001, S. 793, 800.

686 Keitz/Stibi/Klaholz, KoR Beilage 1/2011, S. 11.

der Bilanzierungssysteme immer notwendiger. Unterschiedliche Systeme auf dem globalen Markt könnten zu Prestige- und Auftragsverlusten führen, da eine Vergleichbarkeit der Unternehmen, z. B. im Bereich des Leasings, aufgrund der verschiedenen Ansätze in der Gestaltung des Operatingleasings nicht mehr gewährleistet werden kann.[687] Für eine Harmonisierung der Rechnungslegung in Europa und wegen der immer weiter fortschreitenden Globalisierung der Märkte ist daher eine einheitliche Lösung anzustreben. Zu prüfen ist, ob dies realisierbar ist oder ob ein mögliches Spannungsverhältnis zwischen den Bilanzen bestehen kann oder muss. Insbesondere im Feld der Leasingbilanzierung könnte die Anwendung des *Right-of-use-Prinzips* und dessen Umsetzung in das deutsche Recht die deckungsgleiche Bilanzierung erschweren oder sogar ausschließen.

III) Vereinbarkeit des Right-of-Use-Prinzips mit den IAS/IFRS selbst

Damit das *Right-of-use-Prinzip* überhaupt in den Anwendungsbereich des nationalen Rechts gelangen kann und hierin Geltung findet, muss es den Begriffen des Frameworks und der internationalen Bilanzierungsregelungen inhaltlich entsprechen.

1) Nutzungsrecht als „asset" und Verbindlichkeit als „liability"

In der internationalen Bilanz dürfen grundsätzlich nur Positionen angesetzt werden, die mit den Begriffen des Frameworks vereinbar sind. Zwar weist Framework 53 darauf hin, dass nicht alle Positionen in den Standards den Definitionen des Frameworks entsprechen und jene aufgrund der Hierarchie der spezielleren Standards mit dem allgemeinen Teil des Frameworks nicht korrespondieren müssen; jedoch wäre es für ein zusammenhängendes System erstrebenswert, wenn die Bilanzierungskriterien für *assets* und *liabilities* einheitlich

---

687 Stromberg, Voraussetzungen für internationale Immobilien-Leasing-Finanzierungen, S. 205; siehe auch bzgl. unterschiedlicher Kennzahlen, etc. Küting/Koch/Tesche, PiR 2010, 283, 287 f.; Gergs/Plötz, ÖBA 2012, 137, 138; Kroner/Leuchtenstern/Ranker, KoR 2010, 605, 605; Morfeld, in: Bohl/Riese/Schlüter, Beck'sches IFRS-Handbuch, § 22 Rn. 228.

verwendet werden.[688] Um eine Bilanzierungsfähigkeit zu erreichen, müssen nach dem internationalen Verständnis zunächst die definitorischen Voraussetzungen eines Abschlusspostens[689] und des Weiteren die speziellen Ansatzkriterien bei der Erfassung der Abschlussposten[690] erfüllt sein.[691] Damit das *Right-of-use-Prinzip* mit den Regelungen der IAS/IFRS vereinbar ist, müssen das Nutzungsrecht und die Verbindlichkeit zunächst ein *asset* und eine *liability* im Sinne des Frameworks darstellen.

a) Nutzungsrecht als „asset"

Gemäß Framework 49 lit. a ist ein *asset* eine Ressource, über die aufgrund eines vergangenen Ereignisses die Kontrolle ausgeübt wird und die einen zukünftigen wirtschaftlichen Nutzen für das Unternehmen erwarten lässt. Die Definition des *assets* verlangt kein zivilrechtliches Eigentum an dem Vermögenswert, sondern stellt allein auf den ökonomischen Nutzen ab. Ein ökonomischer Nutzen ist zu erwarten, wenn es gemäß Framework 83 wahrscheinlich ist, dass ein mit dem Sachverhalt verbundener künftiger wirtschaftlicher Nutzen dem Unternehmen zufließt oder von ihm abfließt und die Anschaffungs- und Herstellungskosten oder der Wert des Sachverhaltes verlässlich ermittelt werden können. Hierfür reicht gemäß Framework 83 lit. a die Wahrscheinlichkeit des zukünftigen Nutzenzuflusses aus, deren Vorliegen vom Management des Unternehmens als Ermessensentscheidung zu bestimmen ist. Gemäß Framework 85 müssen diese subjektiven Einschätzungen jedoch auf substanziellen Hinweisen zum Zeitpunkt der Aufstellung des Abschlusses beruhen,[692] sodass der Spielraum relativ klein gehalten wird. Framework 53 definiert, dass der einem Vermögenswert innewohnende künftige wirtschaftliche Nutzen das Potenzial repräsentiert, direkt oder indirekt zum Zufluss von Zahlungsmitteln und Zahlungsmitteläquivalenten zum Unternehmen beizutragen. Hinsichtlich der Verfügungsmacht des Unternehmens wird vorausgesetzt, dass dieses sich den der Ressource innewohnenden Nutzen verschafft und Dritte hiervon ausschließen kann.[693] Relevant für eine Aktivierung nach den internationalen Rechnungslegungsstandards ist nicht

688 Vgl. zum Ziel eines geschlossenen Regelungssystems Freisleben/Leibfried, KoR 2004, 101, 101.

689 Framework 47 bis 81.

690 Framework 82 bis 98.

691 Köhrle, IFRS-Einzelabschluss, S. 186.

692 Köhrle, IFRS-Einzelabschluss, S. 196.

693 Köhrle, IFRS-Einzelabschluss, S. 187; vgl. auch Framework 38 und 13.

die Beschaffenheit der Ressource beim Erwerb oder die Rechtsposition, sondern ausschließlich die Fähigkeit der Ressource, künftigen Nutzen zu generieren.[694]

Im Sinne der *asset*-Definition stellen der Abschluss des Leasingvertrages und die Übergabe des Leasingobjekts das in der Vergangenheit liegende Ereignis dar, das dem Leasingnehmer die Kontrolle an dem Leasinggegenstand verschafft. Durch den Besitz an dem Leasinggegenstand kann der Leasingnehmer Dritte von der Nutzung ausschließen[695] und die Gestaltung des Nutzenzuflusses bestimmen.[696] Sollte die Kontrolle und die Bestimmung über einen Nutzenzufluss unwahrscheinlich sein, findet der Leasingstandard gemäß ED/2013/6 Ziffer 12 ff. per se keine Anwendung, da dies eine zwingende Voraussetzung für die Eröffnung des Anwendungsbereichs des Standards ist. Das Nutzungsrecht an dem Leasinggegenstand führt zu dem notwendigen künftigen ökonomischen und wirtschaftlichen Nutzen beim Leasingnehmer. Im Bereich des Leasings kann man von einem wirtschaftlichen Nutzen sprechen, wenn der Leasinggegenstand zum Erwerb von Einkommen – z. B. in der Herstellung von Produkten oder der Auslieferung von Waren – eingesetzt wird.[697] Hierbei ist jeweils auf die Nutzungsmöglichkeit des konkreten Unternehmens abzustellen, da nicht jedes Unternehmen mit jedem Leasingvermögenswert einen Vorteil erlangen kann.[698]

Das Nutzungsrecht an einem Leasingobjekt ist für das Unternehmen des Leasingnehmers förderlich, indem es dessen Produktion, Erwerbstätigkeit und die Zahlungseinkünfte beeinflusst. Dabei zieht der Leasingnehmer zwar unter Umständen – je nachdem, um welchen Leasinggegenstand es sich handelt und wozu dieser genutzt wird – keinen Nutzen aus der produktiven Verwendung des Leasingobjekts selbst, dafür jedoch aus den Erträgen, die durch die Verwendung des Leasingobjekts entstanden sind. Mithin erfüllt das Nutzungsrecht des *„Right-of-use-Approachs“* das Definitionskriterium des *assets.*

---

694 Herzig, IAS/IFRS und steuerliche Gewinnermittlung, S. 63; Heuser/Theile, IFRS-Handbuch, Rn. 159.

695 Kußmaul, Nutzungsrechte an Grundstücken in Handles- und Steuerbilanz, S. 336; Babel, BB 1997, 2261, 2268; Fahrholz, Leasing in der Bilanz, S. 108.

696 Andersons, Neue Entwicklungen in der Bilanzierung von Leasingverhältnissen, S. 196.

697 Sabel, Leasingverträge in der kapitalmarktorientierten Rechnungslegung, S. 145.

698 Vgl. Anderson, Neue Entwicklungen in der Bilanzierung von Leasingverhältnissen, S. 193; Sabel, Leasingverträge in der kapitalmarktorientierten Rechnungslegung, S. 145.

b) Verbindlichkeit als „liability“

Liability wird gemäß Framework 49 lit. b als eine gegenwärtige Verpflichtung des Unternehmens definiert, die aus Ereignissen der Vergangenheit entsteht und deren Erfüllung erwartungsgemäß mit einem Abfluss von Ressourcen mit wirtschaftlichem Nutzen verbunden ist. Der Passivierungszeitpunkt ist damit in der Regel gegeben, wenn der Bilanzierende sich der gegenwärtigen Verpflichtung aus einem vergangenen Ereignis nicht mehr entziehen kann.[699] Die aus dem Leasingvertrag resultierende Verpflichtung zur Zahlung der Leasingraten als Entgelt für die Inanspruchnahme des Leasingobjekts stellt gemäß Framework 62 die zum *asset* korrespondierende *liability* dar, die auf einem Ereignis der Vergangenheit beruht und, da der Leasinggegenstand im Unternehmen verwendet wird, eine gegenwärtige Verpflichtung des Unternehmens verkörpert.[700] Für die unkündbare Grundmietzeit kann sich der Leasingnehmer dieser Verpflichtung nicht entziehen.

2) Bilanzneutrale Behandlung des Nutzungsrechts (Grundsatz der Nichtbilanzierung schwebender Geschäfte)

Im deutschen Bilanzrecht sowie nach der aktuellen Regelung des IAS 17 werden Leasinggeschäfte, bei denen der Leasinggeber der wirtschaftliche Eigentümer ist – sog. Operatingleasingverträge – als schwebende Geschäfte eingeordnet. Die Ansprüche und Verpflichtungen aus jenen Geschäften sind in der Bilanz des Leasingnehmers gemäß dem Grundsatz der Nichtbilanzierung schwebender Geschäfte nicht zu bilanzieren (sog. *off-balance-sheet-Effekt*). Indem auch beim IAS 17 Operatingleasinggeschäfte nicht bilanziert werden, wird deutlich, dass die internationale Rechnungslegung ebenfalls den Grundsatz der Nichtbilanzierung schwebender Geschäfte kennt.[701]

Fraglich ist jedoch, ob das *Right-of-use-Prinzip* des ED/2013/6 dem Grundsatz der Nichtbilanzierung schwebender Geschäfte zuwiderläuft, indem es alle bilanzierungsfähigen Vermögenswerte und Schulden in den Bilanzen ausweist. Hierzu müsste zunächst das Nutzungsrecht ein schwebendes Geschäft sein. Sofern man

699 Vgl. IAS 37.12; Dahlke, Harmonisierung der Konzernbesteuerung in der Europäischen Union, S. 195.

700 Vgl. auch Brakensiek, Bilanzneutrale Finanzierungsinstrumente in der internationalen und nationalen Rechnungslegung, S. 216.

701 Vgl. hierzu Gliederungspunkt B) VI) 3) c).

die Überlassung des Nutzungsrechts als periodische Leistung des Leasinggebers über den gesamten Leasingzeitraum interpretiert, könnte eine Einordnung des Leasingverhältnisses als schwebendes Geschäft (*executory contract*) in Betracht kommen. Die Leasingzahlungen des Leasingnehmers würden einem periodischen Nutzungsentgelt entsprechen und als Aufwand erfasst werden.[702]

a) Definition des schwebenden Geschäfts

Schwebende Geschäfte werden ihrem Sinngehalt nach in der internationalen Rechnungslegung in IAS 37.3 und Framework 91 erwähnt. Danach werden „noch zu erfüllende Verträge" als Verträge beschrieben, bei denen beide Parteien ihre Verpflichtung in keiner Weise oder teilweise zu gleichen Teilen erbracht haben. Der Begriff „noch zu erfüllende Verträge" ist daher mit dem Begriff der „schwebenden Geschäfte" im deutschen Bilanzrecht gleichzusetzen.[703] Im Fall von Dauerschuldverhältnissen wie dem Leasing, bei denen eine Vertragspartei ihre Lieferungs- und Leistungsverpflichtungen im Wesentlichen noch nicht erfüllt hat, liegt ein schwebendes Geschäft vor. Eine Verbindlichkeit eines schwebenden Vertrags darf trotz der Erfüllung der Definitions- und Ansatzkriterien nicht in der Bilanz erfasst werden (Framework 91).[704] Im Unterschied zum deutschen Recht und dem Erfordernis der beiderseitigen Leistungserbringung endet der Schwebezustand im internationalen Bereich bereits dann, wenn die zur Zahlung verpflichtete Partei ihre Leistung erbringt.[705]

b) Erfüllung der Leistungen

Im Rahmen eines Leasingverhältnisses sind als zu erfüllende Leistungsverpflichtungen die Leasingzahlungen des Leasingnehmers sowie die Nutzungsüberlassung des Leasingobjekts durch den Leasinggeber anzusehen.[706] Das

702 Jung/Ruthardt/Hermens, IRZ 2011, 199, 200.

703 Vgl. auch Gliederungspunkt B) IV) 3) c) aa).

704 Jung/Ruthardt/Hermens, IRZ 2011, 199, 200; Adler/Düring/Schmaltz, Rechnungslegung nach Internationalen Standards, Abschnitt 1, Rn. 147 und 162; Winnefeld, Bilanz-Handbuch, Kapitel D Rn. 390; a. A. Mellwig/Sabel, Der Konzern 2005, 357, 359; Sabel, Leasingverträge in der kapitalmarktorientierten Rechnungslegung, S. 164, die ein Wahlrecht zum Ansatz aus dem Framework 91 herauslesen.

705 Sabel, Leasingverträge in der kapitalmarktorientierten Rechnungslegung, S. 161.

706 Jung/Ruthardt/Hermens, IRZ 2011, 199, 200.

Leasingobjekt wird dem Leasingnehmer zu Beginn des Leasingverhältnisses bereitgestellt und von ihm für die Dauer von mehreren Perioden genutzt. Hierbei erhält der Leasingnehmer das Ausübungsrecht an dem Nutzungsrecht und ist verpflichtet, die Überlassung des Nutzungsrechts in Form der Bezahlung von Leasingraten zu vergüten. Bereits im Tweedie-Papier[707] wurde auf die Vereinbarkeit des *Right-of-use-Ansatzes* mit dem Grundsatz der Nichtbilanzierung schwebender Geschäfte eingegangen.[708] Vergleichbar mit der Vereinbarkeit des Ansatzes im ED/2013/6 liegt nach dessen Kernthese kein schwebendes Geschäft mehr vor, da der Leasinggeber mit der Bereitstellung des Leasingobjekts seine Hauptleistungspflicht, die in der Nutzungsüberlassung liegt, einseitig erbracht habe.[709] Die Bereitstellung des Leasinggegenstandes gebe dem Leasingnehmer die Kontrolle über das Nutzungsrecht an der Sache. Folglich reicht die einmalige Leistung in Form der Bereitstellung des Leasinggegenstandes zur Erfüllung der Hauptleistungspflicht aus.[710] Ein schwebendes Geschäft liegt nicht mehr vor. Zeitgleich wird mit der These eine Ungleichbehandlung der Leasingverträge zu anderen Dauerschuldverhältnissen begründet, welche auch weiterhin als schwebende Geschäfte nicht bilanziert werden.[711] Als Beispiel sei hier das Arbeitsverhältnis oder ein Servicevertrag angeführt. Im Gegensatz zum Leasing erfüllen jene aber nicht die Definitionskriterien der *assets* und *liabilities*, da es z. B. bei den Arbeitsverträgen an der Kontrolle über den Arbeitnehmer und bei den Serviceverträgen an einem vergangenen Ereignis mangelt.[712]

Nach der Vorstellung des ED/2013/6 und der Ansicht des IASB erfolgt damit die einseitige Erfüllung der Leistungspflicht des Leasinggebers bereits mit der einmaligen Übertragung des Nutzungsrechts an den Leasingnehmer und nicht mit der Nutzungsüberlassung über die Zeit.[713] Die Unsicherheit bzgl. des Zahlungseingangs der Leasingraten sei kein Problem des Ansatzes des

707 ASB, Leases: Implementation of a New Approach.

708 ASB, Leases: Implementation of a New Approach, Par. 2.1–35.

709 Myers, Reporting of Leases in Financial Statements, S. 45; Sabel, Leasingverträge in der kapitalmarktorientierten Rechnungslegung, S. 109; vgl. ASB, Leases: Implementation of a New Approach, Par. 2.14–17.

710 Sabel, Leasingverträge in der kapitalmarktorientierten Rechnungslegung, S. 110; Brakensiek, Bilanzneutrale Finanzierungsinstrumente in der internationalen und nationalen Rechnungslegung, S. 217.

711 Sabel, Leasingverträge in der kapitalmarktorientierten Rechnungslegung, S. 109; ASB, Leases: Implementation of a New Approach, Par. 2.19–46.

712 Jung/Ruthardt/Hermens, IRZ 2011, 199, 201.

713 Vgl. ED/2013/6 BC21; Hommel/Winter/Zicke, BB 2013, 1707, 1709; Jung/Ruthardt/Hermens, IRZ 2011, 199, 200.

Nutzungsrechts, sondern vielmehr eine Frage der Fortschreibung.[714] Die Argumentation des *Boards* steht auch im Einklang mit seiner Annahme, einzelne Verfügungsrechte an einem Objekt, insbesondere das Nutzungsrecht, separat an Dritte übertragen zu können. Indem kein schwebendes Geschäft vorliegt, sind die Ansprüche und die Leistung vollständig erfüllt. Es bleibt keine Variable offen, die die Bilanzierung rückwirkend ändern könnte. Bei der Aktivierung des Nutzungsrechts ist allerdings nicht sicher, ob die Optionen und Wahrscheinlichkeiten, die bei dem *Right-of-use-Ansatz* berücksichtigt werden, auch tatsächlich eintreten oder ob sich der Leasingnehmer ihnen durch eine vorzeitige Kündigung entzieht.[715] Würde er sich ihrer entziehen, würden inkonsequenterweise ein Vermögenswert und eine Verbindlichkeit bilanziert werden, die nicht die Definitionskriterien des Rahmenkonzeptes erfüllen, da es an einer gegenwärtigen Verpflichtung und einem vergangenen Ereignis fehlen würde.[716]

Vergleicht man dieses Ergebnis mit der Bilanzierung des aktuellen IAS 17, wird eine mit dem Rahmenkonzept konsistente Bilanzierung beim Leasingnehmer auch nach der Überarbeitung nicht vollständig erreicht.[717] Zwar wurde das Ziel der Vermeidung einer bilanzneutralen Behandlung von Operatingleasingverhältnissen erreicht, jedoch erfolgt dies durch die Bilanzierung von Verbindlichkeiten, die nicht immer den Definitionskriterien entsprechen. Fraglich ist daher, ob der *Right-of-use-Ansatz* im Ganzen eine Verbesserung zum aktuellen Status quo darstellt.

c) Fazit

Die Abwendung des *Right-of-use-Prinzips* vom Nichtbilanzierungsgrundsatz stellt per se keinen Verstoß dar. Der Grundsatz hat in der internationalen Rechnungslegung verpflichtende Bindung.[718] Leasingverträge sind zwar weiterhin aufgrund ihres Dauerschuldverhältnis-Charakters prinzipiell schwebende Geschäfte und erfüllen die entsprechende Definition, jedoch endet ihr Schwebezustand nicht im Zeitablauf, sondern bereits zum Zeitpunkt der

---

714 Jung/Ruthardt/Hermens, IRZ 2011, 199, 201.

715 Vgl. auch Jung/Ruthardt/Hermens, IRZ 2011, 199, 201.

716 Vgl. Hartmann-Wendels/Schmidt, WPg, 2010, 278, 284; Jung/Ruthardt/Hermens, IRZ 2011, 199, 201.

717 Dies und folgendes Jung/Ruthardt/Hermens, IRZ 2011, 199, 201.

718 Vgl. hierzu Gliederungspunkt B) VI) 3) c) cc).

Überlassung des Nutzungsrechts, sodass sie damit realisiert sind. Indem sie die Ansatz- und Definitionskriterien der *assets* und *liabilities* erfüllen, sind sie in der Bilanz auszuweisen. Eventuelle Risiken, die sich erst im zukünftigen Zeitablauf ergeben, bleiben unberücksichtigt. Maßgeblich ist allein die Erfüllung der Definitionskriterien. Mit dem Ausweis aller Geschäfte zu Informationszwecken unter zeitgleicher Erfüllung der Definitionskriterien der *assets* und *liabilities* trägt das *Right-of-use-Prinzip* eher dem Grundkonzept eines konsistenten Regelungssystems[719] Rechnung als die derzeitige Regelung des jetzigen Standards IAS 17, die auf die Risiken und Chancen abstellt und bei der es zu einem *off-balance-sheet-Effekt* kommt.

IV) Anwendbarkeit des Right-of-use-Prinzips auf die deutsche Handelsbilanz im Zusammenhang mit § 315a HGB i. V. m. § 325 Abs. 2a HGB

Im Folgenden wird die Vereinbarkeit des *Exposure Drafts* mit dem deutschen Recht untersucht und überprüft, unter welchen Voraussetzungen die neuen Regelungen des ED/2013/6 Einzug in das deutsche Recht finden können bzw. ausgearbeitet, ob ein mögliches Spannungsverhältnis weiter bestehen bleiben kann. Besonderes Augenmerk ist dabei auf die unterschiedlichen Zweckrichtungen der Bilanzen zu richten. Das Gläubigerschutzprinzip und die Ausschüttungsfunktion der Handelsbilanz sowie das Leistungsfähigkeitsprinzip des Steuerrechts müssten mit der Informationsfunktion des internationalen Abschlusses und dem *Right-of-use-Approach* in Einklang gebracht werden.

1) Ausweitung des handelsrechtlichen Einzelabschlusses zu einem befreienden IAS/IFRS-Einzelabschluss

a) Aktuelle Ausgangslage

Die Anwendung der internationalen Rechnungslegungsstandards ist gemäß der IAS-Verordnung zurzeit für kapitalmarktorientierte Unternehmen verpflichtend;

719 Ableitbar aus Framework 52, da hier das Ziel formuliert wird, dass fortan nur noch Posten, die den Definitionen des Framework 49 entsprechen, erlassen werden; Sabel, Leasingverträge in der kapitalmarktorientierten Rechnungslegung, S. 174.

des Weiteren sind sie freiwillig für nicht-kapitalmarktorientierte Unternehmen auf den Konzernabschluss anwendbar, sofern Letztere entsprechend optiert haben. Von dem Wahlrecht gemäß Art. 5 IAS-Verordnung, anstatt des HGB-Einzelabschlusses befreiend den IAS/IFRS-Einzelabschluss zu erstellen, hat Deutschland bislang keinen Gebrauch gemacht. Der Einzelabschluss muss weiterhin nach den deutschen Regelungen erstellt werden. Allein die Offenlegung des handelsrechtlichen Einzelabschlusses ist gemäß § 325 Abs. 2a HGB unter der Anwendung der IAS/IFRS gestattet.

Der Konzernabschluss verfolgt im Rahmen des HGB die Aufgabe der Informationsfunktion i. e. S. und soll den Einzelabschluss ergänzen.[720] Hinsichtlich der Ausschüttungs- oder Steuerbemessungsfunktion kommt ihm keine Relevanz zu.[721] Jene Zahlungsbemessungsfunktion hinsichtlich der Dividende und der steuerlichen Gewinnermittlung wird dem Einzelabschluss zu teil.[722] Diese Zweckrichtung hat sich bis heute nicht geändert, jedoch kann der Konzernabschluss seine Aufgabe nur erfüllen, wenn er nach denselben Regelungen aufgestellt wird, die auch für den Einzelabschluss gelten. Auch unter Berücksichtigung der Vernetzung des Binnenmarktes und der weiteren Europäisierung ist zu erwarten, dass sich der Einzelabschluss im HGB zukünftig mehr und mehr an die IAS/IFRS angleicht bzw. den Einzug derselben erlaubt.[723] Die Europäische Kommission sieht nicht zuletzt aus Vereinfachungs- und Praktikabilitätsgesichtspunkten in den IAS/IFRS eine geeignete Ausgangsgröße für die Schaffung einer (partiellen) europäischen Steuerbasis und Steuerbemessungsgrundlage.[724] Am Beispiel des *Right-of-use-Prinzips* sollen die Annäherung des HGB an die IAS/IFRS und deren gegenseitige Harmonisierung untersucht werden.

720 Baetge/Kirsch/Thiele, Konzernbilanzen, S. 46 ff.; Raupach, in: FS Müller 2001, S. 793, 800; Pellens/Fülbier/Gassen/Sellhorn, Internationale Rechnungslegung, S. 13.

721 Dahlke, Harmonisierung der Konzernbesteuerung in der Europäischen Union, S. 132.

722 Pellens/Fülbier/Gassen/Sellhorn, Internationale Rechnungslegung, S. 1028.

723 Bereits 2003 sagte Herzig/Bär jenen Einfluss und die Übernahme des HGB-Einzelabschlusses durch die IAS/IFRS voraus, siehe Herzig/Bär, DB 2003, 1, 2.

724 Kahle, IRZ 2006, 87, 93, Kommission der Europäischen Gemeinschaften, Ein Binnenmarkt ohne steuerliche Hindernisse, 23. Oktober 2001, KOM (2001) 582, S. 19 und S. 49 ff.; Schön, Steuerliche Maßgeblichkeit in Deutschland und Europa, S. 310; Spengel, IStR 2003, 29, 36.

b) Annäherung der handelsrechtlichen Vorschriften im Rahmen des BilReG und BilMoG

Bereits im Rahmen des BilReG[725] und des BilMoG[726] stand der deutsche Gesetzgeber vor der Entscheidung, die IAS/IFRS für den deutschen Einzelabschluss zu übernehmen. Zum damaligen Zeitpunkt hielt der Gesetzgeber jedoch für Zwecke der gesellschaftsrechtlichen Kapitalerhaltung und Ausschüttungsbemessung sowie als Grundlage für die steuerliche Gewinnermittlung am verpflichtenden Einzelabschluss nach dem HGB fest.[727]

Bereits in der Begründung zum BilReG machte der Gesetzgeber deutlich, dass die Bilanzierung weiterhin nach den GoB erfolgen sollte, und führte aus: „Für die Zwecke der gesellschaftsrechtlichen Kapitalerhaltung und Ausschüttungsbemessung (und) der Besteuerung des Unternehmensertrags (...) wird weiterhin stets ein Jahresabschluss nach den Vorschriften des HGB gefordert. (...) Der Jahresabschluss behält seine Bedeutung in gesellschaftsrechtlichen, steuerrechtlichen und aufsichtsrechtlichen Zusammenhängen und ist deshalb wie bisher nach HGB aufzustellen.“[728] Es wurde angeführt, dass die „Schaffung eines eigenständigen Steuerbilanzrechts“ aufgrund des abrupten Systemwandels und den höheren Kosten für die Unternehmen derzeit nicht geboten sei[729] und ein IAS/IFRS-Abschluss insbesondere wegen der starken Betonung des *fair-value-Gedankens* und der erfolgswirksamen Erfassung nicht realisierter Gewinne als Ausschüttungsbemessungsgrundlage nicht geeignet sei.[730] Eine vorverlagerte Erfassung von Gewinnen widerspreche „dem Prinzip einer leistungsgerechten Besteuerung“.[731] Im Rahmen des BilMoG wurde das Handelsrecht u. a. an den *fair value* angepasst und jener als Ansatzkomponente in § 253 Abs. 3 und Abs. 4

725 Gesetz zur Einführung internationaler Rechnungslegungsstandards und zur Sicherung der Qualität der Abschlussprüfung (Bilanzrechtsreformgesetz – BilReG) vom 4. Dezember 2004, BGBl. I 2004, Nr. 65, S. 3166.

726 Gesetz zur Modernisierung des Bilanzrechts (Bilanzrechtsmodernisierungsgesetz – BilMoG) vom 25. Mai 2009, BGBl. I 2009, Nr. 27, S. 1102.

727 Hüttemann, BB 2004, 203, 205; Herzig/Briesemeister, DB 2009, 926, 927.

728 Begründung zum Referentenentwurf zum Bilanzreformgesetz (BilReg), in: BT-Drucksache 15/3419 vom 24. Juni 2004, S. 45 f.; Hennrichs, NZG 2005, 783, 786.

729 Begründung zum Referentenentwurf zum Bilanzreformgesetz (BilReg), in: BT-Drucksache 15/3419 vom 24. Juni 2004, S. 24; Wendlandt/Knorr, KoR 2005, 53, 54 f.; Wendlandt/Knorr, KoR 2004, 45, 46.

730 Hüttemann, BB 2004, 203, 205.

731 Begründung zum Referentenentwurf zum Bilanzreformgesetz (BilReg), in: BT-Drucksache 15/3419 vom 24. Juni 2004, S. 23; Hüttemann, BB 2004, 203, 205.

HGB eingeführt. Allerdings ist der handelsrechtliche Wertaufholungswert – anders als bei den IAS/IFRS – in Höhe des Wertes der fortgeführten Anschaffungs- oder Herstellungskosten beschränkt. Insofern ist der Ansatz nur eingeschränkt möglich.

Den Entscheidungen des Gesetzgebers ist dahingehend Respekt zu zollen, dass bereits im Zeitpunkt des BilMoG der Vormarsch der IAS/IFRS erkennbar war. Bereits seit 2005 finden die internationalen Rechnungslegungsnormen über die IAS-Verordnung für kapitalmarktorientierte Unternehmen Einzug in das deutsche Recht. Dennoch wurde an dem „alten" Verfahren festgehalten. Die Systematik zwischen der deutschen Handels- und Steuerbilanz, der Gedanke der Einheitsbilanz, die daraus resultierenden Konsequenzen für die Umsatzsteuer und Gewerbesteuer sowie der mögliche Mehraufwand wurden mit der Einführung der IAS/IFRS abgewogen und trotz der fortschreitenden Europäisierung für wichtiger erachtet. Eine Übernahme der IAS/IFRS in deutsches Recht ist damit nicht ohne Widerstand zu erwarten. Es müssten bedeutende Punkte für eine Übernahme der internationalen Normen auf den Einzelabschluss sprechen.

2) Auswirkungen einer Annäherung des handelsrechtlichen Einzelabschlusses an die IAS/IFRS

a) Auswirkungen auf das Steuerrecht

Eine vollständige Übernahme der internationalen Regelungen in den handelsrechtlichen Einzelabschluss und damit auch des *Right-of-use-Approachs* im Rahmen der Leasingbilanzierung hätte mehrere Konsequenzen: Zum einen würden sie den handelsrechtlichen Abschluss verändern, und sich zum anderen auf die Steuerbilanz auswirken. Durch eine Annäherung der handelsrechtlichen Regelungen an die IAS/IFRS erhalten die Vorschriften der IAS/IFRS Einfluss auf die GoB und die Handelsbilanz im Ganzen und gelangen damit aufgrund des Maßgeblichkeitsprinzips in die Steuerbilanz.[732] Wenn dieser Schritt unterbunden werden soll, müsste der Gesetzgeber entweder den Maßgeblichkeitsgrundsatz einschränkende Sonderregelungen erlassen oder das Maßgeblichkeitsprinzip aufheben und eine eigenständige Steuerbilanz erschaffen.[733]

732 Siehe auch Schön, Steuerliche Maßgeblichkeit in Deutschland und Europa, S. 106.
733 Kirsch, DStZ 2004, 470, 473.

b) Auswirkungen auf kleinere und mittlere Unternehmen

Die Anwendung der IAS/IFRS auf den Einzelabschluss hätte ferner die Folge, dass auch kleinere und mittlere Unternehmen, die bislang die Möglichkeit zur Aufstellung einer Einheitsbilanz hatten, zur Anwendung der internationalen Regelungen gezwungen werden würden, die primär auf kapitalmarktorientierte Unternehmen ausgerichtet sind und neben extrem komplizierten Bilanzierungsvorschriften auch die Angabe vielfältiger Informationen und Erläuterungen verlangen.[734] Für kleinere und mittlere Unternehmen – d. h. für Unternehmen, die weder kapitalmarktorientiert sind noch als Treuhänder Vermögenswerte für einen Kreis unternehmensexterner Personen verwalten – wurde daher am 9. Juli 2009 ein Standard für kleine und mittlere Unternehmen (*IFRS for Small and Medium-sized Entities*, SMEs) veröffentlicht,[735] auf den sie zurückgreifen können, sofern Deutschland den bislang noch nicht verbindlich umgesetzten Standard für anwendbar erklärt.[736] Der *IFRS for SMEs* stellt eine Vereinfachung dar. Im Vergleich zu den *full IFRS*[737] besteht der SME-Standard insbesondere aus vereinfachten Ansatz- und Bewertungsvorschriften, zusätzlichen Wahlrechten zu und aus den *full IFRS* sowie im Vergleich reduzierten Anhangangaben.[738] Dies zeigt, dass zwar Vereinfachungsregeln gelten, jedoch die *full IFRS* trotzdem bei der Bilanzierung zur Anwendung kommen. Zwar differenziert der Standard zurzeit im Fall des Leasings analog zu IAS 17 zwischen *finance leases* und *operate leases*, allerdings ist zu erwarten, dass sich die Leasingbilanzierung im Rahmen des *IFRS for SMEs* an die Leasingbilanzierung des zukünftigen IAS 17 anpasst. Damit wird die kleinen und mittleren Unternehmen dieselbe Problematik hinsichtlich der Vereinbarkeit des *Right-of-use-Prinzips* mit den handels- und steuerrechtlichen Bilanzierungsvorschriften treffen, wie die kapitalmarktorientierten und nicht-kapitalmarktorientierten, größeren Unternehmen in ihrem Einzelabschluss.

---

734 Köhrle, IFRS-Einzelabschluss, S. 142 f.; Herzig/Bär, DB 2003, 1, 5; Schildbach, BFuP 2002, 263, 270; Lüdenbach/Hoffmann, DStR 2005, 884, 884 ff.; Lüdenbach/Hoffmann, BFuP 2004, 596, 602 ff.

735 Buchholz, Grundzüge des Jahresabschlusses, S. 233.

736 Bislang hat Deutschland den Standard für sich nicht umgesetzt und nicht für verbindlich erklärt.

737 Mit dem Begriff „full IFRS" sind die Standards gemeint, die auf die kapitalmarktorientierten Konzernabschlüsse anwendbar sind, ohne die Berücksichtigung der Sonderregelungen der SMEs.

738 Engel-Ciric, BRC 2007, 161, 161.

3) Vereinbarkeit des Right-of-use-Prinzips mit den handelsrechtlichen Bilanzierungsprinzipien

a) Ausschüttungsbilanz vs. Informationsbilanz

Bei einer Übernahme des *Right-of-use-Ansatzes* in den deutschen Einzelabschluss müsste die Informationsfunktion der IAS/IFRS auch der Ausschüttungsbilanz des HGB gerecht werden. Vorrangiges Ziel der Handelsbilanz ist die Ermittlung des Gewinns unter Berücksichtigung des Gläubigerschutzes als Grundprinzip des deutschen Bilanzrechts[739] und der Kapitalerhaltung. Der IAS/IFRS-Abschluss dient dagegen allein Informationszwecken und ist nicht als Ausschüttungsgrundlage geeignet, da er eine Bewertung zum *fair value*[740] und den Ausweis nicht realisierter Gewinne zulässt.[741] Sollten die IAS/IFRS Einzug in den deutschen handelsrechtlichen Einzelabschluss erhalten, müssten die Unternehmen neben dem IAS/IFRS-Einzelabschluss eine „Ausschüttungsbilanz" erstellen und den ausschüttbaren Gewinn für Zwecke des Kapitalschutzes im Wege punktueller oder pauschaler Ausschüttungssperren ermitteln.[742] Hierzu müsste zunächst eine Überleitungsrechnung von der Informations- zur Ausschüttungsbilanz erfolgen, deren rechtliche Grundlage bereits im Rahmen der partiellen Angliederung der deutschen Vorschriften an die internationalen durch das BilMoG in § 268 Abs. 8 HGB verankert wurde; somit wurde bereits ein Weg zur Übernahme der IAS/IFRS auf den Einzelabschluss angedeutet.[743] Gemäß § 268 Abs. 8 Satz 1 HGB dürfen Gewinne in der Bilanz ausgewiesener, selbst geschaffener immaterieller Vermögensgegenstände des Anlagevermögens nur ausgeschüttet werden, wenn die nach der Ausschüttung verbleibenden frei verfügbaren Rücklagen zuzüglich eines Gewinnvortrags und abzüglich eines Verlustvortrags mindestens den insgesamt angesetzten Beträgen abzüglich der hierfür gebildeten passiven latenten Steuern entsprechen. Diese dem § 268 Abs. 8 HGB entsprechende Ausschüttungsbilanz kann jedoch aufgrund der Überbetonung des handelsrechtlichen Vorsichtsprinzips nicht Grundlage der steuerlichen Gewinnermittlung sein, sodass in einem zweiten Schritt die

739 Beisse, in: FS Beusch, S. 77, 82.

740 Siehe diesbezüglich und zum Ansatz des fair value im Handelsrecht Gliederungspunkt F) IV) 3) e).

741 Rammert, BFuP 2004, 578, 587.

742 Dahlke, Harmonisierung der Konzernbesteuerung in der Europäischen Union, S. 139; Mock, Finanzverfassung, S. 225 ff.; Groove, WPg-Sonderheft 2008, S97, S98.

743 Jacobs, Internationale Unternehmensbesteuerung, Zweiter Teil, S. 243.

Ausschüttungsbilanz in eine Steuerbilanz umzuwandeln wäre und das Maßgeblichkeitsprinzip hiernach in abgeschwächter Form erhalten bleiben könnte.[744]

b) Ansatzkomponenten des Right-of-use-Approachs i. S. d. Handelsrechts

Eine Anwendung des *Right-of-use-Konzepts* wäre in Deutschland nur möglich, wenn das zu aktivierende Nutzungsrecht am Leasingobjekt mit dem deutschen Vermögensgegenstand[745] gleichgesetzt werden kann und die passivierte Verbindlichkeit als eine Schuld i. S. d. HGB und Steuerrechts[746] zu definieren ist.

aa) Nutzungsrecht als Vermögensgegenstand i. S. d. Handelsrechts

Die Aktivierungsfähigkeit von Nutzungsrechten stellt eines der umstrittensten Bilanzierungsprobleme dar.[747] Lange Zeit war ungeklärt, ob Nutzungsrechte überhaupt Vermögensgegenstände und Wirtschaftsgüter sein können.[748] Insbesondere die Vermögensgegenstandseigenschaft von obligatorischen Nutzungsrechten ist in der Literatur umstritten.[749] Teile der Literatur bejahen das Vorliegen eines Vermögensgegenstandes[750] andere lehnen die Vermögensgegenstandseigenschaft

744 Jacobs, Internationale Unternehmensbesteuerung, Zweiter Teil, S. 243.

745 Der Vermögensgegenstand beinhaltet in diesem Kapitel auch den Begriff des Wirtschaftsguts, ohne dass jener explizit mit aufgeführt wird. Indem die Begriffe „Vermögensgegenstand" und „Wirtschaftsgut" im deutschen Recht gleichzusetzen sind (vgl. BFH, Beschluss vom 7. August 2000, GrS 2/99, BStBl. II 2000, 632, 635), kann der Begriff des Wirtschaftsguts bereits unter diesem Gliederungspunkt mit untersucht werden.

746 Der steuerrechtliche Begriff der Schuld ist mit dem handelsrechtlichen Begriff der Schuld über das Maßgeblichkeitsprinzip gemäß § 5 Abs. 1 Satz 1 EStG gleichzusetzen.

747 Koch, Bilanzierung von Nutzungsrechten nach GoB und IFRS, S. 4; vgl. u. a. Döllerer, BB 1971, 535, 538 f.; Clausen, DStZ 1976, 371, 372 ff.; Kußmaul/Ollinger, StuW 2011, 282, 282 und 284.

748 Koch, Bilanzierung von Nutzungsrechten nach GoB und IFRS, S. 4; vgl. u. a. Döllerer, BB 1971, 535, 538 f.; Clausen, DStZ 1976, 371, 372; Kußmaul/Ollinger, StuW 2011, 282, 282.

749 Koch, Bilanzierung von Nutzungsrechten nach GoB und IFRS, S. 109.

750 Hommel, Grundsätze ordnungsgemäßer Buchführung, S. 35; Moxter, Bilanzrechtsprechung, S. 11; Kessler, Rückstellungen und Dauerschuldverhältnisse, S. 130 ff.; Fabri, Grundsätze ordnungsgemäßer Bilanzierung entgeltlicher Nutzungsverhältnisse, S. 79 f.; Babel, Ansatz und Bewertung von Nutzungsrechten, S. 97 ff. und

der Nutzungsrechte ab.[751] Generell umfasst ein Vermögensgegenstand nach h. M. alle wirtschaftlichen Werte, die selbstständig bewertbar und selbstständig veräußerbar bzw. verwertbar sind.[752] Hierbei wird bei dem Ansatz „dem Grunde nach" zwischen der sog. abstrakten und konkreten Bilanzierungsfähigkeit unterschieden.[753] In der Praxis wird häufig die Einzelveräußerbarkeit als Bestandteil der Vermögensgegenstandsdefinition verwendet,[754] obwohl sie vom BFH als Merkmal des Wirtschaftsguts – als gleichzusetzender Begriff des Vermögensgegenstandes – ausdrücklich abgelehnt wurde.[755] Abgestellt wird vielmehr auf den Begriff der Einzelverwertbarkeit, der die Einzelveräußerbarkeit und die Nutzungsüberlassung[756] einschließt.[757]

(1) Obligatorische und dingliche Nutzungsrechte als Vermögensgegenstand

Nutzungsrechte werden in obligatorische und dingliche Nutzungsrechte unterschieden. Obligatorische bzw. schuldrechtliche Nutzungsrechte sind Ansprüche, die lediglich eine relative Wirkung zwischen den Vertragspartnern herstellen, d. h. der Berechtigte ist nur dem Verpflichteten gegenüber, nicht jedoch gegenüber einem Dritten zur Nutzung der Sache berechtigt.[758] Zu den obligatorischen Nutzungsrechten gehören u. a. die Leihe, die Miete, die Pacht, der Mietkauf, das

S. 126; Clausen, DStZ 1976, 371, 375 f.; vgl. allgemein Koch, Bilanzierung von Nutzungsrechten nach GoB und IFRS, S. 4.

751 Meyer-Scharenberg, StuW 1987, 103, 110; Meyer-Scharenberg, BB 1987, 874, 875; Trzaskalik, StuW 1983, 126, 129 ff.; allgemein Koch, Bilanzierung von Nutzungsrechten nach GoB und IFRS, S. 109; Groh, StbJb 1988/89, 187, 191.

752 U. a. Ballwieser, in: Münchener Kommentar zum HGB, Band 4, § 246 Rn. 13 ff.; Winnefeld, Bilanz-Handbuch, Kapitel D Rn. 415 ff.; Coenenberg/Haller/Schultze, Jahresabschluss und Jahresabschlussanalyse, S. 76; vgl. auch Gliederungspunkt C) I) 2).

753 Vgl. Baetge/Kirsch/Thiele, Bilanzen, S. 138.

754 Adler/Düring/Schmaltz, Rechnungslegung und Prüfung der Unternehmen, Teilband 6, § 246 HGB Rn. 18; Moxter, StuW 1983, 330, 302.

755 BFH, Urteil vom 10. August 1989, X R 176-177/87, BStBl. II 1990, 15, 17; Wichmann/Kemcke, DStZ 2012, 514, 519.

756 Baetge/Fey/Weber, in: Küting/Pfitzer/Weber, Handbuch der Rechnungslegung Einzelabschluss, § 248 HGB Rz. 20, 7 sowie Baetge/Kirsch, in: Küting/Pfitzer/Weber, Handbuch der Rechnungslegung Einzelabschluss, Kapitel 4 Rz. 97.

757 Wichmann/Kemcke, DStZ 2012, 514, 519.

758 Koch, Bilanzierung von Nutzungsrechten nach GoB und IFRS, S. 104; Larenz, Lehrbuch des Schuldrechts, Band II/1, S. 240 f.

Darlehen und das Leasing.[759] Dingliche Nutzungsrechte ordnen die Herrschaft über eine Sache unmittelbar dem Inhaber zu und gelten als absolute Rechte gegenüber jedermann.[760] Beispielsweise sind hier das Erbbaurecht, die Dienstbarkeit, der Nießbrauch, und das Dauerwohnrecht zu nennen.[761]

(a) Begriff des „Nutzungsrechts"

Unter Nutzungsrechten versteht man vertraglich fixierte und begründete Rechtsgeschäfte, durch die dem Berechtigten der Anspruch eingeräumt oder übertragen wird, aus einer nicht im Eigentum des Nutzungsberechtigten stehenden Sache oder aus einem Recht, dessen Inhaber er nicht wird, Gebrauchsvorteile und Früchte, insbesondere Erträge zu ziehen.[762] In § 100 BGB werden Nutzungen als „Früchte einer Sache oder eines Rechts sowie die Vorteile, welche der Gebrauch der Sache oder des Rechts gewährt" definiert. Früchte sind gemäß § 99 BGB Erzeugnisse der Sache und die sonstige Ausbeute, welche aus der Sache ihrer Bestimmung gemäß gewonnen wird. Das im Leasingvertrag vereinbarte Recht des Leasingnehmers das Leasinggut des Leasinggebers zu verwenden und Vorteile aus dem Gut zu ziehen, stellt ein solches Nutzungsrecht dar.

(b) Verneinende Bilanzierungsfähigkeit

Gegen die Vermögensgegenstandseigenschaft von schuldrechtlichen Nutzungsverhältnissen wie dem Leasing wurde angeführt, dass die Nutzungsmöglichkeit des Nutzungsberechtigten i. d. R. zeitlich beschränkt sei.[763] Sofern die geleasten Gegenstände vor ihrer vollständigen wirtschaftlichen Abnutzung an den zivilrechtlichen Eigentümer herausgegeben werden, können sie nicht mit den im zivilrechtlichen Eigentum des Nutzungsberechtigten stehenden Gegenständen gleichgesetzt werden.[764] Anders als bei schuldrechtlichen Verpflichtungsgeschäften folge bei schuldrechtlichen Nutzungsverhältnissen kein dingliches Erfüllungsgeschäft, sondern „nur" eine Duldung

759 Vgl. auch Clausen, JbFStR 1976/77, 120, 122; Babel, BB 1997, 2261, 2261.

760 Kußmaul/Ollinger, StuW 2011, 282, 283.

761 Vgl. auch Clausen, JbFStR 1976/77, 120, 122.

762 Clausen, DStZ 1976, 371, 371; Clausen, JbFStR 1976/77, 120, 122; Koch, Bilanzierung von Nutzungsrechten nach GoB und IFRS, S. 108; Kußmaul/Ollinger, StuW 2011, 282, 283; Babel, BB 1997, 2261, 2261.

763 Winnefeld, Bilanz-Handbuch, Kapitel D Rn. 114.

764 Winnefeld, Bilanz-Handbuch, Kapitel D Rn. 114.

der Gebrauchs- und Fruchtziehung durch den Nutzungsberechtigten.[765] Zwar erhalte der Gläubiger mit Abschluss des Schuldverhältnisses die Forderung auf die Leistung, sodass eine Leistungspflicht entstanden sei, die einen Vermögenswert darstelle,[766] jedoch verbiete sich ein bilanzieller Ausweis in der Bilanz, weil allein die Aussicht auf fortlaufend entstehende und sich verbrauchende Ansprüche auf Nutzung zwar als wirtschaftliche Vorteile, nicht aber als ein gegenwärtiger Vermögensgegenstand anzusehen seien.[767] Die garantierte Nutzungsmöglichkeit sei kein selbstständig bewertbares Wirtschaftsgut, da es keinen aktuellen Vermögenswert widerspiegele.[768] Es handele sich vielmehr um ein schwebendes Geschäft.[769] Ebenso wurde vertreten, dass der Leasingnehmer als Besitzer des Leasingobjekts nur Nutzenzuflüsse aus dem obligatorischen Nutzungsrecht am Leasingobjekt erzielen könne und nicht aus der Substanz des materiellen Objekts.[770] Anders als bei einem dinglichen Nutzungsrecht fehlt es an einer Vergegenständlichung und Verselbstständigung, die insbesondere in der freien Verfügungsmacht des Rechtsinhabers ihren Ausdruck finde, wie z. B. der eigenmächtigen Abtretung der Ansprüche und der Befugnis weitere Nutzungsrecht einzuräumen.[771] Schuldrechtliche Nutzungsrechte seien daher erst zu aktivieren, wenn sie im Wege des Rechtskaufs und der Abtretung Gegenstand des Rechtsverkehrs geworden seien.[772]

(c) Bejahende Bilanzierungsfähigkeit

Die überwiegende Ansicht im Schrifttum bejaht hingegen die Vermögensgegenstandseigenschaft von obligatorischen Nutzungsrechten als entgeltliche

765 Clausen, JbFStR 1976/77, 120, 135.

766 Larenz, Lehrbuch des Schuldrechts, Band I, S. 569; Clausen, JbFStR 1976/77, 120, 135.

767 BFH, Urteil vom 23. September 1969, I R 22/66; BStBl. II 1970, 104, 106; Döllerer, BB 1971, 535, 538; Clausen, JbFStR 1976/77, 120, 135 f.

768 Trzaskalik, StuW 1983, 126, 129; Fabri, Grundsätze ordnungsgemäßer Bilanzierung entgeltlicher Nutzungsverhältnisse, S. 65; auch Meyer-Scharenberg, BB 1987, 874, 877 lehnt die Wirtschaftsgutseigenschaft des Nutzungsrechts ab.

769 Trzaskalik, StuW 1983, 126, 132; abwägend Fabri, Grundsätze ordnungsgemäßer Bilanzierung entgeltlicher Nutzungsverhältnisse, S. 106 ff.

770 Sabel, Leasingverträge in der kapitalmarktorientierten Rechnungslegung, S. 158.

771 Clausen, JbFStR 1976/77, 120, 136.

772 Clausen, JbFStR 1976/77, 120, 143.

Gebrauchsüberlassungen.[773] Auch die Rechtsprechung teilt mittlerweile diese Ansicht.[774] Nach nunmehr ständiger Rechtsprechung des BFH sind Nutzungsrechte immaterielle Wirtschaftsgüter, sofern sie auf bestimmte Zeit eine „gesicherte Rechtsposition"[775] gewähren, d. h. dem Rechtsinhaber gegen seinen Willen nicht mehr entzogen werden können.[776] Keine Rolle spielt dabei, ob die Nutzungsrechte dinglichen oder schuldrechtlichen Charakter aufweisen.[777] Auch die laufende Entrichtung des Nutzungsentgelts stehe der Vermögensgegenstandseigenschaft eines obligatorischen Nutzungsrechts nicht entgegen, da das vertraglich vereinbarte Entgelt die Voraussetzungen der selbstständigen Bewertbarkeit erfülle.[778] Wenn das entgeltlich erworbene obligatorische Nutzungsrecht allerdings Teil eines noch schwebenden Geschäfts ist, wird es gemäß dem Grundsatz der Nichtbilanzierung schwebender Geschäfte nicht aktiviert.[779]

---

773 Vgl. Fahrholz, Leasing in der Bilanz, S. 142; Babel, BB 1997, 2261, 2267; bedingt Kußmaul, BB 1987, 2053, 2065; Brakensiek, Bilanzneutrale Finanzierungsinstrumente in der internationalen und nationalen Rechnungslegung, S. 266.

774 Der grundlegende Beschluss erfolgte am 26. Oktober 1987 vom Großen Senat (GrS 2/86, BStBl. II 1988, 348); zuvor wurde in einer Vielzahl von Urteilen die Aktivierungsfähigkeit abgelehnt, vgl. z. B. BFH, Urteil vom 29. Januar 1975, I R 135/70, BStBl. II 1975, 553, 555; BFH, Urteil vom 25. November 1976, IV R 90/72, BStBl. II 1977, 467, 472; BFH, Urteil vom 19. April 1977, VIII R 23/75, BStBl. II 1977, 712, 714.

775 Groh, DB 1988, 514, 517; Weber-Grellet, in: Schmidt, EStG, § 5 Rn. 176; Brinkmann, in: Lüdicke/Sistermann, Unternehmensteuerrecht, § 13 Rn. 63.

776 BFH, Beschluss vom 26. Oktober 1987, GrS 2/86, BStBl. II 1988, 348, 353; BFH, Urteil vom 16. Dezember 1988, III R 113/85, BStBl. II 1989, 763, 764; BFH, Urteil vom 17. März 1977, IV R 218/72, BStBl. II 1977, 595, 597 f.; BFH, Urteil vom 2. August 1983, VIII R 57/80, BStBl. II 1983, 739, 740; BFH, Urteil vom 16. November 1977, I R 83/75, BFHE 124, 501, 504; BFH, Urteil vom 9. August 1989, X R 20/86, BStBl. II 1990, 128, 130; BFH, Urteil vom 20. September 1990, IV R 300/84, BStBl. II 1991, 82, 83; Schubert, DStR 1995, 362, 362; BFH, Urteil vom 14. März 2006, I R 109/94, BFH/NV 2006, 1812, 1813; Babel, Ansatz und Bewertung von Nutzungsrechten, S. 15 f.; Koch, Bilanzierung von Nutzungsrechten nach GoB und IFRS, S. 110; Weber-Grellet, in: Schmidt, EStG, § 5 Rn. 176.

777 BFH, Urteil vom 30. Juli 1985, VIII R 71/81, BStBl. II 1986, 327, 328; BFH, Urteil vom 11. November 1988, III R 268/84, BStBl. II 1989, 872, 873; BFH, Urteil vom 20. September 1989, X R 140/87, BStBl. II 1990, 368, 370; BFH, Beschluss vom 26. Oktober 1987, GrS 2/86, BStBl. II 1988, 348, 353; Groh, StbJb 1988/89, 187, 191; Schubert, DStR 1995, 362, 362.

778 Hommel, Grundsätze ordnungsgemäßer Buchführung, S. 35; Koch, Bilanzierung von Nutzungsrechten nach GoB und IFRS, S. 110 f.

779 BFH, Urteil vom 12. August 1982, IV R 184/79, BStBl. II 1982, 696, 700; BFH, Urteil vom 19. Juni 1997, IV R 16/95, BStBl. II 1997, 808, 810; Hennrichs, in: Tipke/Lang,

Bereits vor dem Urteil des Großen Senats hat die Rechtsprechung vereinzelnd Nutzungsrechte als Wirtschaftsgüter klassifiziert.[780] Im BFH-Urteil vom 12. August 1982[781] führte der BFH aus, dass zu den immateriellen Wirtschaftsgütern des Anlagevermögens auch dingliche und obligatorische Nutzungsrechte gehören. Ein entgeltlicher Erwerb eines obligatorischen Nutzungsrechts sei ein Wirtschaftsgut, „wenn es Gegenstand eines gegenseitigen Vertrags war oder ist, bei dem Leistung und Gegenleistung nach kaufmännischen Gesichtspunkten gegeneinander abgewogen sind und bei dem die Leistung der einen Vertragspartei in der Übertragung eines bereits bestehenden Nutzungsrechts oder in der Begründung (Einräumung) eines solchen Nutzungsrechts besteht".[782] Auch ein rein schuldrechtliches Nutzungsrecht, wie es durch den Abschluss eines Mietvertrags entsteht, sei danach ein immaterielles Wirtschaftsgut.[783] Der BFH sah die steuerliche und wirtschaftliche Vergleichbarkeit des Vorbehalts eines schuldrechtlichen und dinglichen Nutzungsrechts als maßgebend an.[784] Lediglich bloße Nutzungsvorteile, die sich in keiner gesicherten Rechtsposition niederschlagen, seien keine Nutzungsvorteile.[785]

(d) Fazit

Der Auffassung, dass die Nutzungsrechte wegen ihrer fortlaufend entstehenden und sich verbrauchenden Ansprüche keine Wirtschaftsgüter darstellen, fehlt es an einer

---

Steuerrecht, § 9 Rn. 132; Brakensiek, Bilanzneutrale Finanzierungsinstrumente in der internationalen und nationalen Rechnungslegung, S. 270; Weber-Grellet, in: Schmidt, EStG, § 5 Rn. 176.

780 U. a. BFH, Urteil vom 26. Februar 1975, I R 72/73, BStBl. II 1976, 13, 14; BFH, Urteil vom 14. März 1979, I R 37/75, BStBl. 1979, 470 471 f.; BFH, Urteil vom 12. August 1982, IV R 184/79, BStBl. II 1982, 696, 699; BFH, Urteil vom 29. November 1983, VIII R 215/79, BStBl. II 1984, 366, 368.

781 BFH, Urteil vom 12. August 1982, IV R 184/79, BStBl. II 1982, 696.

782 BFH, Urteil vom 12. August 1982, IV R 184/79, BStBl. II 1982, 696, 699; vgl. auch BFH, Urteil vom 26. Februar 1975, I R 72/73, BStBl. II 1976, 13, 14; Brakensiek, Bilanzneutrale Finanzierungsinstrumente in der internationalen und nationalen Rechnungslegung, S. 270.

783 BFH, Urteil vom 12. August 1982, IV R 184/79, BStBl. II 1982, 696, 699; BFH, Urteil vom 19. Juni 1997, IV R 16/95, BStBl. II 1997, 808, 810; Koch, Bilanzierung von Nutzungsrechten nach GoB und IFRS, S. 111.

784 Stuhrmann, StbJB 1992/93, 193, 200.

785 BFH, Beschluss vom 26. Oktober 1987, GrS 2/86, BStBl. 1988, 348, 353; vgl. auch Brakensiek, Bilanzneutrale Finanzierungsinstrumente in der internationalen und nationalen Rechnungslegung, S. 266.

fundierten Begründung. Obligatorische Nutzungsrechte wie bei der Miete und dem Leasing gewähren dem Nutzungsberechtigten einen Anspruch, dessen Inanspruchnahme einen künftigen Ertrag erwarten lässt.[786] Jener rechtfertigt die Aktivierung des Nutzungsrechts. Sofern auf das Merkmal der Entgeltlichkeit abgestellt wird, bestehen keine Bedenken, dingliche und obligatorische Nutzungsrechte gleich zu behandeln.[787] Obligatorische und dingliche Nutzungsrechte stellen damit immer dann immaterielle, aktivierungsfähige Vermögensgegenstände dar, wenn sie selbstständig verwertungsfähig sind, d. h. selbst durch ein entgeltliches Rechtsgeschäft wieder in Geld transformierbar sind; eingelegt und bilanziert werden können, für einen bestimmten Zeitraum übertragen werden[788] und nicht vom vorrangigen Grundsatz der Nichtbilanzierung schwebender Geschäfte verdrängt werden.

(2) Wirtschaftlicher Wert und selbstständige Bewertbarkeit

Da Nutzungsrechte immaterielle Vermögensgegenstände des Anlagevermögens sind, sind jene nur anzusetzen, wenn sie entgeltlich erworben wurden.[789] Im Rahmen des *Right-of-use-Approachs* verkörpert das Nutzungsrecht an dem Leasinggegenstand einen wirtschaftlichen Wert, dessen Erlangung sich der Bilanzierende in Ausgestaltung der Leasingraten etwas kosten lässt, sodass er das Nutzungsrecht entgeltlich erwirbt. Zudem dient das Nutzungsrecht einem längerfristigen Nutzen und ist selbstständig bewertbar, da eine eindeutige Zuordnung der Aufwendungen zu der Nutzung möglich ist.[790]

(3) Einzelverwertbarkeit und Einzelveräußerbarkeit

Das Kriterium der selbstständigen Einzelveräußerbarkeit ist erfüllt, wenn die Vermögensgegenstände einzeln oder unabhängig von anderen Gegenständen erworben und veräußert werden können.[791]

---

786 Vgl. auch Koch, Bilanzierung von Nutzungsrechten nach GoB und IFRS, S. 110.

787 Kußmaul, BB 1987, 2053, 2056.

788 BFH, Urteil vom 26. Oktober 1987, GrS 2/86, BStBl II 1988, 348, 353; Fabri, Grundsätze ordnungsgemäßer Bilanzierung entgeltlicher Nutzungsverhältnisse, S. 82.

789 BFH, Urteil vom 27. Juni 1978, VIII R 12/72, BStBl. II 1979, 38, 42; Schubert, DStR 1995, 362, 364; Hutter, DStZ 1981, 47, 52; Knobbe-Keuk, StuW 1979, 305, 310 f.; Schellenberger, FR 1980, 25, 27; Tiedtke, Einkommensteuer- und Bilanzsteuerrecht, S. 358; vgl. auch Clausen, JbFStR 1976/77, 120, 127.

790 Buchholz, Grundzüge des Jahresabschlusses nach HGB und IFRS, S. 36.

791 Schildbach, Der handelsrechtliche Jahresabschluss, S. 218; Tonner, Leasing im Steuerrecht, Kapitel 4 Abschnitt IV Rn. 27.

(a) Konkrete oder abstrakte Einzelveräußerbarkeit

Verlangt man entsprechend der engsten Auslegung[792] für einen Vermögensgegenstand eine konkrete Einzelveräußerbarkeit, liegt ein Vermögensgegenstand nur vor, wenn er unabhängig von Veräußerungsverboten übertragbar ist.[793] Angewandt auf ein Leasingverhältnis i. S. d. IAS/IFRS kann der Leasingnehmer das Nutzungsrecht aus dem Leasingvertrag nicht ohne Zustimmung des Leasinggebers an einen Dritten übertragen oder gemäß § 399 BGB abtreten. Es handelt sich hierbei um eine sog. „Unabtretbarkeit kraft Leistungsinhalts", da es für den Leasinggeber entscheidend ist, wem er seine Leistung zu erbringen hat.[794] Folglich ist das Kriterium der konkreten Einzelveräußerbarkeit nicht erfüllt. Generell ist die konkrete Auslegung sehr eng definiert, sodass das Kriterium der abstrakten Einzelverkehrsfähigkeit entwickelt wurde.[795] Hiernach genügt es, wenn der Vermögensgegenstand – unabhängig vom Bestehen von Veräußerungsverboten an sich übertragbar bzw. veräußerbar wäre.[796] Sofern eine Einzelveräußerbarkeit gegeben ist, kommt es nach dieser Ansicht auf die andere Art der Verwertbarkeit nicht mehr an.[797] Übereinstimmend wird die abstrakte Einzelveräußerbarkeit von Nutzungsrechten aus entgeltlichen Gebrauchsüberlassungsverhältnissen – wie dem Leasing – angenommen und für ausreichend erklärt, da eine abstrakte Abtretung des Rechts möglich ist.[798]

---

792 Vgl. Adler/Düring/Schmaltz, Rechnungslegung und Prüfung der Unternehmen, Teilband 6, § 246 HGB Rn. 18; Knapp, DB 1971, 1121, 1122.

793 Tonner, Leasing im Steuerrecht, Kapitel 4 Abschnitt IV Rn. 27; Ballwieser, in: Münchener Kommentar zum HGB, Band 4, § 246 Rn. 15; Maul, BFuP 1973, 16, 26; Moxter, BB 1978, 821, 823; Knapp, DB 1971, 1121, 1122.

794 Wolf/Eckert/Ball, Handbuch des gewerblichen Miet-, Pacht- und Leasingrechts, Rz. 1339; Weidenkaff, in: Palandt, § 535 Rn. 9; Koch, in: Graf von Westphalen, Der Leasingvertrag, Kapitel O, Rn. 40; Mujkanovic/Muggenthaler, StuB 2011, 523, 524; zum Begriff „Unabtretbarkeit kraft Leistungsinhalt" siehe auch Grünberg, in: Palandt, § 399 Rn. 4.

795 Tonner, Leasing im Steuerrecht, Kapitel 4 Abschnitt IV Rn. 27.

796 Merkt, in: Baumbach/Hopt, HGB, § 246 Rn. 5; Tonner, Leasing im Steuerrecht, Kapitel 4 Abschnitt IV Rn. 27; Mujkanovic/Muggenthaler, StuB 2011, 523, 524; Kußmaul/Ollinger, StuW 2011, 282, 284; Kußmaul, BB 1987, 2053, 2058; Roland, Der Begriff des Vermögensgegenstandes im Sinne der handels- und aktienrechtlichen Rechnungslegungsvorschriften, S. 155.

797 Adler/Düring/Schmaltz, Rechnungslegung und Prüfung der Unternehmen, Teilband 6, § 246 HGB Rn. 28; Wichmann/Kemcke, DStZ 2012, 514, 519.

798 Woerner, Der schwebende Vertrag im Gefüge der Grundsätze ordnungsgemäßer Bilanzierung, S. 41 Fn. 22; Fahrholz, Leasing in der Bilanz, S. 125 und S. 142;

(b) Einzelverwertbarkeit

Anstatt auf die Einzelveräußerbarkeit ist nach dem BFH und der h. M. auf die Einzelverwertbarkeit des Vermögensgegenstandes abzustellen, wobei abermals die abstrakte Möglichkeit der Verwertung des Nutzungsrechts aufgrund der Natur der Sache genügt.[799] Von einer Verwertbarkeit spricht man, wenn der Vermögensgegenstand – z. B. durch Veräußerung oder entgeltliche Nutzungsüberlassung – in Geld umgewandelt werden kann.[800] Eine konkrete Einzelverwertbarkeit des Nutzungsrechts ist ebenfalls mangels einer konkreten Abtretungsmöglichkeit abzulehnen. Hingegen bestehen gegen die abstrakte Möglichkeit der Einzelverwertbarkeit keine Bedenken, da ein gesetzliches oder vertragliches Verbot der Weitervermietung bei der abstrakten Betrachtung irrelevant ist und damit das Nutzungsrecht als Vermögensgegenstand angesehen werden kann.[801]

(4) Fazit

Mithin ist das Nutzungsrecht des *Right-of-use-Approachs* als ein immaterieller Vermögensgegenstand i. S. d. Handelsrechts zu verstehen.

Hommel, Grundsätze ordnungsgemäßer Bilanzierung für Dauerschuldverhältnisse, S. 53; Kußmaul, StuW 1988, 46, 57; Babel, BB 1997, 2261, 2276; Kußmaul, BB 1987, 2053, 2065; Kußmaul/Ollinger, StuW 2011, 282, 286 f.; Koch, Bilanzierung von Nutzungsrechten nach GoB und IFRS, S. 104 ff.; a. A. Döllerer, BB 1980, 1333, 1335 (mit Hinweis auf die hohen zivilrechtlichen Risiken, mit denen ein Anspruch vor Erfüllung belastet ist) sowie Helmschrott, Leasinggeschäfte in der Handels- und Steuerbilanz, S. 181 ff. (mit Hinweis auf die mangelnde Passivierungsfähigkeit der Verpflichtung); vgl. insgesamt Brakensiek, Bilanzneutrale Finanzierungsinstrumente in der internationalen und nationalen Rechnungslegung, S. 266 ff.

799 Mujkanovic/Muggenthaler, StuB 2011, 523, 524; vgl. bzgl. der Stimmen für die abstrakte Einzelveräußerbarkeit Coenenberg/Haller/Schultze, Jahresabschluss und Jahresabschlussanalyse, S. 76; Lüdenbach/Prusaczyk, KoR 2004, 204, 206; Gelhausen/Fey/Kämpfer, Rechnungslegung und Prüfung nach dem Bilanzrechtsmodernisierungsgesetz, Abschnitt E, Rn. 60 f.; Lamers, Aktivierungsfähigkeit und Aktivierungspflicht immaterieller Werte, S. 216.

800 Buchholz, Grundzüge des Jahresabschlusses nach HGB und IFRS, S. 36; Tonner, Leasing im Steuerrecht, Kapitel 4 Abschnitt IV Rn. 27; Ballwieser, in: Münchener Kommentar zum HGB, Band 4, § 246 Rn. 16.

801 Mujkanovic/Muggenthaler, StuB 2011, 523, 525.

bb) Bilanzierungskonkurrenz zwischen Nutzungsrecht und wirtschaftlichem Eigentum im Fall des Finanzierungsleasings

Im Fall des Finanzierungsleasings – konkret bei der Zuordnung des wirtschaftlichen Eigentums am Leasingobjekt zum Leasingnehmer – bilanziert der Leasingnehmer im deutschen Recht bereits das Leasingobjekt als einen Vermögensgegenstand und eine entsprechende Leasingschuld. Dies hätte zur Konsequenz, dass unter der Anwendung des *Right-of-use-Approachs* das Nutzungsrecht aus dem Leasingverhältnis und das wirtschaftliche Eigentum am Leasingobjekt gemäß § 246 Abs. 1 Satz 1 HGB in Bilanzierungskonkurrenz stehen.[802] Sowohl das Nutzungsrecht als auch das wirtschaftliche Eigentum tragen durch den Ansatz in der Leasingnehmerbilanz dem Informationsgedanken, aber auch dem Zahlungsbemessungszweck Rechnung, sodass keinem auf Anhieb der Vorrang einzuräumen ist.[803] Das wirtschaftliche Eigentum ist dadurch gekennzeichnet, dass der wirtschaftliche Eigentümer den zivilrechtlichen von der Sachherrschaft über den Gegenstand ausschließen kann, obwohl er nicht der zivilrechtliche Eigentümer ist und die Chance der Wertsteigerung und das Risiko der Wertminderung trägt und darüber entscheiden kann.[804]

Für die Abbildung des Nutzungsrechts statt des wirtschaftlichen Eigentums am Leasingobjekt spricht die Tatsache, dass bei Leasingverhältnissen vielfach kein endgültiger Übergang des zivilrechtlichen Eigentums auf den Leasingnehmer erfolgt und das wirtschaftliche Eigentum wieder an den Leasinggeber zurückfällt.[805] Sofern im Einzelfall ein endgültiger Übergang des zivilrechtlichen Eigentums auf den Leasingnehmer zu erwarten ist, wäre das wirtschaftliche Eigentum die zutreffendere Abbildung der tatsächlichen Ansprüche des Leasingnehmers, andernfalls das Nutzungsrecht. Gegen eine unterschiedliche Behandlung von Leasingverhältnissen spricht aber die Vermeidung von Abgrenzungsproblemen, die aus Gestaltungs- und Ermessensspielräumen resultieren.[806] Würde man zwischen dem Ansatz des Leasingobjekts und des Nutzungsrechts unterscheiden, müssten wieder eine Klassifizierung der Leasingverhältnisse und eine Überprüfung der wirtschaftlichen Zurechnung entsprechend der aktuellen IAS 17.10 und IAS

802 Mujkanovic/Muggenthaler, StuB 2011, 523, 528.

803 Mujkanovic/Muggenthaler, StuB 2011, 523, 528.

804 Döllerer, BB 1971, 535, 536; Sabel, Leasingverträge in der kapitalmarktorientierten Rechnungslegung, S. 31; Ammann/Hucke, IStR 2000, 87, 90; Tacke, Leasing, S. 130; Mellwig/Weinstock, DB 1996, 2345, 2347.

805 Siehe bzgl. dies und folgendes: Mujkanovic/Muggenthaler, StuB 2011, 523, 528.

806 Mujkanovic/Muggenthaler, StuB 2011, 523, 528.

17.11 erfolgen, von denen mit dem *Right-of-use-Prinzip* Abstand genommen werden sollte. Würde man eine Klassifizierung neben dem *Right-of-use-Ansatz* für notwendig erklären, wäre dessen Einführung in diesem Punkt nicht von Vorteil, sondern sogar überflüssig. Wegen der Einheitlichkeit mit dem Operatingleasing, zu Vergleichbarkeits- und Vereinfachungszwecken ist daher bei einer Umsetzung des ED/2013/6 dem Nutzungsrecht der Vorrang einzuräumen. Die Konkurrenz ist demnach zugunsten des Nutzungsrechts aufzulösen.

cc) Verbindlichkeit als Schuld

Die im *Right-of-use-Ansatz* passivierte Verbindlichkeit müsste zudem der handelsrechtlichen Definition der „Schuld" entsprechen. Der Begriff „Schuld" i. S. d. § 246 Abs. 1 HGB umfasst sowohl Verbindlichkeiten (§ 253 Abs. 1 Satz 2 HGB) als auch Rückstellungen (§ 249 HGB). Mangels einer gesetzlichen Definition hat sich eine Definition in der Literatur entwickelt. Nach h. M. setzt eine Schuld eine am Bilanzstichtag bestehende, rechtlich oder wirtschaftlich verursachte Verpflichtung zu einer dem Inhalt und der Höhe nach bestimmten (Verbindlichkeit) bzw. der Höhe nach ungewissen Leistung (Rückstellung) voraus, deren Inanspruchnahme wahrscheinlich ist und die für den Bilanzierenden eine wirtschaftliche Belastung darstellt und selbstständig bewertbar ist.[807]

Die Pflicht des Leasingnehmers, die Überlassung des Nutzungsrechts zu vergüten, erfüllt die Kriterien der Schuld. Es besteht eine Pflicht zur Zahlung der Leasingraten, welche ihrerseits in ihrer Höhe bestimmt sind und die beim Leasingnehmer eine selbstständig bewertbare, wirtschaftliche Belastung hervorrufen.

c) Nichtbilanzierungsgrundsatz - Übertragbarkeit auf deutsches Recht

Ferner muss das Prinzip des Ansatzes der Nutzungsrechte mit dem Grundsatz der Nichtbilanzierung schwebender Geschäfte und den Prinzipien des Handelsrechts vereinbar sein. Das *Right-of-use-Prinzip* des ED/2013/6 findet zurzeit kein

807 Coenenberg/Haller/Schultze, Jahresabschluss und Jahresabschlussanalyse, S. 76; Winnefeld, Bilanz-Handbuch, Kapitel D Rn. 840 ff.; Köhrle, IFRS-Einzelabschluss, S. 55; Adler/Düring/Schmaltz, Rechnungslegung und Prüfung der Unternehmen, Teilband 6, § 246 HGB Rn. 103.

Pendant in den deutschen Bilanzierungsregeln, weder in den handelsrechtlichen GoB noch in den Leasingerlassen.

aa) Hintergrund

Im deutschen Recht wird bei einem Finanzierungsleasing das Leasingobjekt in der Bilanz des Leasingnehmers ausgewiesen, wogegen es sich bei einem Operatingleasing um ein schwebendes Geschäft handelt, das nicht in der Bilanz des Leasingnehmers in Erscheinung tritt, da der Leasinggeber nach der Auffassung des deutschen Rechts seine Hauptleistung noch nicht erbracht und die Sachleistungsgefahr behalten hat. Der *Right-of-use-Approach* verhindert eine solche unterschiedliche Behandlung, indem er festlegt, dass alle Leasinggeschäfte in der Bilanz des Leasingnehmers auszuweisen sind. Konsequenterweise werden bereits dem deutschen Rechtsverständnis widersprechende schwebende Geschäfte, die von beiden Seiten noch nicht erfüllt sind (sog. *executory contracts*), bilanziert.[808] Das IASB vertritt die Auffassung, dass der Leasinggeber seine Hauptleistung mit der Überlassung des Nutzungsrechts einseitig vollständig erbracht habe, was einen Ansatz des Leasinggeschäfts rechtfertige.[809]

Indem die IAS/IFRS-Leasingbilanzierung nicht mehr mit den handelsrechtlichen GoB übereinstimmt, könnte der *asset-liability-approach* mit den ausschüttungsstatischen GoB unvereinbar sein und mit der Erfassung aller Vermögensgegenstände und Schulden gegen den deutschen Grundsatz der Nichtbilanzierung schwebender Geschäfte verstoßen.[810] Im deutschen Recht dient der Grundsatz der Nichtbilanzierung zum einen der Vermeidung einer Bilanzaufblähung, was wiederum zu einer Vereinfachung und Übersichtlichkeit der Bilanzierung führt,[811] und zum anderen soll er sicherstellen, dass gemäß dem Realisationsprinzip in § 252 Abs. 1 Nr. 4, 2. Hs. HGB nur realisierte Geschäfte einen Ansatz in der Bilanz finden.[812] Auf der anderen Seite steht die Nichterfassung der schwebenden Geschäfte mit dem Ziel der internationalen Rechnungslegung im Widerspruch, welche auf die zutreffende Erfassung (*asset-liability-approach*)

---

808 Vgl. auch Hartmann-Wendels/Schmidt, WPg 2010, 278, 280.

809 Hommel/Winter/Zicke, BB 2013, 1707, 1709; vgl. ED/2013/6 BC21; Jung/Ruthardt/Hermens, IRZ 2011, 199, 200.

810 Claßen/Schulz, StuB 2011, 3, 8; Alvarez/Wotschofsky/Mietig, WPg 2001, 933, 947; vgl. zur Kritik aus handelsrechtlicher Sicht u. a. Mellwig, DB, Beilage Nr. 12/98, S. 13 und S. 16.

811 Woerner, BB 1988, 769, 771.

812 Siehe ausführlich Gliederungspunkt B) IV) 1) c) dd).

und Bewertung (*fair value-approach*) sämtlicher Vermögenswerte und Schulden gerichtet ist.[813] Die Vorteilhaftigkeit dieses Vollständigkeitsprinzips müsste sich aus dem Rechnungslegungszweck ergeben.[814] Dabei ist zu untersuchen, ob der vollständige Ansatz aller Rechte in der Bilanz einer verbesserten Informationsvermittlung dienlich ist. Problematisch könnte sein, dass Jahresabschlussadressaten weniger an dem Barwert möglicher Zahlungsverpflichtungen interessiert sind als an der Höhe der verpflichtend zu leistenden Zahlungen.[815] Sie möchten erfahren, inwieweit sich der Leasingnehmer diesen Verpflichtungen bei einer Veränderung der Geschäftslage entziehen kann.[816] Befremdlich wirkt, dass der Grundsatz der Nichtbilanzierung schwebender Geschäfte von einem *Exposure Draft* aufgehoben wird, das den Anspruch erhebt, die bisherige Leasingbilanzierung zu vereinfachen.[817] Prinzipiell soll der Grundsatz selbst der Vereinfachung der Bilanzierung dienen, sodass es sich durch die Aufgabe des Grundsatzes um eine „Vereinfachung der Vereinfachung" handelt.

Auch im deutschen Recht wurden in der Vergangenheit vermehrt Stimmen laut, die die Aufgabe des Grundsatzes der Nichtbilanzierung schwebender Geschäfte forderten.[818] Die Rechte und Pflichten aus beiderseits noch nicht erfüllten, synallagmatischen Verträgen seien für die Beurteilung der wirtschaftlichen Lage eines Unternehmens zu wichtig, als dass man sie weiterhin dem Anhang oder internen Niederschriften überlassen könnte.[819] Die Aktivierung des Nutzungsrechts und die Passivierung der korrespondierenden Verpflichtung in der bilanziellen Behandlung von Leasinggeschäften seien gerechtfertigt.[820] Sie wahren das

813 Hommel/Winter/Zicke, BB 2013, 1707, 1707; vgl. hierzu auch schon McGregor, Accounting for Leases: A New Approach – Recognition by Lessees of Assets and Liabilities Arising under Lease Contracts.

814 Mujkanovic/Muggenthaler, StuB 2011, 523, 526; vgl. auch Adler/Düring/Schmaltz, Rechnungslegung und Prüfung der Unternehmen, Teilband 6, § 246 HGB Rn. 183.

815 Jung/Ruthardt/Hermens, IRZ 2011, 199, 201.

816 Hartmann-Wendels/Schmidt, WPg 2010, 278, 284; Jung/Ruthardt/Hermens, IRZ 2011, 199, 201.

817 Hierzu im Zusammenhang zum McGregor-Papier von 1996 und ähnlicher Argumentierung Mellwig, DB, Beilage Nr. 12/98, S. 13.

818 Siehe z. B. Bieg, StuW 1976, 339, 350; Fahrholz, Leasing in der Bilanz, S. 144; vgl. auch Mujkanovic/Muggenthaler, StuB 2011, 523, 527; Babel, BB 1997, 2261, 2266 (2268).

819 Bieg, StuW 1976, 339, 345; Bieg, WPg 1977, 113, 116 ff.

820 Fahrholz, Leasing in der Bilanz, S. 144.

Vollständigkeitsprinzip, das seinerseits durch den Nichtbilanzierungsgrundsatz durchbrochen werde.[821]

bb) Grundsatz der Nichtbilanzierung schwebender Geschäfte vs. Right-of-use-Prinzip im Handelsrecht

Im Folgenden wird untersucht, welchem Grundsatz im deutschen Recht der Vorrang zu gewähren ist und ob das *Right-of-use-Prinzip* mit den handelsrechtlichen Prinzipien vereinbar ist.

(1) Bilanzaufblähung vs. Informationsfunktion

Zunächst wird das Augenmerk auf die Argumente der Bilanzaufblähung und der Informationsvermittlung gelegt. Im deutschen Recht wird der Ansatz schwebender Geschäfte mit der Begründung der Bilanzaufblähung durch Bilanzverlängerung abgelehnt.[822] Zur Vereinfachung und zur besseren Übersicht sei es nicht notwendig, dass sich zwei erfolgsneutrale Posten in der Bilanz gegenüberstünden.[823] Der *Right-of-use-Ansatz* setzt, dem Vollständigkeitsprinzip folgend, jedes Leasinggeschäft und damit alle Posten in der Bilanz des Leasingnehmers an. Auch aus einer erfolgsneutralen Darstellung ergeben sich Informationen für den Bilanzleser. Wahlweise ermöglicht das *Right-of-use-Prinzip* auch einen Ansatz des Nutzungsrechts im Anhang.[824] Hiermit wendet sich der ED/2013/6 gegen die Formulierung im Framework 82, die den Ansatz der Informationen in der Bilanz selbst und nicht im Bilanzanhang verlangt. Als zukünftiger Standard kann der ED/2013/6 jedoch von den allgemeinen Regelungen des Frameworks abweichen.

(a) Vollständigkeitsgrundsatz vs. Bilanzaufblähung

Das Argument der Bilanzaufblähung könnte dem Vollständigkeitsgrundsatz i. S. d. § 246 Abs. 1 Satz 1 HGB und IAS 1.15 widersprechen. Allerdings könnten der Ausschüttungszweck der Handelsbilanz und die ausschüttungsorientierte Gewinnermittlungsbilanz die Argumente der Bilanzaufblähung und der

821 Fahrholz, Leasing in der Bilanz, S. 181.
822 Vgl. Gliederungspunkt B) IV) 1) c) dd) (3) (a).
823 Schmidt/Meyer, DB 1975, 68, 69; Hommel, Grundsätze ordnungsgemäßer Bilanzierung für Dauerschuldverhältnisse, S. 53.
824 Vgl. ED/2013/6 Ziffer 54 ff. und 88 ff.

Bilanzvereinfachung rechtfertigen, da im Rahmen dieser Argumente ein Ausweis des schwebenden Geschäfts unter Beachtung des Realisationsprinzips keine Auswirkung hat und somit unterbleiben könnte.[825] Dem handelsrechtlichen Jahresabschluss wird aber – insbesondere seit dem Bilanzrechtsreformgesetz – neben der ausschüttungsorientierten Gewinnermittlung auch die Aufgabe der Information der Abschlussadressaten über die Vermögens-, Finanz- und Ertragslage zu teil.[826] Durch den Ausweis aller Leasingverhältnisse und schwebender Geschäfte würde die Informationsfunktion gestärkt und ihrer Aufgabe an sich besser gerecht werden. Für den Abschlussadressaten sind neben den Positionen der Ausschüttung auch schwebende Geschäfte von Interesse, um die aktuelle Vermögens-, Finanz- und Ertragslage eines Unternehmens gemäß § 246 Abs. 1 HGB und IAS 1.15 für die Zukunft beurteilen zu können. Nur ein vollständiger Schuldausweis und die Kenntnis über die bestehenden erheblichen abschlusspolitischen Spielräume können sinnvolle, abschlussanalytische Überlegungen des Bilanzlesers im Hinblick auf die Finanzierung und die Liquiditätslage gewährleisten.[827] Der kodifizierte Vollständigkeitsgrundsatz könne nicht mit dem bloßen, unkodifizierten Argument der Bilanzaufblähung verdrängt werden.[828] Für die Informationsbilanz spricht zudem, dass durch die Auflistung aller Leasingverhältnisse und schwebender Geschäfte eine exaktere periodengerechte Zuordnung der Aufwendungen i. S. v. § 252 Abs. 1 Nr. 5 HGB[829] möglich ist, da alle Ansprüche und Verpflichtungen aus der Bilanz zu ersehen sind und der Aufwand in seine Komponenten Verbrauch des Nutzungsrechts und Finanzierungskosten aufgeteilt wird.[830]

825 Heurung/Sabel, in: Böcking/Castan/Heymann/Pfitzer/Scheffler, Beck'sches Handbuch der Rechnungslegung, Band II, B 710 Rn. 138; Sabel, Leasingverträge in der kapitalmarktorientierten Rechnungslegung, S. 44; Mujkanovic/Muggenthaler, StuB 2011, 523, 526.

826 Begründung des Bilanzrechtsmodernisierungsgesetzes, BT-Drucksache 16/12407 vom 24. März 2009, S. 1 f.; Moxter, BB 2000, 2143, 2146 f.; Mujkanovic/Muggenthaler, StuB 2011, 523, 527.

827 Mujkanovic/Muggenthaler, StuB 2011, 523, 526.

828 Woerner, in: Mellwig/Moxter/Ordelheide, Beiträge zum neuen Bilanzrecht, S. 40; Mujkanovic/Muggenthaler, StuB 2011, 523, 527.

829 Nach dem Periodenprinzip (als Konkretisierung des Realisationsprinzips) sind Aufwendungen und Erträge unabhängig von ihrer Zahlung in der jeweiligen Periode zu berücksichtigen, vgl. Baetge/Kirsch/Thiele, Bilanzen, S. 135.

830 Mujkanovic/Muggenthaler, StuB 2011, 523, 527.

Die Möglichkeit, das Nutzungsrecht statt in der Bilanz selbst im Bilanzanhang auszuweisen, könnte die Chance bieten, dass die Informationen gar nicht in die Bilanz gelangen müssen und es nicht zu einer Bilanzaufblähung kommen würde. Ein Ausweis des Nutzungsrechts lediglich im Anhang ist jedoch zwingend mit dem Ausweis des Nutzungsrechts in dem Posten in der Bilanz verbunden,[831] sodass prinzipiell keine Bilanzaufblähung vermieden werden kann. Generell wäre bei einem reinen Ausweis im Bilanzanhang zu beachten, dass im deutschen Recht nur im Fall des Operatingleasings das Leasinggeschäft nicht in der Bilanz des Leasingnehmers in Erscheinung tritt. Bei einem Finanzierungsleasing wird es ganz normal ausgewiesen. Würde man nun das Nutzungsrecht im Wege des *Right-of-use-Ansatzes* prinzipiell für das deutsche Recht auf den Bilanzanhang verweisen, würde die Situation in der Variante des Finanzierungsleasings nicht korrekt angezeigt werden, da das Nutzungsrecht und die entsprechenden Informationen in dem Bilanzanhang zu finden wären und nicht – wie erforderlich – in der Bilanz selbst. Dies würde zu einer Verschiebung der tatsächlichen wirtschaftlichen Lage führen und den Ausschüttungsgewinn beeinflussen. Ein genereller Ansatz des Nutzungsrechts im Anhang ist somit nicht sachgerecht. Würde man stattdessen wieder unterscheiden, ob ein Operatingleasing oder ein Finanzierungsleasing vorliegt und dementsprechend einen Ausweis des Nutzungsrechts im Anhang oder in der Bilanz anstreben, müsste man wieder eine Klassifizierung vornehmen, von der gerade mit der Reformierung des Leasingstandards Abstand genommen werden sollte. Zudem würde die Erfassung im Bilanzanhang für kleinere und mittlere Unternehmen einen zusätzlichen Aufwand bedeuten. Im deutschen Recht müssen bislang nur Kapitalgesellschaften, Aktiengesellschaften und Personengesellschaften mit beschränkter Haftung den Bilanzanhang gemäß § 264 Abs. 1 Satz 1 HGB erstellen.[832]

(b) Verdrängung des Bilanzaufblähungsarguments

Zu untersuchen ist daher, ob durch die Auflistung eines schwebenden Geschäfts eine wichtige Information vermittelt wird, die den Aufblähungsgedanken zurückdrängt. Für das Aufblähungsargument spricht, dass die Bilanz die Liquidität des Unternehmens zum Bilanzstichtag zeigt. Sie erteilt keine Auskünfte über die zukünftige Liquidität, sodass die Einbeziehung schwebender Geschäfte in

831 Vgl. Müller/Jung, IRZ 2013, 275, 281.

832 Coenenberg/Haller/Schultze, Jahresabschluss und Jahresabschlussanalyse, S. 852; Baetge/Kirsch/Thiele, Bilanzen, S. 715.

die Bilanz nicht erforderlich ist. Zwar steht das Aufblähungsargument in Konkurrenz zum kodifizierten Vollständigkeitsgrundsatz, jedoch unterscheidet sich die handelsrechtliche Informationsfunktion in diesem Punkt von der internationalen. Auch wenn sich die Handelsbilanz an die internationale Bilanz angepasst hat und sich zu einer Informationsbilanz geöffnet hat, bleibt es Sinn und Zweck der handelsrechtlichen Rechnungslegung, vorrangig der Ausschüttung zu dienen und den Bilanzlesern diesbezüglich Informationen zur Verfügung zu stellen. Diese betreffen aber nur die aktuelle Lage des Unternehmens und umfassen nicht die zukünftigen Aufwendungen. Für die Ausschüttung sind nur die Gewinne und Verluste aus dem vergangenen Wirtschaftsjahr entscheidend; Ansprüche und Verpflichtungen in der Zukunft sind am Bilanzstichtag nicht relevant. Dies bedeutet aber nicht, dass die handelsrechtliche Bilanz alle darüber hinaus gehenden Informationen unberücksichtigt lässt. Man darf nicht vergessen, dass sich die Informationsfunktion nicht allein aus der Bilanz, sondern aus dem Jahresabschluss insgesamt ergibt und eine Information im Bilanzanhang – angesichts der erweiterten Möglichkeiten der Darstellung – dem Adressaten unter Umständen mehr entgegenkommt, als eine rein zahlenmäßige Angabe, wie es der Ausweis in der Bilanz erfordert.[833] Die ausführliche Darstellung bietet dem Bilanzleser einen größeren Vorteil als der reine rechnerische Ausweis. Kritisch ist allerdings anzumerken, dass der Bilanzanhang im deutschen Recht nur von Kapitalgesellschaften, Aktiengesellschaften und Personengesellschaften mit beschränkter Haftung als dritter Bestandteil des Jahresabschlusses gemäß § 264 Abs. 1 Satz 1 HGB zu erstellen ist.[834] Dabei übernimmt der Anhang die Aufgabe, die durch die anderen Jahresabschlusselemente[835] vermittelten Informationen näher zu erläutern, zu ergänzen und zu korrigieren und die Bilanz oder die GuV von bestimmten Angaben zu entlasten.[836] Einzelunternehmen und mittlere Unternehmen führen den Anhang nicht und weisen dementsprechend auch nicht dessen Informationen aus. Die Informationen, die das *Right-of-use-Konzept* in seiner Bilanz oder wahlweise in seinem Anhang aufnehmen möchte, sind bereits jetzt – zumindest bei den Kapitalgesellschaften – dem deutschen Bilanzanhang

833 Figge, in: Küting/Weber, Wertorientierte Konzernführung, S. 173; Fabri, Grundsätze ordnungsgemäßer Bilanzierung entgeltlicher Nutzungsverhältnisse, S. 146 f.

834 Coenenberg/Haller/Schultze, Jahresabschluss und Jahresabschlussanalyse, S. 852; Baetge/Kirsch/Thiele, Bilanzen, S. 715.

835 Eine Bilanz umfasst bei Kapitelgesellschaften und haftungsbeschränkten Personenhandelsgesellschaften die Bilanz, die GuV und den Anhang.

836 Baetge/Kirsch/Thiele, Bilanzen, S. 715; Armeloh, Berichterstattung im Anhang, S. 25 ff.

zu entnehmen. Insofern fehlen die Informationen nicht als solche, sondern werden nur an einer anderen Stelle ausgewiesen. Da die IAS/IFRS hauptsächlich für kapitalmarktorientierte Unternehmen geschaffen wurden, ist es annehmbar, dass nur jene Unternehmen die Anforderungen an die Informationsbilanz bislang vollständig erfüllen. Auch bei einer Übernahme des *Right-of-use-Prinzips* in das deutsche Recht wäre es nicht notwendig, dass alle Unternehmen einen Bilanzanhang erstellen müssen. Zwar würden alle Unternehmen die internationalen Rechnungslegungsstandards anwenden müssen, jedoch bliebe deren Hauptzweck bei den kapitalmarktorientierten Unternehmen begründet.

(c) Vermittlung entscheidungsrelevanter Informationen

Die Auflistung aller Positionen in der Bilanz könnte die Vermittlung entscheidungsrelevanter Informationen erschweren. Die möglichen Varianten bei der Festlegung der Vertragslaufzeit und der Optionsausübungen sowie der Typenklassifizierung im Rahmen des ED/2013/6 haben Nachteile für die Übersichtlichkeit der Bilanz als Ganzes und konkret für die Informationsgewinnung aus der Bilanz, was für die Beibehaltung des Grundsatzes der Nichtbilanzierung schwebender Geschäfte und den Erhalt der Handelsbilanz und der Steuerbilanz spricht.[837] Unter Umständen kann der Bilanzleser aufgrund der übermäßigen Anzahl der Informationen nicht mehr zwischen Leasingverträgen mit Verlängerungs-, Kündigungs- oder ohne Option unterscheiden und die fixen Verpflichtungen des Unternehmens nicht mehr identifizieren, wobei gerade diese nützliche Informationen über den Wert und die möglichen Risiken des Unternehmens liefern.[838] Bedingt durch die auch weiterhin bestehenden Gestaltungs- und Ermessensspielräume[839] kann der *Right-of-use-Ansatz* gegenüber der bisherigen Leasingbilanzierung keine überlegene Informationsvermittlung aufgrund besserer Vergleichbarkeit oder Verlässlichkeit realisieren und ist damit abzulehnen.[840]

837 Jung/Ruthardt/Hermens, IRZ 2011, 199, 203.

838 Jung/Ruthardt/Hermens, IRZ 2011, 199, 203.

839 Vgl. diesbezüglich nur die Klassifizierung der Leasingverhältnisse in Typ A und Typ B, die Bestimmung einer „hinreichend wahrscheinlichen" Option bei der Leasinglaufzeit, die Eröffnung des Anwendungsbereichs sowie die Trennung der Leasingkomponenten (welche Komponente enthält eine eigene Leistung und welche erfüllt nur eine Nebenfunktion); vgl. Fülbier/Eckl/Fehr, WPg 2013, 853, 857.

840 Jung/Ruthardt/Hermens, IRZ 2011, 199, 203.

(d) *Abwägung und Zwischenergebnis*

Vorrangig sind die Funktionen und Prinzipien der Handelsbilanz zu berücksichtigen. Der Ausschüttungszweck darf nicht in den Hintergrund gedrängt werden. Die Ausschüttungsbilanz benötigt nicht den Ausweis aller Posten. Es wäre sogar erschwerend, aus der Menge von Informationen, die sich zum Teil lediglich erfolgsneutral gegenüberstünden, die wichtigen Informationen für die Ausschüttung herauszufiltern. Die Bilanz wäre von nicht benötigten Informationen überfrachtet. Dem Vereinfachungsgedanken ist der Vorzug zu gewähren. Es ist nicht erkennbar, warum sich alle Informationen aus der Bilanz selbst – und nicht aus ihrem Anhang – ergeben müssen. Für den Ausweis der Operatingleasingverträge im Bilanzanhang sprechen die übersichtliche Darstellung mit den notwendigen Informationen für die Bilanzleser sowie die mögliche Beibehaltung des Grundsatzes des Nichtausweises schwebender Geschäfte aus Vereinfachungsgründen. Der Vollständigkeitsgrundsatz muss dem Argument der Bilanzaufblähung weichen. Die Informationsfunktion der IAS/IFRS umfasst hauptsächlich die Kapitalgesellschaften und nicht auch kleinere und mittlere Unternehmen. Es ist nicht ersichtlich, wieso jene „in Mitleidenschaft" gezogen werden sollten, nur um eine Harmonisierung der Rechnungslegung mit allen Mitteln zu erreichen, wobei die Vergleichbarkeit kleinerer Unternehmen zu anderen europäischen Unternehmen eine geringe Rolle spielt. Jene existieren national und müssen nicht den Anforderungen von großen, weltweiten Unternehmen gerecht werden. Insofern ist dem Aufblähungsargument der Vorzug zu gewähren. Die Einführung der Informationen in der Bilanz führt nach dem jetzigen Stand zu keinen Vorteilen. Durch die Angaben im Bilanzanhang ist ebenfalls eine exakte periodengerechte Zuordnung der Aufwendungen möglich. Um die Übersichtlichkeit bei der Ermittlung des Ausschüttungsgewinns zu erhalten, ist dem Grundsatz der Nichtbilanzierung schwebender Geschäfte der Vorrang vor dem *Right-of-use-Ansatz* einzuräumen.

(2) Realisationsprinzip vs. Informationsfunktion

Nach einer weiteren Ansicht hat die Bilanzierung von schwebenden Geschäften im deutschen Recht aufgrund des Realisationsprinzips nach § 252 Abs. 1 Nr. 4, 2. Hs. HGB zu unterbleiben.[841] Nur realisierte Gewinne dürfen in der

841 Siehe auch Gliederungspunkt B) IV) 1) c) dd) (3) (b) (bb); Mujkanovic/Muggenthaler, StuB 2011, 523, 527; Kozikowski/Schubert, in: Beck'scher Bilanz-Kommentar, § 249 HGB Rn. 57; Sabel, Leasingverträge in der kapitalmarktorientierten Rechnungslegung, S. 42 f.

Bilanz angesetzt werden, um mögliche mit dem Geschäft verbundene Risiken auszuschließen. Realisiert ist ein Geschäft zu dem Zeitpunkt, zu dem der Sach- oder Dienstleistungsverpflichtete seine Leistung erbracht hat und damit die Forderung so gut wie sicher ist und keine Leistungserbringungsrisiken mehr bestehen.[842] Im Bereich des Leasinggeschäfts wird eine Leistung erst nach und nach im Zeitablauf erbracht, sodass die Verträge hinsichtlich der erbrachten, vergangenen Teilleistung realisiert und hinsichtlich der zukünftigen noch schwebend sind.[843] Die Aufführung aller Leasingverhältnisse im Rahmen des *Right-of-use-Ansatzes* hätte zur Konsequenz, dass auch noch nicht realisierte Geschäfte in der Bilanz angesetzt werden. Der IASB vertritt die Ansicht, dass durch die Erbringung der Hauptleistung durch den Leasinggeber – die Zurverfügungstellung des Nutzungsrechts – das Leasinggeschäft bilanzierungsfähig sei.[844] Insofern steht die Informationsfunktion über dem Realisationsprinzip, welches im internationalen Recht keine so ausgeprägte und bedeutende Stellung inne hat wie im deutschen Recht. Ähnlich der Auffassung des IASB vertreten auch einige Stimmen im deutschen Recht die Auffassung, dass der Schwebezustand mit dem Beginn der Erfüllung durch die zur Leistung oder Zahlung verpflichtete Vertragspartei beendet sei.[845] Das Geschäft sei in der Bilanz auszuweisen, da der Schwebezustand bzgl. der erbrachten Teilleistungen nicht per se für beendet und hinsichtlich des zukünftigen Teils noch für offen erklärt werden kann, da ein einheitliches Rechtsverhältnis nicht in mehrere Geschäfte aufgeteilt werden kann, solange es sich auf eine einheitliche Leistung bezieht.[846] Sofern die erste Leistung erbracht sei, sei der Vertrag erfüllt.

Für das *Right-of-use-Prinzip* könnte sprechen, dass allein aus dem Realisationsprinzip nicht abgeleitet werden kann, dass ein erfolgsneutraler Ansatz

---

842 BFH, Beschluss vom 11. Dezember 1985, IB 49/85, BFH/NV 1986, 595, Leitsatz; Adler/Düring/Schmaltz, Rechnungslegung und Prüfung der Unternehmen, Teilband 1, § 252 HGB Rn. 82.

843 Janke, Dauerschuldverträge und Grundsätze ordnungsgemäßer Buchführung, S. 3; Buciek, in: Blümich, ESTG-KStG-GewStG, § 5 Rn. 245; BFH, Urteil vom 20. Mai 1992, BStBl. II 1992, 904, 907); Groh, BB 1988, 27, 28; Brakensiek, Bilanzneutrale Finanzierungsinstrumente in der internationalen und nationalen Rechnungslegung, S. 258.

844 Hommel/Winter/Zicke, BB 2013, 1707, 1709; vgl. ED/2013/6 BC21; Jung/Ruthardt/Hermens, IRZ 2011, 199, 200.

845 Kußmaul, Nutzungsrechte an Grundstücken in Handels- und Steuerbilanz, S. 470; vgl. auch Brakensiek, Bilanzneutrale Finanzierungsinstrumente in der internationalen und nationalen Rechnungslegung, S. 273.

846 Kußmaul, Nutzungsrechte an Grundstücken in Handels- und Steuerbilanz, S. 474.

von Ansprüchen und Verpflichtungen zu unterbleiben habe.[847] Dies ginge über dessen Zweck hinaus. Die erfolgsneutrale Abbildung des Leasingverhältnisses tangiere den mit dem Realisationsprinzip verfolgten Zweck nicht, da keine Ausschüttung risikobehafteter Gewinne ermöglicht wird.[848] Es erfolge lediglich eine erfolgsneutrale Auflistung von Ansprüchen und Verbindlichkeiten, die keine Auswirkungen auf die Ausschüttungsgewinnermittlung haben.[849] Mithin erleide der Leasingnehmer aus dem Realisationsprinzip keinen Nachteil. Vielmehr würde dem Informationsgedanken Rechnung getragen, ohne dass sich die Auswirkungen auf die deutsche Bilanz niederschlagen.

Der Ausweis unrealisierter Gewinne ist aus Zweckmäßigkeitsgründen dennoch abzulehnen. Die Bilanzierung schwebender Geschäfte ist weder für die Ausschüttungsbilanz noch für den Gläubigerschutz relevant. In Kombination mit dem Aufblähungsgedanken ist der Ausweis nicht realisierter Gewinne nicht notwendig und ein Ansatz zu verneinen. Auch ein erfolgsneutraler Ansatz erhöht die Kennzahlen, selbst wenn sie sich nicht auf den Gewinn auswirken. Die Kennzahlen entsprechen damit nicht dem aktuell realisierten Stand, wie es im Handelsrecht am Bilanzstichtag erwünscht ist. Für den Gläubiger ist von entscheidender Bedeutung, dass nur die realisierten Gewinne ausgewiesen werden. Insbesondere dient die Handelsbilanz auch als Grundlage für die Steuerermittlung, die sich nur für die Ermittlung des vergangenen Betriebsgewinns interessiert.[850] In diesem Zusammenhang ist ein Ausweis unrealisierter Gewinne zwingend zu vermeiden, da sie für die Steuerbilanz keine Bedeutung haben. An dieser Stelle sei aber nur auf die Ausschüttungsbilanz abgestellt, ohne eine mögliche Konsequenz für die Steuerbilanz über das Maßgeblichkeitsprinzip zu berücksichtigen. Eine erfolgsneutrale Darstellung, bei der sich die Positionen nur zu Informationszwecken gleichwertig gegenüberstehen, ist überflüssig. Auch eine frühere Realisation der Leasinggeschäfte zum Zeitpunkt der Leistung durch den Leasinggeber muss abgelehnt werden. Durch die frühere Realisation werden Geschäfte und Gewinne ausgewiesen, die in ihrem Umfang noch nicht realisiert sind und das Risiko der späteren Nichtrealisierung bergen und damit dem Ausschüttungsgedanken widersprechen. Insofern

847 Mujkanovic/Muggenthaler, StuB 2011, 523, 527.
848 Babel, BB 1997, 2261, 2266; Mujkanovic/Muggenthaler, StuB 2011, 523, 527; Sabel, Leasingverträge in der kapitalmarktorientierten Rechnungslegung, S. 42.
849 Bieg, Schwebende Geschäfte in Handels- und Steuerbilanz, S. 38.
850 Vgl. Arbeitskreis Bilanzrecht der Hochschullehrer Rechtswissenschaft, BB 2002, 2372, 2379; Wagner, BB 2002, 1885, 1888; Kuntschik, Steuerliche Gewinnermittlung und IAS/IFRS am Beispiel immaterieller Vermögenswerte, S. 187.

ist die Übertragung des *Right-of-use-Prinzips* aus Zweckmäßigkeitsgründen abermals abzulehnen

(3) Ergebnis

Prinzipiell könnte das *Right-of-use-Prinzip* in die Handelsbilanz – lässt man die Maßgeblichkeit für die Steuerbilanz und deren Auswirkungen außer Betracht – übernommen werden und der Grundsatz der Nichtbilanzierung schwebender Geschäfte könnte zurücktreten, allerdings ist die Übernahme des *Right-of-use-Prinzips* abzulehnen. Zwar wird auch in der Literatur immer wieder die Rechtfertigung des Bilanzierungsverbots schwebender Geschäfte angezweifelt,[851] dennoch ist das Prinzip als einer der Kernbilanzierungsgrundsätze de lege lata in Deutschland nicht angreifbar.[852] Im Gegenteil, angesichts der Vielzahl betroffener Rechtsverhältnisse ist gerade der saldierte Ausweis von Ansprüchen und Verpflichtungen aus schwebenden Geschäften dem Grundsatz der Klarheit und Übersichtlichkeit des Jahresabschlusses und damit der Information förderlich.[853] Zwar wird mit dem Ausweis aller Leasinggeschäfte die Informationsfunktion des Jahresabschlusses gestärkt, jedoch ist es nicht notwendig, dass alle Geschäfte zwingend in die Bilanz selbst aufgenommen werden. Es sollte nicht in Vergessenheit geraten, dass das Informationsinstrument Jahresabschluss nicht nur aus der Bilanz, sondern auch aus weiteren informationsrelevanten Teilen besteht.[854] Eine angemessene Berichterstattung über Leasingverhältnisse im Anhang – abgestimmt mit Angabepflichten über andere schwebende Geschäfte – erweist sich als der geeignetere Weg zur angemessenen Befriedigung von Informationsbedürfnissen, als eine alleinige

851 Vgl. Babel, Ansatz und Bewertung von Nutzungsrechten, S. 83 ff.; Bieg, Schwebende Geschäfte in Handels- und Steuerbilanz, S. 233 ff.; Kußmaul, BB 1987, 2053, 2065.

852 Küting/Hellen/Brakensiek, DStR 1999, 39, 44; ausführlich Küting/Hellen/Brakensiek, BB 1998, 1465, 1472 f.

853 Vgl. auch, Fabri, Grundsätze ordnungsgemäßer Bilanzierung entgeltlicher Nutzungsverhältnisse, S. 144; Friederich, Grundsätze ordnungsgemäßer Bilanzierung für schwebende Geschäfte, S. 9 f.: Friedrich bezweifelt zum einen den Informationsgewinn an sich, zum anderen stellt er infrage, ob das ggf. erzielte Mehr an Informationen den damit verbundenen Aufwand rechtfertigt; a. A. Fahrholz, Leasing in der Bilanz, S. 144 f.; und auch Bieg (StuW 1976, 339, 341 f.) sieht die Darstellung der Vermögenslage beeinträchtigt, allgemein Küting/Hellen/Brakensiek, BB 1998, 1465, 1473; Küting/Hellen/Brakensiek, DStR 1999, 39, 44.

854 Küting/Hellen/Brakensiek, BB 1998, 1465, 1473; Fabri, Grundsätze ordnungsgemäßer Bilanzierung entgeltlicher Nutzungsverhältnisse, S. 146 f.

zahlenmäßige Auflistung in der Bilanz.[855] Durch die Auflistung aller Verhältnisse wird die Bilanz unübersichtlicher, da man nicht mehr unterscheiden kann, was wirklich relevant ist. Die zusätzlichen Informationen würden zu einer Überfüllung der Bilanz führen. Zudem hat das Handelsrecht das Ziel, die aktuelle Situation wiederzugeben und nicht die zukünftige. Es kann keinesfalls Sinn und Zweck sein, sämtliche Informationen in die Bilanz zu pressen, die in irgendeiner Art und Weise für den Jahresabschlussadressaten interessant erscheinen könnten.[856] Vergleichsweise seien hier die US-GAAP heranzuziehen, die ebenfalls – trotz der zentralen Bedeutung der *„decision usefulness"* – darauf verzichtet haben, Ansprüche und Verpflichtungen aus noch abzuwickelnden Dauerschuldverhältnissen in der Bilanz anzusetzen, sondern sich umfangreicher Angabepflichten in den *„notes"* bedienen.[857]

cc) Möglichkeiten zur Konfliktlösung zum „Grundsatz der Nichtbilanzierung schwebender Geschäfte"

Da der *Right-of-use-Ansatz* nicht mit dem Grundsatz der Nichtbilanzierung schwebender Geschäfte vereinbar ist, könnte er in der vorgegebenen Form nur dann in das Handelsrecht übernommen werden, wenn der Grundsatz der Nichtbilanzierung schwebender Geschäfte nicht zur Anwendung kommt.

Sollen die Operatingleasingverhältnisse i. S. d. ED/2013/6 nunmehr in der Bilanz des Leasingnehmers berücksichtigt werden, sind dafür zwei Ansatzpunkte denkbar:[858]

(1) Keine Anwendung des Nichtbilanzierungsgrundsatzes auf Leasinggeschäfte;
(2) Aufgabe des Nichtbilanzierungsgrundsatzes für alle schwebenden Geschäfte.

(1) Aufgabe des Grundsatzes nur bei Leasingverhältnissen

Bei der Übernahme des *Right-of-use-Ansatzes* in die deutsche Rechnungslegung könnte die Aufgabe des Grundsatzes der Nichtbilanzierung schwebender Geschäfte speziell nur für Leasingverhältnisse in Betracht kommen, da jenen aufgrund der dem Leasing anhaftenden Eigenschaften eine besondere Behandlung zustünde.

---

855 Küting/Hellen/Brakensiek, DStR 1999, 39, 44.
856 Küting/Hellen/Brakensiek, BB 1998, 1465, 1473.
857 Küting/Hellen/Brakensiek, BB 1998, 1465, 1473.
858 Küting/Hellen/Brakensiek, DStR 1999, 39, 43 f.

(a) *Qualifizierung des Leasings als Kauf eines Nutzungsrechts*

Das Leasing könnte aufgrund des vom Leasingnehmer zu tragenden Investitionsrisikos als ein Kauf eines Nutzungsrechts klassifiziert werden.[859] „Führt man sich vor Augen, daß im Rahmen des Leasing das Interesse beider Vertragsparteien auf die entgeltliche Überlassung der Nutzungsrechte an einem Gegenstand gerichtet ist, so wird deutlich, daß durch den Leasingvertrag ein zeitlich begrenztes Nutzungsrecht veräußert wird."[860] Im Fall eines Kaufes läge kein schwebendes Geschäft vor, da die beiderseits zu erfüllenden Leistungspflichten vollständig erbracht wären. Die Auffassung vernachlässigt allerdings, dass zeitlich begrenzte Nutzungsrechte nicht nur in Leasingverhältnissen vorkommen und es in der Praxis Schwierigkeiten geben dürfte, die Miete/Pacht von einem Leasingvertrag i. S. d. Kaufes eines Nutzungsrechts abzugrenzen.[861] Gerade bei kurzfristigen Leasingverträgen oder beim Herstellerleasing fließen mietvertragstypische Elemente in den Leasingvertrag ein, sodass dieser Ansatz ebenfalls einer Klassifizierung von Leasing als Miete oder Kauf bedürfen würde; dies würde abermals unerwünschte Ermessensspielräume eröffnen und ist daher abzulehnen.[862] Zwar umfasst der ED/2013/6 in seinem Anwendungsbereich neben dem Leasing auch die Miete und die Pacht;[863] allerdings vernachlässigt diese generelle Vereinheitlichung, dass sich nur eine Teilmenge aller unkündbaren Miet- bzw. Leasingverträge auch als Rechtskauf qualifizieren lässt, da sich die Wesensmerkmale der Vertragsformen Kauf auf der einen Seite und Leasing/Miete auf der anderen Seite – z. B.

---

859 Plathe, BB 1970, 601, 604 ff.; Die Bilanzierung von Mobilien-Leasingverträgen gemäß deutschem Handelsrecht und U.S.-Generally Accepted Accounting Principles: Ein kritischer Vergleich, S. 33; Figge, in: Küting/Weber, Wertorientierte Konzernführung, S. 173 f.

860 Lenz, Die Bilanzierung von Mobilien-Leasingverträgen gemäß deutschem Handelsrecht und U.S.-Generally Accepted Accounting Principles: Ein kritischer Vergleich, S. 259; Küting/Hellen/Brakensiek, DStR 1999, 39, 44.

861 Lenz, Die Bilanzierung von Mobilien-Leasingverträgen gemäß deutschem Handelsrecht und U.S.-Generally Accepted Accounting Principles: Ein kritischer Vergleich, S. 36; vgl. auch Köhlertz, Die Bilanzierung von Leasing, S. 23 f.; Hommel, Grundsätze ordnungsmäßiger Bilanzierung für Dauerschuldverhältnisse, S. 56 f.; Küting/Hellen/Brakensiek, DStR 1999, 39, 44.

862 Küting/Hellen/Brakensiek, DStR 1999, 39, 44.

863 Hommel/Winter/Zicke, BB 2013, 1707, 1707.

im Hinblick auf die Gefahrtragung[864] – zu sehr voneinander unterscheiden.[865] Ferner widerspricht diese Ansicht mit ihrer Definition „Kauf auf Zeit“ dem Gedanken, dass mit dem Kauf ein endgültiger Übergang aller Rechte und Pflichten verbunden ist. Gerade die nur zeitweise Nutzung einer Sache ist ein Merkmal der Miete, der Pacht und des Leasings. Eine Zuordnung zum Kauf widerspricht der Gesetzesssystematik und der Abgrenzung der verschiedenen Vertragsformen im Ganzen und ist abzulehnen.

(b) Ungleichbehandlung in der Behandlung „schwebender Geschäfte“

Durch die Umsetzung des *Right-of-use-Prinzips* würde die Bilanzierung im Bereich der Dauerschuldverhältnisse sowie anderer schwebender Geschäfte eine ungerechtfertigte Sonderstellung einnehmen. Es ist nicht ersichtlich, wieso die Rechte und Pflichten aus einem Leasingvertrag für den Jahresabschlussadressaten von größerem Interesse sind als beispielsweise aus langfristigen Arbeitsverhältnissen, Liefer- oder Serviceverträgen entstehende Rechte und Pflichten.[866] Die Frage nach dem ökonomischen Nutzen und der sachgerechten bilanziellen Erfassung aller relevanten schwebenden Geschäfte kann nicht eindeutig positiv beantwortet werden.[867] Eine Hervorhebung des Leasings – auch in Anbetracht der Qualifizierung zum Rechtskauf – ist willkürlich und nicht vom deutschen Verständnis der Einheitlichkeit der Rechtsordnung gedeckt.[868] Ferner ist das deutsche Recht nicht durch Einzelfallregelungen geprägt,[869] die je nach Rechtsgebiet und Konstellation unterschiedliche bilanzielle Regeln als Konsequenz haben, sodass eine Ausnahmeregelung schwer vertretbar ist.[870] Eine schlüssige Begründung für einen Ausnahmefall im Bereich des Leasings ist nicht ersichtlich.

---

864 Vgl. Lenz, Die Bilanzierung von Mobilien-Leasingverträgen gemäß deutschem Handelsrecht und U.S.-Generally Accepted Accounting Principles: Ein kritischer Vergleich, S. 34 f.

865 Küting/Hellen/Brakensiek, DStR 1999, 39, 44; das Argument hat sich in Bezug auf den ED/2013/6 nicht geändert.

866 Figge, in: Küting/Weber, Wertorientierte Konzernführung, S. 172.

867 Küting/Hellen/Brakensiek, BB 1998, 1465, 1473.

868 Figge, in: Küting/Weber, Wertorientierte Konzernführung, S. 174.

869 Leffson, Die Grundsätze ordnungsgemäßer Buchführung, S. 686; Köhlertz, Die Bilanzierung von Leasing, S. 198; a. A. Fahrholz, Leasing in der Bilanz, S. 181, der nur im Bereich des Leasings die Aufgabe des Nichtbilanzierungsgrundsatzes befürwortet und bei anderen Nutzungsverhältnissen für die Beibehaltung des Grundsatzes plädiert.

870 Vgl. auch Brakensiek, Bilanzneutrale Finanzierungsinstrumente in der internationalen und nationalen Rechnungslegung, S. 275.

(2) Aufgabe des Grundsatzes für alle Geschäfte

Für eine generelle Aufgabe des Nichtbilanzierungsgrundsatzes könnten die Zweifel an seiner Zweckmäßigkeit sprechen. Der Grundsatz könnte überholt und nicht mehr zeitgerecht sein. Die sich im Vordringen befindlichen Informationsfunktionen der Bilanzen könnten einen entsprechenden erfolgsneutralen Ausweis schwebender Geschäfte erfordern. Das Nichtbilanzierungsgebot steht im Widerspruch zum Vollständigkeitsgebot gemäß § 246 Abs. 1 HGB und könnte durch selbiges verdrängt werden.[871] Insbesondere wäre eine Aufgabe des Grundsatzes für alle Geschäfte einfacher und einheitlicher, als wenn man jene nach ihrer Art differenzieren würde. Wie bereits angedeutet, wäre es schwerlich begründbar, warum schwebende Geschäfte aus speziellen Bereichen angesetzt werden und andere nicht. Eine klar definierte, nicht willkürliche Abgrenzung zu finden, dürfte nicht machbar sein, sodass der Variante des Ansatzes schwebender Geschäfte speziell im Leasingbereich nicht der Vorrang einzuräumen ist.[872] Jedoch hat sich der Grundsatz der Nichtbilanzierung schwebender Geschäfte zu einem wichtigen Grundsatz in der deutschen Rechnungslegung entwickelt, der nicht so einfach aufgegeben werden kann. Er ist Bestandteil des Gläubigerschutzes, das Zentralelement der deutschen Rechnungslegung. Eine Aufgabe muss gut überlegt werden und die Auswirkungen auf die jeweiligen Bereiche untersucht werden. Allein eine Änderung im Bereich der Leasingbilanzierung sollte keine Aufgabe des Grundsatzes für alle Geschäfte herbeiführen.

(3) Zwischenergebnis

Beide Lösungsmöglichkeiten weisen Stärken und Schwächen auf und überzeugen nicht auf Anhieb. Eine Sonderbehandlung des Leasings lässt sich im Vergleich zu den anderen schwebenden Geschäften nicht rechtfertigen. Zwar würde dies die Änderung der internationalen Rechnungslegungsvorschriften genau umsetzen, da auch hier der Grundsatz der Nichtbilanzierung schwebender Geschäfte zunächst nur für den Leasingstandard und nicht komplett für alle Rechtsverhältnisse aufgegeben würde, jedoch ist die Gesamtheit der deutschen Rechnungslegung zu berücksichtigen, die eine Sonderbehandlung ohne eine spezielle Begründung nicht gestattet. Auch die Aufgabe des Grundsatzes für alle schwebenden Geschäfte ist in Deutschland nicht zu verantworten. Die

871 Babel, BB 1997, 2261, 2268.

872 Vgl. Bundesverband Deutscher Leasing-Unternehmen e. V., Stellungnahme ED/2013/6, S. 3.

Leasinggeschäfte sind nur eine kleiner Teil der schwebenden Geschäfte. Es ist nicht sachgerecht, das ganze System des Nichtbilanzierungsgrundsatzes aufzugeben und den Gläubigerschutz zu schwächen, nur um sich der internationalen Bilanz anzupassen. Hierfür sind die Vorteile, die mit der internationalen Rechnungslegung eingehen noch zu gering. Der handelsrechtliche Zweck muss im Vordergrund stehen. Sollten in Zukunft mehrere Standards die Abschaffung des Grundsatzes der Nichtbilanzierung schwebender Geschäfte erfordern und sich die Internationalisierung weiter fortentwickeln, wäre eine Aufgabe für alle schwebende Geschäfte denkbar, aber noch nicht zum jetzigen Zeitpunkt. Dem Grundsatz der Nichtbilanzierung schwebender Geschäfte ist der Vorrang einzuräumen und das *Right-of-use-Prinzip* abzulehnen.

d) Ermessens- und Gestaltungsspielräume beim Right-of-use-Prinzip

Ebenso könnten die Ermessens- und Gestaltungsspielräume des ED/2013/6 im Widerspruch zum handelsrechtlichen Einzelabschluss stehen. Zwar werden durch den ED/2013/6 einige Ermessensspielräume – wie zum Beispiel die Klassifizierung nach IAS 17.10 und IAS 17.11 – vermieden; jedoch wurden dafür neue Gestaltungs- und Ermessensspielräume[873] geschaffen, obwohl es das Ziel war, die Leasingbilanzierung zu vereinfachen und die Gestaltungsspielräume zu eliminieren. Ermessensspielräume an sich sprechen alleine gesehen nicht gegen die konzeptionelle Überlegenheit des neuen Ansatzes; dieser erfordert – wie bei allen Ermessens- und Gestaltungsspielräumen – eine sachgerechte, wahrheitsgemäße Anwendung durch die Rechtsanwender.[874] Es gibt keine speziellen handelsrechtlichen Vorschriften, die besondere Anforderungen stellen. Insoweit bleibt abzuwarten, wie sich die Praxis entwickelt. Auch im deutschen Recht gibt es Ermessensentscheidungen und Gestaltungsvarianten, sodass sich beide Systeme ausgleichen. Insbesondere der Gedanke, dass sich der Kaufmann bedingt durch den Gläubigerschutz und die kritische Selbstinformation im Handelsrecht ärmer rechnen darf, als er ist, lässt sich mit den Prinzipien und

---

873 Vgl. diesbezüglich nur die Klassifizierung der Leasingverhältnisse in Typ A und Typ B, die Bestimmung einer „hinreichend wahrscheinlichen“ Option bei der Leasinglaufzeit, die Eröffnung des Anwendungsbereichs sowie die Trennung der Leasingkomponenten (welche Komponente enthält eine eigene Leistung und welche erfüllt nur eine Nebenfunktion); Fülbier/Eckl/Fehr, WPg 2013, 853, 857.

874 Mujkanovic/Muggenthaler, StuB 2011, 523, 527.

den Ansatzwahlrechten des *Right-of-use-Prinzips* gut vereinbaren. Allerdings widerstrebt es der Vorstellung, den *Right-of-use-Ansatz* in das deutsche Handelsrecht zu übernehmen, wenn der Ansatz keine erheblichen Vorteile bringt. Er würde identische Ermessensentscheidungen – wie sie bereits im aktuellen IAS 17 bestehen – mit sich bringen und keinen Vorteil hinsichtlich der deutschen Bilanzierung bedeuten.

e) Ansatz mit dem fair value

Im BilMoG hat der Gesetzgeber die Bewertung mit dem *fair value* in die deutsche Handelsbilanz übernommen, sodass ein Ansatz mit den beizulegenden Zeitwerten nun auch in der deutschen Bilanz erlaubt ist. Zwar ist der Begriff *fair value* oder beizulegender Zeitwert mit dem beizulegenden Wert im deutschen Recht vergleichbar, da es sich in beiden Fällen um Bewertungsmaßstäbe handelt, deren Anwendung eine Konkretisierung des abstrakten Begriffsinhalts erfordert; jedoch existieren auch erhebliche Unterschiede.[875] Das Handelsrecht setzt im Bereich der Wertaufholung i. S. d. §§ 253 Abs. 3 und Abs. 4 HGB eine Grenze. Eine Wertaufholung ist im HGB nur bis zur Höhe der fortgeführten Anschaffungs- oder Herstellungskosten möglich, wogegen die Wertaufholung in der internationalen Rechnungslegung keine Deckelung hat. Jeder Betrag, der über die Grenze des HGB hinausgeht, ist aufgrund des Realisationsprinzips unzulässig.[876] Der *fair value* beinhaltet grundsätzlich die Gefahr der Unsicherheit – die im Widerspruch zur deutschen Rechtssicherheit steht –, da er nicht immer zuverlässig ermittelt werden kann und mangels eines feststehenden Marktwertes geschätzt werden muss.[877] Jene subjektiven Ermessensspielräume bei der Schätzung widersprechen dem deutschen Prinzip der Objektivierung.[878]

Der ED/2013/6 setzt den *fair value* restriktiv ein. Der beizulegende Zeitwert wird bei der Klassifizierung der Leasingverhältnisse herangezogen, allerdings bedient sich der *Exposure Draft* bei der bilanziellen Bewertung „der Höhe nach" der Elemente der Anschaffungs- und Herstellungskosten. Es wurde zwar von Seiten des *Boards* überlegt, bei der Erstbewertung einen Ansatz mit dem *fair*

875 Ballwieser/Küting/Schildbach, BFuP 2004, 529, 546.

876 Köhrle, IFRS-Einzelabschluss, S. 237.

877 Herzig, IAS/IFRS und steuerliche Gewinnermittlung, S. 49; kritisch gegenüber dem Ansatz von Marktwerten Oestreicher/Spengel, RIW 2001, 889, 893.

878 Siehe hierzu auch Hitz, WPg 2005, 1013, 1025.

value zuzulassen, jedoch entschied man sich dagegen.[879] Begründet wurde dies mit dem Argument, dass bereits mehrere Standards von der Bewertung mit dem *fair value* absehen und nicht immer ein aktiver Markt für die Bestimmung des beizulegenden Zeitwerts des Nutzungsrechts vorhanden sei.[880] Insofern verkörpert der *Right-of-use-Ansatz* auf der Bewertungsebene bestimmbare Größen, die auch den objektiven Anforderungen des deutschen Rechts genügen. Allein die Klassifizierung mit dem beizulegenden Zeitwert und hierbei insbesondere die Ermittlung jenes Wertes laden zu abschlusspolitischen Gestaltungen ein,[881] die im Widerspruch zum deutschen Recht stehen könnten.

Die Klassifizierung des Leasingtyps anhand der Zeitwertermittlung ist nur eine mögliche Variante für die Bestimmung. Statt auf den Vergleich des Barwerts der Leasingzahlungen zum *fair value* des Leasinggegenstandes abzustellen, kann der Blick auch auf den Verbrauch der wirtschaftlichen Nutzungsdauer gerichtet werden.[882] Es ist zuzugestehen, dass gewisse Gestaltungsspielräume bei der Ermittlung des *fair values* bestehen, die für die weitere Bilanzierung der Leasinggeschäftes eine erhebliche Rolle spielen, jedoch ist auch anzumerken, dass die *fair value*-Variante und die sich danach ermittelte Entscheidung, nicht in offensichtlichem Widerspruch zu der anderen Klassifizierungsalternative stehen darf und hierdurch das Prinzip der Objektivierung bis zu einem gewissen Grad gewahrt werden kann.

f) Fazit und Ausblick auf die Auswirkungen auf die Steuerbilanz

Alles in allem wäre eine Übernahme des *Right-of-use-Prinzips* in die deutsche Handelsbilanz – ohne Berücksichtigung der steuerrechtlichen Prinzipien – nicht wünschenswert, da dies keine Vereinfachung der schon bestehenden, komplexen Bilanzierung bieten würde. Der handelsrechtliche Einzelabschluss bildet in seiner Einheit mit den GoB ein gutes System, das geringe Lücken enthält und dessen Aufgabe zugunsten des *Right-of-use-Prinzips* nicht notwendig und erforderlich ist. Der geplante neue Leasingansatz bringt keine Vorteile. Vorteile, die er hinsichtlich der Informationsfunktion anpreist, sind im deutschen Recht bereits durch die Angaben im Bilanzanhang in ausführlicher Form integriert. Ein Ansatz in der Bilanz würde zu Unübersichtlichkeit führen und

879 Vgl. ED/2013/6 BC163; im Rahmen der Folgebewertung wurde von einer Bewertung mit dem fair value abgesehen, vgl. ED/2013/6 BC 167.

880 ED/2013/6 BC163.

881 Müller/Lange, IRZ 2013, 275, 282.

882 Vgl. Gliederungspunkt E) III) 3) e) aa).

der Ausweis nicht realisierter Gewinne der Ausschüttungsbilanz widersprechen. Eine Fortentwicklung des bestehenden Gerüsts wäre vertretbar, aber nicht zwingend notwendig. Es stellt sich die Frage, ob der neue Ansatz sinnvoll wäre, da er keinen Vorteil per se erbringt. Als Bestandteil der Einheitsbilanz ist für die abschließende Entscheidung auch maßgeblich, wie der neue Leasingbilanzierungsansatz mit dem Steuerrecht vereinbar ist.

Sollte dennoch mittel- bis langfristig in Deutschland die ausschließliche Anwendung der IAS/IFRS auch im Einzelabschluss verpflichtend oder freiwillig eingeführt und infolgedessen ein Verzicht auf die Aufstellung eines HGB-Einzelabschlusses ermöglicht werden, würden die IAS/IFRS über den Maßgeblichkeitsgrundsatz und Auslegungsfragen in das Steuerrecht durchdringen. Fraglich wäre, ob der handelsrechtliche Jahresabschluss weiterhin, entsprechend seiner bisherigen Form, die steuerliche Leistungsfähigkeit des Kaufmannes abbilden könnte.[883] Im Rahmen der fortschreitenden Globalisierung und des zunehmenden Einflusses der internationalen Rechnungslegung auf die Handelsbilanz könnten sich die handelsrechtlichen Beurteilungsmaßstäbe statt zum Steuerrecht zu den IAS/IFRS verschieben und jene als maßgebliche Quelle heranzuziehen sein.[884] Die Informationsfunktion der Handelsbilanz träte in den Vordergrund und das Realisationsprinzip als Gradmesser der steuerlichen Leistungsfähigkeit würde punktuell modifiziert.[885] Je nachdem, ob der *Right-of-use-Approach* mit den steuerrechtlichen Bilanzierungsvorschriften und Bilanzierungszwecken vereinbar ist, könnte das handelsrechtlich ermittelte Betriebsvermögen künftig nicht mehr ohne Weiteres gemäß § 5 Abs. 1 Satz 1 EStG angesetzt werden und ein eigenständiges Steuerrecht notwendig sein.[886]

V) Anwendung des Right-of-use-Prinzips auf die deutsche Steuerbilanz

Im nächsten Schritt wird eingehend die Vereinbarkeit des *Right-of-use-Approachs* mit der deutschen Steuerbilanz untersucht. Sollte sich der Gesetzgeber für eine

---

883 Wehrheim/Fross, DStR 2010, 1348, 1348.

884 Vgl. hierzu Claßen/Schulz, IRZ 2009, 313, 314; Herzig/Briesemeister, DB 2009, 926, 928.

885 Entwurf eines Gesetzes zur Modernisierung des Bilanzrechts (Bilanzrechtsmodernisierungsgesetz – BilMoG), BT-Drucksache 16/10067 vom 30. Juli 2008, S. 34; Wehrheim/Fross, DStR 2010, 1348, 1348.

886 Böcking/Gros, DStR 2007, 2339, 2339.

Anwendung der IAS/IFRS im Einzelabschluss entscheiden, bieten sich zwei grundsätzliche Alternativen: Entweder werden die IAS/IFRS-Bilanz und die Steuerbilanz miteinander verbunden oder voneinander getrennt.[887] Eine Übernahme des IAS/IFRS-Abschlusses in das Steuerrecht kann abermals über zwei Wege erreicht werden: zum einen über das Maßgeblichkeitsprinzip der Handelsbilanz, die ihrerseits selbst an die IAS/IFRS anknüpft; zum anderen durch eine unmittelbare Implementierung der IAS/IFRS in das deutsche Steuerrecht unter Abkopplung von der Handelsbilanz, sodass das Steuerrecht die internationalen Rechnungslegungsvorschriften unmittelbar als maßgebliche Normen ansieht.[888] Da viele kleine und mittelgroße Unternehmen derzeit aus Kostengründen eine Einheitsbilanz aufstellen, spricht ein wesentlicher ökonomischer Aspekt für die Verbindung der Bilanzen, also für die Beibehaltung des Maßgeblichkeitsprinzips.[889]

1) Aktuelle Ausgangslage

Nach der aktuellen Rechtslage bildet die Handelsbilanz die Grundlage für die Steuerbilanz. Eine Anwendung internationaler Rechnungslegungsvorschriften ist bislang ausgeschlossen. Die IAS-Verordnung erfasst zurzeit nur die handelsrechtlichen Abschlüsse, sodass allenfalls ein mittelbarer Zusammenhang zwischen den IAS/IFRS und der steuerlichen Gewinnermittlung besteht.[890] Generell existiert jedoch durch die Annäherung der handelsrechtlichen Grundsätze an die IAS/IFRS sowie durch die Anwendung der GoB und der handelsrechtlichen Vorschriften im Steuerrecht über das Maßgeblichkeitsprinzip ein – wenn auch geringer – Einfluss der IAS/IFRS auf die Besteuerung.[891] Ein Vergleich mit den europäischen Nachbarstaaten zeigt: Die meisten kennen eine Maßgeblichkeit der Handelsbilanz für die Steuerbilanz.[892] Von diesen können bereits 14 Staaten die IAS/IFRS wahlweise oder verpflichtend auf den Einzelabschluss anwenden.[893] Um eine ähnliche Lösung für das deutsche Recht anstreben zu können,

887 Buchholz/Weis, DStR 2002, 559, 562.

888 Spengel, ZEW Discussion Paper, S. 2.

889 Buchholz/Weis, DStR 2002, 559, 562.

890 Spengel, ZEW Discussion Paper, S. 2.

891 Gehm/Kirsch, DStZ 2012, 767, 767.

892 Dies und Folgendes Sicherer, Bilanzierung im Handels- und Steuerrecht, S. 102.

893 Italien hat z. B. die Maßgeblichkeit auf die IAS/IFRS ausgeweitet und erlaubt die Wahl zwischen nationalen und internationalen Rechnungslegungsvorschiften, wohingegen in den USA eine getrennte Bilanzierung zwischen Handels- und Steuerrecht erfolgt.

müssen die bestehenden Differenzen zwischen den Rechnungslegungssystemen eliminiert und Überleitungsrechnungen von den IAS/IFRS über das nationale Handelsrecht bis zur Steuerbilanz erstellt werden.[894]

Die Vereinbarkeit der steuerlichen Normen mit den internationalen Vorschriften wird kontrovers diskutiert: Während die einen den Einfluss und die Maßgeblichkeit der IAS/IFRS auf das Steuerrecht und die Ermittlung der Besteuerungsgrundlagen ablehnen[895] und dementsprechend – je nach Gestaltung des handelsrechtlichen Einzelabschlusses – für eine Aufgabe oder Einschränkung des Maßgeblichkeitsprinzips plädieren[896], sehen andere keine Probleme bei der Vereinbarkeit des IAS/IFRS-Einzelabschlusses und der Steuerbilanz und halten demzufolge an dem § 5 Abs. 1 Satz 1 EStG fest.[897] Eine Überprüfung, ob das Prinzip der Maßgeblichkeit der Handelsbilanz für die Steuerbilanz seinen Zweck erfüllt und überhaupt noch tragbar ist, bleibt an dieser Stelle unberücksichtigt.[898] Es soll allein untersucht werden, ob das *Right-of-use-Prinzip* mit dem deutschen Recht vereinbar ist und welche Folgen ein Einfluss der IAS/IFRS auf die Handels- und Steuerbilanz hat.

2) Vereinbarkeit mit den steuerrechtlichen Bilanzierungszwecken

Die internationalen Rechnungslegungsvorschriften müssten den steuerlichen Bilanzierungszwecken entsprechen. Entscheidend ist dabei, ob die Steuerbilanz auf Basis des *Right-of-use-Approachs* dem Leistungsfähigkeits- und Rechtsstaatsprinzip

---

894 Sicherer, Bilanzierung im Handels- und Steuerrecht, S. 102.

895 Vgl. Übersicht bei Kirsch, DStZ 2004, 470, 476.

896 Stellvertretend einige von vielen: BFH, Urteil vom 25. August 2010, I R 103/09, BStBl. II 2011, 215, 218; BFH, Urteil vom 14. April 2011, IV R 46/09, BStBl. II 2011, 696, 698 ff.; FG München, Urteil vom 28. September 2009, 7 K 1513/07, DStRE 2010, 1108, 1110; Arbeitskreis Bilanzrecht der Hochschullehrer Rechtswissenschaft, BB 2002, 2372, 2378 ff.; Fülbier/Gassen, DB 1999, 1511, 1513; Kahle, WPg 2002, 178, 188; van Hulle, ZGR 2000, 537, 538; Kort, FR 2001, 53, 60; vgl. u. a. in der Begründung des Bilanzrechtsmodernisierungsgesetzes, BT-Drucksache 16/12407 vom 24. März 2009, S. 83; hinsichtlich der Gründe siehe zusammenfassend Kirsch, DStZ 2004, 470, 476; Gehm/Kirsch, DStZ 2012, 767, 767.

897 Siehe u.a. Buchholz/Weis, DStR 2002, 512, 513; Buchholz/Weis, DStR 2002, 559, 562; Oestreicher/Spengel, RIW 2001, 889, 894; Schreiber, in: FS Beisse, S. 491, 505.

898 Vgl. hierfür stellvertretend für viele: Kuntschik, Steuerliche Gewinnermittlung und IAS/IFRS am Beispiel immaterieller Vermögenswerte, S. 51 ff.; Köhrle, IFRS-Einzelabschluss, S. 155 ff.

sowie dem Prinzip der eigentumsschonenden Besteuerung ausreichend Rechnung tragen kann. Hierbei stellen die rechtsstaatlichen Gebote – wie Objektivierbarkeit, Gleichmäßigkeit und Verhältnismäßigkeit der Besteuerung – höhere Anforderungen an die Verlässlichkeit der verwendeten Daten (*reliability*), als die IAS/IFRS, die vor allem zukunftsorientierte, risikobehaftete Daten verwenden (*relevance*).[899] Die IAS/IFRS-Regelungen verfolgen das Ziel, Kapitalgebern sowie anderen Adressaten entscheidungsnützliche Informationen (*decision usefulness*) über die zukünftige Lage des Unternehmens zu geben. Das Steuerrecht verfolgt dagegen das Ziel, eine Bemessungsgrundlage für Steuerzahlungen zu ermitteln, in der die wirtschaftliche Leistungsfähigkeit des Steuerpflichtigen zum aktuellen Zeitpunkt zum Ausdruck kommt und an die sich unmittelbare Rechtfolgen anschließen.[900]

a) Materielle Voraussetzungen des Rechtsstaatsprinzips

Die Anforderungen an das Rechtsstaatsprinzip konkretisieren sich im Steuerrecht anhand des Grundsatzes der Gesetzmäßigkeit, der Tatbestandsmäßigkeit sowie der Rechtssicherheit der Besteuerung.[901]

aa) Tatbestandsmäßigkeit der Besteuerung vs. Bilanzierungswahlrechte der IAS/IFRS

Die Tatbestandsmäßigkeit der Besteuerung verlangt, dass jeder Eingriff tatsächlich vom gesetzlichen Tatbestand abgedeckt ist[902] und der vorgesehenen Rechtsfolge entspricht.[903] Die internationalen Rechnungslegungsvorschriften verankern in ihren Standards eine erhebliche Anzahl von Beurteilungs- und Ermessensspielräumen, welche sich als Aktivierungswahlrechte erweisen und durch die – bedingt durch die Überlassung der Entscheidungsgewalt beim Steuerpflichtigen – eine Vereinfachung der Bilanz herbeigeführt werden soll.[904] Jene Beurteilungsspielräume sind so lange unproblematisch, wie sie der Effizienz der

---

899 Herzig, IStR 2006, 557, 559; vgl. auch Herzig, WPg 2005, 211, 214; Wagner, BB 2002, 1885, 1888.

900 Herzig/Hausen, DB 2004, 1, 1.

901 Vgl. hierzu Gliederungspunkt B) IV) 2) c) bb); Oestreicher, WPg 2007, 572, 576.

902 Kahle, WPg 2002, 178, 180.

903 Vgl. auch Gliederungspunkt B) IV) 2) c) bb) (1).

904 Keitz, DB 2003, 1891, 1802 f.; Buchholz/Weis, DStR 2002, 512, 516; Hennrichs, ZGR 2000, 627, 642; Kuntschik, Steuerliche Gewinnermittlung und IAS/IFRS am Beispiel immaterieller Vermögenswerte, S. 174.

Gewinnermittlung dienen und keine Beeinflussung des steuerlichen Ergebnisses durch den Steuerpflichtigen selbst – durch die Wahl zur Aktivierung oder Nichtaktivierung bestimmter Posten – herbeiführen.[905]

Auch das *Right-of-use-Prinzip* enthält Beurteilungs- und Ermessensspielräume. Insbesondere sind die Klassifizierungskriterien für die Einordnung des Leasingtyps, die Eröffnung des Leasingstandards an sich, die Aufteilung der Leasingkomponenten sowie die Bestimmung der „hinreichenden Wahrscheinlichkeit" eines Optionsrechts zu nennen. Je nach Länge der Laufzeit können die Abschreibungszeiträume bei der Bilanzierung beeinflusst werden oder im Fall der Klassifizierung und Aufteilung der Komponenten die günstigste Alternative für den jeweiligen Zeitpunkt – im Hinblick auf die unterschiedlichen Bilanzierungen von den Leasingtypen A und B – relativ frei und beliebig gestalten werden. Durch die Wahl der Aktivierung oder Nichtaktivierung bestimmter Leasingverhältnisse und Bilanzposten, die Beeinflussung der Laufzeit sowie die Klassifizierung kann der Steuerpflichtige seinen Gewinn beeinflussen und die Bilanz modifizieren. Die Wahlrechte dienen damit nicht nur der Vereinfachung und Effizienz der Gewinnermittlung, sondern eröffnen auch die Möglichkeit der bewussten Steuerung durch den Steuerpflichtigen. Im Hinblick auf die Ermittlung der Besteuerungsgrundlage ist das *Right-of-use-Konzept* daher abzulehnen.

bb) Bestimmtheitsgebot vs. Ermessensspielräume

Der *Right-of-use-Approach* müsste zudem dem Bestimmtheitsgebot genügen. Das Bestimmtheitsgebot ist erst verletzt, wenn eine willkürliche Handhabung der entsprechenden Vorschriften nicht ausgeschlossen werden kann.[906] Der Steuertatbestand und die steuerliche Gewinnermittlung sind auf konkrete und bestimmte Vorschriften angewiesen, um Rechtssicherheit und Rechtsklarheit zu garantieren. Grund und Höhe der Besteuerung dürfen prinzipiell nicht vom Willen des Steuerpflichtigen abhängig gemacht werden.[907] Hierbei bedienen sich die nationalen Normen eher abstrakten Begriffsbestimmungen, bei denen der Tatbestand und die Rechtsfolge formuliert werden, um eine Vielzahl von

---

905 Kuntschik, Steuerliche Gewinnermittlung und IAS/IFRS am Beispiel immaterieller Vermögenswerte, S. 174; Broer, Maßgeblichkeitsprinzip und Harmonisierung der Rechnungslegung, S. 351.

906 BVerfG, Beschluss vom 12. Januar 1967, 1 BvR 169/63, BVerfGE 21, 73, 80; Köhrle, IFRS-Einzelabschluss, S. 172.

907 BFH, Urteil vom 20. Januar 1999, I R 32/98, BStBl. II 1999, 369, 370; Hennrichs, StuW 2005, 256, 263.

Fällen zu erfassen; wohingegen die internationalen Vorschriften zum Teil detailliertere und speziellere, einzelfallbezogene Beschreibungen verwenden.[908] Der Leasingstandard IAS 17 ist hierfür ein gutes Beispiel. Während es im deutschen Recht keine speziellen Regelungen für Leasingverhältnisse gibt, umfasst der IAS 17 konkrete, ausführliche Bestimmungen.

Der *Right-of-use-Ansatz* enthält in seinen Vorschriften viele Wahlrechte des Steuerpflichtigen, die zum Bestimmtheitsgebot in Widerspruch stehen könnten. Ermessensspielräume und Wahlrechte allein schaden dem Bestimmtheitsgebot nicht, sofern sie auf der Rechtsfolgenseite stehen. Auf der Tatbestandsebene wird Genauigkeit verlangt, um die Objektivität des Steuerrechts und die Gleichbehandlung aller gewährleisten zu können. Der ED/2013/6 beinhaltet in seinem Wortlaut sowohl auf der Tatbestands- als auch auf der Rechtsfolgenseite Bilanzierungswahlrechte und Beurteilungsspielräume. Zwar definiert der Nutzungsrechteansatz den Tatbestand und die entsprechenden Rechtsfolgen, jedoch sind die Anweisungen nicht konkret genug und eröffnen bereits auf Tatbestandsebene Gestaltungsspielräume. Hier sind sowohl die Beurteilungsspielräume bei der Eröffnung des Anwendungsbereichs des Leasingstandards, als auch die Klassifizierung und Separierung der einzelnen Leasingkomponenten zu nennen. Indem hierdurch abermals ein unterschiedlicher Ansatz gleichwertiger Leasinggegenstände erfolgen kann, besteht eine nicht akzeptierbare Rechtsunsicherheit. Der *Right-of-use-Approach* bringt insoweit keine Vorteile zum jetzigen System. Insbesondere im Vergleich zur jetzigen deutschen Steuerbilanz – mit den Leasingerlassen und den verschiedenen Gerichtsurteilen zur Beurteilung und Zuordnung des wirtschaftlichen Eigentums zum Leasingnehmer oder Leasinggeber – wäre eine Übernahme des *Right-of-use-Prinzips* – mit unsicherer Rechtslage mangels einschlägiger Urteile und ungeübter Umsetzung in der Praxis – ein Rückschritt im deutschen Rechtssystem, der auch zum Zweck einer geplanten Harmonisierung der Rechnungslegung nicht akzeptiert werden kann. Die steuerliche Bemessungsgrundlage würde vielmehr durch eigeninteressierte Privatpersonen definiert.[909] Könnte jeder „wählen", was er wie in der Bilanz ansetzt, wären die Objektivität des Steuerrechts und die Gleichbehandlung der Steuerpflichtigen nicht mehr gewährleistet. Folglich konfligieren die zahlreichen

908 Kuntschik, Steuerliche Gewinnermittlung und IAS/IFRS am Beispiel immaterieller Vermögenswerte, S. 175.

909 Kahle, IRZ 2006, 87, 90; Arbeitskreis Bilanzrecht der Hochschullehrer Rechtswissenschaft, BB 2002, 2372, 2379; Scheffler, DSWR 2001, 151, 152; Schreiber, StuW 2002, 105, 107; Kahle, StuW 2001, 126, 135; Hennrichs, StuW 2005, 256, 262.

faktischen Beurteilungsspielräume[910] mit den Objektivierungsanforderungen des Steuerrechts.

cc) Rechtssicherheit und Planbarkeit vs. Flexibilität

Für die internationalen Vorschriften spricht, dass sie, indem sie von einem privaten Gremium veröffentlicht werden, schneller an technische und wirtschaftliche Veränderungen angepasst werden können und somit über ein höheres Maß an Flexibilität in ihrer Entwicklung verfügen, als ein parlamentarisches Verfahren.[911]

Gerade das Steuerrecht muss jedoch beständig sein und auf einen stabilen Fundus von steuerrechtlichen Normen zurückgreifen können. Zum einen bedürfen die Steuerpflichtigen der Rechtssicherheit bzgl. der Höhe und der Ermittlung ihrer steuerlichen Belastung, zum anderen hat auch der Staat ein tendenzielles Interesse an stetigen Steuereinnahmen, sodass eine schwankende Bemessungsgrundlage – als Konsequenz der unterschiedlichen Gewinne und Verluste im Jahr – problematisch ist.[912] Darüber hinaus sind die Regelungen des EStG nicht nur für die Besteuerung von natürlichen Personen oder für Kapitalgesellschaften gemäß §§ 7, 8 Abs. 1 KStG relevant, sondern auch für die Gewerbesteuer (§ 7 GewStG) sowie für das Umwandlungssteuergesetz und alle Rechtsgebiete, die auf die Steuerbilanz zurückgreifen; als Beispiele sind hier die Ermittlung von Unterhalt im Familienrecht und die Bestimmung der Tagessätze im Rahmen der Straf- und Bußgeldvorschriften zu nennen.[913] Für diese Bereiche ist eine konstante Ermittlung unter Wahrung der Rechtssicherheit notwendig, sodass die Flexibilität im Steuerrecht nicht den gewünschten Erfolg erzielt, wie dies in einer Informationsbilanz der Fall ist. Die Übernahme der IAS/IFRS und des *Right-of-use-Prinzips* muss daher den Erfordernissen der Rechtssicherheit und Rechtsklarheit gerecht werden.[914]

Das *Right-of-use-Prinzip* könnte zu Rechtsunsicherheit und fehlender Planbarkeit[915] beim Steuerpflichtigen führen. Die Rechtssicherheit setzt voraus, dass

---

910 Euler, BB 2002, 875, 878.

911 Havermann, ZGR 2000, 693, 698; Kuntschik, Steuerliche Gewinnermittlung und IAS/IFRS am Beispiel immaterieller Vermögenswerte, S. 168.

912 Herzig/Hausen, DB 2004, 1, 5.

913 Kuntschik, Steuerliche Gewinnermittlung und IAS/IFRS am Beispiel immaterieller Vermögenswerte, S. 170.

914 Moxter, BB 2006, Heft 13, Die Erste Seite; Dziadkowski, IStR 2007, 361, 363.

915 Herzig, WPg 2000, 104, 115 f.; Kuntschik, Steuerliche Gewinnermittlung und IAS/IFRS am Beispiel immaterieller Vermögenswerte, S. 172; Kirchhof, StuW 2002, 3, 3 und 5 f.

der Besteuerungstatbestand nach Inhalt, Gegenstand, Zweck und Ausmaß so bestimmt ist, dass die Steuerlast für den Steuerpflichtigen voraussehbar und berechenbar ist.[916] Sie ist nur dann gewährleistet, wenn die Bilanzierungsregeln als regelmäßig fortbestehende Rechtsnormen zu qualifizieren und zu verstehen sind.[917] Im Hinblick auf den schnellen Wandel der internationalen Rechnungslegungsstandards erscheint dieser Punkt auch in Bezug auf das *Right-of-use-Prinzip* problematisch. Auch würde die Rechtssicherheit bei der Übernahme des *Right-of-use-Prinzips* für einen längeren Übergangszeitraum erheblich eingeschränkt werden, da der gesamte Rechtsfundus zum nationalen Leasingbilanzsteuerrecht aufgegeben werden müsse, weil von nun an die europäischen Gerichte aufgrund der Vorlagepflicht zuständig wären.[918] Wie bereits ausgeführt, können die IAS/IFRS jederzeit schnell geändert werden, sodass Beständigkeit und Rechtssicherheit der Normen nicht zu gewährleisten sind, obwohl jene für den Staat und das Leben der Menschen untereinander unentbehrlich sind. Die ständige Fortentwicklung und Änderungsdynamik der IAS/IFRS verleitet den deutschen Steuergesetzgeber zu einer permanenten Analyse der potenziellen steuerrechtlichen Auswirkungen der IAS/IFRS-Weiterentwicklungen, um ggf. reagieren zu können und unerwünschte Vorschriften durch Spezialvorschriften zu ersetzen.[919] Auch wenn die Übernahme der IAS/IFRS im Wege des Endorsementverfahrens einen gewissen Prozess und eine gewisse Dauer umfasst, würde sie dennoch zu einer weiteren Beschleunigung der nationalen Steuergesetzgebung führen, was aufgrund des Zeitdrucks in eine noch massivere Undurchsichtigkeit und Komplexität des Steuerrechts münden könnte.[920] Zwar zeigt gerade der Leasingstandard, dass sich die Entwicklung eines Rechnungslegungsstandards in die Länge ziehen kann – aktuell sind es sechs Jahre –, jedoch kann der deutsche Gesetzgeber zum momentanen Zeitpunkt noch nicht reagieren, da nicht sicher ist, ob der Standard in der jetzigen Form erlassen wird und das Endorsementverfahren erfolgreich durchläuft. Erst bei der Eröffnung des Übernahmeverfahrens bestehen ein vorbereitender Handlungsbedarf und ein gewisser Zeitdruck. Generell widersprechen die ständigen Anpassungen allerdings einem aus Gründen der

---

916 Oestreicher, WPg 2007, 572, 577.

917 Kahle, WPg 2002, 178, 186.

918 Herzig, IStR 2006, 557, 559; Herzig/Bär, DB 2003, 1, 7; Schön, Steuerliche Maßgeblichkeit in Deutschland und Europa, S. 269; Oestreicher/Spengel, Maßgeblichkeit der International Accounting Standards für die steuerliche Gewinnermittlung, S. 55 und S. 67; siehe auch Gliederungspunkt F) VII) 1).

919 Köhrle, IFRS-Einzelabschluss, S. 141.

920 Köhrle, IFRS-Einzelabschluss, S. 142.

Rechtssicherheit und Planbarkeit langfristig orientierten Steuerbilanzrecht.[921] Die Flexibilität der internationalen Vorschriften wäre im Bereich der Rechtssicherheit und des Vertrauensschutzes für die bestehende Rechtslage nachteilig und nicht mit Vorteilen für die aktuelle Steuerbilanz verbunden.

dd) Steuereinnahmen und Bemessungsgrundlage

Die Schnelllebigkeit der IAS/IFRS hätte zudem die Folge, dass die Rechnungslegungsvorschriften an die konjunkturellen Entwicklungen von Jahr zu Jahr angepasst werden könnten und die Steuereinnahmen durch die mögliche Veränderungen jährlich schwanken könnten, obwohl das staatliche Interesse auf einen beständigen Steuertarif und stetiges Steueraufkommen zwecks nationaler, zu begleichender Kosten in der Haushaltskasse gerichtet ist.[922] Eventuelle, schwankende Anpassungen verhindern eine Planbarkeit. Im Bereich des Steuerrechts muss folglich der Steuergesetzgeber die Kontrolle über die Gestaltung der Bemessungsgrundlage behalten. Um eine stetige Steuer zu erhalten, bliebe es ihm überlassen, durch gezielte, spezielle und vorrangige steuerliche Sondervorschriften von unerwünschten IAS/IFRS-Vorschriften abzuweichen und sich nur einen Teil der IAS/IFRS zu eigen zu machen.[923]

Speziell im Bereich des Leasings zeigen allerdings Vergleichsstudien, dass die steuerliche Belastung auch nach der Einführung des *Right-of-use-Ansatzes* relativ identisch bleibt und sich nur unwesentliche Abweichungen ergeben.[924] Insofern gäbe es in diesem Punkt keine Probleme.

b) Leistungsfähigkeitsprinzip vs. Informationsfunktion

Die Informationsfunktion des *Right-of-use-Ansatzes* könnte dem vergangenheitsbezogenen Zahlungsbemessungsinstrument des Steuerrechts – in Form des Leistungsfähigkeitsprinzips – zuwiderlaufen. Der Zweck der Steuerbilanz

921 Broer, Maßgeblichkeitsprinzip und Harmonisierung der Rechnungslegung, S. 383; Köhrle, IFRS-Einzelabschluss, S. 142.

922 Begründung zum Referentenentwurf zum Bilanzreformgesetz (BilReg), in: BT-Drucksache 15/3419 vom 24. Juni 2004, S. 23 und S. 34; Kirsch, DStZ 2004, 470, 476.

923 Köhrle, IFRS-Einzelabschluss, S. 134.

924 Siehe hierzu Vogt, Leasingverträge, S. 60; hinsichtlich der Berechnung im Steuerrecht siehe S. 26 ff.; hinsichtlich der Berechnung nach dem ED/2010/9, der dem ED/2013/6 im Ansatz auf der Leasingnehmerseite ähnelt, S. 46 ff.

liegt in der Bestimmung der Bemessungsgrundlage und des Einkommens als steuerlichem Gewinn zur Steuerfestsetzung begründet.[925] Hierbei ist das Leistungsfähigkeitsprinzip zu beachten, das eine gleichmäßige Besteuerung der vergangenen Periode anhand objektiver, nachprüfbarer und nach außen in Erscheinung tretender Kriterien gewährleisten soll und eine formale Gleichbehandlung der Einkunftsarten einschließt.[926] Damit obliegt der Steuerbilanz keine Informationsfunktion, sondern eine reine Zahlungsbemessungsfunktion,[927] welche allein der gleichmäßigen, möglichst periodengerechten Ermittlung des vergangenen Betriebsgewinns für die Zwecke der Besteuerung dient.[928] Zukünftige Entwicklungen des Unternehmens sind irrelevant.[929] Der internationalen Rechnungslegung ist dagegen eine Zahlungsbemessungs-, Besteuerungsbemessungs- oder Ausschüttungsfunktion völlig unbekannt;[930] es geht allein um die Information über die aktuelle und zukünftige Vermögens-, Finanz- und Ertragslage des Unternehmens.[931] Insofern stehen sich die beiden Funktionen diametral gegenüber. Da die Informationsbilanz der IAS/IFRS niemals der Zahlungsbemessungsfunktion gerecht werden kann, muss das *Right-of-use-Prinzip* zurückstecken.

3) Grundsatz der Nichtbilanzierung schwebender Geschäfte und Periodenabgrenzung

Der Ansatz aller Nutzungsrechte in der Bilanz des Leasingnehmers und die damit verbundene Aufgabe des Grundsatzes der Nichtbilanzierung schwebender Geschäfte müssten mit den Prinzipien der Steuerbilanz vereinbar sein. Das

---

925 Herzig, WPg 2000, 104, 111; Köhrle, IFRS-Einzelabschluss, S. 149.

926 Kirchhof, StuW 2002, 3, 10; Spengel, DB 2006, 681, 681; Hennrichs, StuW 2005, 256, 263.

927 Herzig, IAS/IFRS und steuerliche Gewinnermittlung, S. 36; Köhrle, IFRS-Einzelabschluss, S. 149 f.; Herzig/Hausen, DB 2004, 1, 1; Fülbier/Gassen, DB 1999, 1511, 1512 f.

928 Arbeitskreis Bilanzrecht der Hochschullehrer Rechtswissenschaft, BB 2002, 2372, 2379; Wagner, BB 2002, 1885, 1888; Kuntschik, Steuerliche Gewinnermittlung und IAS/IFRS am Beispiel immaterieller Vermögenswerte, S. 187.

929 Herzig, WPg 2000, 104, 111; Fülbier/Gassen, DB 1999, 1511, 1512; Wagner, BB 2002, 1885, 1888.

930 Schön, ZHR 161 (1997), 133, 155; vgl. auch Spengel, IStR 2003, 29, 34.

931 Arbeitskreis Bilanzrecht der Hochschullehrer Rechtswissenschaft, BB 2002, 2372, 2379; Fülbier/Gassen, DB 1999, 1511, 1512.

Realisationsprinzip stellt – aufgrund des durch die Besteuerung hervorgerufenen Liquiditätsentzugs – einen Eckpfeiler der steuerlichen Gewinnermittlung dar.[932] Frühestens zum Zeitpunkt der Leistungserbringung ist das hinreichend sichere Bestehen eines Anspruchs auf die Gegenleistung in dem Sinne objektiv feststellbar, dass eine eigentumsschonende Besteuerung des Erfolgs als gewährleistet erscheint.[933]

a) Bilanzaufblähung vs. Informationsfunktion

Vergleichbar mit den Ausführungen zur Handelsbilanz[934] stehen sich auch bei der Steuerbilanz die Argumente der Bilanzaufblähung und der Informationsfunktion gegenüber. Auf die Ausführungen ist dementsprechend zu verweisen. Die Steuerbilanz verfolgt, anders als die Handelsbilanz, keinerlei Informationsfunktionen. Ihr Ziel liegt allein in der Periodenabgrenzung und der Zahlungsbemessungsfunktion. Ein Ausweis zusätzlicher Informationen, die für die Ermittlung der erforderlichen Zwecke nicht erforderlich sind, ist überflüssig und sollte aus Vereinfachungs- und Übersichtsgründen unterbleiben. Insofern hat der Vollständigkeitsgrundsatz zurückzutreten. Der Zweck der Steuerbilanz ist primär zu verfolgen.

b) Leistungsfähigkeitsprinzip vs. unrealisierte Gewinne

Fraglich ist, ob der Ausweis unrealisierter Gewinne im Rahmen des *Right-of-use-Prinzips* mit dem Leistungsfähigkeitsprinzip vereinbar ist. Gemäß der im deutschen Recht anwendbaren sog. *completed-contract-Methode* ist ein vorzeitiger Gewinnausweis entsprechend dem Fertigstellungsfortschritt auszuschließen.[935] Ein Ausweis des Gewinns ist grundsätzlich erst nach Abschluss der Gesamtfertigstellung möglich, es sei denn, es wurde ein selbstständig abgrenzbarer Teil

932 Böcking/Gros, DStR 2007, 2339, 2341; Spengel, DB 2006, 681, 682.

933 Böcking/Gros, DStR 2007, 2339, 2341; Spengel, DB 2006, 681, 682.

934 Siehe hierzu ausführlich Gliederungspunkt F) IV) 3) c) bb) (1).

935 Köhrle, IFRS-Einzelabschluss, S. 168; Euler, BB 2002, 875, 878; bei den IAS/IFRS erfolgt die Ertragserfassung hingegen nach der percentage-of-completion-Methode, sodass ein prozentualer Anteil am erwarteten Gesamtumsatz nach Maßgabe des Fertigstellungsgrades am Bilanzstichtag als Ertrag ausgewiesen wird, siehe hierzu Herzig, IAS/IFRS und steuerliche Gewinnermittlung, S. 44 sowie allgemein zur percentage-of-completion-Methode und zur completed-contract-Methode Dahlke, Harmonisierung der Konzernbesteuerung in der Europäischen Union, S. 172 ff.

eines Komplettauftrages geleistet.[936] Ein solcher Teilausweis findet vor allem bei den sog. Dauerschuldverhältnissen, wie dem Leasing, Anwendung. Hinsichtlich des abgelaufenen Zeitraums haben sich das Geschäft und die Teilleistung bereits realisiert – hinsichtlich des künftigen, noch nicht geleisteten Teils sind sie schwebend.

aa) Pro-Argumente

Gegen das Realisationsprinzip in der Steuerbilanz und für den Ansatz der Informationen könnte man anführen, dass es dem Prinzip der Periodenabgrenzung besser entspräche, wenn auch schon noch nicht realisierte Wertsteigerungen erfasst würden.[937] Hierdurch würde auch der Vollständigkeitsgrundsatz gewahrt werden. Im Bereich der internationalen Rechnungslegung ist das Realisationsprinzip bereits zum Zwecke der Informationsgewinnung in den Hintergrund gerückt.

bb) Contra-Argumente

Allerdings sollte im Steuerrecht aus Gründen der Verlässlichkeit und der Unternehmensschonung am Realisationsprinzip festgehalten werden.[938] Zeitwerte und der Ansatz unrealisierter Gewinne sind nur schwer verlässlich zu ermitteln und erst die Realisation am Markt bestätigt den Preis des Objekts.[939] Zudem sind zukünftige Entwicklungen des Unternehmens und dessen zukünftige bilanzielle Lage für die Steuerbilanz irrelevant.[940] Die Steuerbilanz hat eine reine Zahlungsbemessungsfunktion und dient der periodengerechten Ermittlung des vergangenen Betriebsgewinns.[941] Unrealisierte Gewinne haben in dieser Aufstellung keine Bedeutung und sind zu vermeiden. Ihre Auflistung führt allein zu einer

---

936 BFH, Urteil vom 18. Dezember 1956, I 84/56 U, BStBl. III 1957, 27, 27; Köhrle, IFRS-Einzelabschluss, S. 168.

937 Hennrichs, DStJG 24 (2001), 301, 315.

938 Herzig, WPg 2000, 104, 113; Costede, StuW 1996, 19, 24; Hennrichs, DStJG 24 (2001), 301, 316.

939 Hennrichs, DStJG 24 (2001), 301, 316; Hey, in: Tipke/Lang, Steuerrecht, § 3 Rn. 68 und § 8 Rn. 52.

940 Herzig, WPg 2000, 104, 111; Fülbier/Gassen, DB 1999, 1511, 1512; Wagner, BB 2002, 1885, 1888; vgl. auch Gliederungspunkt F) V) 2) b).

941 Arbeitskreis Bilanzrecht der Hochschullehrer Rechtswissenschaft, BB 2002, 2372, 2379; Wagner, BB 2002, 1885, 1888; Kuntschik, Steuerliche Gewinnermittlung und IAS/IFRS am Beispiel immaterieller Vermögenswerte, S. 187.

Bilanzaufblähung und zu einer aufwendigeren Ermittlung und Sichtung der Bilanz. Auch wenn der Aktivierung ein entsprechender Passivposten entgegensteht und damit einer Besteuerung unrealisierter Gewinne vorgebeugt wird, gehören unrealisierte Gewinne nicht in eine Steuerbilanz, da die Bilanz nur die tatsächliche, realisierte Lage widerspiegeln soll. Ein Ansatz aller Nutzungsrechte in der Bilanz widerspräche dem Sinn und Zweck der Steuerbilanz, dem jedoch der Vorrang einzuräumen ist. Das Steuerrecht an sich ist bereits eine sehr komplexe Materie, die nicht noch durch die Aufnahme von unrealisierten Gewinnen – und damit für die Steuerermittlung irrelevanten Informationen – verkompliziert und noch undurchsichtiger gestaltet werden muss.

cc) Zwischenergebnis

Die Besteuerung unrealisierter Gewinne ist nicht mit dem Leistungsfähigkeitsprinzip zu vereinbaren.[942] Die Steuerbilanz hat die Aufgabe, den vergangenen Betriebsgewinn zu ermitteln. Informationen zu zukünftigen Gewinnen sind für sie irrelevant, da diese für die aktuelle Besteuerung keine Bedeutung haben. Der erfolgsneutrale Ansatz unrealisierter Gewinne entspricht zwar besser dem Prinzip der Periodenabgrenzung, jedoch ist es zunächst nicht relevant, was im nächsten Jahr ansteht. Für die Steuerbilanz und die Ermittlung der Leistungsfähigkeit sind nur die realisierten Gewinne entscheidend, sodass im Hinblick auf die vielen Vorschriften im Steuerrecht und der Komplexität dieses Rechtsgebiets an sich dem Zweck der Steuerbilanz der Vorrang einzuräumen ist. Mithin kann das *Right-of-use-Prinzip* nicht mit dem Leistungsfähigkeitsprinzip vereinbart werden.

c) Eigentumsschonende Besteuerung vs. unrealisierte Gewinne

Auch der Grundsatz der eigentumsschonenden Besteuerung widerspricht dem Ausweis unrealisierter Gewinne.[943] Aus Art. 14 Abs. 2 GG wird abgeleitet, dass nur realisierte Gewinne bilanziert werden dürfen. Zwar droht durch den Ansatz eines entsprechenden Passivpostens keine Besteuerung aus unrealisierten Gewinnen, sondern nur des Erwirtschafteten, jedoch bringt der Ausweis der

942 Siehe auch Herzig/Bär, DB 2003, 1, 5; Spengel, IStR 2003, 29, 34; Schneider, BB 2003, 299, 301 f., a. A. Broer, Maßgeblichkeitsprinzip und Harmonisierung der Rechnungslegung, S. 340.

943 Vgl. Gliederungspunkt B) IV) 2) c) cc).

unrealisierten Gewinne auch keinen Vorteil. Es ist das Ziel der eigentumsschonenden Besteuerung, den Vermögensstamm des Steuerpflichtigen zu schützen und das tatsächlich Erwirtschaftete zu besteuern. Ein Ausweis bilanzneutraler unrealisierter Gewinne ist dabei unerheblich.

d) Fazit

Anders als im Handelsrecht ist eine Aufgabe des Grundsatzes der Nichtbilanzierung schwebender Geschäfte nicht nur aus Vereinfachungsgründen und zum Zweck der richtigen Darstellung der Ausschüttungsbilanz nicht praktikabel, sondern unvereinbar mit den Prinzipien des Steuerrechts. Zum einen verbietet das Prinzip der eigentumsschonenden Besteuerung einen Ansatz unrealisierter Gewinne und auch wenn den unrealisierten Aktiva ein entsprechender Passivposten entgegensteht und sie damit bilanzneutral sind, entspricht ihr Ausweis nicht dem Zweck der Steuerbilanz. Gemäß dem Leistungsfähigkeitsprinzip steht die Ermittlung der Leistungsfähigkeit des Steuerpflichtigen im Vordergrund. Hierbei ist der vergangene und damit realisierte Betriebsgewinn zu berücksichtigen. Zukünftige Entwicklungen des Unternehmens sind bei der Zahlungsbemessungsfunktion des Steuerrechts unerheblich. Die Steuerbilanz soll nur die tatsächliche, vergangene Lage widerspiegeln. Noch nicht realisierte Gewinne entsprechen nicht dieser Anforderung.

4) Definitionskriterien des Wirtschaftsguts und der steuerlichen Schuld

Der Ansatz des *Right-of-use-Modells* im deutschen Steuerrecht erfordert des Weiteren die Erfüllung der Definitionskriterien des Wirtschaftsguts und der steuerlichen Schuld.

a) Nutzungsrecht als Wirtschaftsgut

Im Gegensatz zum internationalen *asset* ist das steuerliche Wirtschaftsgut sehr gegenständlich und objektivierend.[944] Allerdings umfasst die Definition neben Sachen und Rechten auch wirtschaftliche Vorteile. Wie bereits ausgeführt, kann das obligatorische Nutzungsrecht des ED/2013/6 als ein handelsrechtlicher

944 Köhrle, IFRS-Einzelabschluss, S. 191.

immaterieller Vermögensgegenstand identifiziert werden.[945] Weil die Begriffe Vermögensgegenstand und Wirtschaftsgut identisch sind,[946] kann das Nutzungsrecht zugleich als ein immaterielles Wirtschaftsgut angesehen werden. Indem das Nutzungsrecht entgeltlich erworben wurde, besteht auch kein Aktivierungsverbot gemäß § 5 Abs. 2 EStG.

b) Schuldbegriff im Steuerrecht

Die handelsrechtliche Schulddefinition[947] gilt über § 5 Abs. 1 EStG auch für die Steuerbilanz. Eine bilanzielle Schuld setzt danach das Bestehen einer wirtschaftlichen Vermögensbelastung voraus (Vermögenslastprinzip),[948] die aus einer Außenverpflichtung resultiert (Greifbarkeitsprinzip) und hinreichend konkretisiert ist („Grad der wahrscheinlichen Inanspruchnahme").[949] Die Zahlung der Leasingraten entspricht der wirtschaftlichen Vermögensbelastung, die in der Höhe konkretisiert ist und aus einer Außenverpflichtung, dem Leasingvertrag, resultiert.

5) Bewertung mit dem fair value

Eine Bewertung der Leasingposten mit dem *fair value* könnte mit dem Objektivitätserfordernis des Steuerrechts kollidieren. Grundsätzlich stellt die *fair value* Bewertung der IAS/IFRS einen der Hauptgründe der Unvereinbarkeit der IAS/IFRS mit dem Steuerrecht dar.[950] Insbesondere im Hinblick auf das

---

945 Vgl. Gliederungspunkt F) IV) 3) b) aa).

946 BFH, Beschluss vom 7. August 2000, GrS 2/99, BStBl. II 2000, 632, 635; DStR 2000, 1682, 1684; BFH, Beschluss vom 26. Oktober 1987, GrS 2/86, BStBl. II 1988, 348, 350 (352); BFH, Urteil vom 26. August 1992, I R 24/91, BStBl. II 1992, 977, 978; BFH, Urteil vom 5. Juni 2008, IV R 67/05, BStBl. II 2008, 960, 962; Schreiber, DStR 2005, 1351, 1353; vgl. auch Gliederungspunkt C) I) 2).

947 Vgl. Gliederungspunkt F) IV) 3) b) cc).

948 Moxter, in: FS Forster, S. 427, 429.

949 BFH, Urteil vom 1. August 1984, I R 88/80, BStBl. II 1985, 44, 46; BFH, Urteil vom 16. Februar 1996, I R 73/95, BStBl. II, 1996, 592, 593; Moxter, BB 1998, 2464, 2465 f.; Dahlke, Harmonisierung der Konzernbesteuerung in der Europäischen Union, S. 196.

950 Stellvertretend für viele Kahle, WPg 2003, 262, 271; Kußmaul/Klein, DStR 2001, 546, 548; Kußmaul/Tcherveniachki, DStR 2005, 616, 620; Schneider, BB 2003, 299, 301; a. A. Hommel/Berndt, BB 2000, 1184, 1189.

Leistungsfähigkeitsprinzip ist fraglich, ob die Besteuerung nicht realisierter Gewinne nach dem *fair value* zumutbar ist.[951] Aus dem Leistungsfähigkeitsprinzip und dem Übermaßverbot – als Konkretisierungen der verfassungsrechtlichen Anforderungen an Steuerbilanzen – folgt die Orientierung an den Anschaffungswerten (§ 6 Abs. 1 Nr. 1 Satz 1, Nr. 2 Satz 1 EStG) statt an Zeitwerten und das Verbot, unrealisierte Gewinne auszuweisen (§ 5 Abs. 1 Satz 1 EStG i. V. m. § 252 Abs. 1 Nr. 4 HGB).[952] Gemäß dem Anschaffungswertprinzip dürfen Wirtschaftsgüter höchstens mit den Anschaffungs- oder Herstellungskosten angesetzt werden.[953] Wenn die Besteuerung an unverlässliche, subjektive Wertschätzungen anknüpft, wird zudem die Vergleichbarkeit des Gewinns als Indikator der wirtschaftlichen Leistungsfähigkeit beeinträchtigt und damit die Gefahr der Ungleichbehandlung durch Ungleichbewertung des Einkommens erhöht.[954]

Indem sich der ED/2013/6 bei der bilanziellen Bewertung der Elemente der Anschaffungs- und Herstellungskosten bedient und nicht auf den *fair value* abstellt, verkörpert der *Right-of-use-Ansatz* bestimmbare Größen, die den objektiven Anforderungen des deutschen Rechts genügen.[955] Problematisch ist allein die Tatsache, dass der beizulegende Zeitwert bei der Klassifizierung des Leasingtyps Berücksichtigung findet. Hierdurch könnte der Grundsatz der Gleichmäßigkeit der Besteuerung unterlaufen werden, da die Bilanzierenden aufgrund der subjektiven Komponenten eine Klassifizierung des Leasinggeschäftes und die weitergehende Bilanzierung beeinflussen können. Zwar stellt die *fair value*-Variante nur eine Alternative neben dem Verbrauch der wirtschaftlichen Nutzungsdauer dar, zu der sie nicht in eklatantem Widerspruch stehen darf; aber dennoch bestehen Bedenken im Hinblick auf die Gleichmäßigkeit der Besteuerung. Sofern keine offiziellen Marktwerte existieren, kann der Bilanzierende den beizulegenden Zeitwert schätzen und z. B. entscheiden, ob ein Preis am aktiven Markt identifizierbar ist, ob ein aktiver Markt vorliegt und jener repräsentativ ist.[956]

---

951 Vgl. Herzig/Bär, DB 2003, 1, 5.

952 Hennrichs, StuW 2005, 256, 262; Hennrichs, DStJG 24 (2001), 301, 315 ff.; Herzig, WPg 2005, 211, 215 ff.; Arnold, StuW 2005, 148, 154 f.; Hennrichs, ZHR 170 (2006), 498, 517; ausführlich Dauber, Das Realisationsprinzip als Grundprinzip der steuerlichen Gewinnermittlung, S. 127 ff.; Crezelius, in: Kirchhof, EStG, § 5 Rn. 41 und Rn. 144.

953 Hennrichs, DStJG 24 (2001), 301, 315.

954 Hey, in: Tipke/Lang, Steuerrecht, § 3 Rn. 68 und § 8 Rn. 52; vgl. auch Ballwieser/Küting/Schildbach, BFuP 2004, 529, 533 ff.

955 Vgl. auch Gliederungspunkt F) IV) 3) e) sowie ED/2013/6 BC163 und BC167.

956 Ballwieser/Küting/Schildbach, BFuP 2004, 529, 534.

Hierdurch können ähnliche Sachverhalte aufgrund der subjektiven Beurteilungen des Bilanzierenden unterschiedlichen Leasingtypen zugerechnet und damit abweichend bilanziert werden, was nicht mit Art. 3 GG vereinbar ist. Mithin ist die Klassifizierung der Leasingverhältnisse anhand des *fair values* nicht mit dem deutschen Steuerrecht vereinbar.

6) Fazit

Die IAS/IFRS und das *Right-of-use-Konzept* sind für die steuerrechtliche Gewinnermittlung ungeeignet.[957] Der IAS/IFRS-orientierten Informationsbilanz fehlt es an der gesetzlichen Bestimmtheit des Steuertatbestandes und auch materiell bestehen Unterschiede zwischen der Kapitalmarktinformation und der öffentlich-rechtlichen Zahlungspflicht.[958] Die Gestaltungsspielräume des *Right-of-use-Prinzips* und der Ansatz unrealisierter Gewinne widersprechen den steuerrechtlichen Prinzipien. Die Beurteilungsspielräume räumen dem Steuerpflichtigen Aktivierungs- und Ansatzwahlrechte ein, die einen Einfluss auf den steuerlichen Gewinn hätten. So könnte der Bilanzierende seine Bemessungsgrundlage beeinflussen und zu seinen Gunsten gestalten. Auch die Flexibilität des *Right-of-use-Prinzips* ist mit dem Bestimmtheitsgebot und dem Objektivitätserfordernis des Steuerrechts unvereinbar. Insbesondere, da die steuerliche Bemessungsgrundlage auch für die Gewerbesteuer, das Umwandlungsteuerrecht und für andere Rechtsgebiete maßgebend ist. Zudem kann das fiskalische Interesse an gleichmäßigen Steuereinnahmen nicht gewahrt werden, da die Bilanzierenden aufgrund der wahlweisen Aktivierung in gleichartigen Fällen unterschiedlich besteuert werden könnten, obwohl dieselbe Ausgangslage gegeben ist. Zwar belegt die Vergleichsstudie[959], dass die steuerliche Belastung nach dem ED/2013/6 der jetzigen Leasingbesteuerung ähnlich ist, jedoch kann eine vergleichsweise steuerliche Belastung nicht als Rechtfertigung zur Vernachlässigung der Steuerprinzipien herangezogen werden. Die Vergleichsstudie kann

957 Arbeitskreis Bilanzrecht der Hochschullehrer Rechtswissenschaft, BB 2002, 2372, 2380; vgl. auch Hennrichs, StuW 2005, 256, 262; Hennrichs, DStJG 24 (2001), 301, 307; Herzig, WPg 2005, 211, 213; eingehend Kuntschik, Steuerliche Gewinnermittlung und IAS/IFRS am Beispiel immaterieller Vermögenswerte, S. 164 ff.

958 Schön, WPg-Sonderheft 2001, 74, 79; vgl. Herzig, WPg 2000, 104, 115; Raupach, StuW 2000, 341, 366 ff.

959 Siehe hierzu Vogt, Leasingverträge, S. 60; hinsichtlich der Berechnung im Steuerrecht siehe S. 26 ff.; hinsichtlich der Berechnung nach dem ED/2010/9, der dem ED/2013/6 im Ansatz auf der Leasingnehmerseite ähnelt, S. 46 ff.

nur die theoretische Situation an ausgewählten Fällen wiedergeben und nicht die Praxis. Die Ausübung der subjektiven Gestaltungsspielräume kann in einer Studie nicht sachgerecht dargestellt werden. Die Steuerbilanz ist zudem als Einheit anzusehen, die nicht nur die Leasinggeschäfte enthält, sondern auch sonstige Geschäftsvorfälle des Unternehmens. Es wäre nicht sachgerecht, die Prinzipien der Steuerbilanz allein im Bereich des Leasings zurückzudrängen, weil dort eine ähnliche steuerliche Belastung absehbar ist. Den Prinzipien ist vielmehr der Vorrang einzuräumen.

Auch der Ansatz unrealisierter Gewinne widerspricht dem Leistungsfähigkeitsprinzip und dem Prinzip der eigentumsschonenden Besteuerung. Die Steuerbilanz soll als Zahlungsbemessungsinstrument genutzt werden, mit dessen Hilfe vergangene Gewinne periodengerecht ermittelt werden, wodurch dann die Steuerfolgen ausgelöst werden.[960] Das *Right-of-use-Prinzip* kann hierfür nicht die erforderlichen, objektiven Kriterien gewährleisten. Die Information über aktuelle und zukünftige Entwicklungen darf in einer Steuerbilanz nicht im Vordergrund stehen.

Für die Anwendung des internationalen Rechnungslegungsstandards spricht lediglich der Wunsch nach einer Einheitsbilanz.[961] Eine Implementierung des *Right-of-use-Prinzips* in die steuerliche Gewinnermittlung ist daher abzulehnen.

VI) Aufgabe der Leasingerlasse als Konsequenz der Right-of-use-Einführung

Die Einführung des *Right-of-use-Prinzips* in den Einzelabschluss hätte die Aufgabe der deutschen Leasingerlasse zur Konsequenz. Vergleicht man die Ansätze der Leasingbilanzierung nach den Leasingerlassen und dem ED/2013/6, stellt sich die Frage, ob die Leasingreform eine Abstandnahme von den bekannten Erlassen rechtfertigt. Die Leasingerlasse könnten aufgrund ihrer quantitativen Vielfalt für die Bilanzierung der Leasingverhältnisse geeigneter sein.

Die Regelungen und Kriterien der Leasingerlasse werden von der Literatur immer wieder als unzutreffend oder unzureichend für die Klassifizierung wirtschaftlichen Eigentums eingestuft; insbesondere wird bemängelt, dass es den Vertragsparteien durch entsprechende Gestaltung des Leasingvertrags

960 Kuntschik, Steuerliche Gewinnermittlung und IAS/IFRS am Beispiel immaterieller Vermögenswerte, S. 191.

961 Siehe hierzu Buchholz/Weis, DStR 2002, 512, 515; Oestreicher/Spengel, DB 1999, 593, 594; Schreiber, in: FS Beisse, S. 491, 505.

ermöglicht wird, die Konsequenzen der Zurechnungskriterien – insbesondere durch knappes Über- oder Unterschreiten der Grenzwerte – bewusst zu umgehen.[962] Nimmt man dies zum Anlass, bietet der *Right-of-use-Ansatz* die passende Gelegenheit, vom alten System Abstand zu nehmen. Man muss den Leasingerlassen allerdings zugestehen, dass ihre Kriterien im internationalen Vergleich viel quantitativer und präziser sind, als die aktuellen, weiten und ermessensbehafteten IAS/IFRS-Kriterien.[963] Zudem stellt die deutsche Vorgehensweise hohe Anforderungen an das wirtschaftliche Eigentum und lässt sich vom juristischen Eigentumskonzept leiten.[964] Naturgemäß können die Leasingverträge aufgrund der unterschiedlichen Interessen pro Vertrag und Beteiligten nicht bis in alle Details geregelt werden, sodass die Leasingerlasse mit ihren Kriterien eine gute Ausgangssituation bilden und bis auf einzelne Fälle die Verträge kategorisch vorsortieren und zuordnen. Mit dem *Right-of-use-Ansatz* werden zwar einige Ermessensspielräume des jetzigen IAS 17 behoben, aber auch neue geschaffen. Hinsichtlich der Finanzierungsleasingverträge verliefe die Bilanzierung weiterhin parallel, nur in den Fällen des deutschen Operatingleasings variiert der Ansatz nach dem ED/2013/6.

Unter Berücksichtigung der Zweckrichtungen des HGB und des Steuerrechts ist der *Right-of-use-Ansatz* des ED/2013/6 abzulehnen und den Leasingerlassen der Vorzug zu gewähren. Es sind keine Vorteile des ED/2013/6 erkennbar, die für die deutsche Bilanzierung von erheblicher Relevanz sind. Der Harmonisierungsgedanke darf nicht mit den deutschen Grundsätzen im Widerspruch stehen. Die Leasingerlasse erzielen ähnliche bilanzielle Ergebnisse, können auf eine fundierte Rechtsprechung zurückgreifen und bedürfen keiner Anpassungen oder nationaler Sondervorschriften. Der Ausweis eines Operatingleasings in der deutschen Bilanz ist kein gewichtiger Grund, der eine Akzeptanz der internationalen Vorschriften erfordert. Dem Informationsbedarf wird durch den Bilanzanhang genüge getan. Jener enthält alle notwendigen Informationen. Ein Ansatz aller Nutzungsrechte in der Bilanz des Leasingnehmers spiegelt zudem nicht mehr die Eigentumsverhältnisse wider.

---

962 Küting/Hellen/Brakensiek, BB 1998, 1465, 1467; Helmschrott, Leasinggeschäfte in der Handels- und Steuerbilanz, S. 69 ff. m. w. N.; Lenz, Die Bilanzierung von Mobilien-Leasingverträgen gemäß deutschem Handelsrecht und U.S.-Generally Accepted Accounting Principles: Ein kritischer Vergleich, S. 156 ff.

963 Pellens/Fülbier/Gassen/Sellhorn, Internationale Rechnungslegung, S. 694; vgl. auch Gliederungspunkt F) II) 1) c).

964 Pellens/Fülbier/Gassen/Sellhorn, Internationale Rechnungslegung, S. 694.

Zwar ist es – wie bereits ausgeführt[965] – zweckmäßig, im Ansatz keine Unterscheidung mehr zwischen wirtschaftlichem Eigentum und dem Nutzungsrecht vorzunehmen, jedoch ist der Ansatz des Nutzungsrechts an sich sehr unpräzise. Die Informationen über das Nutzungsrecht und das Leasingverhältnis werden in der Bilanz wiedergegeben, aber nicht die Informationen über die dahinter stehenden Eigentumsverhältnisse. Auch der Grundsatz der Nichtbilanzierung schwebender Geschäfte würde ausgehebelt werden, obwohl er ein bedeutender Bestandteil der deutschen Rechnungslegung ist.

VII) Auswirkungen auf den gerichtlichen Rechtschutz und die Auslegungskompetenz

Neben den bilanziellen Grundprinzipien sind auch die Auswirkungen auf den gerichtlichen Rechtsschutz und die Auslegungskompetenz bei einer Übernahme des *Right-of-use-Ansatzes* in die deutsche Handels- und Steuerbilanz zu berücksichtigen. Der Gesetzgeber muss sich bewusst sein, dass mit dem Übergang auf die internationalen Vorschriften wichtige Kompetenzen verloren gehen.[966]

1) Gerichtlicher Rechtsschutz

Eine Übernahme der internationalen Rechnungslegungsvorschriften würde zu einer Verlagerung der gerichtlichen Zuständigkeiten und einem Souveränitätsverlust in judikativer Hinsicht führen. Der Rechtsschutz würde, da es sich bei den *endorsed* IAS/IFRS um sekundäres Unionsrecht handelt, von den nationalen Gerichten und dem EuGH gewährt werden, der damit massiv das deutsche Handels- und Steuerrecht mitgestalten könnte.[967] Neben der Kompetenz der nationalen Gerichte wäre bei entscheidungserheblichen Auslegungsfragen der EuGH zur Vorabentscheidung zuständig;[968] bei letztinstanzlichen nationalen Gerichten

965 Vgl. Gliederungspunkt F) IV) 3) b) bb).

966 Buchholz, DStR 2002, 1280, 1284.

967 Siehe ausführlich Schön, BB 2004, 763, 763 ff.; bzgl. der Vorlagepflicht in handels- und steuerrechtlichen Angelegenheiten an den EuGH siehe Kahle, Internationale Rechnungslegung, S. 275 ff. (handelsrechtlich) und S. 277 ff. (steuerrechtlich) bzw. S. 273 ff. bzgl. der richtlinienkonformen Auslegung und dem Vorabentscheidungsverfahren.

968 Kahle, IRZ 2006, 87, 90; EuGH, Urteil vom 17. Juli 1997, C-130/95 (Giloy), Slg. 1997, 4291, 4292; Schön, Steuerliche Maßgeblichkeit in Deutschland und Europa, S. 264.

bestünde sogar eine Vorlagepflicht (Art. 267 Abs. 1 lit. b, Abs. 2, Abs. 3 AEUV).[969] Hierdurch würde die Tendenz verstärkt, dass der Europäische Gerichtshof Einfluss erhält, über die handelsrechtliche und steuerliche Gewinnermittlung in Deutschland zu entscheiden.[970] Die Rechnungslegungsvorschriften wären an die Vorgaben der Europäischen Union gebunden und Deutschland verlöre ein Stück seiner eigenen Souveränität.[971]

Im Bereich des Steuerrechts könnte man dies – zusammen mit einer Verweisung der steuerlichen Bilanz auf die IAS/IFRS – als einen ersten Schritt auf dem Weg zu einer einheitlichen europäischen Steuerbemessungsgrundlage auslegen.[972] Sachgerechter erscheint es jedoch, einen Alleingang des deutschen Gesetzgebers zu einer solchen Unterwerfung unter die Jurisdiktion des EuGH auf dem Gebiet der steuerlichen Gewinnermittlung abzulehnen.[973] Bereits in den vergangenen Jahren wurde eine derartige Europäisierung des deutschen Steuerrechts – im Zusammenhang mit der Frage der Zulässigkeit von Vorlagen an den EuGH zur Auslegung des auf den Bilanzrichtlinien basierenden deutschen Bilanzrechts – abgelehnt, eine allgemeine Diskussion zum Maßgeblichkeitsprinzip ausgelöst und auf die Gefahren der Europäisierung des deutschen Steuerrechts sowie die Gefahren für das Maßgeblichkeitsprinzip hingewiesen.[974] Würde hingegen eine generelle Bindung der IAS/IFRS in vielen Mitgliedstaaten sowie eine einheitliche steuerliche Bemessungsgrundlage eingeführt werden, wäre der Einfluss des EuGH anders zu beurteilen.[975] Jener Schritt würde am besten mit einer der IAS-Verordnung vergleichbaren Verordnung für das Steuerrecht zu gehen sein. Bis dahin ist jedoch der Rechtsschutz beim nationalen Gesetzgeber zu belassen.

Auch aus handelsrechtlicher Perspektive ist einem gerichtlichen Rechtschutz durch den EuGH im Rahmen des Bilanzrechts mit Vorsicht zu begegnen. Durch

---

969 Anm.: Art. 267 AEUV entspricht dem ex-Art. 234 EGV; siehe auch Kahle, Internationale Rechnungslegung, S. 273 ff.; Kahle, IRZ 2006, 87, 90.

970 Schön, Steuerliche Maßgeblichkeit in Deutschland und Europa, S. 110.

971 Schön, Steuerliche Maßgeblichkeit in Deutschland und Europa, S. 117.

972 Spengel, IStR 2003, 29, 36; Schön, Steuerliche Maßgeblichkeit in Deutschland und Europa, S. 112.

973 Köhrle, IFRS-Einzelabschluss, S. 135; Schön, Steuerliche Maßgeblichkeit in Deutschland und Europa, S. 110 f.

974 Weber-Grellet, DB 1996, 2089, 2089 ff.; Arndt/Wiesbrock, DStR 1999, 350, 353; Meilicke, BB, 1999, 890, 894; Köhrle, IFRS-Einzelabschluss, S. 136.

975 Schön, Steuerliche Maßgeblichkeit in Deutschland und Europa, S. 111 ff.; Köhrle, IFRS-Einzelabschluss, S. 136 f.

das Maßgeblichkeitsprinzip würden die handelsrechtlichen Entscheidungen zum Einzelabschluss auf die Steuerbilanz übertragen werden und zu einer nicht gewollten Anwendungskonsequenz führen. Zudem ist zu berücksichtigen, dass es zurzeit keine gefestigte Rechtsprechung gibt. Eine Übernahme ist daher abzulehnen.

2) Auslegungskompetenz

Im Falle einer Anknüpfung der handelsrechtlichen und steuerlichen Gewinnermittlung an die IAS/IFRS wäre darüber hinaus die Auslegungshoheit zu klären. Die Rechtsweggarantie des Art. 19 Abs. 4 Satz 1 GG verlangt grundsätzlich bei Rechtsstreitigkeiten zwingend eine Auslegungszuständigkeit nationaler Gerichte.[976] Die im Wege des Endorsementverfahrens angenommenen IAS/IFRS stellen sekundäres Unionsrecht dar,[977] dessen Auslegung durch die Interpretationen der SIC und IFRIC erfolgt. Anders als im nationalen Recht obliegt damit die Auslegung der IAS/IFRS nicht einer anderen, von der Gesetzgebung unabhängigen Instanz – wie den nationalen Gerichten oder dem EuGH –, sondern mit dem IFRIC[978] einer internen, eigenständigen Institution des IASB. An einer unabhängigen Auslegung der Rechnungslegungsstandards durch einen außerhalb des IASB stehenden Dritten fehlt es. Als Teil des Unionsrechts unterliegen die IAS/IFRS innerhalb des europäischen Rechtsraums zudem den allgemeinen Regeln über die Auslegung von Unionsrecht.[979]

Der nationale Gesetzgeber hat allerdings die Gelegenheit, die Auslegung der IFRIC mit eigenen Vorschriften zu umgehen.[980] Ferner könnten die nationalen Gerichte und der EuGH durch eine anders definierte Auslegung der Standards die „europäischen internationalen Rechnungslegungsstandards" mit eigenen

---

976 Kahle, IRZ 2006, 87, 90; Schildbach, BFuP 2002, 263, 275 f.; Herzig/Gellrich/Jensen-Nissen, BFuP 2004, 550, 555; Herzig/Bär, DB 2003, 1, 4; Schön, BB 2004, 763, 765.

977 Vgl. Hauck/Prinz, Der Konzern 2005, 635, 636; Buchheim/Gröner/Kühne, BB 2004, 1783, 1785 f.

978 Das IFRIC ersetzte das frühere SIC siehe Gliederungspunkt B) I) 1).

979 Hennrichs, in: Münchener Kommentar zum Bilanzrecht, Band 1, Einführung in die Rechnungslegung nach International Financial Reporting Standards Rn. 65; Kriterien der Auslegung des Unionsrechts sind der Wortlaut, die Entstehungsgeschichte, die Systematik und der Zweck der jeweiligen Vorschriften.

980 Köhrle, IFRS-Einzelabschluss, S. 139.

Auslegungsmaßstäben schaffen,[981] sodass die Auslegungskompetenz keine unvermeidbaren Probleme für das deutsche Recht beinhaltet. Die Gefahr, dass die internationalen Vorschriften über Auslegungsfragen Einfluss auf die handelsrechtliche und steuerliche Gewinnermittlung nehmen und hierdurch eine erhöhte Rechtsunsicherheit verursacht würde,[982] könnte so gebannt werden. Hierbei ist zudem anzumerken, dass die IFRIC ebenfalls in einem separaten Endorsementverfahren von der Europäischen Kommission für verbindlich zu erklären sind.[983] Solange dieses Verfahren nicht abgeschlossen ist, haben sie keine allgemeine Geltung. Das bei der Auslegung der IAS/IFRS ebenfalls zu berücksichtigende Framework sowie die *Basis for Conclusions* der einzelnen Standards werden hingegen nicht in die Europäischen Amtsblätter übernommen und sind damit nicht verbindlich, obwohl dies für ein besseres Verständnis des Systems und der Rechnungslegungsstandards sinnvoll wäre.[984]

VIII) Bedeutung der Ergebnisse für das deutsche Recht

Im Ergebnis ist festzuhalten, dass der Einfluss der IAS/IFRS auf die Steuerbilanz abzulehnen ist. Der *Right-of-use-Approach* steht eklatant im Widerspruch zu der steuerlichen Gewinnermittlung, sodass zu viele Sondervorschriften notwendig wären und eine generelle Ablehnung sachgerechter und zweckmäßiger ist. Besonders deutlich wird dies an den unterschiedlichen Grundprinzipien der Bilanzen. Die investor-informationsorientierte internationale Bilanz ist nicht mit der zahlungsbemessenden, objektivierungsbedürftigen Steuerbilanz in Einklang zu bringen. Der Ansatz nicht realisierter Gewinne widerspricht dem Leistungsfähigkeitsprinzip und die Gestaltungsspielräume konkurrieren mit dem Bestimmtheitsgebot und der Rechtssicherheit.[985] Auch aus Zweckmäßigkeitsgründen ist die internationale Bilanz abzulehnen, da der *Right-of-use-Approach* nicht als Ganzes übernommen werden kann, sondern allenfalls eine vielfach unterbrochene Maßgeblichkeit in Betracht käme, was eine Verschlechterung der

981 Köhrle, IFRS-Einzelabschluss, S. 138 f.; Kirchner, in: FS Siegel, S. 201, 203 f.; Schildbach, BFuP 2002, 263, 275 f.; Herzig/Gellrich/Jensen-Nissen, BFuP 2004, 550, 555.

982 Kahle, Internationale Rechnungslegung, S. 267 f.

983 Schön, Steuerliche Maßgeblichkeit in Deutschland und Europa, S. 110.

984 Hennrichs, ZHR 170 (2006), 489, 513.

985 Siehe diesbezüglich auch Kahle, WPg 2002, 178, 180.

jetzigen nationalen Bilanzierung zufolge hätte.[986] Eine Maßgeblichkeit des *Right-of-use-Prinzips* muss daher aus den genannten Gründen ausscheiden.[987]

Im Konkreten bedeutet dies, dass das *Right-of-use-Prinzip* mit der Steuerbilanz unvereinbar und in der Handelsbilanz zweckwidrig ist. Sofern es für die Internationalisierung zwingend notwendig wäre, könnte das *Right-of-use-Prinzip* noch eher mit dem handelsrechtlichen Einzelabschluss vereinbart werden als mit der Steuerbilanz. Vorrangig ist jedoch die Ablehnung des *Right-of-use-Prinzips* zu vertreten. Sollte es dennoch zu einer Übernahme des *Right-of-use-Approachs* in den handelsrechtlichen Einzelabschluss kommen, ist im Hinblick auf die Maßgeblichkeit der Handelsbilanz für die Steuerbilanz zu untersuchen, welche Möglichkeiten es gibt, diesen Konflikt zu lösen.

IX) Generelle Lösungsmöglichkeiten

Sollte es zu einer Übernahme der IAS/IFRS und des *Right-of-use-Approachs* auf den handelsrechtlichen Einzelabschluss kommen, scheidet eine Maßgeblichkeit der internationalen Rechnungslegungsvorschriften für die Steuerbilanz aus, weil zwischen den informationsgeprägten IAS/IFRS und den Anforderungen der Steuerbilanz unüberbrückbare Spannungen[988] bestehen. Ein Festhalten am Maßgeblichkeitsgrundsatz erscheint problematisch und zweifelhaft.[989]

Insgesamt kommen folgende Lösungsmöglichkeiten in Betracht:

(1) Unabhängige Steuerbilanz unter Aufgabe des Maßgeblichkeitsprinzips
(2) Aufteilung der Handelsbilanz in einen IAS/IFRS- und einen Steuerrechtsteil
(3) Wahlrecht zu einem befreienden IAS/IFRS-Einzelabschluss unter weiterem Bestehen der Maßgeblichkeit der „alten" Handelsbilanz für die Steuerbilanz
(4) Beibehaltung des Maßgeblichkeitsprinzips und steuerrechtliche Durchbrechungen der Maßgeblichkeit
(5) Spannungsverhältnis IAS/IFRS und deutsche Einheitsbilanz
(6) Einführung einer Europäischen Steuerbilanz und Steuerbemessungsgrundlage.

---

986 Kuntschik, Steuerliche Gewinnermittlung und IAS/IFRS am Beispiel immaterieller Vermögenswerte, S. 220.

987 Vgl. im Ergebnis bzgl. der Abstandnahme der Maßgeblichkeit der IAS/IFRS allgemein auch Dziadkowski, IStR 2007, 361, 362.

988 Vgl. im Ganzen Herzig, WPg 2000, 104, 104 ff.; Fülbier/Gassen, DB 1999, 1511, 1512.

989 Siehe auch Kahle, IRZ 2006, 87, 90; Schaumburg, Stbg 2004, 545, 550.

1) Unabhängige Steuerbilanz unter Aufgabe des Maßgeblichkeitsprinzips

Bewegt sich der handelsrechtliche Einzelabschluss immer mehr auf die IAS/IFRS zu und übernimmt er den *Right-of-use-Approach*, könnte man, um eine Maßgeblichkeit der IAS/IFRS zu verhindern, das aktuelle Maßgeblichkeitsprinzip des HGB für das Steuerrecht aufgeben und ein eigenes Steuerbilanzrecht schaffen, wie es bereits in den USA und anderen angelsächsischen Ländern üblich ist.[990] Das BMF-Schreiben zur Maßgeblichkeit der handelsrechtlichen GoB für die steuerliche Gewinnermittlung[991] „gibt Anlass zu der Befürchtung, dass die Abschaffung der umgekehrten Maßgeblichkeit durch das BilMoG als Startschuss für einen Einstieg in eine eigenständige steuerliche Gewinnermittlung aufgefasst werden könnte".[992] Bei einem Wegfall des Maßgeblichkeitsgrundsatzes und einer eigenständigen Steuerbilanz müssen Unternehmen ggf. zu Informations-, Kapitalerhaltungs- und Steuerzwecken drei verschiedene Bilanzen nach drei Regelungswerken aufstellen, was mit einem erhöhten administrativen Mehraufwand verbunden wäre.[993] Zudem würde sich die Frage bzgl. der Ausgestaltung der eigenen Steuerbilanz stellen. Orientiert man sich an der Einnahmen-Überschuss-Rechnung, übernimmt man die handelsrechtlichen Vorschriften und die Trennung von „Gewinnermittlern" und der „Einnahmen-Überschuss-Rechnung" oder entwickelt man ein komplett anderes Steuerrechtssystem. Eine Aufspaltung der Bilanzen wäre für kleine und mittelgroße Unternehmen mit doppelten, kaum tragbaren Aufstellungskosten verbunden.[994] Um diesen Effekt zu vermeiden, könnte bei diesen Unternehmen auf die Erstellung einer IAS/IFRS-Bilanz verzichtet werden – die Steuerbilanz hätte insoweit eine befreiende Wirkung.[995] Hiermit würden aber neue Probleme aufgeworfen, da die Abschlüsse der einzelnen

---

990 Kahle, WPg 2002, 178, 180; dies zeigt, dass sogar in Staaten, in denen die mit der IAS/IFRS-Rechnungslegung wesentlich enger verwandte angelsächsische Rechnungslegung eine lange Tradition besitzt – wie die USA und Großbritannien –, das Steuerrecht eigenständig und weitgehend abgekoppelt von der handelsrechtlichen Rechnungslegung existiert.

991 BMF-Schreiben zur Maßgeblichkeit der handelsrechtlichen Grundsätze ordnungsgemäßer Buchführung für die steuerliche Gewinnermittlung vom 12. März 2010, BStBl. I 2010, 239.

992 Wehrheim/Fross, DStR 2010, 1348, 1353; Vinken, DB 2010, Heft 8, Seite 1.

993 Herzig/Hausen, DB 2004, 1, 2; Herzig/Bär, DB 2003, 1, 8.

994 Wehrheim/Fross, DStR 2010, 1348, 1353; Buchholz/Weis, DStR 2002, 559, 562.

995 Buchholz/Weis, DStR 2002, 559, 562.

Unternehmen nicht mehr direkt miteinander zu vergleichen wären, worunter auch der Informationsaspekt leiden würde.[996]

Problematisch wäre auch die Anknüpfung der Steuerbilanz. Generell sollte die steuerliche Gewinnermittlung ihren Zweck möglichst einfach und wirtschaftlich erreichen, wobei verschiedene Ausgestaltungen – wie ein detailliertes Steuerbilanzrecht oder eine zahlungsorientierte Überschussrechnung – infrage kommen.[997] Eine völlige Neuentwicklung eines eigenständigen Gewinnermittlungsrechts ist nicht erforderlich. Bei der Entwicklung könnte einerseits auf die bisherige Rechtslage zurückgegriffen werden, um Kontinuität, den bestehenden Rechtsprechungsfundus und ein hohes Maß an Rechtssicherheit zu bewahren.[998] Würde man eine eigenständige Steuerbilanz an der Einnahmen-Überschuss-Rechnung orientieren, käme auf die Unternehmen das Problem zu, dass sie die meist überdurchschnittlichen Gewinne sofort in voller Höhe besteuern müssen, während Verluste nur im Rahmen der zeitlich eingeschränkten Verlustverrechnungsmöglichkeiten bestehen.[999] Herzig dagegen schlägt vor, funktionsspezifisch zu differenzieren und eine eigenständige steuerliche Einkommensermittlung anzustreben, bei der alle Unternehmen ein Wahlrecht zwischen einer eigenständigen Steuerbilanz nach einem kodifizierten Steuerbilanzrecht und der modifizierten Einnahmen-Überschuss-Rechnung haben.[1000] Dabei solle der Informationsabschluss nach den IAS/IFRS aufgestellt werden.[1001] Unabhängig davon, welches System schlussendlich zur Anwendung käme, sollte mit Blick auf die Verhältnisse in den USA von einer sehr weitgehenden Verselbstständigung der steuerlichen Gewinnermittlung abgesehen werden, da dies eine „Verkomplizierung und Unübersichtlichkeit zur Folge hat" und den „Finanzbehörden ein sehr großer Ermessensspielraum fast zwangsläufig eingeräumt werden müsste".[1002]

Als Nachteile dieser Lösungsalternative sind vor allem Legitimationsprobleme wegen unterschiedlicher steuerlicher und handelsrechtlicher Ergebnisse, die

996 Buchholz/Weis, DStR 2002, 559, 562 f.

997 Herzig, IStR 2006, 557, 559.

998 Herzig, IStR 2006, 557, 559.

999 Herzig/Hausen, DB 2004, 1, 5.

1000 Herzig, in: Lüdicke, Deutsches Steuerrecht im europäischen Rahmen, S. 67, 85; Herzig, in: Albach/Eymann/Luhmer/Steven, S. 779, 794; Herzig, IAS/IFRS und steuerliche Gewinnermittlung, S. 452, 464; Herzig/Hausen, DB 2004, 1, 1 ff.; Schön, Steuerliche Maßgeblichkeit in Deutschland und Europa, S. 270.

1001 Herzig, in: Lüdicke, Deutsches Steuerrecht im europäischen Rahmen, S. 67, 73 ff.; Herzig, in: Albach/Eymann/Luhmer/Steven, S. 779, 791 f.

1002 Vorwold, WPg 2002, 499, 510; Spengel, ZEW Discussion Paper, S. 17.

fehlende Schutzfunktion der handelsrechtlichen Rechnungslegung vor willkürlichen Besteuerungszugriffen sowie die Kosten des zusätzlichen Rechenwerks im Vergleich zur Einheitsbilanz zu nennen.[1003]

2) Aufteilung der Handelsbilanz in einen IAS/IFRS- und einen Steuerrechtsteil

Eine Aufspaltung der Handelsbilanz in eine an den IAS/IFRS orientierte Informationsbilanz und eine dem HGB unterworfene Ausschüttungsbilanz führt zwar im Ergebnis im Rahmen des Handelsrechts zu Mehraufwand, jedoch spart sie bei der Steuerbilanz Befolgungskosten ein.[1004] Insofern bliebe steuerrechtlich alles beim Alten. Die handelsrechtliche Bilanz würde weiterhin als Ausgangsbasis der Steuerbilanz dienen. Jedoch hätten die Unternehmen zwei handelsrechtliche Bilanzen zu erstellen, einmal die Informationsbilanz nach den IAS/IFRS und zum anderen die Ausschüttungsbilanz nach dem HGB. Diese Doppelarbeit müsste gerechtfertigt sein. Nach dem internationalen Vergleichbarkeitswillen wäre diese Auffassung zu begrüßen, da auch das *Right-of-use-Prinzip* prinzipiell Probleme in das HGB integriert werden könnte. Zwar wäre die Aufgabe des Grundsatzes der Nichtbilanzierung schwebender Geschäfte nicht die präferierte Lösung des deutschen Rechts, jedoch wäre sie eine Folge der Internationalisierung. In diesem Kontext stellt sich zudem die Frage, ob die Aufgabe des Grundsatzes nur auf Leasinggeschäfte beschränkt oder auf alle schwebenden Geschäfte angewendet werden sollte.[1005] Eine Sonderbehandlung der Leasingverträge als eine Ausgestaltung der Dauerschuldverhältnisse ist schwer zu begründen und nicht aus ED/2013/6 ableitbar,[1006] aber deshalb eine Aufgabe des Grundsatzes für alle schwebenden Geschäfte einzuleiten ist ebenso abstrus. Die Leasingverträge stellen nur einen kleinen Teil der schwebenden Geschäfte im Ganzen dar, der nicht die Aufgabe rechtfertigen kann. Zusätzlich ist es für Unternehmen umständlich, zwei Bilanzen im Einzelabschluss nach unterschiedlichen Rechnungslegungssystemen zu erstellen. Im Fall der Ausschüttungs- und

1003 Herzig, IStR 2006, 557, 559; Schön, Steuerliche Maßgeblichkeit in Deutschland und Europa, S. 26 und S. 109.

1004 Arbeitskreis Bilanzrecht der Hochschullehrer Rechtswissenschaft, BB 2002, 2372, 2377.

1005 Vgl. Gliederungspunkt F) IV) 3) c) cc).

1006 Bundesverband Deutscher Leasing-Unternehmen e. V., Stellungnahme ED/2013/6, S. 3.

Steuerbilanz fände der Grundsatz schwebender Geschäfte Anwendung, im Fall der Informationsbilanz nicht. Das Konzept erscheint in dem Punkt nicht ausgereift. Insbesondere kleine Unternehmen würden an den Mehrkosten der Bilanzerstellung scheitern. Es wäre daher sachgerechter, auch im Hinblick auf die Auswirkungen auf die Steuerbilanz, den Nichtbilanzierungsgrundsatz auch für die Leasinggeschäfte beizubehalten und den *Right-of-use-Approach* im Ganzen abzulehnen.

3) Wahlrecht zu einem befreienden IAS/IFRS-Einzelabschluss unter weiterem Bestehen der Maßgeblichkeit der „alten" Handelsbilanz für die Steuerbilanz

Gegebenenfalls könnte man den Unternehmen ein Wahlrecht zu einem befreienden IAS/IFRS-Einzelabschluss unter weiterem Bestehen der Maßgeblichkeit der „alten" Handelsbilanz für die Steuerbilanz auf freiwilliger Basis einräumen. Im Fall der Ausübung des Wahlrechts müsste die Steuerbilanz aber weiterhin nach den bilanziellen Regelungen des HGB-Einzelabschlusses erstellt werden. Insoweit bliebe der Rückgriff auf die GoB erhalten und es müsste – sozusagen neben dem IAS/IFRS-Einzelabschluss „im Kopf" – ein HGB-Einzelabschluss gebildet werden, der die Ausgangsbasis für die Ermittlung des steuerlichen Einkommens bildet sowie als Grundlage für die notwendigen Normen und Begriffe, die im Steuerrecht nicht definiert sind, dient. Durch die Möglichkeit der Ausübung des Wahlrechts würden der Einheit der Rechtsordnung und der Vereinfachung der steuerlichen Gewinnermittlung durch die Verknüpfung der Handels- und Steuerbilanz Einhalt geboten werden; diese würden mit der Zeit bedeutungslos; jedoch können sich kleinere Unternehmen, weiterhin an den nationalen Regelungen orientieren und ihre Bilanz nach den Regelungen des HGB und des EStG erstellen und damit Kosten sparen.[1007] Macht man von dem Wahlrecht Gebrauch, wäre dies auch zugleich mit mehr Arbeitsaufwand und erhöhten Erstellungskosten verbunden, was auf Dauer problematisch wäre, weswegen es einer einheitlichen Lösung bedarf.[1008]

Das Wahlrecht zu einem befreienden IAS/IFRS-Einzelabschluss unter gleichzeitiger Maßgeblichkeit für die Steuerbilanz wäre nicht nur aufgrund der Unvereinbarkeit und der Spannung zwischen dem *Right-of-use-Ansatz*

1007 Siehe hierzu die Gliederungspunkte C) und D).

1008 Siehe auch Kuntschik, Steuerliche Gewinnermittlung und IAS/IFRS am Beispiel immaterieller Vermögenswerte, S. 223.

und der Steuerbilanz abzulehnen, sondern auch aus dem Gedanken, dass eine Gleichbehandlung der Steuerpflichtigen nicht mehr gewährleistet werden kann, sofern an unterschiedliche Einzelabschlüsse als Ausgangsbasis – je nach Optierung – angeknüpft wird.[1009] Zwingend wäre daher in dieser Variante immer der „alte" Handelsrechtsabschluss als Ausgangsbasis für die Steuerbilanz heranzuziehen.

4) Beibehaltung des Maßgeblichkeitsprinzips und steuerrechtliche Durchbrechungen der Maßgeblichkeit

Sollte das *Right-of-use-Prinzip* dennoch in den handelsrechtlichen Einzelabschluss einziehen und eine Umsetzung der internationalen Regelungen in der Steuerbilanz erwünscht sein, wäre es am besten, wenn – wie bereits im Rahmen der handelsrechtlichen Rechnungslegung mit der IAS-Verordnung – eine zweite Verordnung verabschiedet werden würde, die eine Umsetzung der IAS/IFRS für das Steuerrecht definieren würde. Aufgrund dieser Verordnung sollte eine eigene Überprüfung der Standards anhand von steuerlichen Kriterien im Rahmen des Endorsementverfahrens durchgeführt werden und generell von Deutschland eine Verweisung und Delegation auf die Europäische Union erfolgen. Während der Überprüfung würde allerdings festgestellt werden, dass das *Right-of-use-Prinzip* den steuerrechtlichen Zwecken zuwiderläuft, sodass es nicht umzusetzen wäre. Sollte es dennoch angenommen werden und würde man die Unvereinbarkeiten nur für punktuell halten, müsste die Maßgeblichkeit der IAS/IFRS durch eine Ergänzung des Gesetzgebers – der sich seine Rechte trotz der Verordnung durch ein Gesetz sichern sollte – unterbunden werden.[1010] Der Gesetzgeber könnte einzelne, eigene Bilanzierungs- und Bewertungsregeln für die Steuerbilanz erlassen und hiermit die Durchbrechungen der Maßgeblichkeit kodifizieren.[1011] Unter Berücksichtigung der ermittelten Ergebnisse ist dieser Ansatz aber sehr utopisch.

1009 Herzig, IStR 2006, 557, 559.

1010 Hennrichs, DStJG 24 (2001), 301, 306; Buchholz/Weis, DStR 2002, 559, 562; Oestreicher/Spengel, RIW 2001, 889, 894.

1011 Vgl. auch Kirsch, DStZ 2004, 470, 475; Schön, Steuerliche Maßgeblichkeit in Deutschland und Europa, S. 269; Schön, WPg Sonderheft 2001, 74, 78; a. A. Herzig/Bär, DB 2003, 1, 4.

5) Spannungsverhältnis IAS/IFRS und deutsche Einheitsbilanz

Für die Bewahrung der Einheitsbilanz und der aktuellen deutschen Leasingbilanzierung nach den Leasingerlassen spricht, dass das *Right-of-use-Prinzip* mit einem tiefen Eingriff in das bestehende Rechtsgefüge, erheblichen Umstellungsschwierigkeiten und ggf. zusätzlichen Kosten verbunden ist.[1012] Für die Beibehaltung des Maßgeblichkeitsprinzips lässt sich der Vereinfachungsaspekt in der Verknüpfung der Handels- und Steuerbilanz anführen.[1013] Das bisherige Verhältnis von HGB-Einzelabschluss, Kapitalerhaltungsrecht und steuerlicher Gewinnermittlung soll vorerst beibehalten werden, weil die Nachteile seiner Abschaffung – insbesondere der hohe Aufwand der Umgestaltung des Steuerrechts – die Vorteile überwiegen.[1014] Die aktuelle Leasingbilanzierung bietet im deutschen Recht mit ihrer Unterscheidung in Operating- und Finanzierungsleasing auf der Grundlage einer wirtschaftlichen Betrachtungsweise eine adäquate Antwort auf die Verschiedenartigkeit der Leasing- und Mietverhältnisse.[1015] Auch die kleineren und mittleren Unternehmen würden durch diese Lösung profitieren, da sie die Mehrkosten für die Erstellung einer weiteren Bilanz einsparen könnten.[1016]

6) Einführung einer Europäischen Steuerbilanz und Steuerbemessungsgrundlage

Schließlich könnte neben einem IAS/IFRS-Einzelabschluss eine separate Europäische Steuerbilanz in Betracht gezogen werden. Im Fall einer europaweiten Steuerbilanz und Steuervorschriften müsste jeder Grundsatz der Maßgeblichkeit entfallen.[1017] Als Rechtsgrundlage wäre eine Richtlinie gemäß Art. 115 AEUV vorzusehen, welche die steuerlich akzeptierten IAS/IFRS spezifiziert und Lücken

---

1012 Herzig, IStR 2006, 557, 558.

1013 Kahle, Internationale Rechnungslegung, S. 269.

1014 Schön, Steuerliche Maßgeblichkeit in Deutschland und Europa, S. 270.

1015 Bundesverband Deutscher Leasing-Unternehmen e.V., Jahresbericht 2011/2012, S. 29.

1016 Auch die Bundessteuerberaterkammer plädiert für den Erhalt der Einheitsbilanz und der Deutsche Steuerberaterverband setzt sich ebenfalls „für eine Beibehaltung des bisherigen Inhalts des Maßgeblichkeitsgrundsatzes“ ein, vgl. Wehrheim/Fross, DStR 2010, 1348, 1353; BStBK, Kammer-Report 12/2009, Beihefter zu DStR 49/2009, S. 46 Stellungnahme vom 16. November 2009.

1017 Jacobs, Internationale Unternehmensbesteuerung, Zweiter Teil, S. 243.

im Bereich der Ausgestaltung der steuerlichen Lenkungsnormen, Abschreibungen etc. durch eigenständige Gewinnermittlungsgrundsätze auffüllt sowie Vorschriften für steuerliche Spezialregelungen normiert.[1018]

7) Ergebnis

Eine Angleichung der wirtschaftlichen Rahmenbedingungen wäre für eine Harmonisierung und weitere Europäisierung - auch auf dem Gebiet der Leasingbilanzierung - notwendig. Die Ausführungen der vorherigen Unterkapitel haben jedoch gezeigt, dass erhebliche Divergenzen zwischen der Handelsbilanz, aber vor allem auch zwischen der Steuerbilanz und dem IAS/IFRS-Abschluss bestehen, sodass einer Einführung des *Right-of-use-Prinzips* in den deutschen Einzelabschluss mit Bedenken zu begegnen ist. Vergleicht man die unterschiedlichen Lösungsmöglichkeiten, spricht vieles für den Erhalt des Spannungsverhältnisses zwischen den IAS/IFRS und der deutschen Einheitsbilanz. Anstatt einer Übernahme des *Right-of-use-Ansatzes* in den Einzelabschluss wäre es effektiver - ähnlich der Einführung einer europäischen Körperschaftsteuerbemessungsgrundlage[1019] –, zentral durch die Europäischen Union eine Europäische Steuerbilanz zu schaffen, welche unabhängig von der IAS-Verordnung besteht und deren Informationszweck nicht in dem Maße ausgeprägt ist, wie bei den jetzigen Standards. Die entsprechenden internationalen Regelungen wären auf die steuerlichen Belange eines Einzelabschlusses zugeschnitten und würden alle Mitgliedstaaten auf einmal erfassen.

Auch wenn eine Einheitlichkeit und Harmonisierung der Rechnungslegungssysteme wünschenswert ist, ist das Spannungsverhältnis zurzeit die beste Lösung. Der *Right-of-use-Approach* kann nicht als Vorbild für das deutsche Bilanzrecht herangezogen werden. Die *Right-of-use*-basierte Besteuerung führt weder zu einer verbesserten Messung steuerlicher Leistungsfähigkeit noch zu einer erhöhten Neutralität der Gewinnermittlung.[1020] Die Unternehmen würden vielmehr - bedingt durch die notwendige Trennung des Handels- und Steuerrechts - unter der Doppelbelastung der Bilanzerstellung leiden. Der Vorteil

1018 Jacobs, Internationale Unternehmensbesteuerung, Zweiter Teil, S. 243; vgl. Spengel/Malke, Comprehensive Tax Base, S. 63, 90 f.

1019 Vgl. Dahlke, Harmonisierung der Konzernbesteuerung in der Europäischen Union, S. 106 ff.

1020 Oestreicher, WPg 2007, 572 582; Jacobs, Internationale Unternehmensbesteuerung, Zweiter Teil, S. 242.

einer Übernahme läge allein in der Schaffung einer einheitlichen, europäischen Steuerbasis, die ihren Ausdruck in einer erhöhten Transparenz der steuerlichen Gewinnermittlung, der Verringerung von *compliance costs* sowie dem Abbau von Behinderungen der grenzüberschreitenden Geschäftstätigkeit findet.[1021] Jene kann allerdings besser durch eine einheitliche Basis im Sinne einer eigenen europäischen Steuerbilanz geschaffen werden, als durch die Übernahme der nun bestehenden Regelungen, welche irgendwie passend in das nationale Recht integriert werden müssen und auch nicht von allen Mitgliedstaaten gleichmäßig verfolgt werden.

Eine Vereinbarung der verschiedenen Systeme ist zum jetzigen Zeitpunkt nicht ohne Probleme möglich. Die Informationsfunktion des *Right-of-use-Ansatzes* muss zurückstecken. Bei der Bilanzierung ist zum einen auf die Zweckrichtungen der Bilanzen zu achten, aber zum anderen sind auch die Auswirkungen für die Bilanzierenden zu berücksichtigen. Solange ein erheblicher Teil der Unternehmen an den GoB und der Einheitsbilanz festhält, spricht vieles dafür, bekannte Vorschriften beizubehalten.[1022] Auch die kleineren und mittleren Unternehmen profitieren durch diese Lösung, da sie die Mehrkosten für die Erstellung einer weiteren Bilanz einsparen können. Die Einheitsbilanz bietet mehr Vorteile, als die Informationsbilanz. Eine Umänderung der deutschen Bilanzierung in Richtung der IAS/IFRS ist zum jetzigen Zeitpunkt nicht erforderlich, wenn eine Europäisierung mit einer generellen Europäischen Bemessungsgrundlage in Zukunft zu erwarten ist. Hierdurch können viele aktuelle Probleme und Mehraufwendungen erspart werden. Insbesondere ist ein einheitliches Steuersystem für alle Mitgliedstaaten immer vorteilhafter, als eine singuläre Anpassung einzelner Staaten mit zum Teil national bedingten, Außenstehenden merkwürdig erscheinenden Konstruktionen. Somit bleibt es bei der Trennung von internationaler und deutscher Leasingbilanzierung und das *Right-of-use-Prinzip* findet keinen Einzug in die deutsche Handels- und Steuerbilanz.

Auch in der Konzernrechnungslegung besteht keine nennenswerte Tendenz, dass nicht-kapitalmarktorientierte Unternehmen von der HGB- auf die IAS/IFRS-Bilanzierung übergehen.[1023] In diesem Zusammenhang hat eine am Centrum für Bilanzierung und Prüfung der Universität des Saarlandes durchgeführte empirische Untersuchung der im elektronischen Bundesanzeiger veröffentlichten Konzernabschlüsse – jährlich werden mehr als 4.000 Konzernabschlüsse

1021 Jacobs, Internationale Unternehmensbesteuerung, Zweiter Teil, S. 243.
1022 Schön, Steuerliche Maßgeblichkeit in Deutschland und Europa, S. 107.
1023 Küting/Wassong, DStR 2013, 984, 984.

nicht-kapitalmarktorientierter Mutterunternehmen offengelegt – gezeigt, dass für die untersuchten Geschäftsjahre 2009 und 2010 nur 5,31% der nicht-kapitalmarktorientierten Mutterunternehmen in Deutschland freiwillig ihren Konzernabschluss nach IAS/IFRS aufstellen.[1024] Die überwiegende Mehrheit von 94,69% der kapitalmarkt-unabhängigen Mutterunternehmen bilanziert in ihrem Konzernabschluss weiterhin nach den Vorschriften des Handelsrechts.[1025] Dass der IAS/IFRS-Konzernabschluss nur von so wenigen Unternehmen freiwillig angewendet wird – obwohl er befreiend wäre –, zeigt, dass ein internationaler Ansatz nicht erwünscht ist. Auch aufgrund der geringen Anzahl scheint es nicht gerechtfertigt, das gesamte deutsche System umzuwerfen.

1024 Vgl. ausführlich Küting/Lam, GmbHR 2012, 1041, 1042 ff.
1025 Küting/Lam, GmbHR 2012, 1041, 1043.

G) Zusammenfassung und Ausblick

Die Ergebnisse der Untersuchung lassen sich folgendermaßen zusammenfassen:

(1) Leasingverhältnisse sind eine bedeutende Finanzierungsform für den Erwerb und eine besondere Vertragsform der Vermietung und Verpachtung von Vermögenswerten auf nationaler und internationaler Ebene, die mit komplexen Bilanzierungsstrukturen verbunden ist. Der im Gesetz nicht definierte Leasingvertrag wird im deutschen Recht gemäß herrschender Meinung und der Rechtsprechung des BFH als ein (atypischer) Mietvertrag eingeordnet.

(2) Im deutschen Recht wird der Leasinggegenstand – entsprechend der Zuordnung des wirtschaftlichen Eigentums – entweder dem Leasinggeber oder dem Leasingnehmer zugeordnet. Sofern eine Zuordnung zum Leasinggeber erfolgt, findet in der Leasingnehmerbilanz der sog. *off-balance-sheet-Effekt* Einzug, wonach ein Ansatz des Leasingobjekts – bedingt durch den Grundsatz der Nichtbilanzierung schwebender Geschäfte – zu unterbleiben hat. Im Fall einer Zurechnung zum Leasingnehmer aktiviert jener das Leasingobjekt als Teil des Anlagevermögens in seiner Bilanz und passiviert eine entsprechende Verbindlichkeit, wohingegen der Leasinggeber das Leasingobjekt aus seiner Bilanz ausbucht und stattdessen die Forderung in Höhe der vereinbarten Leasingraten aktiviert.

(3) Die Zuordnung des Leasingobjekts richtet sich in der handelsrechtlichen Leasingbilanzierung nach den steuerrechtlichen Regelungen. Der wirtschaftliche Eigentümer wird anhand der Kriterien der sog. Leasingerlasse des BMF bestimmt.

(4) International ist die Leasingbilanzierung im IAS 17 geregelt, wonach – korrespondierend zum deutschen Bilanzrecht – das Leasingobjekt dem wirtschaftlichen Eigentümer zuzurechnen ist. Zur Beurteilung wird hier eine Risiken-Chancen-Abgrenzung vorgenommen.

(5) Im Mai 2013 wurde auf internationaler Ebene der *Exposure Draft „Leases"* (ED/2013/6) verabschiedet, der eine Reformierung der Leasingbilanzierung vorsieht und – abweichend von der bislang national und international praktizierten Handhabung – vom sog. *off-balance-sheet-Effekt* Abstand nimmt und den Ansatz aller Leasinggeschäfte mit einem *asset* in der Bilanz des Leasingnehmers fordert. Der Schwebezustand des Leasingvertrages werde mit der Überlassung des Nutzungsrechts an dem Leasinggegenstand durch

den Leasinggeber beendet. Jedes Leasingverhältnis würde dem Ansatz nach wie ein Finanzierungsleasing bilanziert werden.

(6) Ziel der Reform ist die Vereinfachung der Leasingbilanzierung unter Abstandnahme vom *Risk-and-Reward-Approach* und dessen Ermessensspielräumen bei der Einteilung der Leasinggeschäfte in *finance leases* und *operating leases*. Es soll ein konsistentes, in sich geschlossenes Regelungssystem geschaffen werden, das die einheitlichen Definitionskriterien des Frameworks für *assets* und *liabilities* verwendet. Entscheidend ist dabei der Zu- und Abfluss wirtschaftlichen Nutzens. Das Nutzungsrecht im Rahmen des *Right-of-use-Ansatzes* erfüllt diese Kriterien. Auf den Zeitpunkt der Gewinnrealisierung kommt es nicht an, sodass auch unrealisierte Gewinne angesetzt werden, sofern die Definitionskriterien erfüllt sind.

(7) Die internationalen Rechnungslegungsstandards sind zurzeit über die sog. IAS-Verordnung nur für kapitalmarktorientierte Unternehmen verpflichtend sowie freiwillig für nicht-kapitalmarktorientierte Unternehmen auf den Konzernabschluss anwendbar. Von dem Wahlrecht, anstatt des HGB-Einzelabschlusses befreiend einen IAS/IFRS-Einzelabschluss zu erstellen, hat Deutschland bislang keinen Gebrauch gemacht.

(8) Der deutsche Gesetzgeber hat sich im Rahmen des BilMoG zu einer Modernisierung des Handelsrechts und zur Fortsetzung der Annäherung des HGB an die internationalen Rechnungslegungsvorschriften entschieden. Die Informationsfunktion des Jahresabschlusses wurde erweitert und neben die Ausschüttungsfunktion gestellt. Zwar wurde im Rahmen des BilMoG noch von einer vollständigen Übernahme der internationalen Vorschriften abgesehen, jedoch deutet die Übernahme einzelner Vorschriften einen Trend zu einer weiteren Internationalisierung an.

(9) Die Erweiterung des Informationsgehalts des Jahresabschlusses und der Wunsch nach einer Harmonisierung der Rechnungslegungssysteme könnten die Grundlage bilden, die IAS/IFRS in den handelsrechtlichen Einzelabschluss zu übernehmen und hierdurch den *Right-of-use-Ansatz* der internationalen Leasingreform in den Jahresabschluss und die Steuerbilanz zu integrieren. Auch dem Ziel der Harmonisierung der Gewinnermittlungsvorschriften würde man einen Schritt näherkommen, sofern die Systeme vereinbar sind.

(10) Die Rechnungslegungsgrundsätze des HGB, des Steuerrechts und der internationalen Rechnungslegung stimmen begrifflich größtenteils überein, haben aber unterschiedliche Stellenwerte und Bedeutungen und weichen

teilweise inhaltlich voneinander ab. Der im Handelsrecht vorrangige Gläubigerschutz als Ausgestaltung des Vorsichtsprinzips findet in der internationalen Rechnungslegung keine Berücksichtigung. Hier sind allein die Informationen über die Vermögens-, Finanz- und Ertragslage entscheidend. Ähnlich dem Handels- und Steuerrecht kennen die IAS/IFRS das Realisationsprinzip und den Grundsatz der Nichtbilanzierung schwebender Geschäfte, jedoch sind beide Prinzipien bei ihnen nicht so stark ausgeprägt wie im deutschen Recht.

(11) Leasingverträge stellen als Ausgestaltung eines Dauerschuldverhältnisses grundsätzlich schwebende Geschäfte dar. Nach herrschender Meinung verlangt der Grundsatz der Nichtbilanzierung schwebender Geschäfte, dass bilanzierungsfähige Ansprüche und Verpflichtungen aus Operatingleasingverträgen nicht bilanziert werden. Unter den internationalen Rechnungslegungsgrundsätzen hat dieser nicht kodifizierte Grundsatz keine Existenzberechtigung. Sowohl die im deutschen Bilanzrecht vorherrschenden Begründungen der Vereinfachung und des Realisationsprinzips als auch die Anforderungen im Framework rechtfertigen den Nichtausweis nicht. Dennoch wird der Grundsatz in einigen Standards, u. a. im aktuellen IAS 17, verwendet. Einer Aufgabe des Grundsatzes im Rahmen des *Right-of-use-Ansatzes* und die Abstandnahme von der Verwendung im IAS 17 stehen die internationalen Rechnungslegungsvorschriften und Bilanzierungsgrundsätze jedoch nicht entgegen.

(12) Das Nutzungsrecht des *Right-of-use-Approachs* und die entsprechende Verbindlichkeit können mit den deutschen Begriffen des Vermögensgegenstandes bzw. Wirtschaftsguts und der Schuld gleichgesetzt werden.

(13) Übertragen auf das deutsche Recht, wäre die Übernahme des *Right-of-use-Prinzips* grundsätzlich nicht mit den handelsrechtlichen Bilanzierungsvorschriften vereinbar. Die Aufgabe des Grundsatzes der Nichtbilanzierung schwebender Geschäfte wäre weder zweckmäßig noch der Übersichtlichkeit dienlich. Jener Grundsatz ist einer der zentralen Bilanzierungsgrundsätze im deutschen Recht, dessen Aufgabe gut überlegt sein muss. Die Bilanzierung schwebender Geschäfte hätte keine Auswirkungen auf den Ausschüttungsgewinn, sondern würde allein der Information dienen. Angesichts der Vielzahl betroffener Rechtsverhältnisse ist aber gerade der saldierte Ausweis von Ansprüchen und Verpflichtungen aus schwebenden Geschäften dem Grundsatz der Klarheit und Übersichtlichkeit des Jahresabschlusses und damit der Information förderlich.

(14) Auch im Rahmen des Steuerbilanzrechts ist vom *Right-of-use-Ansatz* Abstand zu nehmen. Der *Right-of-use-Ansatz* widerspricht den deutschen Zweck- und Zielrichtungen der Steuerbilanz. Abweichende Sondervorschriften würden nicht ausreichen, sodass das Prinzip generell abzulehnen ist.

(15) Der informationsorientierte *Right-of-use-Approach* ist nicht mit der zahlungsbemessenden, objektivierungsbedürftigen Steuerbilanz in Einklang zu bringen. Die Beurteilungsspielräume des ED/2013/6 eröffnen dem Steuerpflichtigen auf Tatbestandsseite Aktivierungs- und Ansatzwahlrechte, mit denen er seine steuerliche Bemessungsgrundlage zu seinen Gunsten beeinflussen kann. Hierdurch kann das fiskalische Interesse an gleichmäßigen Steuereinnahmen nicht gewahrt werden, da die Bilanzierenden aufgrund der wahlweisen Aktivierung in gleichartigen Fällen unterschiedlich besteuert werden könnten, obwohl dieselbe Ausgangslage gegeben ist.

(16) Der Ansatz unrealisierter Gewinne widerspricht zudem dem Leistungsfähigkeitsprinzip und dem Prinzip der eigentumsschonenden Besteuerung. Der Steuerbilanz obliegt eine reine Zahlungsbemessungsfunktion. Es soll der vergangene Betriebsgewinn bereits realisierter Geschäfte ermittelt werden. Zukünftige Entwicklungen des Unternehmens und dementsprechende Informationen sind irrelevant. Dementsprechend ist auch eine Abstandnahme vom Grundsatz der Nichtbilanzierung im Steuerrecht abzulehnen. Unrealisierte Gewinne sind für die Ermittlung der Bemessungsgrundlage ohne Bedeutung und aus Vereinfachungsgründen nicht aufzuführen.

(17) Auch der Vergleich des *Right-of-use-Ansatzes* mit den deutschen Leasingerlassen zeigt, dass die Leasingerlasse in ihren Kriterien viel quantitativer und präziser sind als der Nutzungsrechteansatz. Sie stellen hohe Anforderungen und bilden mit ihren Kriterien und Varianten eine gute Ausgangssituation für die sachgerechte Bilanzierung der Leasingverträge. Der Ansatz des Nutzungsrechts ist dagegen unpräzise. Er spiegelt nur die Informationen über das Nutzungsrecht und das Leasingverhältnis wider, aber nicht die Informationen über die dahinter stehenden Eigentumsverhältnisse, die für den Bilanzleser wesentlich wären.

(18) Durch die Einführung des *Right-of-use-Ansatzes* und der IAS/IFRS-Maßgeblichkeit erhielte der EuGH einen stärkeren Einfluss auf die steuerliche Gewinnermittlung, der zeitgleich gepaart mit einem Souveränitätsverlust des nationalen Gesetzgebers einhergehen würde. Zudem bestünde mangels einschlägiger Rechtsprechung zumindest in der Anfangszeit eine Rechtsunsicherheit.

(19) Sollte der *Right-of-use-Ansatz* dennoch in das deutsche Bilanzrecht übernommen werden, könnte sich die Handelsbilanz am ehesten an die internationale Rechnungslegung anpassen. Im Rahmen der Steuerbilanz bestünden weiterhin unüberbrückbare Spannungen und Hindernisse. Im Hinblick auf die Bedeutung der Handelsbilanz für die Steuerbilanz und der Konsequenzen für das Maßgeblichkeitsprinzip sind mehrere Lösungsansätze vertretbar.

(20) Für eine Harmonisierung und Internationalisierung der Rechnungslegung wird eine Aufgabe des Maßgeblichkeitsprinzips über kurz oder lang unumgänglich werden.[1026] Zurzeit sind jedoch eine Beibehaltung der handels- und steuerrechtlichen Einheitsbilanz sowie ein Spannungsverhältnis zu den IAS/IFRS und dem *Right-of-use-Ansatz* zu befürworten. Hiervon profitieren insbesondere kleinere und mittlere Unternehmen, die bei einer Trennung der Bilanzen mit einem zusätzlichen Aufwand und teilweise nicht tragbaren Kosten konfrontiert werden würden.

(21) Auch wenn die IAS/IFRS-Maßgeblichkeit für den handelsrechtlichen Einzelabschluss und die Steuerbilanz – zumindest im Bereich des Leasings – verworfen werden muss, ist die Ablehnung kein Grund, generell im steuerrechtlichen Bereich Abstand von den internationalen Vorschriften zu nehmen. Die internationalen Regelungen könnten einen Ausgangspunkt für eine gemeinsame europäische Steuerbasis darstellen, der sich die Europäischen Mitgliedstaaten anschließen können, sodass eine eigenständige steuerliche Gewinnermittlung in Europa entstehen würde.[1027] Eine weitere Entwicklung auf europäischer Ebene bleibt daher abzuwarten.

1026 Vgl. Arbeitskreis Bilanzrecht der Hochschullehrer Rechtswissenschaft, BB 2002, 2378, 2378 ff.; Fülbier/Gassen, DB 1999, 1511, 1513; Hennrichs, DStJG 24 (2001), 301, 307; Kahle, WPg 2002, 178, 188; van Hulle, ZGR 2000, 537, 538.

1027 Vgl. auch Dahlke, Harmonisierung der Konzernbesteuerung in der Europäischen Union, S. 141.

Literaturverzeichnis

Achleitner, Ann-Kristin/Behr, Giorgio/Schäfer, Dirk: Internationale Rechnungslegung, Grundlagen, Einzelfragen und Praxisanwendungen, 4. Auflage, München 2009 (zit.: Achleitner/Behr/Schäfer, Internationale Rechnungslegung)

Adler, Hans/Düring, Walther/Schmaltz, Kurt: Rechnungslegung nach den Internationalen Standards, Kommentar, Teillieferung 3, Stuttgart 2005 (zit.: Adler/Düring/Schmaltz, Rechnungslegung nach den Internationalen Standards)

– Rechnungslegung und Prüfung der Unternehmen, Kommentar zum HGB, AktG, GmbHG, PublG nach den Vorschriften des Bilanzrichtlinien-Gesetzes, Teilband 1, 6. Auflage, Stuttgart 1998 (zit.: Adler/Düring/Schmaltz, Rechnungslegung und Prüfung der Unternehmen, Teilband 1)

– Rechnungslegung und Prüfung der Unternehmen, Kommentar zum HGB, AktG, GmbHG, PublG nach den Vorschriften des Bilanzrichtlinien-Gesetzes, Teilband 6, §§ 238–251 HGB, 6. Auflage, Stuttgart 1998 (zit.: Adler/Düring/Schmaltz, Rechnungslegung und Prüfung der Unternehmen, Teilband 6)

Alvarez, Manuel/Wotschofsky, Stefan: Zwischenberichterstattung nach Börsenrecht, IAS und US-GAAP, Konzeptionelle Grundlagen mit einer Analyse des Publizitätsverhaltens der DAX100-Unternehmen, Bielefeld 2000 (zit.: Alvarez/Wotschofsky, Zwischenberichterstattung nach Börsenrecht, IAS und US-GAAP)

Alvarez, Manuel/Wotschofsky, Stefan/Miethig, Michaela: Leasingverhältnisse nach IAS 17 – Zurechnung, Bilanzierung, Konsolidierung –, Die Wirtschaftsprüfung 2001, Seite 933–947 (zit.: Alvarez/Wotschofsky/Miethig, WPg 2001)

Ammann, Helmut/Hucke, Anja: Rechtliche Grundlagen des Leasing und dessen Bilanzierung nach HGB, US-GAAP sowie IAS, Internationales Steuerrecht 2000, Seite 87–94 (zit.: Ammann/Hucke, IStR 2000)

Amort, Matthias: Die Einzelbewertung im Lichte des europäischen Bilanzrechts – ein Plädoyer für eine europarechtsfördernde Auslegung, Zeitschrift für Wirtschafts- und Bankrecht 2013, Seite 1250–1257 (zit.: Amort, WM 2013)

Armeloh, Karl-Heinz: Die Berichterstattung im Anhang, Eine theoretische und empirische Untersuchung der Qualität der Berichterstattung im Anhang börsennotierter Kapitalgesellschaften, Düsseldorf 1998 (zit.: Armeloh, Berichterstattung im Anhang)

Andersons, Arvid: Neue Entwicklungen in der Bilanzierung von Leasinggeschäften, Graz 1998 (zit.: Andersons, Neue Entwicklungen in der Bilanzierung von Leasingverhältnissen)

Arbeitskreis Bilanzrecht der Hochschullehrer Rechtwissenschaft: Zur Fortentwicklung des deutschen Bilanzrechts, Der Betriebs-Berater 2002, Seite 2372–2381 (zit.: Arbeitskreis Bilanzrecht der Hochschullehrer Rechtswissenschaft, BB 2002)

Arndt, Hans-Wolfgang/Wiesbrock, Michael R.: Der EuGH als gesetzlicher Richter in ertragssteuerlichen Streitigkeiten? Zu den möglichen Konsequenzen für die nationale Steuerrechtsordnung, Deutsches Steuerrecht 1999, Seite 350–354 (zit.: Arndt/Wiesbrock, DStR 1999)

Arnold, Arnd: Die Zukunft des Verhältnisses von Handelsbilanz und steuerlicher Gewinnermittlung, Steuer und Wirtschaft 2005, Seite 148–157 (zit.: Arnold, StuW 2005)

ARC: Rules of Procedure for the Accounting Regulatory Committee, Art. 5, Quelle: <http://ec.europa.eu/internal_market/accounting/docs/arc/arc-rules_en.pdf>, zuletzt abgerufen am 25. November 2013 (zit.: ARC, Rules of Procedure for the Accounting Regulatory Committee)

ASB: Leases: Implementation of a New Approach, Discussionpaper, G4+1 Position Paper, Accounting Standard Board Publications, December 1999, in: Financial Accounting Series, February 2000, Quelle: <http://www.ifrs.org/Current-Projects/IASB-Projects/Leases/Documents/FASBSR-2000-Leases-Implementation-Of-New-Approach.pdf>, zuletzt abgerufen am 25. November 2013 (zit.: ASB, Leases: Implementation of a New Approach, Discussionpaper)

Babel, Mathias: Ansatz und Bewertung von Nutzungsrechten, Frankfurt am Main 1977 (zit.: Babel, Ansatz und Bewertung von Nutzungsrechten)

– Zur Aktivierungsfähigkeit von Nutzungsrechten, Der Betriebs-Berater 1997, Seite 2261–2268 (zit.: Babel, BB 1997)

Bach, Stefan: Die Perspektiven des Leistungsfähigkeitsprinzips im gegenwärtigen Steuerrecht, Steuer und Wirtschaft 1991, Seite 116–135 (zit.: Bach, StuW 1991)

Baetge, Jörg/Graupe, Fabian: Der ED *Leases* – Paradigmenwechsel mit Schattenseiten, Zeitschrift für Internationale Rechnungslegung 2010, Seite 477–478 (zit.: Baetge/Graupe, IRZ 2010)

Baetge, Jörg/Kirsch, Hans-Jürgen/Solmecke, Henrik: Auswirkungen des BilMoG auf die Zwecke des handelsrechtlichen Jahresabschlusses, Working Paper 1/2009, Universität Münster, Mai 2009, Quelle: <http://www.wiwi.uni-muenster.de/baetge/zwecke.pdf>, zuletzt abgerufen am 25. November 2013 (zit.: Baetge/Kirsch/Solmecke, Working Paper)

Baetge, Jörg/Kirsch, Hans-Jürgen/Thiele, Stefan: Bilanzen, 12. Auflage, Düsseldorf 2012 (zit.: Baetge/Kirsch/Thiele, Bilanzen)

– Konzernbilanzen, 8. Auflage, Düsseldorf 2009 (zit.: Baetge/Kirsch/Thiele, Konzernbilanzen)

Baetge, Jörg/Wollmert, Peter/Kirsch, Hans-Jürgen/Oser, Peter/Bischof, Stefan: Rechnungslegung nach IFRS, Kommentar auf der Grundlage des deutschen Bilanzrechts, Band 1 und Band 3, 2. Auflage, Stuttgart 2002, Loseblattsammlung, Stand: Dezember 2012 (zit.: Baetge/Wollmert/Kirsch/Oser/Bischof, Rechnungslegung nach IFRS, Band 1 bzw. Band 3)

Ballwieser, Wolfgang: IFRS für nicht kapitalmarktorientierte Unternehmen, Zeitschrift für Internationale Rechnungslegung 2006, Seite 23–30 (zit.: Ballwieser, IRZ 2006)

– Informations-GoB – auch im Lichte von IAS und US-GAAP, Zeitschrift für internationale und kapitalmarktorientierte Rechnungslegung 2002, Seite 115–121 (zit.: Ballwieser, KoR 2002)

Ballwieser, Wolfgang/Küting, Karlheinz/Schildbach, Thomas: Fair Value – erstrebenswerter Wertansatz im Rahmen einer Reform der handelsrechtlichen Rechnungslegung?, Betriebswirtschaftliche Forschung und Praxis 2004, Seite 529–549 (zit.: Ballwieser/Küting/Schildbach, BFuP 2004)

Barckow, Andreas: Was Sie schon immer über Leasing wissen wollten… (aber bislang nicht zu buchen wagten), Der Betriebs-Berater 2013, Die Erste Seite, Heft 23 aus 2013 vom 23. Juni 2013 (zit.: Barckow, BB 2013)

Bauer, Heinrich: Schwebende Geschäfte im Steuerrecht, Erlangen-Nürnberg 1981 (zit.: Bauer, Schwebende Geschäfte im Steuerrecht)

Baumbach, Adolf/Hopt, Klaus: Handelsgesetzbuch mit GmbH & Co., Handelsklauseln, Bank- und Börsenrecht, Transportrecht (ohne Seerecht), 35. Auflage, München 2012 (zit.: Bearbeiter, in: Baumbach/Hopt, HGB)

Baumbach, Adolf/Hueck, Alfred: GmbHG, Gesetz betreffend die Gesellschaften mit beschränkter Haftung, 20. Auflage, München 2013 (zit.: Bearbeiter, in: Baumbach/Hueck, Kommentar zum GmbHG)

Beck'scher Bilanz-Kommentar: Handels- und Steuerbilanz, §§ 238–339 HGB, 342 bis 342e HGB mit IFRS Abweichungen, herausgegeben von Ellrott, Helmut/Förschle, Gerhard/Grottel, Bernd/Kozinkowski, Michael/Schmidt, Stefan/Winkeljohann, Norbert, 8. Auflage, München 2012 (zit.: Bearbeiter, in: Beck'scher Bilanz-Kommentar)

Beck'sches Handbuch der Rechnungslegung: Beck'sches Handbuch der Rechnungslegung – HGB und IFRS –, Band II, herausgegeben von Böcking, Hans-Joachim/Castan, Edgar/Heymann, Gerd/Pfitzer, Norbert/Scheffler, Eberhard, Stand November 2012, München 2012 (zit.: Bearbeiter, in: Böcking/Castan/Heymann/Pfitzer/Scheffler, Beck'sches Handbuch der Rechnungslegung, Band II)

Beisse, Heinrich: Die paradigmatischen GoB, Festschrift für Welf Müller zum 65. Geburtstag, Gesellschaftsrecht, Rechnungslegung, Steuerrecht, herausgegeben von Hommelhoff, Peter/Zätzsch, Roger/Erle, Bernd, München 2001, Seite 731–753 (zit.: Beisse, in: FS Müller)

– Gläubigerschutz – Grundprinzip des deutschen Bilanzrechts, Festschrift für Karl Beusch zum 68. Geburtstag am 31. Oktober 1993, herausgegeben von Beisse, Heinrich/Lutter, Marcus/Närger, Heribald, Berlin 1993, Seite 77–97 (zit.: Beisse, in: FS Beusch)

Bender, Hans J.: Vergleich der Leasing Standards nach deutschem Recht, IAS und US-GAAP, Der Betriebs-Berater 2001, Beilage 5, Seite 20–27 (zit.: Bender, BB 2001, Beilage 5)

Bieber, Roland/Epiney, Astrid/Haag, Marcel: Die Europäische Union, Europarecht und Politik, 10. Auflage, Baden-Baden 2013 (zit.: Bieber/Epiney/Haag, Die Europäische Union)

Bieg, Hartmut: Bankbilanzen und Bankenaufsicht, München 1993 (zit.: Bieg, Bankbilanzen und Bankenaufsicht)

– Lassen sich die buchhaltungstechnischen Schwierigkeiten bei der Erfassung schwebender Geschäfte lösen?, Wirtschaftliche Prüfung 1977, Seite 113–127 (zit.: Bieg, WPg 1977)

– Schwebende Geschäfte in Handels- und Steuerbilanz, Die derzeitige und mögliche bilanzielle Behandlung beiderseits noch nicht erfüllter synallagmatischer Verträge unter besonderer Berücksichtigung der Interessen der Bilanzadressaten, Frankfurt a.M. 1977 (zit.: Bieg, Schwebende Geschäfte in Handels- und Steuerbilanz)

– Wider den Ausschließlichkeitsanspruch der Bewertungsvorschriften bei der Bestimmung des Inhalts der Handelsbilanz!, Steuer und Wirtschaft 1976, Seite 339–350 (zit.: Bieg, StuW 1976)

Birk, Dieter: Das Leistungsfähigkeitsprinzip als Maßnahme der Steuernormen – Ein Beitrag zu den Grundfragen des Verhältnisses Steuerrecht und Verfassungsrecht, Köln 1983 (zit.: Birk, Das Leistungsfähigkeitsprinzip als Maßnahme der Steuernormen)

– Steuerrecht, 15. Auflage, Heidelberg 2012 (zit.: Birk, Steuerrecht)

Blümich, Walter: EStG – KStG – GewStG, Einkommensteuergesetz, Körperschaftsteuergesetz, Gewerbesteuergesetz, Band 1, herausgegeben von Heuermann, Bernd/Brandis, Peter, München 2013, 118. Ergänzungslieferung, Stand: April 2013 (zit.: Bearbeiter, in: Blümich, EStG-KStG-GewStG)

Böcking, Hans-Joachim: IFRS auch als Grundlage für die Ausschüttungs- und Steuerbemessung, Festschrift zum 65. Geburtstag von Winfried Mellwig, Steuerbelastung – Steuerwirkung – Steuergestaltung, herausgegeben von Wehheim, Michael/Heurung, Rainer, Wiesbaden 2007, Seite 53–85 (zit.: Böcking, in: FS Mellwig)

– Internationalisierung der Rechnungslegung und ihre Auswirkungen auf die Grundprinzipien des deutschen Rechts, Der Konzern 2004, Seite 177–183 (zit.: Böcking, Der Konzern 2004)

– Zum Verhältnis von Rechnungslegung und Kapitalmarkt: Vom „financial accounting“ zum „business reporting“, Betriebswirtschaftliche Forschung und Praxis 1998, Sonderheft 40, Seite 17–53 (zit.: Böcking, BFuP 1998)

Böcking, Hans-Joachim/Dreisbach, Marius/Gros, Marius: Der fair value als Wertmaßstab im Handelsbilanzrecht und den IFRS – eine Diskussion vor dem

Hintergrund des Referentenentwurfs des BilMoG, Der Konzern 2008, Seite 207–214 (zit.: Böcking/Dreisbach/Gros, Der Konzern 2008)

Böcking, Hans-Joachim/Gros, Marius: IFRS und die Zukunft der steuerlichen Gewinnermittlung, Deutsches Steuerrecht 2007, Seite 2339–2344 (zit.: Böcking/Gros, DStR 2007)

Bogdandy, Armin von: Europäisches Verfassungsrecht, Theoretische und dogmatische Grundzüge, Berlin 2003 (zit.: Bearbeiter, in: Bogdandy, Europäisches Verfassungsrecht)

Bohl, Werner/Riese, Joachim/Schlüter, Jörg: Beck'sches IFRS-Handbuch, Kommentierung der IFRS/IAS, 4. Auflage, München 2013 (zit.: Bearbeiter, in: Bohl/Riese/Schlüter, Beck'sches IFRS-Handbuch)

Bömelburg, Peter/Landgraf, Christian/Singh-Verma, Jeetendra: Zukunft der Leasingbilanzierung nach IFRS, Kritische Würdigung des Discussion Paper „Leases - Preliminary Views", Praxis der internationalen Rechnungslegung 2009, Seite 217–224 (zit.: Bömelburg/Landgraf/Singh-Verma, PiR 2009)

Bormann, Michael: Internationale Harmonisierung der Rechnungslegung, Recht der Internationalen Wirtschaft 1996, Seite 35–44 (zit.: Bormann, RIW 1996)

Born, Karl: Rechnungslegung international, IAS/IFRS im Vergleich mit HGB und US-GAAP, 4. Auflage, Stuttgart 2005 (zit.: Born, Rechnungslegung)

Brakensiek, Sonja: Bilanzneutrale Finanzierungsinstrumente in der internationalen und nationalen Rechnungslegung, Die Abbildung von Leasing, Asset-Back-Securities-Transaktionen und Special Purpose Entities im Konzernabschluss, Berlin 2001 (zit.: Brakensiek, Bilanzneutrale Finanzierungsinstrumente in der internationalen und nationalen Rechnungslegung)

Brinkmann, Johannes A.: Tatbestandsmäßigkeit der Besteuerung und formeller Gesetzesbegriff, Köln 1982 (zit.: Brinkmann, Tatbestandsmäßigkeit der Besteuerung und formeller Gesetzesbegriff)

Broer, Frank: Maßgeblichkeitsprinzip und Harmonisierung der Rechnungslegung, Baden- Baden 2001 (zit.: Broer, Maßgeblichkeitsprinzip und Harmonisierung der Rechnungslegung)

Brönner, Herbert/Bareis, Peter/Hahn, Klaus/Maurer, Torsten/Schramm, Uwe: Die Bilanz nach Handels- und Steuerrecht, Einzel- und Konzernabschluss nach

HGB und IFRS, 10. Auflage, Stuttgart 2011 (zit.: Bearbeiter, in: Brönner/Bareis/Hahn/Maurer/Schramm, Die Bilanz nach Handels- und Steuerrecht)

Brösel, Gerrit/Zwirner, Christian: IFRS-Rechnungslegung, Grundlagen, Aufgaben, Fallstudien, 2. Auflage, München 2009 (zit.: Brösel/Zwirner, IFRS-Rechnungslegung)

Buchheim, Regine/Gröner, Susanne/Kühne, Mareike: Übernahme von IAS/IFRS in Europa: Ablauf und Wirkung des Komitologieverfahrens auf die Rechnungslegung, Der Betriebs-Berater 2004, Seite 1783–1788 (zit.: Buchheim/Gröner/Kühne, BB 2004)

Buchheim, Regine/Knorr, Liesel/Schmidt, Martin: Anwendung der IFRS in Europa: Das neue Endorsement-Verfahren, Zeitschrift für internationale und kapitalmarktorientierte Rechnungslegung 2008, Seite 334–341 (zit.: Buchheim/Knorr/Schmidt, KoR 2008)

Buchholz, Rainer: Grundzüge des Jahresabschlusses nach HGB und IFRS, 7. Auflage, München 2011 (zit.: Buchholz, Grundzüge des Jahresabschlusses)

- IAS für mittelständische Unternehmen? - Vor- und Nachteile neuer Rechnungslegungsvorschriften in Deutschland, Deutsches Steuerrecht 2002, Seite 1280–1284 (zit.: Buchholz, DStR 2002)

- Internationale Rechnungslegung, Die wesentlichen Vorschriften nach IFRS und HGB – mit Aufgaben und Lösungen, 10. Auflage, Berlin 2012 (zit.: Buchholz, Internationale Rechnungslegung)

Buchholz, Rainer/Weis, Regina: Maßgeblichkeit ade?, Zur inhaltlichen Vereinbarkeit der Gewinnermittlung nach IAS und EStG (Teil I), Deutsches Steuerrecht 2002, Seite 512–517 (zit.: Buchholz/Weis, DStR 2002, 512)

- Maßgeblichkeit ade?, Zur inhaltlichen Vereinbarkeit der Gewinnermittlung nach IAS und EStG (Teil II), Deutsches Steuerrecht 2002, Seite 559–564 (zit.: Buchholz/Weis, DStR 2002, 559)

Bueren, Eckart: Grenzen der Durchführungsrechtssetzung im Unionsrecht, Neuerungen nach Lissabon?, Europäische Zeitschrift für Wirtschaftsrecht 2012, Seite 167–174 (zit.: Bueren, EuZW 2012)

Büschgen, Hans E.: Praxishandbuch Leasing, München 1998 (zit.: Büschgen, Praxishandbuch Leasing)

Buhl, Hans-Ulrich: Finanzierungsleasing und wirtschaftliches Eigentum, Kritische Anmerkung und Ergänzung zum Beitrag von Körner/Weiken, BB 1992, Heft 15, Seite 1033 bis 1042, Der Betriebs-Berater 1992, Seite 1755–1758 (zit.: Buhl, BB 1992)

Buhleier, Claus/Helmschrott, Harald: Die neue Strategie der Europäischen Union zur Harmonisierung der Rechnungslegung und ihre möglichen Auswirkungen auf Deutschland, Deutsches Steuerrecht 1996, Seite 354–360 (zit.: Buhleier/Helmschrott, DStR 1996)

Bundessteuerberaterkammer: BStBK plädiert für Erhalt der Einheitsbilanz, BStBK Kammer-Report Dezember 2009, Beihefter zu Heft 49, Deutsches Steuerrecht 2006, Seite 46 (zit.: BStBK, Kammer-Report 12/2009, Beihefter zu DStR 49/2009)

Bundesverband Deutscher Leasing-Unternehmen e.V.: IASB Project „Leases", Discussion Paper DP/2009/1 „Leases-Preliminary Views", Comment Letter zum Discussion Paper „Leases", Juli 2009, Seite 1–20, Quelle: <http://bdl.leasingverband.de/fileadmin/internet/downloads/2009-07-16_comment_letter_an_iasb_endgueltig.pdf>, zuletzt abgerufen am 25. November 2013 (zit.: Bundesverband Deutscher Leasing-Unternehmen e.V., Comment Letter zum Discussion Paper „Leases")

- Jahresbericht 2010/11, auf den Seiten des Bundesverbandes Deutscher Leasing-Unternehmen, Quelle: <http://bdl.leasingverband.de/fileadmin/internet/downloads/2011-07-22_bdl_jahresbericht_2010.pdf>, zuletzt abgerufen am 25. November 2013 (zit.: Bundesverband Deutscher Leasing-Unternehmen e.V., Jahresbericht 2010/2011)

- Jahresbericht 2011/12, auf den Seiten des Bundesverbandes Deutscher Leasing-Unternehmen, Quelle: <http://downloads.leasingverband.de/fileadmin/internet/downloads/2012-08-01_bdl_jahresbericht_2011.pdf>, zuletzt abgerufen am 25. November 2013 (zit.: Bundesverband Deutscher Leasing-Unternehmen e.V., Jahresbericht 2011/2012)

- Jahresbericht 2012/13, auf den Seiten des Bundesverbandes Deutscher Leasing-Unternehmen, Quelle: <http://downloads.leasingverband.de/fileadmin/internet/downloads/2013-08-01_jahresbericht_2012_2013.pdf>, zuletzt abgerufen am 25. November 2013 (zit.: Bundesverband Deutscher Leasing-Unternehmen e.V., Jahresbericht 2012/2013)

– Stellungnahme ED/2013/6 Leases vom 11. September 2013, Quelle: http://bdl.leasingverband.de/fileadmin/internet/downloads/2013-09-11_bdl_cl_deutsch_formatiert.pdf, zuletzt abgerufen am 25. November 2013 (zit.: Bundesverband Deutscher Leasing-Unternehmen e. V., Stellungnahme ED/2013/6)

Busse von Colbe, Walther: Rechnungslegungsziele und Ansätze zur internationalen Harmonisierung der Rechnungslegung deutscher Unternehmen, in: Ballwieser, Wolfgang, US-amerikanische Rechnungslegung, Grundlagen und Vergleiche mit dem deutschen Recht, 4. Auflage, Stuttgart 2000, Seite 485–508 (zit.: Busse von Colbe, Rechnungslegungsziele und Ansätze zur internationalen Harmonisierung der Rechnungslegung deutscher Unternehmen)

Busse von Colbe, Walther/Ordelheide, Dieter/Gebhardt, Günther/Pellens, Bernhard: Konzernabschlüsse, Rechnungslegung nach betriebswirtschaftlichen Grundsätzen sowie nach Vorschriften des HGB und der IAS/IFRS, 9. Auflage, Wiesbaden 2010 (zit.: Busse von Colbe/Ordelheide/Gebhardt/Pellens, Konzernabschlüsse)

Calliess, Christian/Ruffert, Matthias: EUV/EGV, Das Verfassungsrecht der Europäischen Union mit Europäischer Grundrechtecharta, Kommentar, 3. Auflage, München 2007 (zit.: Bearbeiter, in: Calliess/Ruffert, EUV/EGV)

Canaris, Claus-Wilhelm: Finanzierungsleasing und Wandelung, Neue Juristische Wochenschrift 1982, Seite 305–312 (zit.: Canaris, NJW 1982)

– Interessenlage, Grundprinzipien und Rechtsnatur des Finanzierungsleasings, Archiv für die civilistische Praxis, Band 190, Tübingen 1990, Seite 410–469 (zit.: Canaris, AcP 1990)

Centrum für Europäische Politik: Komitologieverfahren (Lissabon), Quelle: <http://www.cep.eu/eu-glossar/?title=Komitologieverfahren>, abgerufen am 25. November 2013 (zit.: CEP, Komitologieverfahren (Lissabon))

Christiansen, Alfred: Rückstellungen für drohende Verluste aus schwebenden Geschäften und Erfüllungsrückstände, Fragestellungen aufgrund der Rechtsprechung des BFH, in: Steuerberater-Jahrbuch 1989/90, zugleich Bericht über den 41. Fachkongreß der Steuerberater, Köln, 3. und 4. Oktober 1989, herausgegeben von Curtius-Hartung, R./Herzig, Norbert/Niemann, Ursula (zit.: Christiansen, StbJb 1989/90)

Claßen, Robert/Schulz, Sebastian: Konvergenz oder Divergenz nach BilMoG und ED/2010/9? Leasingbilanzierung nach HGB und IFRS, Steuer- und Bilanzpraxis 2011, Seite 3–10 (zit.: Claßen/Schulz, StuB 2011)

– Nationale und internationale Leasingbilanzierung im Wandel, Zeitschrift für Internationale Rechnungslegung 2009, Seite 313–320 (zit.: Claßen/Schulz, IRZ 2009)

Clausen, Uwe: Aktivierung und Abschreibung von Nutzungsrechten, Deutsche Steuer-Zeitung 1976, Seite 371–380 (zit.: Clausen, DStZ 1976)

– Zur Bilanzierung von Nutzungsverhältnissen (insbesondere Miete, Pacht, Nießbrauch, Lizenzen), Jahrbuch der Fachanwälte für Steuerrecht 1976/1977, Seite 120–145 (zit.: Clausen, JbFStR 1976/77)

Coenenberg, Adolf G./Haller, Axel/Schultze, Wolfgang: Jahresabschluss und Jahresabschlussanalyse, Betriebswirtschaftliche, handelsrechtliche, steuerrechtliche und internationale Grundlagen – HGB, IAS/IFRS, US-GAAP, DRS, 22. Auflage, Stuttgart 2012 (zit.: Coenenberg/Haller/Schultze, Jahresabschluss und Jahresabschlussanalyse)

Costede, Jürgen: Gewinn und Gewinnrealisierung im Einkommensteuerrecht, Steuer und Wirtschaft 1996, Seite 19–25 (zit.: Costede, StuW 1996)

Crezelius, Georg: Das sogenannte schwebende Geschäft, Festschrift für Georg Döllerer, Handels-, Gesellschafts- und Steuerrecht, herausgegeben von Knobbe-Keuk, Brigitte/Klein, Franz/Moxter, Adolf, Düsseldorf 1988, Seite 81–95 (zit.: Crezelius, in: FS Döller)

Crezelius, Georg/Hirte, Heribert/Vieweg, Klaus: Die Konzeptionslosigkeit des International Accounting Standards Board (IASB), Festschrift für Volker Röhricht zum 65. Geburtstag, Gesellschaftsrecht – Rechnungslegung – Sportrecht, herausgegeben von Ballwieser, Wolfgang, Köln 2005, Seite 727–745 (zit.: Crezelius/Hirte/Vieweg, in: FS Röhricht)

Dahlke, Andreas E.: Harmonisierung der Konzernbesteuerung in der Europäischen Union, Köln 2011 (zit.: Dahlke, Harmonisierung der Konzernbesteuerung in der Europäischen Union)

Daiber, Birgit: EU-Durchführungsrechtsetzung nach Inkrafttreten der neuen Komitologie-Verordnung, Zeitschrift Europarecht 2012, Seite 240–254 (zit.: Daiber, EuR 2012)

Dauber, Desiree: Das Realisationsprinzip als Grundprinzip der steuerlichen Gewinnermittlung, Frankfurt am Main 2003 (zit.: Dauber, Das Realisationsprinzip als Grundprinzip der steuerlichen Gewinnermittlung)

Deloitte: IFRS fokussiert, IASB gibt Standardentwurf zur Leasingbilanzierung heraus, September 2010, Quelle: <http://www.iasplus.com/en/binary/europe/1009deifrsinfocusleases.pdf>, abgerufen am 18. Dezember 2012 (zit.: Deloitte, IASB gibt Standardentwurf zur Leasingbilanzierung heraus)

- Die künftige Bilanzierung von Leasingverhältnissen nach IFRS, September 2010, Quelle: <http://www.iasplus.com/en/binary/europe/1009deifrsinfocus leases.pdf>, abgerufen am 31. Juli 2013) (zit.: Deloitte, Die künftige Bilanzierung von Leasingverhältnissen nach IFRS)

- IFRS in Focus, IASB re-exposes proposals on lease accounting, Mai 2013, Quelle: <http://www.iasplus.com/en/publications/global/ifrs-in-focus/2013/ifrs-in-focus-ed-leases>, zuletzt abgerufen am 25. November 2013 (zit.: Deloitte, IFRS in Focus, IASB re-exposes proposals on lease accounting)

- IASB veröffentlicht die lange erwarteten Vorschläge zur Leasingbilanzierung, Mai 2013, Quelle: <http://www.iasplus.com/de/news/2013/mai/leasing-proposals>, zuletzt abgerufen am 25. November 2013 (zit.: Deloitte, IASB veröffentlicht die lange erwarteten Vorschläge zur Leasingbilanzierung)

- IFRS fokussiert, Leasingverhältnisse zur Wiedervorlage, Juni 2013, Quelle: <http://www.iasplus.com/de/publications/german-publications/ifrs-fokussiert/leasingverhaltnisse-zur-wiedervorlage/file>, zuletzt abgerufen am 25. November 2013 (zit.: Deloitte, IFRS fokussiert, Leasingverhältnisse zur Wiedervorlage)

Döllerer, Georg: Droht eine neue Aktivierungswelle?, Der Betriebs-Berater 1980, Seite 1333–1337 (zit.: Döllerer, BB 1980)

- Leasing – wirtschaftliches Eigentum oder Nutzungsrecht?, Der Betriebs-Berater 1971, Seite 535–540 (zit.: Döllerer, BB 1971)

- Zur Bilanzierung des schwebenden Vertrags, Der Betriebs-Berater 1974, Seite 1541–1548 (zit.: Döllerer, BB 1974)

Drescher, Sebastian: Zur Zukunft des deutschen Maßgeblichkeitsgrundsatzes, US-GAAP orientierte Reform des handelsrechtlichen Bilanzsystems, Düsseldorf 2002 (zit.: Drescher, Zukunft des deutschen Maßgeblichkeitsgrundsatzes)

Deutsches Rechnungslegungs Standards Committee e.V.: Pressemitteilung: Mitgliederversammlung bestätigt Neukonzeption, vom 20. Juli 2011, Quelle: <http://www.drsc.de/service/index.php?ixnp_do=show_news_index&ixnp_lang=de&ixnp_id=1&ixnp_page=12&ixnp_do=show_news_article&ixnp_art_id=2412>, zuletzt abgerufen am 25. November 2013 (zit.: DRSC, Pressemitteilung: Mitgliederversammlung bestätigt Neukonzeption vom 20. Juli 2011)

– Satzung des Vereins „DRSC – Deutsches Rechnungslegungs Standards Committee", vom 27. März 2012, Quelle: <http://www.drsc.de/docs/drsc/satzung/Satzung.pdf>, zuletzt abgerufen am 25. November 2013 (zit.: Satzung des DRSC)

Dziadkowski, Dieter: Europäisierung des Maßgeblichkeitsprinzips? – Zugleich Besprechung von Schön, Steuerliche Maßgeblichkeit in Deutschland und Europa, Internationales Steuerecht 2007, Seite 361–363 (zit.: Dziadkowski, IStR 2007)

Ebenroth, Carsten Thomas: Der Finanzierungs-Leasing-Vertrag als Rechtsgeschäft zwischen Miete und Kauf, BGH, Betr. 1977, 395, Juristische Schulung 1978, Seite 588–594 (zit.: Ebenroth, JuS 1978)

Eckhardt, Walter: Die Maßgeblichkeit der Handelsbilanz für die Steuerbilanz, Der Betriebs-Berater 1960, Seite 1213–1216 (zit.: Eckhardt, BB 1960)

EFRAG: EFRAG Technical Expert Group (EFRAG TEG), Quelle: <http://www.efrag.org/Front/c1-264/Technical-Expert-Group--TEG-.aspx>, zuletzt abgerufen am 25. November 2013 (zit.: EFRAG, EFRAG TEG)

– Working Agreement between European Commission and EFRAG, Quelle: <http://www.efrag.org/websites/uploadfolder/1/cms/images/EFRAG-ECWorkingArrangement.pdf>, zuletzt abgerufen am 25. November 2013 (zit.: EFRAG, Working Agreement between European Commission and EFRAG)

Ekkenga, Jens: Neuordnung des Europäischen Bilanzrechts für börsennotierte Unternehmen: Bedenken gegen die Strategie der EG-Kommission, Der Betriebs-Berater 2001, Seite 2362–2369 (zit.: Ekkenga, BB 2001)

Endriss, Axel/Nicolini, Hans-Jürgen: Bilanzbuchhalter international, 2. Auflage, Herne/Berlin 2004 (zit.: Endriss/Nicolini, Bilanzbuchhalter international)

Engel, Johanna: Die Leasingerlasse als Grundlage der Leasingvertragsgestaltung, Deutsches Steuerrecht 2000, Seite 1478–1482 (zit.: Engel, DStR 2000)

Engel-Ciric, Dejan: Standardentwurf „IFRS for SMEs": Übereinstimmungen und Unterschiede zum HGB, Zeitschrift für Bilanzierung, Rechnungswesen und Controlling 2007, Seite 161–166 (zit.: Engel-Ciric, BRC 2007)

Ernst, Christoph: EU-Verordnungsentwurf zur Anwendung von IAS: Europäisches Bilanzrecht vor weitreichenden Änderungen; Der Betriebs-Berater 2001, Seite 823–825 (zit.: Ernst, BB 2001)

Ernst, Christoph/Seidler, Holger: Gesetz zur Modernisierung des Bilanzrechts nach Verabschiedung durch den Bundestag, Der Betriebs-Berater 2009, Seite 766–771 (zit.: Ernst/Seidler, BB 2009)

Ernst & Young: Die künftige Bilanzierung von Leasingverhältnissen nach IFRS – Überblick und kritische Analyse des Exposure/Drafts 2010/9, Januar 2011, Quelle: <http://www.ey.com/Publication/vwLUAssets/Kuenftige_BIlanzierung_von_Leasingverhaeltnissen_nach_IFRS/$FILE/Bilanzierung_von_Leasingverhaeltnissen_nach_IFRS_012011.pdf>, zuletzt abgerufen am 25. November 2013 (zit.: Ernst&Young, Die künftige Bilanzierung von Leasingverhältnissen nach IFRS)

Euler, Roland: Paradigmenwechsel im handelsrechtlichen Einzelabschluss: Von den GoB zu den IAS?, Der Betriebs-Berater 2002, Seite 875–880 (zit.: Euler, BB 2002)

– Steuerbilanzielle Konsequenzen der internationalisierten Rechnungslegung, Steuer und Wirtschaft 1998, Seite 15–24 (zit.: Euler, StuW 1998)

Europäische Kommission: Mitteilung der Kommission an den Rat, das Europäische Parlament und den Wirtschafts- und Sozialausschuss, Ein Binnenmarkt ohne steuerliche Hindernisse, Strategie zur Schaffung einer konsolidierten Körperschaftsteuer-Bemessungsgrundlage für die grenzüberschreitende Unternehmenstätigkeit in der EU, KOM (2001) 582 endgültig, vom 23. Oktober 2001, Quelle: <http://eur-lex.europa.eu/LexUriServ/LexUriServ.do?uri=COM:2001:0582:FIN:DE:PDF>, zuletzt abgerufen am 25. November 2013 (zit.: Kommission der Europäischen Gemeinschaften, Ein Binnenmarkt ohne steuerliche Hindernisse, 23. Oktober 2001, KOM (2001) 582)

Fabri, Stephan: Grundsätze ordnungsgemäßer Bilanzierung entgeltlicher Nutzungsverhältnisse, Bergisch-Gladbach 1986 (zit.: Fabri, Grundsätze ordnungsgemäßer Bilanzierung entgeltlicher Nutzungsverhältnisse)

Fahrholz, Bernd: Leasing in der Bilanz, Die bilanzielle Zurechnung von Leasing-Gütern und die Frage der Aktivierbarkeit des Nutzungsrechts des Leasing-Nehmers, Köln, Berlin, Bonn, München 1979 (zit.: Fahrholz, Leasing in der Bilanz)

Figge, Horst: Die internationale Diskussion zur Bilanzierung von Leasinggeschäften – nur ein Anwendungsfall unterschiedlicher Bilanzierungskonzepte?, in: Küting, Karlheinz/Weber, Claus-Peter, Wertorientierte Konzernführung, Kapitalmarktorientierte Rechnungslegung und integrierte Unternehmenssteuerung, Stuttgart 2000, Seite 157–181 (zit.: Figge, in: Küting/Weber, Wertorientierte Konzernführung)

Findeisen, Klaus-Dieter: Die Bilanzierung von Leasingverträgen nach den Vorschriften des International Accounting Standards Committee, Recht der Internationalen Wirtschaft 1997, Seite 838–847 (zit.: Findeisen, RIW 1997)

Findeisen, Klaus-Dieter/Sabel, Elmar: Definition des Finanzierungsleasings i. S. des KWG nach dem Merkblatt der BaFin, Der Betrieb 2009, Seite 801–806 (zit.: Findeisen/Sabel, DB 2009, 801)

– Diskussionspapier von IASB und FASB zur Reform der Leasingbilanzierung, Der Betrieb 2009, Seite 1885–1894 (zit.: Findeisen/Sabel, DB 2009, 1885)

Fink, Christian/Schultze, Wolfgang/Winkeljohann, Norbert: Bilanzpolitik und Bilanzanalyse nach neuem Handelsrecht, Stuttgart 2010 (zit.: Fink/Schultze/Winkeljohann, Bilanzpolitik und Bilanzanalyse nach neuem Handelsrecht)

Fischer, Daniel T.: Der Standardentwurf „Leases" (ED/2010/9), Praxis der internationalen Rechnungslegung 2010, Seite 296–298 (zit.: Fischer, PiR 2010)

– Zweiter Standardentwurf zur Leasingbilanzierung (ED/2013/6), Praxis der internationalen Rechnungslegung 2013, Seite 195–196 (zit.: Fischer, PiR 2013)

Fischer, Klemens H.: Vertrag von Lissabon, 2. Auflage, Baden-Baden 2010 (zit.: Fischer, Vertrag von Lissabon)

Flume, Werner: Das Rechtsverhältnis des Leasings in zivilrechtlicher und steuerrechtlicher Sicht – Teil I –, Der Betrieb 1972, Seite 1–6 (zit.: Flume, DB 1972)

– Die Frage der bilanziellen Behandlung von Leasing-Verhältnissen, Eine Auseinandersetzung mit der Leasing-Stellungnahme des Hauptausschusses des Instituts der Wirtschaftsprüfer HFA 1/73, Der Betrieb 1973, Seite 1661–1667 (zit.: Flume, DB 1973)

– Die Rechtsfigur des Finanzierungsleasings, Der Betrieb 1991, Seite 265–271 (zit.: Flume, DB 1991)

Freiburg/Schubert: Leasing: EFRAG für Überarbeitung des Standardentwurfs, Pressemitteilung vom 18. Juli 2013, Quelle: <http://www.haufe.de/finance/jahresabschluss-bilanzierung/leasing-efrag-fuer-ueberarbeitung-des-standardentwurfs_188_189218.html>, zuletzt abgerufen am 25. November 2013 (zit.: Freiburg/Schubert, Pressemitteilung vom 18. Juli 2013, Leasing: EFRAG für Überarbeitung des Standardentwurfs)

Freidank Carl-Christian/Velte, Patrick: Berücksichtigung nach Handels- und Steuerrecht sowie nach IFRS, Bilanzierung von Leasingverhältnissen, Seite 79–83, Steuer und Studium 2012 (zit.: Freidank/Velte, SuS 2012)

Freisleben, Norbert/Leibfried, Peter: Warum IAS/IFRS-Abschlüsse nicht (miteinander) vergleichbar sind – Fehlende Detailregelungen, Auswirkungen von US-GAAP und Mangel an Kontrolle –, Zeitschrift für kapitalmarktorientierte Rechnungslegung 2004, Seite 101–109 (zit.: Freisleben/Leibfried, KoR 2004)

Friederich, Hartmut: Grundsätze ordnungsgemäßer Bilanzierung für schwebende Geschäfte, 2. Auflage, Düsseldorf 1976 (zit.: Friederich, Grundsätze ordnungsgemäßer Bilanzierung für schwebende Geschäfte)

Fülbier, Rolf Uwe/Eckl, Elfriede/Fehr, Jane: Überarbeiteter Entwurf zu „Leases" liegt vor – IASB und FASB halten an der Bilanzwirksamkeit aller Leasingverträge fest, Die Wirtschaftsprüfung 2013, Seite 853–858 (zit.: Fülbier/Eckl/Fehr, WPg 2013)

Fülbier, Rolf Uwe/Fehr, Jane: IASB und FASB machen Ernst mit der neuen Leasingbilanzierung: Der Standardentwurf zu „Leases" liegt vor, Die Wirtschaftsprüfung 2010, Seite 1019–1023 (zit.: Fülbier/Fehr, WPg 2010)

Fülbier, Rolf Uwe/Gassen, Joachim: Wider die Maßgeblichkeit der International Accounting Standards für die steuerliche Gewinnermittlung – Erwiderung zu *Oestreicher/Spengel*, DB 1999 S. 593–600 –, Der Betrieb 1999, Seite 1511–1516 (zit.: Fülbier/Gassen, DB 1999)

Fülbier, Rolf Uwe/Pferdehirt, Henrik: Überlegungen des IASB zur künftigen Leasingbilanzierung: Abschied vom of balance sheet approach, Zeitschrift für internationale und kapitalmarktorientierte Rechnungslegung 2005, Seite 275–285 (zit.: Fülbier/Pferdehirt, KoR 2005)

Geberth, Silvia: Neue Vorschläge zur Leasingbilanzierung nach IFRS, GmbH-Rundschau 2013, Report, R 188 (zit.: Geberth, GmbHR 2013)

Gehm, Matthias H./Kirsch, Hanno: Der IFRS-Abschluss als Informationsbasis für Ermittlung der Steuerbemessungsgrundlage?, Deutsche Steuer-Zeitung 2012, Seite 767–775 (zit.: Gehm/Kirsch, DStZ 2012)

Geiger, Rudolf/Khan, Daniel-Erasmus/Kotzur, Markus: EUV/AEUV, Vertrag über die Europäische Union und Vertrag über die Arbeitsweise der Europäischen Union, 5. Auflage, München 2010 (zit.: Bearbeiter, in: Geiger/Khan/Kotzur, EUV/AEUV)

Gelhausen, Hans Friedrich/Fey, Gerd/Kämpfer, Georg: Rechnungslegung und Prüfung nach dem Bilanzrechtsmodernisierungsgesetz, Düsseldorf 2009 (zit.: Gelhausen/Fey/Kämpfer, Rechnungslegung und Prüfung nach dem Bilanzrechtsmodernisierungsgesetz)

Gergs, Christina/Plötz, Georg: Neugestaltung der internationalen Leasingbilanzierung, Konsequenzen und Auswirkungen auf die Finanzierungsentscheidung des Managements, Österreichisches BankArchiv 2012, Seite 137–154 (zit.: Gergs/Plötz, ÖBA 2012)

Glaubig, Jürgen: Grundsätze ordnungsgemäßer Bilanzierung für Dauerrechtsverhältnisse unter besonderer Berücksichtigung von Miete, Pacht und Leasing sowie Darlehens-, Arbeits- und Ausbildungsverträgen, Frankfurt am Main 1993 (zit.: Glaubig, Grundsätze ordnungsgemäßer Bilanzierung für Dauerrechtsverhältnisse)

Graf von Kanitz, Friedrich: Bilanzkunde für Juristen, 2. Auflage, München 2010 (zit.: Graf von Kanitz, Bilanzkunde für Juristen)

Graf von Westphalen, Friedrich: Der Leasingvertrag, 6. Auflage, Köln 2008 (zit.: Graf von Westphalen, Der Leasingvertrag)

- Rechtliche Qualifizierung des Leasings, Steuer- und kreditrechtlichen Fußnoten, Der Betriebs-Berater 1988, Seite 1829–1833 (zit.: Graf von Westphalen, BB 1988)

Grau, Andreas: Gewinnrealisierung nach international Accounting Standards, Wiesbaden 2002 (zit.: Grau, Gewinnrealisierung nach International Accounting Standards)

Groh, Manfred: Einlegung und Ausschüttung immaterieller Wirtschaftsgüter, Steuerberater-Jahrbuch 1988/89, zugleich Bericht über den 40. Fachkongreß der Steuerberater Köln, 3. bis 5. Oktober 1988, Seite 187–205 (zit.: Groh, StbJb1988/89)

- Nutzungseinlage, Nutzungsentnahme und Nutzungsausschüttung (Teil I), – Zum Beschluß des Großen Senats vom 26.10.1987 GrS 2/86, DB 1988, S. 529 –, Der Betrieb 1988, Seite 514–524 (Groh, DB 1988)

- Unterverzinsliche Darlehen in der Handels- und Steuerbilanz, Steuer und Wirtschaft 1991, Seite 297–305 (zit.: Groh, StuW 1991)

- Verbindlichkeitsrückstellungen und Verlustrückstellungen: Gemeinsamkeiten und Unterschiede, Der Betriebs-Berater 1988, Seite 27–33 (zit.: Groh, BB 1988)

Groove, Daniel: Anforderungen an die Fortentwicklung der internationalen Rechnungslegung und nationale Reflexe – Bericht über die Paneldiskussion, Die Wirtschaftsprüfung Sonderheft 2008, Seite S97–S101 (zit.: Groove, WPg-Sonderheft 2008)

Gros, Marius: Bilanzrechtsmodernisierungsgesetz und Annäherung an die IFRS: Auswirkungen auf Publizität, Ausschüttungsbemessung und steuerliche Gewinnermittlung, Der Konzern 2008, Seite 466–477 (zit.: Gros, Der Konzern 2008)

Grunwald, Christina: Vergleich der Leasing-Bilanzierung nach IFRS und HGB, München 2011 (zit.: Grunwald, Vergleich der Leasing-Bilanzierung nach IFRS und HGB)

Gschwendtner, Hubertus: Zur Bilanzierung von Vorleistungen bei Dauerrechtsverhältnissen – zugleich eine Besprechung des BFH-Urteils vom 25. Oktober 1994 VIII R 65/91 -, Seite 417–426, Deutsche Steuer-Zeitung 1995 (zit.: Gschwendtner, DStZ 1995)

Haag, Maximilian: Chancen und Grenzen einer Vereinheitlichung der Rechnungslegung für nicht-kapitalmarktorientierte Unternehmen in der EU, Deutsches Steuerrecht 2010, Seite 2320–2325 (zit.: Haag, DStR 2010)

Hagemann, Pascal: Leasingbilanzierung nach IFRS, München 2011 (zit.: Hagemann, Leasingbilanzierung nach IFRS)

Hahne, Klaus D.: Umsatzsteuerliche Organschaft mit Personengesellschaften europarechtlich geboten?, Analyse der EuGH-Rechtsprechung zur wettbewerbsneutralen Umsetzung von Mitgliedstaatenwahlrechten, Deutsches Steuerrecht 2008, Seite 910–914 (zit.: Hahne, DStR 2008)

Hartmann-Wendels, Thomas/Schmidt, Peer: Zur Reform des IAS 17: Ist der Right-of-Use-Approach dem Risk-Reward-Approach überlegen?, Die Wirtschaftsprüfung 2010, Seite 278–285 (zit.: Hartmann-Wendels/Schmidt, WPg 2010)

Hastedt, Uwe-Peter: Gewinnrealisation beim Finanzierungs-Leasing, Frankfurt am Main 1992 (zit.: Hastedt, Gewinnrealisation beim Finanzierungs-Leasing)

Hauck, Anton/Prinz, Ulrich: Zur Auslegung von (europarechtlich übernommenen) IAS/IFRS, Der Konzern 2005, Seite 635–641 (zit.: Hauck/Prinz, Der Konzern 2005)

Havermann, Hans: Private Regelsetzung aus Sicht des Handelsbilanzrechts, Zeitschrift für Unternehmens- und Gesellschaftsrecht 2000, Seite 693–701 (zit.: Havermann, ZGR 2000)

– Tendenzen zur Internationalisierung der deutschen Konzernrechnungslegung, Festschrift zum 60. Geburtstag von Jörg Baetge, Jahresabschluss und Jahresabschlussprüfung. Probleme, Perspektiven, internationale Einflüsse, herausgegeben von Fischer, Thomas/Hömberg, Reinhold, Düsseldorf 1997, Seite 519–549 (zit.: Havermann, in: FS Baetge)

Heintzen, Markus: EU-Verordnungsentwurf zur Anwendung von IAS: Kein Verstoß gegen Unionsverfassungsrecht, Betriebs-Berater 2001, Seite 825–829 (zit.: Heintzen, BB 2001)

Helmschrott, Harald: Leasingbilanzierung im Umbruch – Betrachtung unterschiedlicher Konzepte der Bilanzierung von Leasinggeschäften unter besonderer Berücksichtigung neuerer Vorschläge von McGregor, Tweedie und Mellwig, Aachen 2000 (zit.: Helmschrott, Leasingbilanzierung im Umbruch)

– Leasinggeschäfte in der Handels- und Steuerbilanz, Wiesbaden 1997 (zit.: Helmschrott, Leasinggeschäfte in der Handels- und Steuerbilanz)

Hennrichs, Joachim: Ausbau der Konzernrechnungslegung im Lichte internationaler Entwicklungen, Zeitschrift für Unternehmens- und Gesellschaftsrecht 2000, Seite 627–650 (zit.: Hennrichs, ZGR 2000)

– Bilanzgestützte Kapitalerhaltung, HGB-Jahresabschluß und Maßgeblichkeitsprinzip – Dinosaurier der Rechtsgeschichte?, Steuer und Wirtschaft 2005, Seite 256–264 (zit.: Hennrichs, StuW 2005)

– Kündbare Gesellschaftereinlagen nach IAS 32 – Ein Beispiel zur Auslegung und Rechtskontrolle von in Gemeinschaftsrecht übernommenen IFRS –, Die Wirtschaftsprüfung 2006, Seite 1253–1270 (zit.: Hennrichs, WPg 2006)

– Maßgeblichkeitsgrundsatz oder eigenständige Prinzipien für die Steuerbilanz, Deutsche Steuerjuristische Gesellschaft 24 (2001), Seite 301–328 (zit.: Hennrichs, DStJG 24 (2001))

– Unternehmensfinanzierung und IFRS im deutschen Mittelstand, Zeitschrift für das gesamte Handelsrecht und Wirtschaftsrecht 170 (2006), Seite 498–521 (zit.: Hennrichs, ZHR 170 (2006))

– Wahlrechte im Bilanzrecht der Kapitalgesellschaften unter besonderer Berücksichtigung der EG-Bilanz-Richtlinie, Köln 1999 (zit.: Hennrichs, Wahlrechte im Bilanzrecht der Kapitalgesellschaften unter besonderer Berücksichtigung der EG-Bilanz-Richtlinie)

– Zur normativen Reichweite der IFRS, Zugleich Anmerkungen zu den Urteilen des EuGH und des FG Hamburg in er Rechtssache „BIAO“, Neue Zeitschrift für Gesellschaftsrecht 2005, Seite 783–787 (zit.: Hennrichs, NZG 2005)

Hennrichs, Joachim/Schubert, Daniela: EG-Rechtswidrigkeit übermäßiger Angabepflichten nach IFRS, Kritische Überlegungen zur Offenlegung des fair value der Gesellschaftereinlagen gem. Standardentwurf ED IAS 1.124D und 1.124E, Zeitschrift für Wirtschaftsrecht 2007, Seite 563–569 (zit.: Hennrichs/Schubert, ZIP 2007)

Herlinghaus, Andreas: Steuerbilanz und Europäisches Gemeinschaftsrecht, Zugleich eine Besprechung des Werkes „Steuerliche Maßgeblichkeit in Deutschland und Europa" von Wolfgang Schön, Finanzrundschau 2005, Seite 1189–1195 (zit.: Herlinghaus, FR 2005)

Herzig, Norbert: Hat das Maßgeblichkeitsprinzip eine Zukunft?, in: Albach, Horst/Eymann, Egbert/Luhmer, Alfred/Steven, Marion (Hrsg.): Die Theorie der Unternehmen in Forschung und Praxis, Berlin 1999, Seite 779–800 (zit.: Herzig, in: Albach/Eymann/Luhmer/Steven)

- IAS/IFRS und steuerliche Gewinnermittlung, Die Wirtschaftsprüfung 2005, Seite 211–235 (zit.: Herzig, WPg 2005)

- IAS/IFRS und steuerliche Gewinnermittlung, Eigenständige Steuerbilanz und modifizierte Überschussrechnung - Gutachten für das Bundesfinanzministerium, Düsseldorf 2004 (zit.: Herzig, IAS/IFRS und steuerliche Gewinnermittlung)

- Internationalisierung der Rechnungslegung und steuerliche Gewinnermittlung, Die Wirtschaftsprüfung 2000, Seite 104–119 (zit.: Herzig, WPg 2000)

- International Accounting Standards, International Financial Reporting Standards und steuerliche Gewinnermittlung, in: Lüdicke, Jürgen (Hrsg.), Deutsches Steuerrecht im europäischen Rahmen, Köln 2004, S. 67–96 (zit.: Herzig, in: Lüdicke, Deutsches Steuerrecht im europäischen Rahmen)

- Modernisierung des Bilanzrechts und Besteuerung, Der Betrieb 2008, Seite 1–10 (zit.: Herzig, DB 2008)

- Steuerliche Gewinnermittlung und handelsrechtliche Rechnungslegung, Internationales Steuerrecht 2006, Seite 557–560 (zit.: Herzig, IStR 2006)

Herzig, Norbert/Bär, Michaela: Die Zukunft der steuerlichen Gewinnermittlung im Licht des europäischen Bilanzrechts, Der Betrieb 2003, Seite 1–8 (zit.: Herzig/Bär, DB 2003)

Herzig, Norbert/Briesemeister, Simone: Steuerliche Konsequenzen des BilMoG – Deregulierung und Maßgeblichkeit, Der Betrieb 2009, Seite 926–931 (zit.: Herzig/Briesemeister, DB 2009)

Herzig, Norbert/Briesemeister, Simone/Schäperclaus, Jens: Von der Einheitsbilanz zur E-Bilanz, Der Betrieb 2011, Seite 1–9 (zit.: Herzig/Briesemeister/Schäperclaus, DB 2011)

Herzig, Norbert/Gellrich, Kai/Jensen-Nissen, Lars: IAS/IFRS und steuerliche Gewinnermittlung, Betriebswirtschaftliche Forschung und Praxis 2004, Seite 550–577 (zit.: Herzig/Gellrich/Jensen-Nissen, BFuP 2004)

Herzig, Norbert/Hausen, Guido: Steuerliche Gewinnermittlung durch modifizierte Einnahmenüberschussrechnung – Konzeption nach Aufgabe des Maßgeblichkeitsprinzips, Der Betrieb 2004, Seite 1–10 (zit.: Herzig/Hausen, DB 2004)

Heuser, Paul J./Theile, Carsten: IFRS-Handbuch, Einzel- und Konzernabschluss, 4. Auflage, Köln 2009 (zit.: Heuser/Theile, IFRS-Handbuch)

Heyd, Reinhard: Internationale Rechnungslegungsnormen in Deutschland – erschwert das Maßgeblichkeitsprinzip ihre Anwendung?, Zeitschrift für Betriebswirtschaft 2001, Seite 371–392 (Heyd, ZfB 2001)

Hitz, Jörg-Markus: Fair value in der IFRS-Rechnungslegung – Konzeption, Inhalt und Zweckmäßigkeit, Die Wirtschaftsprüfung 2005, Seite 1013–1026 (zit.: Hitz, WPg 2005)

Hoffmann, Wolf-Dieter/Lüdenbach, Norbert: NWB Kommentar Bilanzierung Handels- und Steuerrecht, 2. Auflage, Herne 2011 (zit.: Hoffmann/Lüdenbach, NWB Kommentar)

Hommel, Michael: Grundsätze ordnungsgemäßer Bilanzierung für Dauerschuldverhältnisse – dargestellt am Beispiel des Finanzierungsleasings –, Wiesbaden 1992 (zit.: Hommel, Grundsätze ordnungsgemäßer Bilanzierung für Dauerschuldverhältnisse)

Hommel, Michael/Berndt, Thomas: Neue Entwicklungen in der Jahresabschlussrichtlinie: Bewertung zum Fair Value, Der Betriebs-Berater 2000, Seite 1184–1195 (zit.: Hommel/Berndt, BB 2000)

Hommel, Michael/Winter, Heike/Zicke, Julia: ED/2013/6 „Leases": Neue Bestimmungen für Miete, Pacht und Leasing, Der Betriebs-Berater 2013, Seite 1707–1712 (zit.: Hommel/Winter/Zicke, BB 2013)

Hübschmann, Walter/Hepp, Ernst/Spitaler, Armin: Kommentar Abgabenordnung/Finanzgerichtsordnung, Band III, §§ 33 – 77 AO, 223. Ergänzungslieferung, August 2013, Köln (zit.: Bearbeiter, in: Hübschmann/Hepp/Spitaler, AO, Band III)

Hüttemann, Rainer: BB-Gesetzgebungsreport: Internationalisierung des deutschen Handelsbilanzrechts im Entwurf des Bilanzrechtsreformgesetzes, Der Betriebs-Berater 2004, Seite 203–209 (zit.: Hüttemann, BB 2004)

Hutter, Ulrich: Zur steuerlichen Behandlung von Nutzungsrechten an vermieteten Grundstücken – Zugleich eine Besprechung der BFH-Urteile vom 13. Mai 1980 VIII R 63/79, VIII R 75/79 und VIII R 128/78 –, Deutsche Steuer-Zeitung 1981, Seite 47–53 (zit.: Hutter, DStZ 1981)

IASB: Discussion Paper Leases: Discussion Paper Leases – Preliminary Views DP/2009/1, Quelle: <http://www.ifrs.org/Current+Projects/IASB+Projects/Leases/DPMar09/DP.htm>, zuletzt abgerufen am 25. November 2013 (zit.: DP 2009)

– Exposure Draft ED/2010/9 „Leases", Quelle: <http://www.ifrs.org/Current-Projects/IASB-Projects/Leases/ed10/Pages/Ed.aspx>, zuletzt abgerufen am 25. November 2013 (zit.: ED/2010/9)

– Information for observers, 2006, Quelle: <http://www.ifrs.org/Meetings/MeetingDocs/IASB/Archive/Leases/ObNotes_LP0607ob09.zip>, zuletzt abgerufen am 25. November 2013 (zit.: IASB, Information for observers, 2006)

– Leases, Exposure Draft ED/2010/9 – Basis for Conclusions, Quelle: http://www.ifrs.org/Current-Projects/IASB-Projects/Leases/ed10/Documents/EDLeasesBasis0810.pdf, zuletzt abgerufen am 25. November 2013 (zit.: ED/2010/9 BC)

– Exposure Draft ED/2013/6 „Leases", Quelle: <http://www.ifrs.org/Current-Projects/IASB-Projects/Leases/Exposure-Draft-May-2013/Documents/ED-Leases-Standard-May-2013.pdf>, zuletzt abgerufen am 25. November 2013 (zit.: ED/2013/6)

– Leases, Exposure Draft ED/2013/6 – Basis for Conclusions, Quelle: <http://www.efrag.org/files/EDLeases2013/Leases-ED-Basis-for-Conclusions-May-2013.pdf>, zuletzt abgerufen am 25. November 2013 (zit.: ED/2013/6 BC)

– Nachrichten zu IFRS und US-GAAP, Überarbeiteter Entwurf zur Leasingbilanzierung, Zeitschrift für Internationale Rechnungslegung 2013, Seite 223–224 (zit.: IASB, Nachrichten zu IFRS und US-GAAP, IRZ 2013)

IFRS Foundation: Members of the IASB, Quelle: <http://www.ifrs.org/The-organisation/Members-of-the-IASB/Pages/Members-of-the-IASB.aspx>, zuletzt abgerufen am 25. November 2013 (zit.: IFRS-Foundation, Members of the IASB)

IFRS-Portal: Endorsement, Quelle: <http://www.ifrs-portal.com/Grundlagen/Endorsement/Endorsement_01.htm>, zuletzt abgerufen am 25. November 2013 (zit.: IFRS-Portal, Endorsement)

Institut der Wirtschaftsprüfer in Deutschland e. V.: IDW-Steuerfachausschuss, Stellungnahme des IDW zur Unternehmenssteuerreform, IDW-Fachnachrichten 1998, Seite 606–612 (zit.: IDW-Steuerfachausschuss, Stellungnahme des IDW zur Unternehmenssteuerreform, IDW-FN 1998)

– Wirtschaftsprüfer-Handbuch 1996, Handbuch für Rechnungslegung, Prüfung und Beratung, Band I, 11. Auflage seit 1945, Düsseldorf 1996 (zit.: IDW, WP-Handbuch 1996, Band I, 1996)

– Wirtschaftsprüfer-Handbuch 2012, Wirtschaftsprüfung, Rechnungslegung, Beratung, Band I, 14. Auflage, Düsseldorf 2012 (zit.: IDW, WP-Handbuch, Band I)

Jacobi, Arne: Analyse bilanztheoretischer Grundlagen der International Accounting Standards als Basis für deren Interpretation und Weiterentwicklung, Aachen 2003 (zit.: Jacobi, Analyse bilanztheoretischer Grundlagen der IAS)

Jacobs, Otto H.: Internationale Unternehmensbesteuerung, Deutsche Investitionen im Ausland, Ausländische Investitionen im Inland, 7. Auflage, München 2011 (zit.: Jacobs, Internationale Unternehmensbesteuerung)

Janke, Madeleine: Dauerschuldverträge und Grundsätze ordnungsgemäßer Buchführung, Wiesbaden 1997 (zit.: Janke, Dauerschuldverträge und Grundsätze ordnungsgemäßer Buchführung)

– Periodisierung, Objektivierung und Vorsicht bei Vermögensgegenständen und Schulden, Steuer und Wirtschaft 1994, Seite 214–231 (zit.: Janke, StuW 1994)

Jarass, Hans D./Pieroth, Bodo: Grundgesetz für die Bundesrepublik Deutschland, Kommentar, 12. Auflage 2012 (zit.: Bearbeiter, in: Jarass/Pieroth, GG)

Jung, Marc/Ruthardt, Frederik/Hermens, Ann-Sophie: Scheitert das IASB an einer tragfähigen Reform der Leasingbilanzierung, Zeitschrift für Internationale Rechnungslegung 2011, Seite 199–203 (zit.: Jung/Ruthardt/Hermens, IRZ 2011)

Kahle, Holger: Europarechtliche Einflüsse auf den Maßgeblichkeitsgrundsatz, Steuer und Wirtschaft 2001, Seite 126–136 (zit.: Kahle, StuW 2001)

- Internationale Rechnungslegung und ihre Auswirkungen auf Handels- und Steuerbilanz, Wiesbaden 2002 (zit.: Kahle, Internationale Rechnungslegung)

- Maßgeblichkeitsgrundsatz auf Basis der IAS?, Die Wirtschaftsprüfung 2002, Seite 178–188 (zit.: Kahle, WPg 2002)

- Steuerliche Gewinnermittlung unter dem Einfluss der IAS/IFRS, Zeitschrift für Internationale Rechnungslegung 2006, Seite 87–94 (zit.: Kahle, IRZ 2006)

- Zur Zukunft der Rechnungslegung in Deutschland: IAS im Einzel- und Konzernabschluss?, Die Wirtschaftsprüfung 2003, Seite 262–274 (zit.: Kahle, WPg 2003)

Keitz, Isabel von: Praxis der IASB-Rechnungslegung: Derzeit (noch) uneinheitlich und HGB-orientiert, Der Betrieb 2003, Seite 1801–1806 (zit.: Keitz, DB 2003)

Keitz, Isabel von/Stibi, Bernd/Klaholz, Eva: IFRS – (auch) nach Verabschiedung des BilMoG ein Thema für den Mittelstand?, Ergebnisse einer empirischen Befragung des (gehobenen) Mittelstands in Nordrhein-Westfalen, Zeitschrift für internationale und kapitalmarktorientierte Rechnungslegung 2011, Beilage 1 zu Heft 12, Seite 1–16 (zit.: Keitz/Stibi/Klaholz, KoR Beilage 1/2011)

Kerbel, Jakob: Das novellierte EU-Endorsementverfahren und Implikationen für eine einheitliche IFRS-Anwendung, Seminararbeit zum Generalthema „Ausgewählte aktuelle Fragen aus Rechnungslegung, Wirtschaftsprüfung und Controlling“ am Department Wirtschaftswissenschaften an der Universität Hamburg, Institut für Wirtschaftsprüfung und Steuerwesen, Lehrstuhl Prof. Dr. C.-Chr. Freidank, Seminarsitzung vom 21. Oktober 2008, Quelle: <http://www.uni-hamburg.de/fachbereiche-einrichtungen/fb03/iwp/rut/Arbeit11.pdf>, zuletzt abgerufen am 25. November 2013 (zit.: Kerbel, Das novellierte EU-Endorsementverfahren und Implikationen für eine einheitliche IFRS-Anwendung)

Kessler, Harald: Abschlussanalyse nach IFRS und HGB, Grundlagen und immaterielles Vermögen, Praxis der internationalen Rechnungslegung 2010, Seite 33–41 (zit.: Kessler, PiR 2010)

– Rückstellungen und Dauerschuldverhältnisse: Neue Ansätze zur Lösung aktueller Passivierungsfragen der Handels- und Steuerbilanz, Stuttgart 1992 (zit.: Kessler, Rückstellungen und Dauerschuldverhältnisse)

Kirchhof, Ferdinand: Der Weg zur verfassungsgerechten Besteuerung – Bestand, Fortschritt, Zukunft –, Steuer und Wirtschaft 2002, Seite 185–200 (zit.: Kirchhof, StuW 2002, 185)

Kirchhof, Paul: Der Karlsruher Entwurf und seine Fortentwicklung zu einer Vereinheitlichten Ertragsteuer, Steuer und Wirtschaft 2002, Seite 3–22 (zit.: Kirchhof, StuW 2002, 3)

– Der verfassungsrechtliche Auftrag zur Besteuerung nach der finanziellen Leistungsfähigkeit, Steuer und Wirtschaft 1985, Seite 319–329 (zit.: Kirchhof, StuW 1985)

– Einkommensteuergesetz, Kommentar, 12. Auflage, Köln 2013 (zit.: Kirchhof, EStG)

– Gesetzgebung und private Regelsetzung als Geltungsgrund für Rechnungslegungspflichten, Zeitschrift für Unternehmens- und Gesellschaftsrecht 2000, 681–692 (zit.: Kirchhof, ZGR 2000)

Kirchner, Christian: Zur Interpretation von internationalen Rechnungslegungsstandards: das Problem „hybrider Rechtsfortbildung“, Festschrift zur Vollendung des 65. Lebensjahres von Theodor Siegel, Kritisches zur Rechnungslegung und Unternehmensbesteuerung, herausgegeben von Schneider, Dieter/Rückle, Dieter/Küpper, Hans-Ulrich/Wagner, Franz W., Berlin 2005, Seite 201–217 (zit.: Kirchner, in: FS Siegel)

Kirchner, Christian/Schwartze, Andreas: Umsetzung der EG-Rechnungslegungsrichtlinien in nationales Recht – Die Ausübung der Wahlrechte durch die Mitgliedstaaten –, Die Wirtschaftsprüfung 1985, Seite 397–404 (zit.: Kirchner/Schwartze, WPg 1985)

Kirsch, Hanno: Der Standardentwurf zur Abbildung von Leasingverhältnissen und mögliche Auswirkungen auf die Bilanzpolitik, Deutsche Steuer-Zeitung 2011, Seite 777–782 (zit.: Kirsch, DStZ 2011)

- Zukunft der HGB-Rechnungslegung und des steuerlichen Maßgeblichkeitsprinzips im Zeitalter der IFRS-Rechnungslegung?, Deutsche Steuer-Zeitung 2004, Seite 470–476 (zit.: Kirsch, DStZ 2004)

Kirsch, Hans-Jürgen: Einführung in die internationale Rechnungslegung nach IFRS, 7. Auflage, Herne, Berlin 2010 (zit.: Kirsch, Einführung in die internationale Rechnungslegung nach IFRS)

- Zur Frage der Umsetzung der Mitgliedstaatenwahlrechte der EU-Verordnung zur Anwendung der IAS/IFRS, Die Wirtschaftsprüfung 2003, Seite 275–278 (zit.: Kirsch, WPg 2003)

Klar, Michael/Gädke, Nicole: Die Bilanzierung von Leasingverhältnissen nach dem neuen Exposure Draft und die möglichen Auswirkungen auf wesentliche Unternehmenskennzahlen und die Unternehmenspraxis, Der Konzern 2011, Seite 28–35 (zit.: Klar/Gädke, Der Konzern 2011)

Knapp, Lotte: Problematischer Leasing-Erlaß, Der Betrieb 1971, Seite 685–691 (zit.: Knapp, DB 1971)

- Was darf der Kaufmann als seine Vermögensgegenstände bilanzieren?, Der Betrieb 1971, Seite 1121–1129 (zit.: Knapp, DB 1971)

Knobbe-Keuk, Brigitte: Bilanz- und Unternehmenssteuerrecht, 9. Auflage, Köln 1993 (zit.: Knobbe-Keuk, Bilanz- und Unternehmenssteuerrecht)

- Die steuerliche Behandlung von Nutzungsrechten, Steuer und Wirtschaft 1979, Seite 305–313 (zit.: Knobbe-Keuk, StuW 1979)

- Die vierte gesellschaftsrechtliche EG-Richtlinie (Bilanzrichtlinie), Europarecht 1979, Seite 312–324 (zit.: Knobbe-Keuk, EuR 1979)

Koch, Simone: Bilanzierung von Nutzungsrechten nach GoB und IFRS, Düsseldorf 2011 (zit.: Koch, Bilanzierung von Nutzungsrechten nach GoB und IFRS)

Köhlertz, Klaus: Die Bilanzierung von Leasing, Die deutschen Bilanzierungskonventionen für Leasing im Vergleich zu den US-amerikanischen Vorschriften, München 1989 (zit.: Köhlertz, Die Bilanzierung von Leasing)

Köhrle, Julien: IFRS-Einzelabschluss, Folgen für die steuerliche Gewinnermittlung auf der Grundlage des Maßgeblichkeitsgrundsatzes (§ 5 Abs. 1 S. 1 EStG), Berlin 2010 (zit.: Köhrle, IFRS-Einzelabschluss)

Kort, Michael: Der Maßgeblichkeitsgrundsatz des § 5 Abs. 1 EStG – Plädoyer für dessen Aufgabe, Finanz-Rundschau 2001, Seite 53–62 (zit.: Kort, FR 2001)

KPMG: IASB veröffentlicht überarbeiteten Entwurf zur Bilanzierung von Leasingverträgen, Mai 2013, Quelle: <http://www.kpmg.com/de/de/bibliothek/express-accounting-news/seiten/iasb-veroeffentlicht-ueberarbeiteten-entwurf-bilanzierung-leasingvertr%C3%A4gen.aspx>, zuletzt abgerufen am 25. November 2013 (zit.: KPMG, IASB veröffentlicht überarbeiteten Entwurf zur Bilanzierung von Leasingverträgen)

Kraft, Cornelia: Steuergerechtigkeit und Gewinnermittlung. Eine vergleichende Analyse des deutschen und US-amerikanischen Steuerrechts, Wiesbaden 1991 (zit.: Kraft, Steuergerechtigkeit und Gewinnermittlung)

Kroner, Matthias/Leuchtenstern, Sylvia/Ranker, Daniel: Reformierung der Leasingbilanzierung, Wo geht die Reise hin? (Teil 1), Zeitschrift für internationale und kapitalmarktorientierte Rechnungslegung 2010, Seite 532–539 (zit.: Kroner/Leuchtenstern/Ranker, KoR 2010, 532)

– Reformierung der Leasingbilanzierung, Wo geht die Reise hin? (Teil 2), Zeitschrift für internationale und kapitalmarktorientierte Rechnungslegung 2010, Seite 605–613 (zit.: Kroner/Leuchtenstern/Ranker, KoR 2010, 605)

Kümpel, Thomas/Becker, Michael: Bilanzielle Zurechnung von Leasingobjekten nach IAS 17, Deutsches Steuerrecht 2006, Seite 1471–1477 (zit.: Kümpel/Becker, DStR 2006)

– (Internationale) Leasingbilanzierung im Wandel, Was ändert sich zukünftig bei der Leasingbilanzierung in der internationalen Rechnungslegung?, Deutsches Steuerrecht 2010, Seite 456–462 (zit.: Kümpel/Becker, DStR 2010)

Küntzel, Wolfram: Das neue Bilanzrecht – Grundlagen und Ziele sowie aktien- und steuerrechtliche Probleme der EG-Bilanzrichtlinie, Saarbrücken 1982 (zit.: Küntzel, Das neue Bilanzrecht, Grundlagen und Ziele sowie aktien- und steuerrechtliche Probleme der EG-Bilanzrichtlinie)

Küting, Karlheinz: Auf der Suche nach dem richtigen Gewinn, Der Betrieb 2006, Seite 1441–1450 (zit.: Küting, DB 2006)

Küting, Karlheinz/Freiherr von Fölkersamb, Rüdiger/Hellen, Heinz-Hermann/Eichenlaub, Raphael/Tesche, Thomas: Paradigmenwechsel in der internationalen

Leasingbilanzierung, Darstellung und kritische Würdigung des ED Leases bei Leasingnehmerbilanzierung, Praxis der internationalen Rechnungslegung 2011, Seite 1–5 (zit.: Küting/von Fölkersamb/Hellen/Eichenlaub/Tesche, PiR 2011, 1)

- Paradigmenwechsel in der internationalen Leasingbilanzierung, Darstellung und kritische Würdigung des ED Leases bei Leasinggeberbilanzierung, Praxis der internationalen Rechnungslegung 2011, Seite 33–38 (zit.: Küting/von Fölkersamb/Hellen/Eichenlaub/Tesche, PiR 2011, 33)

Küting, Karlheinz/Hellen, Heinz-Hermann/Brakensiek, Sonja: Die Bilanzierung von Leasinggeschäften nach IAS und US-GAAP, Deutsches Steuerrecht 1999, Seite 39–44 (zit.: Küting/Hellen/Brakensiek, DStR 1999)

- Leasing in der nationalen und internationalen Bilanzierung, Betriebs-Berater 1998, Seite 1465–1473 (zit.: Küting/Hellen/Brakensiek, BB 1998)

- Leasingbilanzierung: Vorschlag zur Neuausrichtung nach dem Positionspapier der G4+1 Working Group, Der Betriebs-Berater 2000, Seite 1720–1721 (zit.: Küting/Hellen/Brakensiek, BB 2000)

Küting, Karlheinz/Kessler, Harald: Grundsätze ordnungswidriger Verlustrückstellungsbildung – exemplifiziert an den Ausbildungskostenurteilen des BFH vom 25.1.1984 und 3.2.1993, Deutsches Steuerrecht 1993, Seite 1045–1053 (zit.: Küting/Kessler, DStR 1993)

Küting, Karlheinz/Koch, Christian/Tesche, Thomas: Die internationale Leasingbilanzierung vor dem Umbruch, Eine bilanzanalytische Betrachtung der Leasingnehmerbilanzierung, Praxis der internationalen Rechnungslegung 2010, Seite 283–293 (zit.: Küting/Koch/Tesche, PiR 2010)

- Umbruch der internationalen Leasingbilanzierung – Fluch oder Segen?, Der Betrieb 2011, Seite 425–430 (zit.: Küting/Koch/Tesch, DB 2011)

Küting, Karlheinz/Lam, Siu: Umstellung der Rechnungslegung von HGB auf IFRS – (k)eine echte Option für den Mittelstand?, GmbHRundschau 2012, Seite 1041–1049 (zit.: Küting/Lam, GmbHR 2012)

Küting, Karlheinz/Lauer, Peter: Die Jahresabschlusszwecke nach HGB und IFRS – Polarität oder Konvergenz? – Zugleich eine Würdigung von Wolfgang Stürzel –, Der Betrieb 2011, Seite 1985–1991 (zit.: Küting/Lauer, DB 2011)

Küting, Karlheinz/Pfitzer, Norbert/Weber, Claus-Peter: Das neue deutsche Bilanzrecht, 2. Auflage, Stuttgart 2009 (zit.: Küting/Pfitzer/Weber, Das neue deutsche Bilanzrecht)

– Handbuch der Rechnungslegung – Einzelabschluss, Loseblattsammlung, 5. Auflage, Stuttgart 2002 ff. (zit.: Bearbeiter, in: Küting/Pfitzer/Weber, Handbuch der Rechnungslegung – Einzelabschluss)

Küting, Karlheinz/Wassong, Vanessa: Bestandsaufnahme und Entwicklungstendenzen der Bilanzierungslandschaft in Deutschland Akteure und Prozessschritte, Deutsches Steuerrecht 2013, Seite 984–990 (zit.: Küting/Wassong, DStR 2013)

Küting, Karlheinz/Weber, Claus-Peter: Die Bilanzanalyse, Beurteilung von Abschlüssen nach HGB und IFRS, 9. Auflage, Stuttgart 2009 (zit.: Küting/Weber, Die Bilanzanalyse)

– Wertorientierte Konzernführung, Kapitalmarktorientierte Rechnungslegung und integrierte Unternehmenssteuerung, Stuttgart 2000 (zit.: Küting/Weber, Wertorientierte Konzernführung)

Kuntschik, Nina: Steuerliche Gewinnermittlung und IAS/IFRS am Beispiel immaterieller Vermögenswerte, Köln 2004 (zit.: Kuntschik, Steuerliche Gewinnermittlung und IAS/IFRS am Beispiel immaterieller Vermögenswerte)

Kußmaul, Heinz: Bilanzierung von Nutzungsrechten an Grundstücken, Zugleich ein Vorschlag zur Interpretation des Begriffs „Vermögensgegenstand“, Steuer und Wirtschaft 1988, Seite 46–60 (zit.: Kußmaul, StuW 1988)

– Nutzungsrechte an Grundstücken in Handels- und Steuerbilanz, Hamburg 1987 (zit.: Kußmaul, Nutzungsrechte an Grundstücken in Handels- und Steuerbilanz)

– Sind Nutzungsrechte Vermögensgegenstände bzw. Wirtschaftsgüter, Auch eine Stellungnahme zu dem Beitrag von D.E. Meyer-Scharenberg, BB 1987, S. 874–877, Betriebs-Berater 1987, Seite 2053–2065 (zit.: Kußmaul, BB 1987)

Kußmaul, Heinz/Klein, Nicole: Überlegungen zum Maßgeblichkeitsgrundsatz im Kontext jüngerer nationaler sowie internationaler Entwicklungen, Deutsches Steuerrecht 2001, Seite 546–550 (zit.: Kußmaul/Klein, DStR 2001)

Kußmaul, Heinz/Ollinger, Carina: Zur Aktivierungsfähigkeit von Nutzungsrechten in Handels- und Steuerbilanz, Steuer und Wirtschaft 2011, Seite 282–291 (zit.: Kußmaul/Ollinger, StuW 2011)

Kußmaul, Heinz/Tcherveniachki, Vassil: Entwicklungen der Rechnungslegung mittelständiger Unternehmen im Kontext der Internationalisierung der Bilanzierungspraxis, Deutsches Steuerrecht 2005, Seite 616–621 (zit.: Kußmaul/Tcherveniachki, DStR 2005)

Lamers, Alfons: Aktivierungsfähigkeit und Aktivierungspflicht immaterieller Werte, München 1981 (zit.: Lamers, Aktivierungsfähigkeit und Aktivierungspflicht immaterieller Werte)

Lanfermann, Georg/Röhricht, Viktoria: Auswirkungen des geänderten IFRS-Endorsement-Prozesses auf die Unternehmen, Der Betriebs-Berater 2008, Seite 826–830 (zit.: Lanfermann/Röhricht, BB 2008)

Lang, Joachim: Die Bemessungsgrundlage der Einkommensteuer. Rechtssystematische Grundalgen steuerlicher Leistungsfähigkeit im deutschen Einkommensteuerrecht, Köln 1988 (zit.: Lang, Die Bemessungsgrundlage der Einkommensteuer)

– Konkretisierungen und Restriktionen des Leistungsfähigkeitsprinzips, Festschrift für Heinrich Wilhelm Kruse zum 70. Geburtstag, herausgegeben von Drenseck, Walter/Seer, Roman, Köln 2001, Seite 313–338 (zit.: Lang, in: FS Kruse)

Larenz, Karl: Lehrbuch des Schuldrechts, Band I, Allgemeiner Teil, 14. Auflage, München 1987 (zit.: Larenz, Lehrbuch des Schuldrechts, Band I)

– Lehrbuch des Schuldrechts, Band II, Besonderer Teil, 1. Halbband, 13. Auflage, München 1986 (zit.: Larenz, Lehrbuch des Schuldrechts, Band II/1)

Larenz, Karl/Canaris, Claus-Wilhelm: Lehrbuch des Schuldrechts, Zweiter Band, Besonderer Teil, 2. Halbband, 13. Auflage, München 1994 (zit.: Larenz/Canaris, Lehrbuch des Schuldrechts, Band II/2)

Laubach, Wolfgang/Findeisen, Klaus-Dieter/Murer, Alexander: Leasingbilanzierung nach IFRS im Umbruch – der neue Exposure Draft „Leases", Der Betrieb 2010, Seite 2401–2410 (zit.: Laubach/Findeisen/Murer, DB 2010)

Lauth, Bernd: Endgültiger Abschied von der Einheitsbilanz?, Deutsches Steuerrecht 2000, Seite 1365–1372 (zit.: Lauth, DStR 2000)

Leffson, Ulrich: Die Darstellung von Leasingverträgen im Jahresabschluss (II), Der Betrieb 1976, Seite 685–690 (zit.: Leffson, DB 1976)

– Die Grundzüge ordnungsgemäßer Buchführung, 7. Auflage, Düsseldorf 1987 (zit.: Leffson, Die Grundzüge ordnungsgemäßer Buchführung)

Leibfried, Peter: Anstehende Revision der Leasing-Regelungen nach IFRS - Aufgabe der bisherigen Trennung in Financial und Operating Lease zu erwarten, Der Schweizer Treuhänder 2006, Seite 882–885 (zit.: Leibfried, ST 2006)

Lenz, Peter: Die Bilanzierung von Mobilien-Leasingverträgen gemäß deutschem Handelsrecht und U.S.-Generally Accepted Accounting Principles: Ein kritischer Vergleich, 1997 (zit.: Lenz, Die Bilanzierung von Mobilien-Leasingverträgen gemäß deutschen Handelsrecht und U.S.-Generally Accepted Accounting Principles: Ein kritischer Vergleich)

Leuchtenstern, Sylvia/Ranker, Daniel/Henneberger, Michael: Reformierung der Leasingbilanzierung, Wo geht die Reise hin? (Teil 3), Zeitschrift für internationale und kapitalmarktorientierte Rechnungslegung 2011, Seite 26–34 (zit.: Leuchtenstern/Ranker/Henneberger, KoR 2011)

Lieb, Manfred: Das Leitbild des Finanzierungs-Leasings im Spannungsfeld von Vertragsfreiheit und Inhaltskontrolle, Der Betrieb 1988, Seite 946–954 (zit.: Lieb, DB 1988)

Loitz, Rüdiger/Leuchtenstern, Sylvia/Kroner, Matthias: Leasing Heute und Morgen - Die Unternehmenspraxis, Der Betrieb 2011, Seite 1873–1881 (zit.: Loitz/Leuchtenstern/Kroner, DB 2011)

Lorenz, Karsten: IFRS Exposure Draft „Leases": Abschaffung des wirtschaftlichen Eigentums bei Leasingverhältnissen?, Der Betriebs-Berater 2010, Seite 2555–2560 (zit.: Lorenz, BB 2010)

Lüdenbach, Norbert/Christian, Dieter: IFRS Essentials Regeln, Fälle, Lösungen. Mehr als 50% Beispiele, Verständlicher Sprachstil, Praxisrelevante Bilanzierungsfragen, Inklusive IFRS 9–13, IAS 1 (2011) und IAS 19 (2011), 2. Auflage, Herne 2012 (zit.: Lüdenbach/Christian, IFRS Essentials)

Lüdenbach, Norbert/Hoffmann, Wolf-Dieter: Die „komplizierte" IFRS-Rechnungslegung für mittelständische Unternehmen – Systematik und Fallstudie, Deutsches Steuerrecht 2005, Seite 884–890 (zit.: Lüdenbach/Hoffmann, DStR 2005)

– Die langen Schatten der IFRS über der HGB-Rechnungslegung, Deutsches Steuerrecht Beihefter 2007, Heft 50, Seite 3–20 (zit.: Lüdenbach/Hoffmann, DStR 2007 (Beihefter zu Heft 50/2007))

– Haufe IFRS-Kommentar, Das Standardwerk, 11. Auflage, Freiburg 2013 (zit.: Bearbeiter, in: Lüdenbach/Hoffmann, Haufe IFRS-Kommentar)

– IFRS für den Mittelstand?, Betriebswirtschaftliche Forschung und Praxis 2004, Seite 596–614 (zit.: Lüdenbach/Hoffmann, BFuP 2004)

– Wirtschaftliches Eigentum und bilanzielle Ertragsrealisierung bei rechtsunwirksamen Geschäften, Der Betrieb 2009, Seite 861–865 (zit.: Lüdenbach/Hoffmann, DB 2009)

Lüdenbach, Norbert/Prusaczyk, Peter: Bilanzierung von Kundenbeziehungen in der Abgrenzung zu Marken und Goodwill, Zeitschrift für internationale und kapitalmarktorientierte Rechnungslegung 2004, Seite 204–214 (zit.: Lüdenbach/Prusaczyk, KoR 2004)

Lüders, Jürgen: Der Zeitpunkt der Gewinnrealisierung im Handels- und Steuerbilanzrecht, herausgegeben von Knobbe-Keuk, Brigitte, Köln 1987 (zit.: Lüders, Der Zeitpunkt der Gewinnrealisierung im Handels- und Steuerbilanzrecht)

Lüdicke, Jochen/Sistermann, Christian: Unternehmensteuerrecht, Gründung Finanzierung Umstrukturierung Übertragung Liquidation, München 2008 (zit.: Bearbeiter, in: Lüdicke/Sistermann, Unternehmensteuerrecht)

Mandler, Udo: IAS/IFRS für mittelständische Unternehmen: Ergebnisse einer Unternehmensbefragung, Zeitschrift für internationale und kapitalmarktorientierte Rechnungslegung 2003, Seite 143–149 (zit.: Mandler, KoR 2003)

Mangoldt, Hermann von/Klein, Friedrich/Starck, Christian: Grundgesetz Kommentar, Band 2, Artikel 20–82, 6. Auflage, München 2010 (zit.: Bearbeiter, in: Mangoldt/Klein/Starck, GG, Band 2)

Marten, Kai-Uwe/Schlereth, Dieter/Crampton, Adrian/Köhler, Annette: Rechnungslegung nach IAS – Nutzeneffekte aus Sicht von Eigenkapitalgebern, Der

Betriebs-Berater 2002, Seite 2007–2012 (zit.: Marten/Schlereth/Crampton/Köhler, BB 2002)

Maul, Karl-Heinz: Immaterielle Anlagewerte im Jahresabschluß der Aktiengesellschaft – Ein Beitrag zur Interpretation des § 153 Abs. 3 AktG, Betriebswirtschaftliche Forschung und Praxis 1973, Seite 16–28 (zit.: Maul, BFuP 1973)

Mayer, Stefan: Die Fortentwicklung des Jahresabschlusses in Deutschland nach dem BilMoG, Deutsches Steuerrecht 2009, Seite 129–134 (zit.: Mayer, DStR 2009)

McGregor, Warren J.: Accounting for Leases: A New Approach – Recognition by Lessees of Asstes and Liabilities Arising under Lease Contracts, Norwalk, CT: Financial Accounting Standards Board, 1996 (zit.: McGregor, Accounting for Leases: A New Approach – Recognition by Lessees of Assets and Liabilities Arising under Lease Contracts)

Meilicke, Wienand: Zur Vorlagepflicht des BFH in Bilanzierungsfragen, Der Betriebs-Berater 1999, Seite 890–896 (zit.: Meilicke, BB 1999)

Mellwig, Winfried: Die bilanzielle Darstellung von Leasingverträgen nach den Grundsätzen des IASC – Derzeitige Regelung und Reformvorschläge, Der Betrieb 1998, Beilage Nr. 12/98, Seite 1–16 (zit.: Mellwig, DB Beilage Nr. 12/98)

Mellwig, Winfried/Sabel, Elmar: Der Grundsatz der Nichtbilanzierung schwebender Geschäfte unter den IAS/IFRS, Der Konzern 2005, Seite 357–370 (zit.: Mellwig/Sabel, Der Konzern 2005)

Mellwig, Winfried/Weinstock, Marc: Die Zurechnung von mobilen Leasingobjekten nach deutschem Handelsrecht und den Vorschriften des IASC, Der Betrieb 1996, Seite 2345–2352 (zit.: Mellwig/Weinstock, DB 1996)

Meyer, Claus: Gesetz zur Modernisierung des Bilanzrechts (Bilanzmodernisierungsgesetz – BilMoG) – die wesentlichen Änderungen, Deutsches Steuerrecht 2009, Seite 762–768 (zit.: Meyer, DStR 2009)

Meyer-Scharenberg, Dirk: Tatbestand und Rechtsfolge der Nutzungsüberlassung, Steuer und Wirtschaft 1987, Seite 103–110 (zit.: Meyer-Scharenberg, StuW 1987)

Mock, Sebastian: Finanzverfassung der Kapitalgesellschaften und internationale Rechnungslegung, Abhandlungen zum deutschen und europäischen Handels- und Wirtschaftsrecht, Band 167, München 2008 (zit.: Mock, Finanzverfassung)

Möllers, Christoph/Achenbach, Jelenavon: Die Mitwirkung des Europäischen Parlaments an der abgeleiteten Rechtsetzung der Europäischen Kommission nach dem Lissaboner Vertrag, Zeitschrift Europarecht 2011, Seite 39–61 (zit.: Möllers/Achenbach, EuR 2011)

Moxter, Adolf: Absehbarer Abschied von der HGB-Bilanzierung? Der Betriebs-Berater 2006, Heft 13, Die Erste Seite (zit.: Moxter, BB 2006)

- Aktivierungsgrenzen bei „immateriellen Anlagenwerten“, Der Betriebs-Berater 1978, Seite 821–825 (zit.: Moxter, BB 1978)

- Bilanzlehre – Band II: Einführung in das neue Bilanzrecht, 3. Auflage, Wiesbaden 1986 (zit.: Moxter, Bilanzlehre, Band II)

- Bilanzrechtsprechung, 5. Auflage, Tübingen 1999 (zit.: Moxter, Bilanzrechtsprechung)

- Das „matching principle“: Zur Integration eines internationalen Rechnungslegungs-Grundsatzes in das deutsche Recht, Festschrift zum 65. Geburtstag von Hans Havermann, herausgegeben von Lanfermann, Josef, Internationale Wirtschaftsprüfung, Düsseldorf 1995, Seite 487–504 (zit.: Moxter, in: FS Havermann)

- Die BFH-Rechtsprechung zu den Wahrscheinlichkeitsschwellen bei Schulden, Der Betriebs-Berater 1998, Seite 2464–2467 (zit.: Moxter, BB 1998)

- Grundsätze ordnungsgemäßer Rechnungslegung, Düsseldorf 2003 (zit.: Moxter, Grundsätze ordnungsgemäßer Rechnungslegung)

- Rechnungslegungsmythen, Der Betriebs-Berater 2000, Seite 2143–2149 (zit.: Moxter, BB 2000)

- Wirtschaftliche Gewinnermittlung und Bilanzsteuerrecht, Steuer und Wirtschaft 1983, Seite 300–307 (zit.: Moxter, StuW 1983)

- Zum Passivierungszeitpunkt von Umweltschutzrückstellungen, Festschrift zum 65. Geburtstag von Karl-Heinz Forster, herausgegeben von Moxter,

Adolf/Müller, Hans-Peter/Windmöller, Rolf/Wysocki, Klaus v., Rechnungslegung, Entwicklungen bei der Bilanzierung und Prüfung von Kapitalgesellschaften, Düsseldorf 1992, Seite 427–437 (zit.: Moxter, in: FS Forster)

– Zur wirtschaftlichen Betrachtungsweise im Bilanzrecht, Steuer und Wirtschaft 1989, Seite 232–241 (zit.: Moxter, StuW 1989)

Müller, Michael/Forster, Alexander: Deloitte, Real Estate News, Aktuelle Entwicklungen im Bereich der IFRS-Leasingbilanzierung, Seite 2–3, Quelle: <http://www.deloitte.com/assets/Dcom-Germany/Local%20Assets/Documents/11_RealEstate/2010/RE_REN_3_2010_Final_s.pdf>, zuletzt abgerufen am 25. November 2013 (zit.: Müller/Forster, Aktuelle Entwicklungen im Bereich der IFRS-Leasingbilanzierung)

Müller, Stefan/Lange, Tobias: Abbildung von Leasingverhältnissen nach ED/2013/6 im IFRS-Abschluss, Teil 1: Grundlagen und Leasingnehmer-Bilanzierung, Zeitschrift für Internationale Rechnungslegung 2013, Seite 275–282 (zit.: Müller/Lange, IRZ 2013, 275)

– Abbildung von Leasingverhältnissen nach ED/2013/6 im IFRS-Abschluss, Teil 2: Leasinggeberbilanzierung und Spezifika, Zeitschrift für Internationale Rechnungslegung 2013, Seite 327–334 (zit.: Müller/Lange, IRZ 2013, 327)

Müller, Ursula: Imparitätsprinzip und Erfolgsermittlung, Der Betrieb 1996, Seite 689–695 (zit.: Müller, DB 1996)

Münchener Kommentar zum Bilanzrecht: IFRS, Band 1, herausgegeben von Hennrichs, Joachim/Kleindiek, Detlef/Watrin, Christoph, 3. Ergänzungslieferung, München, Stand: Juli 2012 (zit.: Bearbeiter, in: Münchener Kommentar zum Bilanzrecht, Band 1)

Münchener Kommentar zum Bilanzrecht: Bilanzrecht, §§ 238–342e HGB, Band 2, herausgegeben von Hennrichs, Joachim/Kleindiek, Detlef/Watrin, Christoph, München 2012 (zit.: Bearbeiter, in: Münchener Kommentar zum Bilanzrecht, Band 2)

Münchener Kommentar zum Bürgerlichen Gesetzbuch: Münchener Kommentar zum Bürgerlichen Gesetzbuch, Band 3, herausgegeben von Säcker, Jürgen/Rixecker, Roland, 6. Auflage, München 2012 (zit.: Bearbeiter, in: Münchener Kommentar zum BGB, Band 3)

Münchener Kommentar zum Handelsgesetzbuch: Drittes Buch, Handelsbücher, §§ 238–342e HGB, Band 4, herausgegeben von Schmidt, Karsten, 3. Auflage, München 2013 (zit.: Bearbeiter, in: Münchener Kommentar zum HGB)

Mujkanovic Robin/Muggenthaler Barbara: Wäre das right of use-Konzept eine Lösung? Leasingbilanzierung nach HGB, Steuer- und Bilanzpraxis 2011, Seite 523–528 (zit.: Mujkanovic/Muggenthaler, StuB 2011)

Myers, John H.: Reporting of Leases in Financial Statements, New York 1962 (zit.: Myers, Reporting of Leases in Financial Statements)

Nardmann, Hendrik/Heller, Sylvia: Zehn Feststellungen zu ED/2013/6 „Leases", Zeitschrift für internationale und kapitalmarktorientierte Rechnungslegung 2013, Seite 397–403 (zit.: Nardmann/Heller, KoR 2013)

Nemet, Marijan/Hülsen, Angelika/Adolph, Peter: Geplante Leasing-Nehmer-Bilanzierung: Potentielle Konsequenzen, Right-Of-Use-Ansatz nach IFRS: Eine erste Analyse, Finanzierung Leasing Factoring 2009, Seite 198–204 (zit.: Nemet/Hülsen/Adolph, FLF 2009)

Nies: Rückstellungen für drohende Verluste im Versicherungsgeschäft, Die Wirtschaftsprüfung 1972, Seite 383–392 (zit.: Nies, WPg 1972)

Nobach, Kai: Bedeutung der IAS/IFRS für die Bilanzpolitik deutscher Unternehmen, Hamm 2006 (zit.: Nobach, Bedeutung der IAS/IFRS für die Bilanzpolitik deutscher Unternehmen)

Oertzen, Cornelia von/Esser, Martin: ED 2010/9: Neue Spielregeln für die Leasingbilanzierung, Zeitschrift für Internationale Rechnungslegung 2010, Seite 479–483 (zit.: von Oertzen/Esser, IRZ 2010)

Oestreicher, Andreas: Zukunft des Steuerbilanzrechts aus deutscher Sicht, Die Wirtschaftsprüfung 2007, Seite 572–582 (zit.: Oestreicher, WPg 2007)

Oestreicher, Andreas/Spengel, Christoph: Anwendung von IAS in der EU-Zukunft des Maßgeblichkeitsprinzip und Steuerbelastung, Recht der Internationalen Wirtschaft 2001, Seite 889–902 (zit.: Oestreicher/Spengel, RIW 2001)

– International Accounting Standards, Maßgeblichkeitsprinzip und Besteuerung, Der Betrieb 1999, Seite 593–600 (zit.: Oestreicher/Spengel, DB 1999)

– Maßgeblichkeit der International Accounting Standards für die steuerliche Gewinnermittlung?, Baden-Baden 1999 (zit.: Oestreicher/Spengel, Maßgeblichkeit der International Accounting Standards für die steuerliche Gewinnermittlung)

Oversberg, Thomas: Paradigmenwechsel in der Bilanzierung von Leasingverhältnissen – Eine Einführung in das aktuelle IASB/FASB-Leasingprojekt –, Zeitschrift für internationale und kapitalmarktorientierte Rechnungslegung 2007, Seite 376–386 (zit.: Oversberg, KoR 2007)

– Übernahme der IFRS in Europa: Der Endorsement-Prozess – Status quo und Aussicht, Der Betrieb 2007, Seite 1597–1602 (zit.: Oversberg, DB 2007)

Palandt (Hrsg.): Bürgerliches Gesetzbuch, 72. Auflage, München 2013 (zit.: Bearbeiter, in: Palandt)

Pelka, Jürgen/Niemann, Walter: Jahres- und Konzernabschluss nach Handels- und Steuerrecht, München 2010, Band B, Die Posten des Jahres- und Konzernabschlusses (zit.: Pelka/Niemann, B)

Pellens, Bernhard/Fülbier, Rolf Uwe/Gassen, Joachim/Sellhorn, Thorsten: Internationale Rechnungslegung, IFRS 1 bis 9, IAS 1 bis 41, IFRIC-Interpretationen, Standardentwürfe, Mit Beispielen, Aufgaben und Fallstudie, 8. Auflage, Stuttgart 2011 (zit.: Pellens/Fülbier/Gassen/Sellhorn, Internationale Rechnungslegung)

Perridon, Louis/Steiner, Manfred/Rathgeber, Andreas W.: Finanzwirtschaft der Unternehmung, 16. Auflage, München 2012 (zit.: Perridon/Steiner/Rathgeber, Finanzwirtschaft der Unternehmung)

Petersen, Karl/Zwirner, Christian: Die deutsche Rechnungslegung und Prüfung im Umbruch – Veränderte Rahmenbedingungen durch die geplanten Reformen des Bilanzmodernisierungsgesetzes (BilMoG) gemäß dem Gesetzesentwurf der Bundesregierung vom 21.05.2008 –, Zeitschrift für internationale und kapitalmarktorientierte Rechnungslegung 2008, Beilage 3 zu Heft 7/8 vom 1. Juli 2008, Seite 1–38 (zit.: Petersen/Zwirner, KoR Beilage 3/2008)

Pezzer, Heinz-Jürgen: Rechtfertigung der Körperschaftsteuer und ihre Entwicklung zu einer allgemeinen Unternehmenssteuer, Festschrift für Klaus Tipke zum 70. Geburtstag, Die Steuerrechtsordnung in der Diskussion, herausgegeben von Lang, Joachim, Köln 1995, Seite 419–432 (zit.: Pezzer, in: FS Tipke)

Plathe, Peter: Zur rechtlichen Beurteilung des Leasing-Geschäfts, Der Betriebs-Berater 1970, Seite 601–605 (zit.: Plathe, BB 1970)

Pollock, Merten/Herrlinger, Andreas: Neuausrichtung der IFRS-Leasing-Bilanzierung gemäß ED/2010/9, Paradigmenwechsel führt zu erhöhter Komplexität, Finanzierung Leasing Factoring 2010, Seite 246–255 (zit.: Pollock/Herrlinger, FLF 2010)

Pooten, Holger: Deutsche Rechnungslegung, in: Gräfer, Horst/Demming, Claudia (Hrsg.), Internationale Rechnungslegung, Stuttgart 1994, Seite 307–370 (zit.: Pooten, Deutsche Rechnungslegung)

Pöschke, Moritz: Effektiver Rechtsschutz gegen fehlerhaft übernommene IFRS, Zeitschrift für internationale und kapitalmarktorientierte Rechnungslegung 2008, Seite 325–333 (zit.: Pöschke, KoR 2008)

Prinz, Ulrich: Reform der deutschen Rechnungslegung, Gedanken und Anregungen an den Gesetzgeber zur Umsetzung der Mitgliedsstaatenwahlrechte der IAS/IFRS-Verordnung aus Praktikersicht, Deutsches Steuerrecht 2003, Seite 1359–1364 (zit.: Prinz, DStR 2003)

Quick, Reiner/Wolz, Matthias: Bilanzierung in Fällen: Grundlagen, Aufgaben und Lösungen nach HGB und IFRS, 5. Auflage, Stuttgart 2012 (zit.: Quick/Wolz)

Rammert, Stefan: Lohnt die Erhaltung der Kapitalerhaltung, Betriebswirtschaftliche Forschung und Praxis 2004, Seite 578–595 (zit.: Rammert, BFuP 2004)

Raschauer, Nicolas: Auswirkungen der Lissabonner Vertragsreform auf das europäische und österreichische Umweltrecht, European Law/Europarecht 2008, Seite 45–68, Quelle: <http://www.hanselawreview.org/pdf6/Vol4No1Art04.pdf>, zuletzt abgerufen am 25. November 2013 (zit.: Raschauer, Auswirkungen der Lissaboner Vertragsreform auf das europäische und österreichische Umweltrecht)

Rau, Hans-Gerd: Steuerliche Behandlung des Leasings, Der Betrieb 1971, Beilage 10, Seite 3–14 (zit.: Rau, DB 1971, Beilage 10)

Raupach, Arndt: Perspektiven für den Steuerstandort Deutschland, Steuer und Wirtschaft 2000, Seite 341–368 (zit.: Raupach, StuW 2000)

– Wandel von Bilanzierungszwecken?, Festschrift für Welf Müller zum 65. Geburtstag, Gesellschaftsrecht, Rechnungslegung, Steuerrecht, herausgegeben von Hommelhoff, Peter/Zätzsch, Roger/Erle, Bernd, München 2001, Seite 793–813 (zit.: Raupach, in: FS Müller 2001)

Rickmers, Benedikt: Die Vollamortisation im Pflichtengefüge des Finanzierungsleasings, Zeitschrift für Vertragsgestaltung, Schuld- und Haftungsrecht 2011, Seite 210–216 (zit.: Rickmers, ZGS 2011)

Roland, Helmut: Der Begriff des Vermögensgegenstandes im Sinne der handels- und aktienrechtlichen Rechnungslegungsvorschriften, Göttingen 1980 (zit.: Roland, Der Begriff des Vermögensgegenstandes im Sinne der handels- und aktienrechtlichen Rechnungslegungsvorschriften)

Runge, Berndt/Bremser, Horst/Zöller, Günter: Leasing – Betriebswirtschaftliche, handels- und steuerrechtliche Grundlagen, Heidelberg 1978 (zit.: Runge/Bremser/Zöller, Leasing)

Runge, Christian: Bilanzierung von Leasinggeschäften nach IFRS unter besonderer Berücksichtigung bilanzpolitischer Möglichkeiten, München 2008 (zit.: Runge, Bilanzierung von Leasinggeschäften nach IFRS unter besonderer Berücksichtigung bilanzpolitischer Möglichkeiten)

Sabel, Elmar: Leasingverträge in der kapitalmarktorientierten Rechnungslegung, Wiesbaden 2006 (zit.: Sabel, Leasingverträge in der kapitalmarktorientierten Rechnungslegung)

Schanz, Deborah/Schanz, Sebastian: Maßgeblichkeit der Handelsbilanz für die Steuerbilanz in Europa und in den USA, Steuer und Wirtschaft 2009, Seite 311–322 (zit.: Schanz/Schanz, StuW 2009)

Schaumburg, Harald: Gewinnermittlung im Wandel, Die Steuerberatung 2004, Seite 545–550 (zit.: Schaumburg, Stbg 2004)

Scheel, Benedikt: Die Neuregelungen der Komitologie und das europäische Demokratiedefizit, Zeitschrift für europarechtliche Studien 2006, Seite 521–554 (zit.: Scheel, ZEuS 2006)

Scheffler, Eberhard: IFRS-Entwurf zur Bilanzierung von Leasingverhältnissen, Die Aktiengesellschaft, Report 2013, Seite R 203 – R 204 (zit.: Scheffler, AG-Report 2013)

– Internationale Rechnungslegung und deutsches Bilanzrecht, Deutsches Steuerrecht 1999, 1285–1292 (zit.: Scheffler, DStR 1999)

Scheffler, Wolfram: Gedanken zur Zukunft des Maßgeblichkeitsprinzips, Datenverarbeitung - Steuern - Wirtschaft - Recht 2001, Seite 151–154 (zit.: Scheffler, DSWR 2001)

Schellenberger, Heinz: Streitfragen bei Abschreibungen und Absetzungen?, Finanz-Rundschau 1980, Seite 25–34 (zit.: Schellenberger, FR 1980)

Schießl, Harald: Bilanzierung von Anzahlungen, Steuer und Studium 2007, Seite 224–228 (zit.: Schießl, SuS 2007)

Schildbach, Thomas: Der handelsrechtliche Jahresabschluss, 9. Auflage, Herne 2009 (zit.: Schildbach, Der handelsrechtliche Jahresabschluss)

– Der Konzernabschluss nach HGB, IFRS und US-GAAP, 7. Auflage, München/Wien 2008 (zit.: Schildbach, Konzernabschluss)

– IAS als Rechnungslegungsstandards für alle, Betriebswirtschaftliche Forschung und Praxis 2002, Seite 263–278 (zit.: Schildbach, BFuP 2002)

Schimansky, Herbert/Bunte, Hermann-Josef/Lwowski, Hans-Jürgen: Bankrechts-Handbuch, Band 1, 4. Auflage, München 2011 (zit.: Schimansky/Bunte/Lwowski, Bankrechts-Handbuch)

Schmidt, Ludwig: Einkommensteuergesetz, Kommentar, herausgegeben von Weber-Grellet, Heinrich, 32. Auflage, München 2013 (zit.: Bearbeiter, in: Schmidt, EStG)

Schmidt, Peer/Hartmann-Wendels, Thomas/Adolph, Peter: Zur Reform der Leasingbilanzierung: Leasingverhältnisse gemäß ED „Leases", Die Abbildung von Leasingverhältnissen beim Leasingnehmer, Zeitschrift für Internationale Rechnungslegung 2010, Seite 537–545 (zit.: Schmidt/Hartmann-Wendels/Adolph, IRZ 2010)

– Zur Reform der Leasingbilanzierung: Leasingverhältnisse gemäß ED „Leases", Die Abbildung von Leasingverhältnissen beim Leasinggeber, Zeitschrift für Internationale Rechnungslegung 2011, Seite 19–28 (zit.: Schmidt/Hartmann-Wendels/Adolph, IRZ 2011)

Schmidt, Peer/Thiele, Michael: Die internationale Leasingbilanzierung im Umbruch: Eine kritische Würdigung der Vorschläge des Discussion Papers „Leases“ auf Basis einer Auswertung der eingegangenen Comment Letter, Zeitschrift für internationale und kapitalmarktorientierte Rechnungslegung 2010, Seite 254–263 (zit.: Schmidt/Thiele, KoR 2010)

Schmidt, Wilfried/Meyer, Volker: Bilanzausweis der Leistungen bei langfristiger Fertigung, Der Betrieb 1975, Seite 68–71 (zit.: Schmidt/Meyer, DB 1975)

Schmidt-Troje, Jürgen: Vertrauensschutz und Rechtsprechungsänderung, Anmerkungen zum Beschluss des Großen Senats des BFH vom 17.10.2007 zur Vererblichkeit des Verlustabzugs, Festschrift für Harald Schaumburg zum 65. Geburtstag, Steuerzentrierte Rechtberatung, herausgegeben von Spindler, Wolfgang/Tipke, Klaus/Rödder, Thomas, Köln 2009, Seite 133–149 (zit.: Schmidt/Troje, in: FS Schaumburg)

Schneider, Dieter: Körperschaftsteuerreform und Gleichmäßigkeit der Besteuerung, Steuer und Wirtschaft 1975, Seite 97–112 (zit.: Schneider, StuW 1975)

- Konzernrechnungslegung nach IAS als Besteuerungsgrundlage?, Der Betriebs-Berater 2003, Seite 299–304 (zit.: Schneider, BB 2003)

Schön, Wolfgang: Die Steuerbilanz zwischen Handelsrecht und Grundgesetz, Steuer und Wirtschaft 1995, Seite 366–377 (zit.: Schön, StuW 1995)

- Entwicklung und Perspektiven des Handelsbilanzrechts - vom ADHGB zum IASC, Zeitschrift für das gesamte Handelsrecht und Wirtschaftsrecht 1997, Band 161, Seite 133–157 (zit.: Schön, ZHR 161 (1997))
- Internationalisierung der Rechnungslegung und Gläubigerschutz, Die Wirtschaftsprüfung Sonderheft 2001, Seite S74–S79 (zit.: Schön, WPg-Sonderheft 2001)
- Kompetenzen der Gerichte zur Auslegung von IAS/IFRS, Der Betriebs-Berater 2004, Seite 763–768 (zit.: Schön, BB 2004)
- Steuerliche Maßgeblichkeit in Deutschland und Europa, Köln 2005 (zit.: Schön, Steuerliche Maßgeblichkeit in Deutschland und Europa)
- Zur Verfassungsmäßigkeit der rückwirkenden Wertaufholung von Teilwertabschreibungen, §§ 6 Abs. 1 Nr. 1 und 2 EStG, 52 Abs. 7 EStG in der

Fassung des Artikels 1 des Entwurfs eines Steuerreformgesetzes 1998, Der Betriebs-Berater 1997, Seite 1333–1344 (zit.: Schön, BB 1997)

Schreiber, Jochem: Der Maßgeblichkeitsgrundsatz des § 5 Abs. 1 Satz 1 EStG und die IAS/IFRS, Deutsches Steuerrecht 2005, Seite 1351–1355 (zit.: Schreiber, DStR 2005)

Schreiber, Ulrich: Gewinnermittlung und Besteuerung der Einkommen, Steuer und Wirtschaft 2002, Seite 102–115 (zit.: Schreiber, StuW 2002)

- Hat das Maßgeblichkeitsprinzip noch eine Zukunft?, Festschrift zum 70. Geburtstag von Heinrich Beisse, Handelsbilanzen und Steuerbilanzen, herausgegeben von Budde, Wolfgang Dieter/Moxter, Adolf/Offerhaus, Klaus, Düsseldorf 1997, Seite 491–509 (zit.: Schreiber, in: FS Beisse)

Schubert, Daniela: Die Einlage in Personenhandelsgesellschaften nach HGB-Bilanzrecht und IAS 32 (2003) – Eigen- oder Fremdkapital, Zeitschrift für Wirtschafts- und Bankrecht 2006, Seite 1033–1040 (zit.: Schubert, WM 2006)

Schubert, Peter: Die einkommensteuerrechtliche Behandlung von Nutzungsrechten, Deutsches Steuerrecht 1995, Seite 362–367 (zit.: Schubert, DStR 1995)

Schulz, Sebastian: Die Leasingbilanzierung nach IFRS aus Sicht des *asset-liability-approach*, Zeitschrift für Internationale Rechnungslegung 2008, Seite 179–185 (zit.: Schulz, IRZ 2008)

Schulze-Osterloh, Joachim: Der Ausweis von Aufwendungen nach dem Realisations- und dem Imparitätsprinzip, Festschrift zum 65. Geburtstag von Karl-Heinz Forster, Rechnungslegung, Entwicklungen bei der Bilanzierung und Prüfung von Kapitalgesellschaften, herausgegeben von Moxter, Adolf/Müller, Hans-Peter/Windmöller, Rolf/Wysocki, Klaus v., Düsseldorf 1992, Seite 653–670 (zit.: Schulze-Osterloh, in: FS Forster)

- Handels- und Steuerbilanz, Zeitschrift für Unternehmens- und Gesellschaftsrecht 2000, Seite 594–603 (zit.: Schulze-Osterloh, ZGR 2000)

- Internationale Rechnungslegung für den Einzelabschluss und für Unternehmen, die den öffentlichen Kapitalmarkt nicht in Anspruch nehmen, Zur Ausübung des Mitgliedstaatenwahlrechts nach Art. 5 der IAS-Verordnung, Zeitschrift für das Wirtschaftsrecht 2003, Seite 93–101 (zit.: Schulze-Osterloh, ZIP 2003)

- Internationalisierung der Rechnungslegung und ihre Auswirkungen auf die Grundprinzipien des deutschen Rechts, Der Konzern 2004, Seite 173–177 (zit.: Schulze-Osterloh, Der Konzern 2004)

Seeger, Siegbert: Zivilrechtliche und steuerrechtliche Behandlung von Finanzierungs-Leasingverträgen über bewegliche Sachen, Berlin 1972 (zit.: Seeger, Zivilrechtliche und steuerrechtliche Behandlung von Finanzierungs-Leasingverträgen über bewegliche Sachen)

Seeliger, Gerhard: Der Begriff des wirtschaftlichen Eigentums im Steuerrecht, Spezialfragen im Steuerrecht, Stuttgart 1962 (zit.: Seeliger, Der Begriff des wirtschaftlichen Eigentums im Steuerrecht)

Sicherer, Klaus von: Bilanzierung im Handels- und Steuerrecht, Unter Berücksichtigung des BilMoG, Wiesbaden 2011 (zit.: Sicherer, Bilanzierung im Handels- und Steuerrecht)

Siegel, Theodor: Mangelnde Ernsthaftigkeit des Gläubigerschutzes als offene Flanke der deutschen Rechnungslegungsvorschriften, Festschrift zum 60. Geburtstag von Jörg Baetge, Jahresabschluß und Jahresabschlußanalyse, Probleme, Perspektiven, internationale Einflüsse, herausgegeben von Fischer, Thomas R./Hömberg, Reinhold, Düsseldorf 1997, Seite 117–149 (zit.: Siegel, in: FS Baetge)

- Rückstellungen, Teilwertabschreibungen und Maßgeblichkeitsprinzip, Steuern und Bilanzen 1999, Seite 195–201 (zit.: Siegel, StuB 1999)

Spanheimer, Jürgen: Internationale Rechnungslegung, Hintergründe Entwicklungstendenzen Folgewirkungen – Eine Bestandsaufnahme –, Düsseldorf 2002 (zit.: Spanheimer, Internationale Rechnungslegung)

Spengel, Christoph: IFRS als Ausgangspunkt der steuerlichen Gewinnermittlung in der Europäischen Union – Steuerbelastungskonsequenzen im Länder- und Branchenvergleich, Der Betrieb 2006, Seite 681–687 (zit.: Spengel, DB 2006)

- International Accounting Standards und Unternehmensbesteuerung in der Europäischen Union (Teil I), Internationales Steuerrecht 2003, Seite 29–36 (zit.: Spengel, IStR 2003, 29)

- International Accounting Standards und Unternehmensbesteuerung in der Europäischen Union (Teil II), Internationales Steuerrecht 2003, Seite 67–72 (zit.: Spengel, IStR 2003, 67)

– Inwieweit eignen sich die International Accounting Standards für die steuerliche Gewinnermittlung, ZEW Discussion Paper No. 02-52, Juli 2002, Seite 1–39, Quelle: ftp://ftp.zew.de/pub/zew-docs/dp/dp0252.pdf, zuletzt abgerufen am 25. November 2013 (zit.: Spengel, ZEW Discussion Paper)

Spengel, Christoph/Malke, Christiane: Comprehensive Tax Base or Residual Reference to GAAP or Domestic Tax Law?, Common Consolidates Corporate Tax Base, herausgegeben von Lang, Michael/Pistone, Pasquale/Schuch, Josef/ Staringer, Claus, Wien 2008, Seite 63–92 (zit.: Spengel/Malke, Comprehensive Tax Base)

Spindler, W.: Verfassungsrechtliche Vorgaben für ein berechenbares Steuerrecht, in: Ballwieser, Wolfgang/Grewe, Wolfgang (Hrsg.), Wirtschaftsprüfung im Wandel. Herausforderungen an Wirtschaftsprüfung, Steuerberatung, Consulting und Corporate Finance, Festgabe 100 Jahre Südtreu/Deloitte 1907 bis 2007, München 2008, Seite 475–490 (zit.: Spindler, Verfassungsrechtliche Vorgaben für ein berechenbares Steuerrecht)

Streinz, Rudolf: EUV/EGV, Vertrag über die Europäische Union und Vertrag zur Gründung der Europäischen Gemeinschaft, München 2003 (zit.: Bearbeiter, in: Streinz, EUV/EGV)

Strobl, Elisabeth: IASC-Rechnungslegung und Gläubigerschutzbestimmungen nach deutschem Recht, Festschrift für Hermann Clemm zum 70. Geburtstag, Rechnungslegung – warum und wie, herausgegeben von Ballwieser, Wolfgang/Moxter, Adolf/Nonnenmacher, Rolf, München 1996, Seite 389–412 (zit.: Strobl, in: FS Clemm)

Stromberg, Frank: Voraussetzungen für internationale Immobilien-Leasing-Finanzierungen auf Grundlage der International Financial Reporting Standards/International Accounting Standards bzw. der Generally Accepted Accounting Principles der USA im Vergleich mit den Rahmenbedingungen in Deutschland, Wuppertal 2005 (zit.: Stromberg, Voraussetzungen für internationale Immobilien-Leasing-Finanzierungen)

Stuhrmann, Gerd: Einkommensteuerrechtliche Behandlung des Nießbrauchs und der obligatorischen Nutzungsrechte bei den Einkünften aus Vermietung und Verpachtung, Deutsches Steuerrecht 1998, Seite 1405–1411 (zit.: Stuhrmann, DStR 1998)

– Zweifelsfragen des Werbungskostenabzugs bei den Einkünften aus Vermietung und Verpachtung, Steuerberater-Jahrbuch 1993/94, zugleich Bericht über den 44. Fachkongreß der Steuerberater Köln, 6. und 7. Oktober 1992, Seite 193–218 (zit.: Stuhrmann, StbJb 1992/93)

Tacke, Helmut R.: Leasing, 3. Auflage, Stuttgart 1999 (zit.: Tacke, Leasing)

Thiel, Jochen: Das umgekehrte Imparitätsprinzip – Erwiderung zu Weilbach (BB 1999, S. 564 ff.), Der Betriebs-Berater 1999, Seite 828–829 (zit.: Thiel, BB 1999)

Tiedtke, Klaus: Einkommensteuer- und Bilanzsteuerrecht, 2. Auflage, Herne/Berlin 1995 (zit.: Tiedtke, Einkommensteuer- und Bilanzsteuerrecht)

Timmermans, Christiaan W. A.: Die europäische Rechtsangleichung im Gesellschaftsrecht, Eine integrations- und rechtspolitische Analyse, Rabels Zeitschrift für ausländisches und internationales Privatrecht, Seite 1–47 (zit.: Timmermans, RabelsZ 48 (1984))

Tipke, Klaus: Die Steuerrechtsordnung, Wissenschaftsorganisatorische, systematische und grundrechtlich-rechtsstaatliche Grundlagen, Band I, 2. Auflage, Köln 2000 (zit.: Tipke, Die Steuerrechtsordnung)

– Steuergerechtigkeit in Theorie und Praxis, Köln 1981 (zit.: Tipke, Steuergerechtigkeit in Theorie und Praxis)

Tipke, Klaus/Lang, Joachim: Steuerrecht, 21. Auflage, Köln 2013 (zit.: Bearbeiter, in: Tipke/Lang, Steuerrecht)

Tonner, Norbert: Leasing im Steuerrecht, 6. Auflage, Heidelberg 2014 (zit.: Tonner, Leasing im Steuerrecht)

Torabian, Farhood: Bilanzielle Bewertung von Finanzinstrumenten, Vergleich der Bewertungskonzeption nach HGB und IFRS hinsichtlich der Informationsfunktion der Rechnungslegung, Wiesbaden 2010 (zit.: Torabian, Bilanzielle Bewertung von Finanzinstrumenten)

Trzaskalik, Christoph: Nutzungsrechte im Einkommensteuerrecht, Steuer und Wirtschaft 1983, Seite 126–135 (zit.: Trzaskalik, StuW 1983)

Uhde, Markus: Harmonisierung der Rechnungslegung nach den Vorschriften des IASC? Anwendung im internationalen Vergleich, München 1999 (zit.: Uhde, Harmonisierung der Rechnungslegung nach den Vorschriften des IASC) *van Hulle, Karel:* Die Reform des europäischen Bilanzrechts: Stand, Ziele und Perspektiven, Zeitschrift für Unternehmens- und Gesellschaftsrecht 2000, Seite 537–549 (zit.: van Hulle, ZGR 2000)

– Von den Bilanzrichtlinien zu International Accounting Standards, Die Wirtschaftsprüfung 2003, Seite 968–981 (zit.: van Hulle, WPg 2003)

Vinken, Horst: Zwei Bilanzen für den Mittelstand zu teuer, Der Betrieb 2010, Heft 8, Seite 1 (zit.: Vinken, DB 2010)

Vogt, Stefan, Leasingverträge, Ist der Right-of-Use-Ansatz der IFRS eine Alternative für die handels- und steuerrechtliche Leasingbilanzierung, Hamburg 2012 (zit.: Vogt, Leasingverträge)

von der Groeben, Hans/Schwarze, Jürgen: Kommentar zum Vertrag über die Europäische Union und zur Gründung der Europäischen Gemeinschaft, Band 4, Art. 189–314 EGV, 6. Auflage, Baden-Baden 2004 (zit.: Bearbeiter, in: von der Groeben/Schwarze, EU-/EG-Vertrag, Band 4)

Vorwold, Gerhard: Clear Reflection of Income: der neue Maßstab für die Steuerbilanz – Beobachtungen aus dem US-amerikanischen Steuerrecht –, Die Wirtschaftsprüfung 2002, Seite 499–510 (zit.: Vorwold, WPg 2002)

Wagenhofer, Alfred: Internationale Rechnungslegungsstandards – IAS/IFRS, 6. Auflage, München 2009 (zit.: Wagenhofer, Internationale Rechnungslegungsstandards)

Wagner, Franz W.: Kann es eine Beseitigung aller steuerlichen Ausnahmen geben, wenn es keine Regel gibt?, Deutsches Steuerrecht 1997, Seite 517–521 (zit.: Wagner, DStR 1997)

– Welche Kriterien sollten dir Neuordnung der steuerlichen Gewinnermittlung bestimmen?, Der Betriebs-Berater 2002, Seite 1885–1892 (zit.: Wagner, BB 2002)

Walz, Rainer/Fischer, Hardy: Grundlagen des Steuerrechts für Einsteiger, Juristische Schulung 2003, Seite 237–242 (zit.: Walz/Fischer, JuS 2003)

Wasmund, Peter: Stand und Perspektiven der Verwirklichung des Europäischen Binnenmarktes, in: Ensthaler, Jürger/Brüning-Brinkmann, Töns (Hrsg.), Europäischer Binnenmarkt – Stand und Perspektiven der

Rechtsharmonisierung, München 1989, Seite 9–17 (zit.: Wasmund, Stand und Perspektiven der Verwirklichung des Europäischen Binnenmarktes)

Waziri, Yama: Auswirkungen Exposure Drafts 2010/09 zur Neuregelung des IAS 17 auf ausgewählte Leasingverhältnisse, München 2012 (zit.: Waziri, Auswirkungen Exposure Drafts 2010/09 zur Neuregelung des IAS 17 auf ausgewählte Leasingverhältnisse)

Weber-Grellet, Heinrich: Bestand und Reform des Bilanzsteuerrechts, Deutsches Steuerrecht 1998, Seite 1343–1349 (zit.: Weber-Grellet, DStR 1998)

- Bilanzrecht im Lichte, Bilanzsteuerrecht im Schatten des EuGH, Der Betrieb 1996, Seite 289–2094 (zit.: Weber-Grellet, DB 1996)

- Die Bedeutung der Rechtsnatur des Steuerrechts für dessen Anwendung und Auslegung, Steuer und Wirtschaft 1993, Seite 97–104 (zit.: Weber-Grellet, StuW 1993)

- Der Maßgeblichkeitsgrundsatz im Lichte aktueller Entwicklungen, Der Betriebs-Berater 1999, Seite 2659–2666 (zit.: Weber-Grellet, BB 1999)

- Der Steuerstaat – Inhalt und Grenzen, Festschrift für Diether Posser zum 75. Geburtstag, Anwalt des Rechtsstaates, herausgegeben von Düwell, Frank Josef, Köln 1997, Seite 95–104 (zit.: Weber-Grellet, in: FS Posser)

- Maßgeblichkeitsgrundsatz in Gefahr?, Der Betrieb 1997, Seite 385–391 (zit.: Weber-Grellet, DB 1997)

- Maßgeblichkeitsschutz und eigenständige Zielsetzung der Steuerbilanz, Der Betrieb 1994, Seite 288–291 (zit.: Weber-Grellet, DB 1994)

Wehrheim, Michael/Fross, Ingo: Plädoyer für eine Stärkung des Maßgeblichkeitsprinzips, Deutsches Steuerrecht, 2010, Seite 1348–1353 (zit.: Wehrheim/Fross, DStR 2010)

Wendlandt, Klaus/Knorr, Liesel: Das Bilanzrechtsreformgesetz – Zeitliche Anwendung der wesentlichen bilanzrechtlichen Änderungen des HGB und Folgen für die IFRS-Anwendung in Deutschland –, Zeitschrift für internationale und kapitalmarktorientierte Rechnungslegung 2005, Seite 53–57 (zit.: Wendlandt/Knorr, KoR 2005)

Wichmann, Gerd/Kemcke, Tom: Die Bedeutung des Bilanzrechtsmodernisierungsgesetzes (BilMoG) für die Steuerbilanz – eine kritische Betrachtung der bisherigen Rechtsanwendung, Deutsche Steuer-Zeitschrift 2012, Seite 514–524 (zit.: Wichmann/Kemcke, DStZ 2012)

Winnefeld, Robert: Bilanz-Handbuch – Handels- und Steuerbilanz, Rechtsformspezifisches Bilanzrecht, Bilanzielle Sonderfragen, Sonderbilanzen, IAS/US-GAAP, 4. Auflage, München 2006 (zit.: Winnefeld, Bilanz-Handbuch)

Wischemann, Daniel: Bilanzierung von Leasingverhältnissen nach HGB und IFRS unter Berücksichtigung des Diskussionspapiers von IASB und FASB vom 19. März 2009, Masterarbeit, München 2010 (zit.: Wischemann, Bilanzierung von Leasingverhältnissen)

Woerner, Lothar: Der schwebende Vertrag im Gefüge der Grundsätze ordnungsgemäßer Bilanzierung – Vollständigkeitsgebot, Vorsichtsprinzip, Realisationsprinzip, in: Handelsbilanz und Steuerbilanz – Beiträge zum neuen Bilanzrecht, herausgegeben von Mellwig, Winfried/Moxter, Adolf/Ordelheide, Dieter, Band 2, Wiesbaden 1989, Seite 33–55 (zit.: Woerner, Der schwebende Vertrag im Gefüge der Grundsätze ordnungsgemäßer Bilanzierung)

– Die Gewinnrealisierung bei schwebenden Geschäften – Vollständigkeitsgebot, Vorsichts- und Realisationsprinzip, Der Betriebs-Berater 1988, Seite 769–777 (zit.: Woerner, BB 1988)

– Grundsatzfragen zur Bilanzierung schwebender Geschäfte, Seite 389–496, Finanzrundschau 1984 (zit.: Woerner, FR 1984)

– Zeitpunkt der Passivierung von Schulden und Verbindlichkeitsrückstellungen – Problematik der „wirtschaftlichen Verursachung“ –, Festschrift zum 65. Geburtstag von Adolf Moxter, Bilanzrecht und Kapitalmarkt, herausgegeben von Ballwieser, Wolfgang/Böcking, Hans-Joachim/Drukarczyk, Jochen/Schmidt, Reinhard H., Düsseldorf 1994, Seite 483–506 (zit.: Woerner, in: FS Moxter)

Wöhe, Günter: Bilanzierung und Bilanzpolitik, Betriebswirtschaftlich – Handelsrechtlich – Steuerrechtlich, 9. Auflage, München 1997 (zit.: Wöhe, Bilanzierung und Bilanzpolitik)

Wolf, Eckhard/Eckert, Hans-Georg/Ball, Wolfgang: Handbuch des gewerblichen Miet-, Pacht- und Leasingrechts, 10. Auflage, Köln 2009 (zit.: Wolf/Eckert/Ball, Handbuch des gewerblichen Miet-, Pacht- und Leasingrechts)

Wos, Matthias: Umbruch der internationalen Leasingbilanzierung, Eine kritische Analyse, München 2011 (zit.: Wos, Umbruch der internationalen Leasingbilanzierung)

Wulf, Inge/Seebacher, Kathrin: Bilanzierung von Leasingverhältnissen nach dem Right-of-Use-Approach, Eine Fallstudie zu den Auswirkungen des ED/2010/9 „Leases“, Zeitschrift für internationale und kapitalmarktorientierte Rechnungslegung 2011, Seite 322–331 (zit.: Wulf/Seebacher, KoR 2011)

Wulf, Martin/Klein, Michael/Azaiz, Karim: Umstellung des Konzernabschlusses auf IFRS (Teil I), Deutsches Steuerrecht 2005, Seite 260–264 (zit.: Wulf/Klein/Azaiz, DStR 2005, 260)

Zülch, Henning/Hoffmann, Sebastian: Die Modernisierung des deutschen Handelsbilanzrechts durch das BilMoG: Wesentliche Alt- und Neuregelungen im Überblick, Der Betrieb 2009, Seite 745–752 (zit.: Zülch/Hoffmann, DB 2009)